U0145196

思想的・睿智的・獨見的

經典名著文庫

策劃 楊榮川

五南圖書出版公司 印行

經典名著文庫

學術評議者簡介（依姓氏筆畫排序）

- 丘為君　美國俄亥俄州立大學歷史研究所博士
- 吳惠林　美國芝加哥大學經濟系訪問研究、臺灣大學經濟系博士
- 宋鎮照　美國佛羅里達大學社會學博士
- 林玉体　美國愛荷華大學哲學博士
- 邱燮友　國立臺灣師範大學國文研究所文學碩士
- 洪漢鼎　德國杜塞爾多夫大學榮譽博士
- 孫效智　德國慕尼黑哲學院哲學博士
- 秦夢群　美國麥迪遜威斯康辛大學博士
- 高明士　日本東京大學歷史學博士
- 高宣揚　巴黎第一大學哲學系博士
- 張光宇　美國加州大學柏克萊校區語言學博士
- 張炳陽　國立臺灣大學哲學研究所博士
- 陳秀蓉　國立臺灣大學理學院心理學研究所臨床心理學組博士
- 陳思賢　美國約翰霍普金斯大學政治學博士
- 陳清秀　美國喬治城大學訪問研究、臺灣大學法學博士
- 陳鼓應　國立臺灣大學哲學研究所
- 曾永義　國家文學博士、中央研究院院士
- 黃光國　美國夏威夷大學社會心理學博士
- 黃光雄　國家教育學博士
- 黃昆輝　美國北科羅拉多州立大學博士
- 黃政傑　美國麥迪遜威斯康辛大學博士
- 楊維哲　美國普林斯頓大學數學博士
- 葉海煙　私立輔仁大學哲學研究所博士
- 葉國良　國立臺灣大學中文所博士
- 廖達琪　美國密西根大學政治學博士
- 劉滄龍　德國柏林洪堡大學哲學博士
- 黎建球　私立輔仁大學哲學研究所博士
- 盧美貴　國立臺灣師範大學教育學博士
- 薛化元　國立臺灣大學歷史學系博士
- 謝宗林　美國聖路易華盛頓大學經濟研究所博士候選人
- 簡成熙　國立高雄師範大學教育研究所博士
- 顏厥安　德國慕尼黑大學法學博士

經典名著文庫083

靈魂論及其他

亞里士多德（Aristotle）原著

吳壽彭 譯　尤煌傑 導讀

經典永恆・名著常在

五十週年的獻禮・「經典名著文庫」出版緣起

總策劃 楊榮川

五南，五十年了。半個世紀，人生旅程的一大半，我們走過來了。不敢說有多大成就，至少沒有凋零。

五南忝爲學術出版的一員，在大專教材、學術專著、知識讀本出版已逾壹萬參仟種之後，面對著當今圖書界媚俗的追逐、淺碟化的內容以及碎片化的資訊圖景當中，我們思索著：邁向百年的未來歷程裡，我們能爲知識界、文化學術界做些什麼？在速食文化的生態下，有什麼值得讓人雋永品味的？

歷代經典・當今名著，經過時間的洗禮，千錘百鍊，流傳至今，光芒耀人；不僅使我們能領悟前人的智慧，同時也增深加廣我們思考的深度與視野。十九世紀唯意志論開創者叔本華，在其〈論閱讀和書籍〉文中指出：「對任何時代所謂的暢銷書要持謹慎的態度。」他覺得讀書應該精挑細選，把時間用來閱讀那些「古今中外的偉大人物的著作」，閱讀那些「站在人類之巔的著作及享受不朽聲譽的人們的作品」。閱讀就要「讀原著」，是他的體悟。他甚至認爲，閱讀經典原著，勝過於親炙教誨。他說：

> 「一個人的著作是這個人的思想菁華。所以，儘管一個人具有偉大的思想能力，但閱讀這個人的著作總會比與這個人的交往獲得更多的內容。就最重要的方面而言，閱讀這些著作的確可以取代，甚至遠遠超過與這個人的近身交往。」

爲什麼？原因正在於這些著作正是他思想的完整呈現，是他所有的思考、研究和學習的結果；而與這個人的交往卻是片斷的、支離的、隨機的。何況，想與之交談，如今時空，只能徒呼負負，空留神往而已。

三十歲就當芝加哥大學校長、四十六歲榮任名譽校長的赫欽斯（Robert M. Hutchins, 1899-1977），是力倡人文教育的大師。「教育要教眞理」，是其名言，強調「經典就是人文教育最佳的方式」。他認爲：

> 「西方學術思想傳遞下來的永恆學識，即那些不因時代變遷而有所減損其價值

的古代經典及現代名著，乃是眞正的文化菁華所在。」

這些經典在一定程度上代表西方文明發展的軌跡，故而他爲大學擬訂了從柏拉圖的《理想國》，以至愛因斯坦的《相對論》，構成著名的「大學百本經典名著課程」。成爲大學通識教育課程的典範。

歷代經典·當今名著，超越了時空，價值永恆。五南跟業界一樣，過去已偶有引進，但都未系統化的完整舖陳。我們決心投入巨資，有計畫的系統梳選，成立「經典名著文庫」，希望收入古今中外思想性的、充滿睿智與獨見的經典、名著，包括：

- 歷經千百年的時間洗禮，依然耀明的著作。遠溯二千三百年前，亞里斯多德的《尼各馬科倫理學》、柏拉圖的《理想國》，還有奧古斯丁的《懺悔錄》。
- 聲震寰宇、澤流遐裔的著作。西方哲學不用說，東方哲學中，我國的孔孟、老莊哲學，古印度毗耶娑（Vyāsa）的《薄伽梵歌》、日本鈴木大拙的《禪與心理分析》，都不缺漏。
- 成就一家之言，獨領風騷之名著。諸如伽森狄（Pierre Gassendi）與笛卡兒論戰的《對笛卡兒沉思錄的詰難》、達爾文（Darwin）的《物種起源》、米塞斯（Mises）的《人的行爲》，以至當今印度獲得諾貝爾經濟學獎阿馬蒂亞·

森（Amartya Sen）的《貧困與饑荒》，及法國當代的哲學家及漢學家余蓮（François Jullien）的《功效論》。

梳選的書目已超過七百種，初期計劃首爲三百種。先從思想性的經典開始，漸次及於專業性的論著。「江山代有才人出，各領風騷數百年」，這是一項理想性的、永續性的巨大出版工程。不在意讀者的眾寡，只考慮它的學術價值，力求完整展現先哲思想的軌跡。雖然不符合商業經營模式的考量，但只要能爲知識界開啓一片智慧之窗，營造一座百花綻放的世界文明公園，任君遨遊、取菁吸蜜、嘉惠學子，於願足矣！

最後，要感謝學界的支持與熱心參與。擔任「學術評議」的專家，義務的提供建言；各書「導讀」的撰寫者，不計代價地導引讀者進入堂奧；而著譯者日以繼夜，伏案疾書，更是辛苦，感謝你們。也期待熱心文化傳承的智者參與耕耘，共同經營這座「世界文明公園」。如能得到廣大讀者的共鳴與滋潤，那麼經典永恆，名著常在。就不是夢想了！

二〇一七年八月一日　於

五南圖書出版公司

目錄

自然諸短篇

炁與呼吸

亞里士多德《靈魂論》導言

尤煌傑
輔仁大學哲學系教授

一、亞里士多德哲學的系統哲學

亞里士多德的哲學所涉獵的範圍非常廣泛，從邏輯、修辭，到形上學、倫理學、政治哲學、藝術哲學、自然哲學、自然科學等等，全都涵蓋。在他的時代，可謂以一人之力，成就了現今我們所謂的「百科全書式」的科學體系。

亞里士多德作爲一位系統哲學家，意謂著他有一套一以貫之的基本理論可以用來解釋萬有的本質、存在、變化等等。這一套基本理論就是來自他的《形上學》所建立的理論。在形上學裡，研究的對象是「存有」（being），它可以泛指一切事物，根據它所研究出來的屬性也符應於一切事物，但是這個「存有」不是任何具體存在的某個東西，而是萬有的共同名稱。所以什麼東西都是「存有」，但是「存有」不是哪一個東西。因此，對這個「存有」所研究出來的學理，也可以應用於任何存有事物的解析上。

亞里士多德的《靈魂論》的學術價值，可以說是在《形上學》之後最重要的具體延伸與發展。《形上學》廣泛地研究萬有的構造與屬性，而《靈魂論》則具體地研究有生命物體的共同屬性。這兩部學術寶典之間的學術性關聯，可以說就是建立在由《形上學》所發展出來的「形質論」（hylemorphism）與「實現—潛能」（act-potency）兩個理論之上。「形質論」主要用於解釋存有的靜態結構，「實現—潛能」理論主要用於解釋存有的變化。

所謂「形質論」亦即認爲任何事物基本上由「形式」（from）與「質料」（matter）兩個原理結合而成。「形式」不等於我們常識觀點所以爲的形狀或造型，而是一個抽象的「限定原則」與「主動原則」。「質料」也不等於我們常識觀點所以爲的物質或物體，而是一個抽象的「被限定原則」與「被動原則」。在亞里士多德的整體理論來看，除了「形式」與「質料」之外，還有「作用因」（efficient cause）與「目的因」（final cause），這四種原理合稱爲「四因說」。在《形上學》一開始，亞里士多德就根據四因說來分判柏拉圖之前的希臘哲學家們的哲學主張。亞里士多德獨創「目的因」，作爲一切變化的終極目標。這個「目的因」對於《靈魂論》也產生極重要的價值。

所謂「實現—潛能」理論用來說明存有的變化過程，在變化的過程中有「變化的起點」(A)與「變化的終點」(B)。從(B)已經完成的狀態來看(A)，(A)相對於(B)而言，(A)就是處於「潛能」的狀態；反觀從(B)相對於(A)而言，(B)就是處於「實現」的狀態。總之，已經完成變化的狀態就是「實現」，將要變化而還沒有開始變化的狀態就是「潛能」狀態。

任何一個事物存在的現狀都有「形式」與「質料」的結合，「形式」決定此物現在是「什麼」。但是這個是什麼的東西，可以被加工成新的東西，也就是原有的事物（包含「形式」+「質料」）可以變成新事物的「新質料」，再被加上一個「新形式」，而變成一個新事物（包含「新質料」+「新形式」）。每個階段的「形式」對於該事物而言，都是一種「實現」，結合「新質料」與「新形式」的新事物就是一個「新實現」。這個結合「形質論」與「實現—潛能」的理論，成爲解釋靈魂與身體的關係，以及各種生命變化的基本理論。

二、《靈魂論》的主要課題

根據《亞里士多德全集》的編排順序，《靈魂論》被安排於第三卷，同一卷在《靈魂論》之後接著安排《自然諸短篇》，它與第四卷、第五卷的主題都圍繞在一個對於生物界的一個整體性研究計畫之下。本書在《靈魂論》之後也附上《自然諸短篇》共八篇短論以及《炁與呼吸》一篇。

亞里士多德關於自然生物方面的論述，受限於其年代在自然科學研究方面缺乏精密儀器與完整科學實驗的程序，與當今的實證科學的研究成果自不可相提並論，於今只剩下歷史文獻的價值。但是從純粹哲學的角度來看，這些不合時宜的科學思辨，就如同早期希臘哲學家以思辨的方式研究自然界的原初物質一般，都是從事哲學對物理世界的觀念建構，自有其哲學體系建構上的意義與價值。

這些著作中，唯獨《靈魂論》仍然不受到自然科學理論的替代。它所談的問題不全然屬於物質界，而是聯繫精神界（或心靈界）與生理界的重要驅動原理。因此《靈魂論》至今仍然是亞里士多德哲學理論的重要基石之一。

《靈魂論》共分三卷，各卷分別包含五、十二、十三章。第一卷回顧先哲對於「靈魂」的各種理論，嘗試找出有關靈魂的各種屬性。這個研究策略在亞里士多德撰寫《形上學》的第一卷時，也是先對先哲的理論做一個回顧與分析。第二卷發展「靈魂」的理論架構，從對靈魂的定義，靈魂的機能，感覺五官與感覺對象的討論。第三卷探究感覺魂、理性魂，純粹理智中的主動理智與被動理智，純粹理智與實踐理智的關係。最後完結於靈魂各機能之間的相互關係。

三、靈魂的意義

亞里士多德在靈魂論第二卷指出：「靈魂是具有諸官能的自然物體的原始實現。」（412B5）又指出：「物身與靈魂的合一」（412B6）我們可以說一個完整的人包含「肉體」的部分與「靈魂」的部分。在柏拉圖的理論裡，他認爲「肉體」與「靈魂」是兩個互不隸屬的個別實體，只是「靈魂」在偶然的原因與「肉體」結合在一起，這兩者的結合沒有必然性與必要性。但是，在亞里士多德的思想裡，他認爲「人」是一個完整的實體，「肉體」與「靈魂」不能個別獨立存在，這兩者是「人」這個實體的兩個構成原理，兩者是互補原理，「肉體」就是「質料原理」，「靈魂」就是「形式原理」。人的「靈魂」，就是人的「形式原理」，就是人的「本質」。

依照亞里士多德的理論，「靈魂」就是一個「生命原理」，這個生命原理的有無決定一個事物成爲「生物」或「礦物」。因此，靈魂的學說不只限於解釋人的本質，也擴及一切有生命的物種。他發現植物與動物有部分屬性相同，但是另有部分屬性不屬於植物。生物界的所有物種都共同有「營養」、「生長」、「繁衍」等性質，但是動物界更有「感覺」、「渴望」以及「移動」能力以輔助前述的功能。所以，亞里士多德賦予植物的魂，稱之爲「生魂」（vegetative soul）；賦予動物的魂，稱之爲「覺魂」（sensitive soul）。覺魂擁有生魂的所有能力，並且比生魂擁有更多生魂所無的能力。至於人的靈魂同時具備生魂與覺魂的所有能力，更加上擁有獨特的理性能力，所以人的靈魂也可稱之爲「理性魂」（rational soul）。

綜合來看，一切物種的靈魂有三個階層：生魂、覺魂、理性魂，生魂的能力都被包含進覺魂的能力之中，而覺魂的能力又多了新的能力；對於理性魂的能力除了包含覺魂的所有能力，又新增了理性能力。這是對三個不同層級的靈魂的個別描述，但是覺魂就是一個單一的覺魂，而不是覺魂加生魂，不是把兩個綁在一起。同理，理性魂就是一個單一的理性魂，不是靈魂加覺魂加生魂，不是有三個靈魂綁在一起，而是一個統一的靈魂兼具三種不同類型的能力。

從亞里士多德形上學的四因說的原理來看靈魂，靈魂同時兼具三個原因，除了肉體作爲質料因之外，靈魂首先是形式因，同時靈魂也是推動生命體發生運動變化的推動者，所以靈魂也是動力因。靈魂最終使生命體成爲一個實體，使得這個生命體成爲一個實體的存在，所以它也是目的因。

另一方面，從實現—潛能的理論來看靈魂的狀態，首先當一個完整的人降生之時，他的生存就是一個「實現」的實體，也可稱之爲「第一實現」（first act）。當這個人增添新的屬性之時，例如在成長過程中吸收了許多知識而成爲一個有學識的人，他變成一個學者，這個新增的屬性使他得到另一種新的實現，這個新增的實現，也可稱之爲「第二實現」（secondary act），也是對於這個人的實體添加新的形式。

四、人類靈魂的卓越能力：理性

人類的理性能力展現在兩方面：純粹對眞理的認識能力，以及愼思明辨的能力。亦即一個是思辨的理智（speculative intellect），另一個是實踐的理智（practical intellect）。思辨的理智作用的對象是對於純粹科學眞理的追求，其目的是爲了消除知識上的無知，以獲得眞智慧（wisdom）。實踐的理智作用的對象是爲了追求人類自身的完善（good），人類最高的完善在於獲得道德實踐的圓滿，亦即這個善的獲得有益於人生。

思辨理智的作用需要一組作爲「形式原理」與作爲「質料原理」的合作才能達成。亞里士多德根據形質論的原理分辨出主動理智（active reason）與被動理智（passive reason）。主動理智在認識作用時，對所認識的客體進行抽象作用（abstraction），以便抽出該客體的形式。但是抽離出的形式需要一個白板（tabula rasa），以便於接受主動理智在它上面印上這個形式，這個做爲白板功能的接受者，便是被動理智。主動理智在被動理智上印記的形式，就成爲概念

（concept）。我們對於認識對象的初步認識就保存在被動理智中留下的印記——概念，之中。

五、靈魂的感性能力：知覺與想像力

在《靈魂論》第二卷以後到第三卷中間，亞里士多德花了相當長的篇幅探討知覺、想像力與理智思維活動的關係。在第三卷第四章裡提到：「思想（理知）機能對於可思想（可理知）物的關係，恰相似於，感覺機能之於可感覺物的關係。」（429a16）這句話提到感覺作用與理智作用的平行關係，也就是理智與感覺兩種活動都各有一個認識的客觀對象，或者說面對同一個客觀對象，感覺認識的結果得到的是感覺對象的個別形象，而理性認識的結果是得到認識對象的普遍形象。

在第三卷第八章裡又提到：「人若不備感覺機能，他就永不能學習或理解任何事物；即便他在從事玄想（推理），也必須有些影像，供爲著想的資料，這些影像相似於感覺機能所得之於可感覺客體的印象，這些，實際就是除去了物質材料的感覺客體〔的形式〕。」（432a7-9）這句引言充分代表亞里士多德的經驗實在論的立場。亞里士多德不像柏拉圖一般，會把理智對共相的認識推到對於觀念界的先天知識的回憶，相反地，亞里士多德認爲我們對共相的認識來自經驗作爲認識的初步材料，透過理智對這個感性個別印象進行抽象作用，得到普遍的抽象概念。也就是說，在日常經驗裡，我們的認識活動必須以經驗認識作爲起點，透過理性抽象作用，才能獲得普遍的概念。

第三卷第三章提到：「臆想不是感覺：感覺是有如『觀看』或『見到』這樣的功能或活動，臆想（幻覺）卻發生於『既不在看，也無所見』的景況之中。」（428a10-11）這裡的「臆想」希臘文拼音是（phantasia），它一方面指沒有具體對象當作依據的幻想；另一方面是指回想曾經有過經驗場景所發生的經驗內容，它不是幻想，但是隨時間流逝，憑臆想進行重構原始經驗的內容會更加不精確與模糊，這第二個意義是對知識論有意義。「臆想」在知識論上的意義，就在於它是作爲感覺經驗與普遍概念之間的銜接環節。感覺經驗的特徵是具體且個別的，而普遍概念的特徵是抽象且普遍的。臆想出現在這兩者之間，因爲它所回想出來的認識形式仍然是具體個別的，但是由於沒有感官的臨在，使它減少物質性而凸顯其感覺形式的脫離感官經驗。因此，這個較少物質性的感覺形式，成爲進一步進行普遍抽象動作提供促成的條件。

六、亞里士多德《靈魂論》的影響

亞里士多德《靈魂論》與《形上學》等著作，在中世紀前期曾經失傳過。後來又經由阿拉伯文的譯本重新傳回西歐世界，再翻譯回拉丁文本。這些著作引發多瑪斯（St. Thomas Aquinas）的高度讚賞，予以詳加註解並授課宣講。對多瑪斯產生極大影響，也因此影響了基督信仰下的神學思想，特別是有關人學思想的部分。

亞里士多德的時代，哲學並沒有發展出知識論與哲學人學的分支學科，有關這兩方面的理論則散布在形上學或物理學等非關主題的文章之中。亞里士多德《靈魂論》提供了兩方面的重大貢獻：

其一，考察希臘早期哲學家以至柏拉圖期間的靈魂論思想，整理出更完備的靈魂論思想，開創哲學人學的理論基礎。它能結合形上學理論，以一致的相通的學理，使得靈魂論具有完整的形上學理論基礎。

其二，透過靈魂論對理智運作的考察，爲知識論奠定理論基礎，打通抽象作用的理論基礎。

關於亞里士多德在本卷中其他《自然諸短篇》，雖然與當代科學知識有差距，但是，其中許多課題已經對應到當代心理學、生理學等方面的知識領域。亞里士多德在沒有現代實驗器材的條件下，仍有許多值得重視的理論觀點與提問，其實已經超越好幾代人的成就，仍然值得吾輩予以尊崇。

靈魂論

亞里士多德《靈魂論》漢文譯者緒言

中古到近代，深研亞里士多德著作的學者，都看到了《靈魂論》這專篇中，遺留有前後不一貫的敘述與議論，攸啓了自然哲學史上，對於「生命」這一重大問題的原始與其究竟和久遠的紛歧。近代學者專精亞氏哲學如德國耶格爾（W. W. Jaeger）等輒認爲亞氏的靈魂觀念一生三變。晚近荷蘭哲學史家紐揚博士（Dr. François Nuyens）縝密地研究了亞氏《靈魂論》與《自然諸短篇》，分析了各卷章寫作的年代，著爲《亞里士多德心理學的演化》（*L'Evolution de la Psychology d'Aristote*, 1948）一書較詳盡地照示了這衍變的三個階段。

㈠亞里士多德於西元前三六二年，二十二歲，來到雅典，受學於柏拉圖學院（亞卡臺米）；到柏拉圖逝世，西元前三四八／七年，亞氏三十七歲，離開雅典。在這期間，他仿於老師的文采，撰造了若干篇「對話」。這些對話盛傳於當世，及於亞氏的身後，然到西元以後，竟歸軼失。在這些「對話」中，「關於靈魂」（Περὶ Ψυχῆς）的觀念，大體承襲著柏拉圖《斐多》（Phaedo）篇的智慧；靈魂限於人類，不昰動物界所通有。靈魂先人身而存在。方人之誕生，把某一個靈魂攝入，而囚禁之於自己肉體之內，終生跟著身體的物性活動。這些活動是反乎靈魂的

「精神」本性的。迨其人死亡，此某靈魂者，乃得脫離物身，而還歸於晌所來處。靈魂既得返於宇宙，復其自由本性，猶能記憶著人世的煩惱①。是以古之哲人常懷悲於「投生於人身」，「實是受懲罰中的一個囚犯。」「若知死優於生，則靈魂毋寧在先而得免於受生。」②這些，在現今僅存的《歐臺謨》（*Eudemus*）對話，與《勵志（戒勉）篇》（*Protrepticus*）對話的殘片中之語調，亞里士多德完全嗣承了柏拉圖以人生爲「魂與身戰」的悲響③。

㈡西元前三四八／七年，離去雅典，到西元前三三五／四年，四十九歲，回歸雅典，這十四年間，按照英國生物學家，生物學史家，亞氏《動物志》的英文本譯者，達爾賽．湯伯遜（D'Arcy Thompson）對亞氏生平的考察，是他以生物（動物）學爲主要研究的時期。他先到了小亞細亞西北海濱，特洛亞德（Troad）

---

① 見於羅斯（W.D.Ross）編訂，《亞里士多德殘片》，35，引普洛克盧（Proclus）。

② 《歐臺謨對話》的主題《論靈魂》，已久軼；這些引句見於羅斯編訂《殘片》，40，引普盧太赫（Plutarchus）的記載。

③ 羅斯，《殘片》，36，引聖奧古斯丁（St. Augustine）云：「誠如亞里士多德之言，我們正受著懲罰，恰如落入於愛脫羅斯加（Etruscans）匪幫的手裡，這些匪徒處死俘虜的方式是極其殘酷的。他們把活人與死屍緊緊地捆紮在一起，讓活人在這絕望的情境中，慢慢地斷氣。我們的靈魂（精神）之被困於我們的肉體之內，不正也如此麼？」

西南的沿岸城市亞索斯（Assos）。後移居於累斯波（Lesbos）島，米底里尼（Mitylene）。他窮研了希臘半島與小亞細亞間，地中海周遭的鳥獸蟲魚等五百餘種動物，各做成生態觀察與解剖紀錄。他嘗沿加里亞（Caria）海岸，北至博斯福魯（Bosphorus）海峽（今韃靼尼爾）。隨後受馬其頓王菲力的招聘到貝拉（Pella）宮廷，為王子亞歷山大的師傅。流傳迄今的亞里士多德的著作，動物學（《動物志》與《動物四篇》）與動物心理學（《靈魂論》與《自然諸短篇》）實占其全集的三分之一篇幅。這些卷章的完成端賴這時積累的資料。這些卷章，在這壯年漫遊的期間蓋已開始撰擬，至於完稿的歲月，自當求之於西元前三三五／四年，亞里士多德四十九歲，回歸雅典，建立了呂克昂（Lyceum）學院之後。自西元前三三四年到亞里士多德六十二歲歿世（西元前三二二年），這十三年間，是他完成《形而上學》、《政治學》等的晚年期。《靈魂論》中，關於他思想演變的第三階段一些章節，大概是在呂克昂學院初創的數年間著錄的。

這裡我們該說明他關於靈魂（生命）觀念衍變的第二階段。方亞氏之盛年，他日與陸上、海中、空際的群生相遊處，有感於萬匯與人類共存於宇宙的嘉致，不期而興起了民物胞與之思，他確認了：凡物之具備了「生命」的徵象者，便也各有「靈魂」（「精神」）。亞里士多德《動物志》，卷八章一，585^a18-$^b2$：「大多數的動物具有精神（靈魂）性狀（心理徵象），比較起來，這一素質，於人這品種，特爲顯著。動物相互間有生理構造上的相似之處，於精神（靈魂）狀態而言，若干動物也各示現其或柔或猛，或馴或暴，或勇或怯，又或多疑或坦率，或爽直或卑詐；於理知而言，也可見到他們具備相當於機敏的性能。於列舉的這些素質（品德），其中有些，人與諸動物可作相應的比較：一個人可於這品德上說，或較多或較少於動物，而在另一品德上說，一匹動物或較多或較少於人類。……從動物的幼年期的諸現象看來，這更易明瞭：一個小孩，在精神（心理狀態）上，殊不異於一匹小動物〔例如小鳥小狗〕。此後在成年期所可具備的相異諸品德，正當在兒童期，卻也可見到一些端倪。所以，人與動物，於精神上，某些相同，另些相似，又另些可相比擬」。與此相呼應的，《靈魂論》卷一章一，開宗明義，列示這一專篇行將研究的諸節目時，亞里士多德指說：「我們關於靈魂的考察與討論，一向限於人類的靈魂。」「現在，我們也該研究一匹馬、一隻狗，以及其他諸動物的靈魂與人類的靈魂，是否可用一個總概的公式爲之闡明。」這樣的措詞，似乎正隱括著他將修改老師柏拉圖的靈魂論和他自己初期的靈魂論。在他勤於生物考察的中年期，亞里士多德的「靈魂」（綜合物身而言，同於「生命」，相對或配合物身而言，同於「精神」，也就是「精神」），已不限爲人類所專有，而是動物們所共備的了。從這些互相照應的思想，論理，與句讀看，《靈魂論》的首卷蓋與《動物志》，以及《動物之構造》、《生殖》、《運動》等，是同時期的著作，在他中歲的末期與晚歲的初期之間。

不僅一切動物，更且一切植物（草木），也被說成「具有靈魂」。《動物志》卷八章一588^b6-24，「從無生物進入於生物界的第一級便是植物，而在植物界中，各個種屬所具有的生命活力（靈魂），顯然有多少或高低的等差；從整個植物界看來，與動物相比照，固然缺少些活力，但與各種無生物相比照，它們又顯然賦有了『生命』。我們曾經指出，在植物界中，具有一個延續不絕的級序，以逐步進向於動物界。〔具有『運動』能力，正當是草木輸於鳥獸蟲魚的一籌，〕然在海中，就有某些水生動物，人們沒法確定它們究竟是動物，抑是植物。某些動物有根，譬如江珧、塗蟶，就像著根於某一地點似的，倘予拔出，有些會得死亡……於『感覺』而言有些動物顯示微弱的感覺〔例如鼴鼠的視覺〕，另些竟不見它們具有官感的跡象〔例如貝介〕。又如所謂海鞘以及海葵這類（動植間體），其體質猶類似動物的肌肉，至於海綿，就在任何方面都像草木了。這樣，在整個動物界的總序內，各個種屬相互間，也實際存在生命活力之強弱高低的等差。」相對於此，植物恰也有像含羞草與捕蟲草等，具有觸覺，向日葵與夜來香等具有感光機能，而且能做部分的運動。《動物志》卷八章一588^b25-589^a9，於生物的基本習性，在生長與蕃殖而論，動植兩界也是相似的。由籽實之萌發而長成的草木，它們唯一的目的，唯一的功能，就在蕃殖自己的品種；某些動物的素志，正也如此，牠們營生的一切努力，就止於蕃殖；許多昆蟲，幼蟲期日夜不休地盡吃，及既由蛹而羽化成蟲即刻授精產卵，於是蓋已盡了牠們一生的天職，便雌雄俱殞。「生長（生存）」與「生生（蕃殖）」，可說是一切生物的本業。「這樣，動物的生活行爲可分爲兩齣——其一覓食，另一生育。……『營養』爲動物所資以生長的物料，隨其身體構造的差別，牠們尋取各不相同的食料。凡符合於天賦本性的（營養與蕃殖）事物，動物們便引以爲快樂而趨向之，這就是各種動物在宇宙間樂生遂性的共同歸趣。」

由此而展開的思想，他於《靈魂論》與《倫理學》中，完成了全生物界，配合於物身生理體系的一個精神（心理）體系：(1)「營養靈魂」（ψυχὴ τὸ θρεπτικόν），亦稱植物靈魂（anima vegetativa），即包含生存與生殖的「欲望靈魂」（φ. τὸ θρεπτικόν）是草木蟲魚鳥獸等一切生物所統備，它操持著萬物與之相應的，飲食與消化，即「生存（生長）」，與「蕃殖」的功能。(2)「感覺靈魂」（ψυχὴ τὸ αἰσθητικόν，anima sensitiva），亦稱動物靈魂，爲一切動物所統備，操持動物的「感覺［情念］與運動」的功能。(3)「理知靈魂」（ψυχὴ τὸ λογιστικόν）或心識，即思想靈魂（φ. τὸ νοητα），操持思想、計算、審議的機能，爲人類所獨有的「精神靈魂」（anima spiritula）。這樣的生物心理學上三級體系，完全符契於他的生物生理學上的自然級差（scala natura）。動物們缺少理知靈魂，缺少審議機能，牠們的行爲，全跟蹤於感覺客體之於牠們爲可喜或可怕的感覺印象，所激起的情念（愛憎）

而為趨避。這於同品種和異品種、同類屬與異類屬，並存的世界，將隨時隨地引起衝突；凡只顧自己的利害而逞意活動的生物，平素一般是凶多吉少的，所以億萬年來，竟已亡滅的物種，蓋踵接於世代，而相望於海陸。具備了理知靈魂的人類，乃能審辨當前的可欲客體，而制約其主觀願望或貪欲，俾於同族異姓、同類異屬間，利不專絕，庶幾物不相害，行於平衡的倫理（道德）生活，而於這萬物爭競，與時俱烈的世界中，與眾生共存於中和境界。這樣，人之為類，乃能順應自然，勝於動物界者一籌，而流傳較長久的世代，孳繁於地球上較廣袤的區域。

㈢一個活動物是「含蘊有靈魂的物身」（a be-souled body）；物身則是土、水、氣、火四元素的混合組成④，而靈魂則是肇於火元素的「生命原熱」（ἔμψυχος θερμότης）⑤。《動物之構造》卷二章七652^b8-15：「有些自然哲學家中

---

④ 在古印度與古希臘略同時代的婆羅門的四吠陀（Vedas）和佛教原始經典中稱地、水、風、火為「四大」，生物或無生物的成與壞，一例都是四大的組合與解散。人們感染疾病，就說是體內的「四大不和」。

⑤ 「生命原熱」，見於《自然諸短篇·青與老》（*Juv. et Senec.*）469^b8, 12等；或稱「自然（生理）熱」（θερμότητος τῆς φυσικῆς），見於《壽命》（*de Long. et Brev. Vitae.*）466^b32等；《青與老》473^a4等。或作「自然（生理）火」（φυσικου πῦρ）或「內蘊火」（ἐντὸς πῦρ），見於《靈魂論》

稱，靈魂是火或是一種具有火性的機能。」這一自然哲學家，在《靈魂論》卷一章二403^b31，指明了是德謨克利特（Democritus）。亞里士多德爲之辨析，說：「較精確的敘述，靈魂應是一個結合於某一火性物體的事物。」一切動物咸須具有某量的「熱」，昔賢這一通理，是全無異議的。我們現在需要爲之補綴的，古之所謂「四元素」，其中土、水、氣三者，只是確乎不可再分析的諸元素所混成，或合成的，萬物之冷熱變化的三態：固體（土）加熱而融轉爲液體，液態物再加熱，則沸蒸而化爲氣體。加熱爲一供氧過程，而火焰則是萬物「氧化」（oxidation），即燃燒現象；「氧化」相反於「去氧、還原」之爲吸熱過程（endothemic）者，是一個「放熱過程」（exothermic process）。以「火」爲又一種元素（即燃燒元素，phlogiston）的錯誤，要等待亞里士多德時代二千一百年後的，西元後第十八世紀，才由法國，拉瓦錫（Lavoisier, A.L., 1743-1794）爲之糾正過來。這裡，讓我們姑且保留火不是物質元素，而是物質的燃燒現象，與發熱緣由的，現代化學觀念，返回亞里士多德時代的陳語。按照他的動物生理與心理學諸篇章：靈魂處於身體的最熱部分，即心臟區域以內，操持「生命原熱」（vital heat）以實現一個活

（*de Anima*）416^b29、《青與老》474^b12等。參看《動物之構造》（*de Part. Animalium*）650^a14、《動物之生殖》（*de Gen. Anim.*）732^a18, 755^a20, 762^a20的相應句讀。

動物的營養機能（生長與蕃殖）和感覺與運動機能者，正是靈魂。生理原熱是從「自然（生理）火」（φυσικον πῦρ），亦稱「內蘊火」（τὸ ἐντὸς πῦρ）發生的。

《構造》卷三章三670a23-26：「心和肝是每一動物的基本組成（必需部分）；肝臟所以行其調煮食料的功用，而心臟正是體熱所由發源的身體中樞部分。體內必須有這麼一個部分或那麼一個部分，像火爐那樣，在其中保持著點燃的火種；有鑑於這一部分（心臟），恰正如其本旨而爲全身的衛城（堡壘），這必須予以妥善地保護。」⑥這樣愼重說明心臟即靈魂所寓著的區域，運用「生命原熱」以行其消化作用，故爲（甲）營養（生存和蕃殖）機能的中樞，在《靈魂論》和《自然諸短篇》中也各有與之相應的章節⑦。《構造》卷四章五678b1-4，又講到：「一切動物必須於全身中的某個中樞統制部分，安置靈魂的（乙）感覺［和運動］部分，與生命的本原。」這個中樞部分，在一動物的上下段（或上下身）之間，也就是一切有血動物的心臟。「於無［紅］血動物如函皮類（貝介），有節類（蟲

⑥ 標誌雅典城邦命脈的「壇火」就置在頂堡（acropolis）的雅典娜大廟之內，由一壇火處女看守著。這裡就是雅典遇敵進攻時，全邦武裝部隊必須拚命保衛的核心。

⑦ 參看《靈魂論》416b28-29等、《自然諸短篇》（Parva Naturalia）、《青年與老年》469a2-b1, 474a25-b3, 479a29, 480a16等。

豸），所必須具備的主要部分也就是那可與有［紅］血動物的心臟相似的一個構造。」位在動物界最上的人類靈魂之有（丙）「思想」或「心識」（ὁ νοῦς, mind）或理知（ὁ λόγος, reason，理性）機能，亞里士多德也以屬之於心臟區域。到此，可以綜結靈魂與物身的配合而生物世界賦得生命的（甲）營養、（乙）感覺、（丙）精神，正好完成了與（甲）植物、（乙）動物、（丙）人類的三級配屬。爲之簡略地說明，便是亞里士多德幾番應用的工藝喻：靈魂爲之主動，使物身的內臟與頭腳等各個部分，各施展其活動，以完成其生平，猶之匠師或其工藝（技術）運用斧、鋸、繩、墨等各種工具，以製作其一應成品。於是靈魂在物身中所寓著的心臟，正該受到特別重視與保護，保護心臟，正也就是保護生命，保護靈魂。與《動物之構造》$670^{a}23$-26一節，以及其他若干節，可相比照的，試舉《動物之運動》（*de Motu Animalium*），章一，$703^{a}29$-$^{b}2$這一節：「動物機體該當被認明爲一個治理良好的共和城邦那樣的構製。當秩序一經在這機體內建立，這就不再需要有一個主宰（君王）來包攬一一機事。人民各循各所承擔的義務，按照習成的規程而行事，一事跟著一事，挨次做著習常的活動。這樣，於動物而言，也存在相同的秩序——自然秉賦代替著習常成規——各個部分（構造），遵從爲它們制定了的功用，各做各的職司⑧。於是，這就不需要於物身的每個部分，也各配給一個相應的靈魂部分，靈魂整個寄託於物身的某一處，類乎治理的中樞，其餘憑自然結構而與之相聯綴著生活的各個部分，便按照自然（生理）所分配給它們的職司，各盡其本分了。」這就是憑靈魂以賦予生命的一切動物，包括人類的，生活全程。

《動物之構造》卷二章七652[b]16-20：「但一切效應須得有所平衡，故自然又構製了腦，藉以爲儲著熱量的心臟的一個對體，並把這個由土與水合成的對體，賦予之於動物，俾減低它［得之於火性物質］的體熱而臻於中和。」「諸動物所以各具有一腦［的製冷作用］，直是爲了葆全牠的全身。」同書，同卷章653[b]5-7：「心臟作爲生命的本原與體熱所由發生的部分，感應是最靈敏的，在腦外表的血液的最微小演變，它立即有所感覺。」亞里士多德的解剖學，誤失於神經系的脈絡，於腦的感覺機能不明，於所謂對心臟血液的「製冷」作用（κατάψυξις, refrigeration）也說得含糊。在《自然諸短篇》中，他把這一平衡心臟熱度的製冷功能，歸之於「呼吸」（Respiratione），這於陸居有腳或有翼動物是肺，於水生動物是鰓的效用。《呼吸》篇，章十八、十九479[a]25-[b]15，生命與靈魂都有賴於

---

⑧ 柏拉圖《蒂邁歐》（*Timaeus*）70A，以「治理良好的城邦」喻動物機體。亞里士多德《尼哥馬科・倫理學》（*Ethica Nicom.*）1113[a]8，引荷馬史詩中王制為喻。

熱性，動物必須有熱量以消化食料，煮（製）成血液，輸供全身各部分的營養，所以營養器官（胃腸）必須位置於心臟所在的身體中段，即進食與排泄兩種官能之間。同篇，章十六478^{a}28-^{b}22，靈魂爲了操持動物生體的營養功能，在心臟區域內，著使內蘊之火，發爲熱量，而一經發熱，這又須有冷卻構造，爲之平衡。所以陸上動物各有心臟，又各有肺，製冷功能就由肺呼吸來運行。水中生活的魚類，無肺，其製冷功能是由水，經由鰓開闔的流通來完成的（參看《呼吸》章十475^{b}15-476^{a}14）。《呼吸》章二十一480^{a}16-^{b}13，陸上動物，當其活著的時日，不能一刻停歇其肺呼吸，即空氣的進出；水居動物，當其活著的時日，不能一刻停歇其鰓開闔，即水的吐納。《呼吸》章十九，陸居動物具肺無鰓，入水則窒息（斷氣）而死，水居動物具鰓無肺，則在岸上大氣中窒息而死。章九，爬行類如龜蛇，血量微少，雖以肺呼吸，其調氣功能是很微弱的，故能久潛於水下；然苟強不使出水，則終亦因氣絕而淹死。章十六478^{b}18-21，鳥獸與爬行類，凡行肺呼吸的動物，因疾病或衰老而不能呼吸時，隨即死亡，水居動物如魚類之以鰓開闔行吐納者，若因故而鰓不能開闔，也隨即死亡。我們這裡不憚煩地引出這些章節，不是爲要揭出亞氏以呼吸爲「冷卻」作用這彆扭的古老生理化學思想，對於火與燃燒過程尚不明瞭的希臘醫學與自然哲學家們，看到，也自己體察到，肺吸入冷空氣，呼出熱噓氣，而擬之爲製冷效應，是合乎自然的；由此推想，具有心臟與血液的魚類無肺，而其鰓條乃有管道通於心臟，鰓的開闔爲水的吐納，蓋是與肺呼吸相仿的功能，這也合乎自然。至於空氣中含氧，水中也含氧，而氧乃能在肺部動脈靜脈的毛細血管間，以其助燃作用，輔成血液的新陳代謝，這是他們在當代無由想像的。英國渥格爾（William Ogle）曾英譯《呼吸篇》而爲之詮釋：古希臘人昧於燃燒的實際，故於「呼吸」做成如此迂迴而謬誤的分析，我們今日，若用「供氧」或「氧化」（oxidation）替換所有「製冷」的字樣，全篇便豁然貫通。

《青與老．生與死》章四469^b7-20，活動物全身與其各個部分，都含有「自然（生理）熱」，當其活著的時刻，全身各個部分都有熱感。一旦失去生命，它就全無熱感。生命全賴熱源所在，也是靈魂所在的心臟。章五，亞里士多德說熄火兩式：⑴燃料既盡火自就熄；⑵被外物撲滅，以例於人或動物的死亡兩式ⓐ生命原熱漸已消耗，溘然壽終，ⓑ遭遇橫禍或急病，非命暴死。在這一章中，於呼吸之有佐於心臟的維持其熱源之長久作用者，別出了「燜火爐喻」（470^a6-16），把煤團蔽護於灰燼之中，點著了的煤火隔絕於外圍大氣，而縷縷的小氣仍得濾過灰燼，滲到煤團，就這樣維持了燜火爐的長久燃燒。到這裡，亞里士多德在不自覺中，已多少說著了火與氣的實際。不憚煩地揭出這些章節，我們的本意正在這裡：他說人與動物之死，就是肺或與肺相當的部分（構造）停了呼吸，斷了供氣，心臟停了供血，歇了脈搏，全身失熱。失了生命的這個物身，就失去營養、感覺、運動與思想，一切機能，靈魂也與之俱泯了。回想在《動物志》與《動物之生殖》（比較胚胎學）中，亞氏記錄了雞卵孵化過程的實驗紀錄，還有些胎生動物（獸類）的胚胎發育紀錄，各說到了鳥獸的胚胎、先出現心臟與相屬的血管，這當是一個新生命的開始。《靈魂論》許多章節、顯言動物生命的開始，便相應而爲靈魂的原始。靈魂與物身同時而生，物身之爲生體，而靈魂爲之生命，於是這一活動物，乃開始運行營養、蕃殖、感覺、活動或行爲，以及理知或思想。迨心臟既息其機能，於是所有營生感覺與精神，也一切隨之而亡滅，於是，物身與靈魂同時而死。這樣，《靈魂論》與《自然諸短篇》所討論者，既是營養、感覺、運動、心識（思想與理性）這些正是近代本於人類與動物生理的，「心理學」的內容，所以英國羅斯（W.D.Ross）複校了《靈魂論》與《自然諸短篇》之後，確認亞里士多德爲現代心理學的遠祖，也可說世界上心理學最初的作家。

亞里士多德魂身合生同死的觀念，在他當時是全新的。當時傳說畢達哥拉宗（Pythagoreans）已有「輪迴」之說，自然間浮游著若干靈魂，嬰兒初誕，一經攝入，直到其人身亡，而此靈魂乃得脫身，還自浮游。但「投胎」的故實，古希臘殊不盛行。至於離魂之獨立延存，不與其物身同死，則是大家已熟聞於荷馬（Homerus）、品達爾（Pindarus）等詩人的吟誦。中國，在齊梁間，從印度傳入的輪迴與地獄之說大盛。六朝蕭齊皇孫蕭子良，在蕭梁天監間，著〈神不滅論〉

（神即「精神」），同於「靈魂」），說：神常在不滅，身只暫在。身死魂離，另入它身，信佛修善者，未來世投生於富貴之家，享人間福祿。謗佛作惡者，未來世投生豬狗蛇蝎，受盡畜道食色鬥爭之慘苦。儒家范縝作〈神滅論〉以反其說，曰：「形者，神之質；神者，形之用。稱質而爲用，形神不相異；名殊而體一者也。神之於質，猶利（鋒）之於刃（刀），捨無利，未聞刃沒而利存，豈容形亡而神在。」〈神滅論〉，作於天監七年，西元後五〇七年。這一文中「形」譯爲亞里士多德的 σώματος「物身」，「神」譯爲 ψυχή「靈魂」，是全切合的；所持議論，恰相符契。還有一點，今人詫異的，范縝的「刃（刀）喻」恰好相同於亞里士多德的「斧（πέλεκυς）喻」（見於《靈魂論》卷二章一 412^b10-17）。

(四)《靈魂論》卷一各章，列舉前賢關於靈魂的要理，並一一加以評議，認爲他們都沒有能撰成一個可以普遍適用於一切動物的定義。卷二乃敘述他自己「對於靈魂的觀念」，或用現代語言來說，即「心理學體系」。依我們上已說到了的，他的心理學體系就是：物身與靈魂合成爲一含有生命的活動物之（甲）營養與蓄殖、（乙）感覺與運動、（丙）精神（即理性或心識）、靈魂三級，到此，他把先前已積累了的許多資料，綜結爲「動物與人類生理心理學的比較研究」（comparative physio-psychology）。

亞里士多德在他的解剖學上，有一個誤失，是他檢到些神經束（νεῦρον，

neuron），恰把它們混同了肌腱（tendon）。他的《感覺》篇與《靈魂論》中，把感覺機能，統歸之於心臟，這一失誤，正由於此。當時，柏拉圖已經認取感覺機能應在腦部，因爲職司視、聽、嗅覺的眼、耳、鼻都在頭部。亞氏認明觸覺機能爲動物諸項感覺中的基本項；既然全身處處肌膚都有末梢微小血管都有觸摸感，這就必須匯總在心臟。味覺，相類於觸覺。由感覺引起的恐懼或喜悅，各引起心臟的驚悸或安愉。由欲望引起的趨避（運動）之或強或弱，心臟是刻刻都感受到的。我們現在常識所知運動神經與感覺神經，通都匯在腦部，他那時既無由想像，便轉而假設眼耳鼻這些頭部器官各都有管道，引到心臟區域。辨明在血管與骨骼，與肌腱之外，全身還有一個神經網絡，須待之亞氏身後約五百年的加倫醫師（Galenus Medicus，盛年在西元後一六五年，是年三十四歲，行醫至於羅馬）。亞里士多德晚期以整個靈魂爲整個潛在機體的生命實現，避免了舊所企求的生理機能與心理機能在物身上，尋取相應部分與其位置的迷惑，也避免了必須在心臟中安置靈魂的困難。亞里士多德這一錯誤，中國、印度等古代賢哲，統都不免。說「道心唯微，人心唯危」，說「運用之妙，在於一心」，這個心或那個心，都是從「心臟」之爲「心」引申起來的。實際，這思想之爲心，乃在「腦」，不在「心臟」。翻譯印度佛教經論，謹愼地應用「意」、「識」等名詞，有些譯者或論師，卻就直作「心」字。直到近代，中國翻譯西方研究所及腦神經的作用，還說是「心理作用」，於腦神經發作的種種表現與其行爲，還稱爲「心理學」，照希臘字源譯，恰正是「靈魂（生命）學」。

《靈魂論》卷二章一$412^{b}10$，對於「靈魂是什麼？」（τί ἐστιν ἡ ψυχή）的定義所做綜合陳述：靈魂就「憑這公式」昭示其爲「（生命）本體」（οὐσία ἡ κατὰ τὸν λόγον）。這公式先已於$412^{a}20$-22敘明：「靈魂作爲一個『潛在地』（δυνάμει）具有生命的自然機體的『形式』（本因ὡς εἶδος），必然是『其本體的實現』（ἡ οὐσία ἐντελέχεια）。」那個動物的生身，既是「物質底層材料」（ὡς ὑποκείμενον καὶ ὕλη，即物因），唯有憑此形式本因，它才得實現其爲一個活動物。這裡，亞里士多德把他後成的哲學思想，本體論與其「潛在實現」公式⑨，應用到他前成的生物學與動物心理體系。他闡說靈魂之爲生命，本體者，舉屬了兩個實例：斧之所以成爲斧者，其實是在於鋒利，不在其鐵身木柄，若無鋒利，不能斫削，則彼鐵身木柄者，不足以稱眞斧。或嫌這無機物的斧不全適合做有機生體的譬喻，他更做一有機物的眼喻：眼之所以成其爲眼者，在於視覺，不在其爲白黑點睛，若雕像之有眼，或畫像之有眼，雖唯妙唯肖，其奈不能窺視何！

---

⑨ 參看亞里士多德《形而上學》卷八章二，物質潛在與形式（成實）本體的統合定義；卷九章二，潛能與現實的分別，和ἐντελέχεια「隱得來希」（完全實現）的定義。

「靈魂」ψυχή，「柏須歆」，希臘文義，同於「生命」。有機物之異於無機物，以有生命與無生命爲別；一動物生體與一動物死體，以有無靈魂爲之內涵爲別。一個蠟人雖製作得與眞人唯妙唯肖，可是不能賦予營養靈魂以行生長與蕃殖的功能，不能賦予感覺靈魂，使其眼能視，耳能聽，手足能運動，也不能賦予思想（理知）靈魂，使之析事辨理；一棵草木雖能生長與蕃殖，卻不可賦予感覺靈魂，使爲相應的感覺與運動，一般動物，除了人類，也不能賦予思想靈魂。必須其物身潛在地具有各級靈魂的機能，而後靈魂乃能實現其爲有生命的一棵植物，或一個動物，或一個有生命的活人。這裡，在消極方面，用「潛在實現」公式，說明生物界的三級靈魂，顯見是簡明而又通達的，較「身魂合成」公式爲更貼切地適用於一切「生理心理」體系的討論。

依上所舉兩例，他於靈魂論題的言語雖已有變改，其爲領要，猶與他的舊說相仿。但《靈魂論》這一專篇，既表明了靈魂與身體之實現與潛在的關係，自此以下，於講到心臟的章節，就不再像《呼吸》等篇，重稱心臟在動物機體中，具有特殊重要的位置與作用。對照於他的動物學著作，《靈魂論》也不再講靈魂各項機能是否配屬於物身與之相應的各不同的部分（構造）。於生物界而言，靈魂雖有三級差別，於每一鳥獸，或每一個人而言，靈魂是以一整體運行或施展於每一物身的所有各個部分的。

《靈魂論》卷一章四408^b24-29思想與推論（玄思，τὸθεωρεῖν）的功能消滅時，蓋是由於心識（理知靈魂）所寓在的某個物身的衰損［由於老耄，或疾病等原因］，心識是實際不受影響的（不被動的），思想與愛憎，實不是心識的屬性，而是「那個具此心識的人身」的屬性，這是那個物身做出的一些表現（心理表現），記憶與愛情於是衰滅（萎弱）了，內含這些的整個實體既趨於壞死，衰滅現象就處處顯見。這些原來就不屬於心識。「心識多少含有些神性，所以它是不受影響的（不被動的）（ὁ δὲ νοῦς ἴσως θειότερον τι καὶ ἀπαθής ἐστιν.）。」這裡，關於「神性」字樣的造句既是含糊，也在卷一中，不明其來蹤與去跡。直到卷三章五，我們才找到了它的著落。這一章說到了心識（ὁ νοῦς理知）靈魂與其物身，一爲主動，一爲被動，恰如藝術與其所操作的材料的關係。下文（430^a15-17）別出了關於靈魂的一個新義：「心識（ὁ νοῦς，理知靈魂τὸ νοητικόν）」具有類乎光照的效應；「光」（τὸ φῶς）的一個命意，就在照亮潛在的色，成爲現實的色。在做主體活動中的心識，「是（獨立的）可分離的（χωριστὸς）、不被動的（不受影響的，ἀπαθὴς）、單純的（不含雜的ἀμιγής）」。依亞氏的原論，靈魂不能離物身而獨立存在，心識，即思想機能，或理知靈魂，也不能分離而獨立於物身之外。可是他在卷三章四的末節，把心識兩分爲實用理知（ὁ νοῦς πρακτικός），即被動心識（ὁ νοῦς παθητικός）與純理心識，即主動理知（ὁ νοῦς ποιητικός）。卷三章四，

430ᵃ1-6，一塊空白的書版，說它上面寫著有字，這只能爲潛在的有字而已，現實地講，此時版上，一個字也沒有。思想心識、恰就如此，自爲其思想（理知）客體。於事物之不含有物質材料者而言，思想過程與被思想的事物，是合同的；專於「純理知識」（ἡ ἐπιστήμη ἡ θεωρητική）［例如，一數理論證］作想，思想主體就同一於它「自造的知識」（ἐπιστητὸν τὸ αὐτό），即純理客體。這裡就是亞里士多德所持的理由，純理靈魂之爲思想，不假外來的思想客體，而思想於自心所成思想客體，所以它是可以離立於物身（人體）而存在的。於是，卷三章五結句430ᵃ22-23：「心識只有在它離立了以後（χωρισθείς，做成了『離立狀態』），才顯見其眞實的存在，只有在這情況中，它才是『不死滅的，永恆的』（ἀθάνατον καὶ ἀΐδιον）。」不死滅而成爲永恆的，這就賦予了靈魂（限於純理靈魂）以「神性」。430ᵃ23-25：「這樣的靈魂（純理靈魂）既然不是被動體，所以不做記憶（於生前的活動或行爲，也無所回想），作爲被動體的心識，是要死滅的，而理知靈魂，或靈魂，分離於實踐心識（被動心識）之後，就再不思想於任何外來的實用思想客體了。」⑩

---

⑩ 這一節原文的章句不準足，又兼多慣用的（tautology）如此如彼「或」「這個那個」的代名詞，使人難以確定其主賓實體，所以久懸為後世箋家與譯者的疑難。

於靈魂有可離立於物身之外（死後）的部分，這新義，回想起來，《靈魂論》卷二章一，蓋有他的伏筆。413^{a}4-9：「靈魂與軀體是不可分離的（οὐκ ἔστιν ἡ ψυχὴ χωριστὴ τοῦ σώματος），如果靈魂是具有若干區分的，那麼，它的部分靈魂與其相應的部分軀體，也是不可分離的。但有些動物、其靈魂的某些部分之爲實現，無關於其軀體的任何部分，那麼，這部分靈魂若行分離，這就沒有什麼來加以阻止了；相應於其全軀之成其實現的靈魂，則總是不可分離的。又，靈魂於其軀體之爲生命實現的關係，是否相類同於舵手與船的關係，我們實也還有所不明。」所云舵手與船喻，見於《靈魂論》卷一章三406^{a}3-12，任何事物可以兩個方式移動其位置：（甲）由外物間接的爲之運動、（乙）由自己直接移動。（甲）舵手駛船，非船自行，我們就說航船是間接的行動；（乙）兩腳步行，人身前進，因爲兩腳原屬人身的部分，我們就說這人的前進是自己直接的行動。按照舵手喻，他能駛船，可是他能離船而自在；若言兩腳或足，它們能移人畜，可不能離人畜而自在。

可是，在卷一章三，這一節的上下文中，我們未能找到這裡（卷二章一413^{a}4-7）所說靈魂有某一部分，可像舵手離船而自在者，離物身而自在。但我們讀到卷三章十，議論物身與靈魂的運動功能（或人類的行爲）時，見到了433^{a}8-20這一節：「有兩個致動者，欲望（貪欲 ὄρεξις）與心識（νοῦς）。人類以外的諸動物，既不會思想，也不能計算……心識與欲望該正是空間運動（移換位置）所由發生的本原。但這裡所說心識，須是備有計算功能（工於心計）的『實用（實踐）心識（νοῦς ὁ πρακτικός）』。實用心識所考慮的，專在如何獲致感覺所發現與所企求的客體（目的或終極），理想心識（ν. ὁ θεωρητικός）則沒有自己的終極（無所企求）；而欲望的各個種屬總捨不了有一個企圖（目的）：欲望（貪欲）的客體（對象）正是實用心識的刺激物；這個客體既是思想過程的終端，又是運動（行爲）過程的始點。於是欲望（貪欲）與實用心識兩者合同是運動的創始，說運動發源於心識者，其眞意只限於這麼一個方面，這個客體，激起欲望思想而爲運動，其運動的終極（目的）乃止於獲得這個客體（所欲對象）。」這裡我們終於找到了亞里士多德，在他動物學諸篇中，以及自然諸短篇中，原來與其動物物身不可分離的靈魂，被區劃爲一可分離與另一不可分離部分的端倪。如我們上所指述的，靈魂分作三級，（甲）營養（生長與蕃殖）、（乙）感覺與運動（丙）心識（思想或理性）。現在，他把人類所獨有的（丙）級靈魂析爲實用與純理兩個分級；實用思想的靈魂（διάνοια πρακτική, practical mind），包括計算功能，著落於感覺或臆想所引起的生長與蕃殖的欲望（愛憎）對象，而運動物身，做出趨避的行爲，這就把這一分級實際繫屬之於（甲）植物、（乙）動物的兩級。於是而保留了的另一分級，所謂純理心識（ν. θεωρ., theoretical mind），則是思想於不引起欲望（生活企圖，或貪欲目的）的思想，舉例以明之，就像「直角三角形的另兩角，等於一直角」，這樣的數理推論。這個專爲研究眞理而做研究（思想）的純理靈魂與物身全不相涉。純理心識這個（丙）魂分級，既與活著的動物物身原本不相附麗，自然於這物身滅亡之後，可以全然離立。脫離了這現實生物世界而猶獨立存在的，這個（丙）分級靈魂，將何所歸屬？歸屬之於神祇！那麼，人類的高出於禽獸之上的精神，（丙級靈魂）蓋乃處於神畜之間，一半（分級之一）近乎或者直是禽獸，一半（分級之另一）近乎神祇，或者可得伍於神祇。

《靈魂論》卷三章十一434^{a}15-20，講知識機能所起的信念（成見ὑπόληψις）或出於普遍公式，或出於個別（特殊）公式。「這些信念（成見）也引起人們的運動（行爲），這些運動（行爲）由於普遍因素所著力的總較小，由於特殊因素所著力的總較大。」這一節的命意也在分化理知靈魂（知識機能），以普遍因素超屬於人之爲類，而上接於神祇，以特殊因素下承於各個個人之近乎鳥獸的行爲。《靈魂論》中還有一些孤零的文句，卷一章三407^{a}5提到了τὴν τοῦ παντός「（宇宙）大全魂」。卷三章七的主題是實用理知的操持，末節提到抽象論證，沒有說明所論主旨，就結束了全章轉出章八，再次申述「宇宙靈魂」，ἡ ψυχὴ τὰ ὄντα πώς ἐστι πάντα（靈魂的一個命意統概乎全宇宙的萬物）。於這麼一個重大的論題，下文卻又是似相屬而似不相屬的。407^{a}5所提到的「大全靈魂」（Anima mundi）原是紹承柏拉圖，《蒂邁歐》（*Timaeus*）中，有關此題的議論。畢達哥拉學派與柏拉圖學派都稱道諸天體在天穹中循圓軌道的運動，演奏著美妙的樂調，而指揮著這天樂的，當爲「宇宙靈魂」（the cosmic soul）。連類而及人類靈魂必也相應於「宇宙總體的靈魂」（τὴν τοῦ παντός）引用合乎樂律的數理以爲行動。亞里士多德在本章的下文相異於，或說相反於柏拉圖學派，謂人類生平的運動（行爲）不能是往復不已的圓運動，所以說不上他的靈魂合契於「宇宙靈魂」。那麼，亞里士多德在撰寫卷一時，已否定了自然哲學上的宇宙總體靈魂和生理心理學上的人類個別靈魂的任何聯繫，怎麼在卷三，又重複提出？這也是後世箋家與譯者大爲詫異的一個疑難。《靈魂論》有些章節，文理不相貫串，各卷章中，時或有複出或相乖忤的句讀。對於《靈魂論》深入鑽研了的篤爾斯羯克（A. Torstrik）認爲這類章句該是古昔編者，把亞里士多德原稿中一些未完成的斷片或札記，拼湊起來的。關於「宇宙靈魂」這幾節，顯然就是這樣的殘片，我們盡可把它擱置起來，不做追尋。

我們這裡譯爲「靈魂」（soul）意指生命（life），或義同精神（spirit精靈）的ἡ ψυχὴ這字，自古就做多方面的命意。西元前八九世紀間，見於荷馬史詩者，靈魂爲與其身體相配對的，實主其人之生命，在其人身死之日，則離立而爲他的「鬼魂」（ghost）。《伊利亞特》（二十三，65）有阿伽米農（Αγαμένονος）的離魂，《奧德賽》（十一，207）出現了巴脫洛克留（Πατρουλῆος）的離魂。這樣的魂，在其人死後，浮游於身外，凡被生人見到時，仍做原來的形貌。這種「示現」的幻象（φάντασμα）或「映影」（εἴδωλον），在亞里士多德的《自然諸短篇》與《靈魂論》中，明確地歸屬於生人的感覺機能後遺，或臆想所做的心理印象；在他的生理心理學的靈魂體系中，沒有「鬼魂」（離魂）。西元前第五六世紀間，俄耳甫斯宗（Orphicism）造讖的神司（巫祝），自謂，或由他人爲之宣傳，原出神明，暫遊人間，旅寓於某一肉身之中；迨此身體滅壞，此靈魂乃還於神界（歸天）；神界考其在世俗時的善業或惡行，而予以賞罰。在詩人品達爾（Pindarus）的篇章中就留有如此的敘記。這類傳統的聖蹟，亞里士多德深知其有關當代城邦政治，社會與軍事的實際和利害（禍福），素來不加評議，但於《夢占》篇中，他顯說所有聲稱「託夢」的人們，都是凡俗愚昧的男女，把這些夢當作「神兆」而爲之占取休咎的術士，或巫祝，也都不是具有智慧的；這些聲色如繪的奇異夢境，或出於夢者自己虛妄的感覺，或近屬於（有據於）感覺機能的臆想，或由於其人機能萎弱，或因疾病所引起的幻象，或是有意謊編的故事。眞神不管個人的休咎；他於此否定那些自稱爲交通於人神之間的巫覡。亞里士多德既執持靈魂與物身，同生而共死，否定靈魂之不能獨立存在，靈魂當然屬於凡人，全無神性。

西元前第五世紀間，亞里士托芬尼（Aristophanes）的戲劇，有「許多『靈魂』滅亡了」（ψυχαὶ παλλαὶ ἔθανον）這樣的臺詞，恰同於「許多『人』滅亡了」。這有如中國史書中說到某一地區，某一災禍中，大批的人死亡，就說「生靈塗炭」。這在亞里士多德的語彙中，就是以「靈魂」（soul生靈）這字假代了「含蘊有靈魂的一個活人」（a besouled man）。

柏拉圖（西元前四二七—前三四七）的對話多篇涉及靈魂，也有以靈魂爲主題的對話。他的文哲寓言或神話新編，雖「饒有智慧」，卻不是認眞的學術研究。他隨心所欲言，信筆寫來，都成妙諦，但他橫說豎說，常無定論；前後紛歧，他也不必勘實，俾成一完整系統。他在《米諾》（*Meno*）、《斐多》（*Phaedo*）、《費得羅》（*Phaedrus*）等篇中，都講靈魂先於人的誕生而存在。《蒂邁歐》（*Timaeus*, 34E）說靈魂先於軀體；天賦軀體爲靈魂的奴僕。《法律》篇（*Laws*, X, 891），物身固應服屬於靈魂。靈魂既於群神爲近親，故於入世的平生，常求自解於彼類於囚籠的軀體。可是，於《共和國》（*Republic*）中，他以人的靈魂喻城邦統治的良窳時，析人魂有三個因素爲之組成，治邦就像(1)情感輔祐、(2)理知（靈性），制服了(3)貪欲（物性），而成和諧的品德。《蒂邁歐》也說到人們具有一個劣等神祇爲他們預製的一個該死的靈魂，其中充塞著貪欲，這就是世上眾惡的本原。與此相應的《法律》篇中就說人有一善一惡的兩魂。以靈魂爲主題的《斐多》篇中，他又編撰有「兩魂」的神話，身死之日，魂到冥府，俱受審判，其正直的善魂，便遣送於大西洋遠西泓瀛中的幸福島上，其邪慝的惡魂，便發落於韃韃羅地獄（Tartarus），加以和他（她）的罪狀相符適的懲罰。當時黑海以北，高加索山間，土著民族就有這樣的傳說。這一神話新編，是否就是亞里士多德在《靈魂論》一些章節中，把人類丙級靈魂區劃爲實用心識與理知心識兩個部分的藍本或啓發？這是可信又可疑的。柏拉圖在《費得羅》篇與《法律》篇（X, 904B）中，都曾講到靈魂是一個自能動體，爲生物世界的動因，所以它須是永恆的、不死的。《斐多》篇與《共和國》（X, 608），都記載了蘇格拉底靈魂「永不死滅」（immortality）的信念。這些是否又揭出了亞里士多德靈魂具有些「神性」，而且是「永恆的」，那些畸零的殘章斷句的來歷？這些脫出了肉體，或到幸福島上，或到韃韃羅中的眾魂，其善魂於幸福盡時，其惡魂於刑罰終了之後，《費得羅》、《共和國》等篇都許以重新入世（投胎transmigration），並讓他（她）們憑前生的經歷，自由選擇來生的物身，可是竟有許多愚昧的靈魂，仍還樂於任縱貪欲，選取低等動物而轉世。輪迴或投胎之說，可能是印度婆羅門最早設想起來的，隨後向西向東傳播而與時俱廣。古先各民族都樂聞人世淆亂的善惡或曲直，終久獲得死後的糾正，也就欣然接受這些創意，各憑本族的道德（倫理）傳統，或詳或略地構思各自的冥間與地獄。柏拉圖的新神話大概得之於畢達哥拉宗派，畢達哥拉大概得之於印度經由波斯的傳聞。至於亞里士多德，既從生物學，從生理心理學上考察靈魂這題，他基本肯定了靈魂與其物身的同生共死，在他的著述中不見幽冥的字樣，沒有輪迴的設想，當然也沒有死後的牛魂馬魂。在他想來，人、牛、馬的機體構造，既不相同，人魂、牛魂、馬魂是不能錯互地搭配的。

柏拉圖主意式（唯心idea），尙通理（universality），好抽象（abstraction），而輕現實世界的一一個體（particularity），專重非物質的靈魂而薄動物或人類的物身（肉體）。亞里士多德既爲之入室弟子，方少壯日，受柏拉圖影響甚深，循從師說，故有《戒勉篇》，做靈魂的超物身觀念。世傳蘇格拉底臨末從容的高義：雅典公審法庭，以侮慢神祇、蠱惑青年，判處蘇格拉底死刑，繫於囹圄。服罪之日，其從者會聚於獄中，爲言已與典獄者通，引之出獄，並已於港口備舟，偕共流亡鄰邦。一離雅典，雅典城邦法律便歸無效。蘇格拉底謂，靈魂之在人身，人之自性在靈魂，今法庭判非其罪，使吾魂得早脫囚籠（肉體），實我幸事。爲諸從者論生死義理，魂身義理，自晨至夕，卒不離獄。執法吏持藥來至，蘇格拉底恬然仰藥以死。柏拉圖在學園，爲諸生講授蘇格拉底臨終對話（*Apologia*，《申訴》），說蘇格拉底深信自己靈魂不滅，其從容就義者如此。世傳柏拉圖在開講這恰也是討論「靈魂」的一篇專著時，其初座無虛席。這一對話，十分莊嚴而激動人心。然傾聽既久而漸倦，聽眾陸續以去。迨其終篇，唯亞里士多德一人端坐於本位。這樣的故事，當然是僞撰起來的，但我們不妨就據此以度量亞里士多德在柏拉圖門下的歲月，尊師重道，確乎信服蘇格拉底柏拉圖關於靈魂的傳統觀念。

但亞里士多德既裔出醫師世家，習於憑解剖與實驗，研究一切動物和人類的生理現象與行爲，到中年又如此勤勉地考察了生物的萬類，他明確了靈魂（「心理」）終不可脫離生物一一機體的「生理」而專做抽象的論說，這時期，柏拉圖亞卡臺米的師徒們都偏信：憑感覺所認識的物質世界是虛妄的，不是實有的。亞氏確認了物質世界的實在，也確認生物物身的實在，而指明了萬類的「生命」則有待於靈魂在物身上爲之實現。於是，「靈魂」雖也是世界上的一個實際存在，但它不能脫離一一生物的物身而猶在。世界如果一個活動物也沒有了，連草木也沒有了，眞成了一個死寂的世界，全無活物，全無生命，也就全無靈魂。

(五) 於是近世尚實的學者往往認爲亞氏一旦完成了這樣的魂身體系，絕不會重返少壯時期柏拉圖專重靈魂的信念或理論，所以《靈魂論》中，關於「靈魂不死」與其「神性」這類章句，都是後世僞造了，添加的。與此相反，中世紀的學者特別歆動於靈魂具有神性的章句。穆罕默德遷居紀年（Hejira）第四世紀，耶穌基督紀元第十一世紀，伊斯蘭（回教）學術昌明的盛世，阿拉伯最著名的自然哲學家，也是最著名的醫師，伊本·西那（Ibn Sina, 980-1037），著行了他的傳世之作《醫典》與《靈魂治療大全》。伊本·西那勤研亞里士多德學術，遍習遺著，故工於邏輯，於一切事、一切物，能爲歸納與演繹，能爲類析與總斷。於亞氏《形而上學》，尤辛苦用功，服膺「四因說」、「目的論」，和潛在與現實過程之所以解釋事物之演變者，拳拳終身。他也精讀亞氏物理、倫理、政治，以及動物生理、心理諸篇章。他所著作而傳世至今的，有《醫典》和《靈魂治療大全》。《醫典》述人身疾病與其治療，承襲古希臘醫祖希波克拉底（Hippocrates）與行醫羅馬而成名的亞歷山大城希臘醫師加倫（Galenus）的醫理與經驗，也廣引了亞里士多德的解剖與胚胎學等紀錄。《靈魂治療大全》說治療世人靈魂（心理）的百病，祈願世人操修高尚堅貞的道德；嗣後，伊斯蘭教徒奉爲阿拉伯學術的百科全書，實際上這本大全主要是亞里士多德學術一一範疇的全面介紹與詮注，也增加有柏拉圖，以柏洛丁諾（Plotinus）等新柏拉圖學派等諸家之說，並糅合之伊斯蘭學者的神哲義理與教訓。由於引進了加倫關於頭部構造的解剖紀錄，他已認得腦部的某處爲諸項感覺神經體系匯結所在，這比之於亞里士多德於感覺諸器官及情欲與心識諸功能一主於心臟者乃較爲明審。他這名著，大量應用了亞里士多德《靈魂論》的章句。伊本·西那的自然哲學，本於亞里士多德的《形而上學》，他的學術分類，做實踐知識與純理知識之別，符合於亞氏《靈魂論》對於心識（理知）的分析。純理心識若做靈魂之具有「神性」的導引，這就符契於伊斯蘭的教義。伊本·西那由此糅合亞里士多德於回教教義，從眞主（阿拉Allah）流放或輻射的精神（spirit），把生命法式賦予之萬物，萬物受此法式（靈魂）而成爲一一具有靈魂的眾生。於是伊本·西那（阿維森納）的「靈魂」：與其物身同時誕生，而不與之共死。那麼，他的萬古不朽的靈魂，蓋是無感覺、無思想、不運動的一個存在。

伊本・西那未習古希臘文，他研究亞里士多德著作是由阿拉伯文譯本和敘利亞文譯本入手的。伊本・西那的名著西傳到西班牙（安達盧西亞Andalusia）後，第十二世紀間，科爾多瓦（Cordova）的伊斯蘭學者爲之翻成了拉丁文，這些拉丁譯本把伊本・西那這阿拉伯名字轉化爲「Avicenna阿維森納」這樣的拉丁名字。於是，伊斯蘭化了的亞里士多德與古希臘學術，因這些拉丁譯本而流傳到西歐列邦。西歐在中古期間，荒疏了希臘文化學術，經伊斯蘭學者的提倡與傳布，聞風興起漸多問津⑪。西元後，第十三世紀，天主教法蘭德斯（Flanders）迷爾培克（Moerbeka）主教、多明我會士威廉（Guillieme, 1215-1286）依據希臘抄本完成了《亞里士多德全集》的拉丁文譯本。威廉主教的這一事業有得於羅馬教廷，神學院經師，多明我會士（Dominican），多馬・阿奎那（Thomas Aquinas, 1225-1274）的贊助。威廉的譯文是逐字逐句，對照著原文直譯的。阿奎那依據迷爾培克拉丁譯本逐節逐句撰造了亞里士多德全集的拉丁注疏。由於阿奎那的精勤，

---

⑪ 中古間，為阿奎那研究亞里士多德學術先導的巴伐利亞（Bavaria）經院哲學家，大亞爾培脫（Albertus Magnus, 1200-1280），與阿奎那同輩的英國修士哲學家羅吉爾・培根［Roger Bacon, 1214（?）-1294］，後於阿奎那的蘇格蘭經院神學家，鄧斯・斯庫脫（Duns Scotus, 1265-1308），這些研究亞里士多德有得的名家各都是從伊本・西那的拉丁文譯本著手的。

有如《靈魂論》，詞多疑難、文或乖忤的這樣一個專篇，後起學者憑他的箋釋，也可得解悟了。羅馬教廷隨後把亞里士多德這些遺編與阿奎那箋釋列入神學院課程；像《靈魂論》這樣的篇章，一般神學修士都是通習的。到十九世紀末，羅馬教皇利奧十三，把多馬·阿奎那的，包含大量亞里士多德哲學名學思想的《神學大全》正式頒爲天主教的教義哲學。天主教出於猶太舊教，猶太教義謂世俗萬類生命皆受於天主的「噓氣」。猶太的以色列支族，於西元初降生了「救世主，耶穌」，他在耶路撒冷成仁（以妖言惑眾、冒瀆神聖罪，被釘死在十字架上）。耶穌的門徒，散去地中海周圍，當時的羅馬共和國境內，也就是希臘化世界之內，傳布耶穌誕世，拯救萬國眾生靈魂的「福音」（εὐαγγέλιον）。由是而興起的，主於「彌賽亞耶穌」的天主教，在若干世紀後編成的《新舊約全書》，雜用希臘語言以傳述希伯來的宗教思想。譬如育成眾生的「噓氣」，在《新舊約》的《七十士譯本》（Septuagint），即希臘文本中，正是πνεῦμα這個兼作呼吸之「氣」和人的「精神」兩解的字。在亞里士多德的動物生理、心理學著作中σύμφυτον πνεῦμα「自然炁」，或ἐμφύτον「內蘊炁」，正也是動物原來的無機物身所由成其爲一有機生物之本原。希伯來文中的nephesh「納費許」，本義爲「靈魂」（ψυχή, soul），在《七十士譯本》中也作πνεῦμα，在後出的拉丁經本（vulgata通俗本）中，又作spiritus（精神）。天主教神學的「三位一體」（Trinity），有πνεῦμον ἅγιον「聖靈」（Holy spirit），作爲天父與聖子之間的間位。［耶穌原爲誕於世俗的「人子」，因此「聖靈」而示現爲天父的「聖子（神子）」。］亞里士多德動物靈魂的定義先爲：「物身」與「靈魂」契合而成爲一含蘊了「生命」的活動物，後爲：潛在地具有生命的動物物身，憑靈魂以實現其爲一個活動物。這些自然哲學的希臘語言，在中古的神甫們看來，對於他們的教義殊無窒礙，或竟是可資取的。亞里士多德於全生物界靈魂的三級分析，人類獨具有理知靈魂（精神），超出植物與動物界，而進入超生物的精神境界。於是，人類的理知（心識）含蘊了上承神天，下接鳥獸魚蟲草木世界的心理間體，因此他們可憑理性所啓的倫理品德，操持其思想與行爲，調伏他們自己由感覺與生生（生長與生殖）機能所引發的獸性貪欲。亞氏又把人類理性兩分爲實踐（應用）理性與純理理性，正好爲末級靈魂構制了又一臺階，任令世俗靈魂終久步上神天境界。多馬·阿奎那確乎樂得這樣的自然哲學思想，雖缺乏宗教的虔敬，恰可有助於世俗的善士，起信而操練爲誠篤的天主教修士。那麼，亞里士多德書中畸零的斷句，有如ἡ ψυχή τὰ πάντα（「宇宙靈魂」anima mundi），這樣沒有確詁的名稱，也可姑作三百年前，「天主」或「救世主」降臨希臘化世界，以及後來的歐亞非三洲列族的世界之預告（先兆）。這樣，《靈魂論》中，上述引起爭執的疑難，即靈魂具有「神性」而「永在」的一些云謂，在多馬·阿奎那看來，殊不必是疑難，而竟是合乎自然的了。

亞里士多德重言，「認識（審辨）與思維」這些心識機能皆有賴於「感覺」，感覺有賴於一一「感覺客體」，即一切可感覺的外在事物，刺激動物與人類的相應感覺器官「而後成其一一感覺」。唯物主義學者們通常認爲這些觀念，「緊密地接近唯物主義（materialism）」。然而亞氏又申說，理性知識爲較高貴於應用的知識，專操純理思想的生活爲最尙的生活，他擴大了理性的功能，爲哲學家們誇張了「玄思」的作用，爲天主教神甫與經師們置備了「默念」（contemplation），爲諸聖事（sacramenta聖功）之一的標籤。以至於唯物主義者認爲阿奎那的那些詮疏，轉化亞氏近於唯物主義的「生命（靈魂）」觀念而納之入於精神主義（spiritualism）的神學體系。由此，他們往往指責阿奎那竄改了亞里士多德的文義，或中古的拉丁譯本竄改了古希臘抄本的原文。現在歐洲歷史悠久的梵蒂岡藏書，各國國家藏書或學院藏書，所有十三四世紀抄本，都可以查證，較早古希臘諸箋家，如西元後第三世紀初，亞芾洛第西亞的亞歷山大（Alexanderus Aphrodisias盛年約在西元後二〇五）的詮疏，《疑難與其解釋》（*Ἀπορίαι καὶ λύσεις*）[12]，和後來諸家，直到第十三世紀的索福尼亞（Sophonias）等的詮疏，也都可以查證，

---

⑫ 亞歷山大的詮疏確言，「主動理知（純理心識）」即「神」。

繕寫者無關宏旨的筆誤，是各本都有的，說有意的竄改，蓋是過情的詰責。亞氏三卷《靈魂論》，已被論定，於動物生理、心理學諸篇中，爲較晚的著作，其中雜有靈魂「神性而永在的」文句之卷三，則尤當晚而又晚。在這時期，他若被推測有回復柏拉圖思想的傾向，不是不可容許的。經過文藝復興運動，西歐修習古希臘學術文化之風大盛。第十七世紀初，義大利札巴里拉（J. Zabarella）依據希臘文抄本重譯了亞里士多德的《物理學》與《靈魂論》（維尼斯一六〇〇—一六〇五行）爲拉丁文，並重爲之注釋。他認爲《靈魂論》中，所涉靈魂的神性，正與《形而上學》所說的「神」（Λ卷1070^{a}24-27, 1072^{a}26-32）等相符契。在他所著《自然界》（*De Rebus Naturalibus*）第十二、十三章，確言理性（純理心識）是完全獨立於物身（物質材料）之外的獨立存在，同於《形而上學》中沒有物質底層的純形式（意式）；日光所照能使潛在地爲可見的萬物示現爲實際見到的萬物，類乎如此，主動或心識（純理知）能使潛在的被動的理知客體（應用知識）發爲現實理知。這樣的實是應即神性實是，其爲神明，當不低於自己不動而能致動乎天上群星，做永恆運動的諸神⑬。

---

⑬《形而上學》1070^{a}24-27：「我們應檢驗任何形式，在綜合事物消逝以後，是否仍然存活，有些例，似乎未必不是這樣，譬如靈魂就具此性質（並非整個靈魂而只是其中理性部分（即純理心

紐揚等亞里士多德生理心理學上，靈魂（生命）觀念演化發展三變之說，雖爲大多數專研學者所接受，可也未嘗沒有愛好柏拉圖意式論者，執持唯心思想的人們，與之做相反的議論，他們認爲亞里士多德爲柏拉圖的大弟子，於靈魂（生命）而言，他的早年與晚期著作都是沿承柏拉圖的。所云中期的靈魂觀念，魂身合成生命，同生共死的現實經驗，這些占了《靈魂論》過半篇幅的文章，應是呂克昂學院，繼任主持者，泰奧弗拉斯托斯（Theophrastus，？—西元前二八七？）的筆札。西元前第一世紀初安特洛尼克斯（Andronicus）在羅馬獲致小亞細亞，瑟柏雪（Scepsis）地窖中得來的，雅典呂克昂學院積藏的講稿，爲之編整時，把泰奧弗拉斯托斯同題的遺卷，統纂爲亞里士多德的《靈魂論》。其中反對柏拉圖之偏重理想的章節，正是這位富於經驗的作者的著述。他們認爲亞里士多德中晚年都沒有

識〉，整個靈魂大概不可能身沒而猶存活〉。」這裡第一分句的普遍公式應用之於靈魂論題：「綜合事物」即《靈魂論》中的「含有靈魂（生命）的物身」，「形式」即「靈魂」。哲學家札巴里拉這些語言，和三個世紀以前的阿拉伯的伊斯蘭信徒，伊本·西那受之於古希臘亞里士多德的靈魂觀念，是相應和。伊本·西那的《靈魂之歌》（「群星的祕密」）：「你【星星】莫非就是靈魂離別後，飛升的歸宿？或是靈魂和我們的肉身一起消亡？」兩人都偏重了《靈魂論》中有關「神性」的章句。

反對師說。這樣的揣測也沒有充足的證據。反之《靈魂論》與《自然諸短篇》中，本於現實情況的經驗之談，恰與亞氏動物著作，輒相符契，而動物諸篇之爲亞氏原著，自古沒有異議。兩書的文筆，句法與理致（邏輯）也全屬亞氏的風格。亞氏治學從柏拉圖的理想（抽象）主義，轉向於經驗主義（Empiricism）在較《靈魂論》先成的《歐臺謨倫理學》（*Ethica Eudemia*）與《命題》（*Topica*）篇中，已顯見其端倪。後成的《形而上學》與《政治學》等各有反對亞卡臺米，後繼的柏拉圖學派的議論，硬說《靈魂論》必須獨守師說，是不可信的。

漢文譯者既潤浸於這些故紙之中，歷有年數，直不置疑於《靈魂論》之爲亞氏原稿「魂身統合而各成爲一活動物」的定義，以及「靈魂賦予潛在的生體以現實的生命」之爲「魂身統合」的修正定義，雖有違柏拉圖偏崇靈魂絕對高超於物身的主旨，實際解脫了巫覡裝神弄鬼的法術與時俗迷信鬼魂的常習。至於靈魂的「神性」與「永在」，以及「宇宙靈魂」等若干畸零的章句，我也信爲亞氏自己手草的殘片，大抵是札錄當日想起的某一重要論題將爲之做慎重的研究。可是在他還沒有完成其研究或尚未著錄其研究所得之前，就謝世了。我們無從懸揣他對這些題旨的結論；若要我姑妄揣之，則我推測他於靈魂之「神性」與「永在」之說，最後蓋是否定的，於「宇宙魂」也許就此爲止，更不置詞。或問：亞里士多德素重希臘的神話傳統。希臘群神，都是擬人的寓言，那麼，於人魂而言，也何妨追隨昔賢，做些擬神的詩境？我在上文舉及，齊梁間，中國有援儒辟佛的學者，范縝作〈神滅論〉，不信有脫離「人形」（物身）而獨立存在的「神影」（鬼魂）。有人質訊他，孔子不語「神」、「怪」，而《禮記》重言祭祀，則確認了父母祖宗的神魂，個員常在或尚在！范縝答辯：孔子順從孝子追慕其尊親的思心，製爲歲時祭祀的儀式，曰：「愼終追遠，民德歸厚矣。」祭祀實際有益於倫理操修與社會道德，所以先師如此教誨其門人弟子。又曰：「祭神如神在。」那麼，在現實的感覺世界，鬼神固不可得見，只是心理上，你應該設想你的父母祖宗的亡靈眞的來到了饗堂，而且正在尙享你的孝敬。柏拉圖顯言要在他的理想城邦中，禁止詩人們造作那些傷風敗俗的神話。亞里士多德不責備那些不倫不類而傳世已久的希臘神話，而在自然哲學，即現世所稱的自然科學方面，反於柏拉圖，而明確否定了，「靈魂」在脫離肉體之後的獨立存在。這於與之年代和地區，相去兩遠的中國范縝的辨識，毋寧是相仿的。說仲尼孔氏之所謂「神」是氏族始祖之神，乃後世子孫孝思的假設⑭我沒有藐小儒家敬神的大意，相似地世界列族各有這樣的氏族之神或部落之神，該不是無益於列族的傳統的。

⑭《詩經．大雅．生民》，序曰：「尊祖也。后稷生於姜嫄。文武之功，起於后稷，故祀以配天焉。」

τὸ ποιῆσαι ἕτερον οἷον αὐτό，ζῷον μὲν ζῷον，φυτὸν δὲ φυτόν，ἵνα τοῦ ἀεὶ καὶ τοῦ θείου μετέχωσιν ῇ δύνανται《靈魂論》卷二章四415^{b}6-7：「生物界憑其蕃殖功能，一動物生殖一動物，一草木生殖一草木，各創造與自己類同的嗣承個體，只有憑這方法，它們才能參與於大自然的偉績（神業），永恆而具有神性。」（按：這段希臘文見於D・羅斯，牛津希英對照本415^{a}28-29，漢譯文在本書頁九四—九五，但與此段譯文不盡相同。——編校者）

如果我們承認上引的章句正是亞里士多德生理心理學與其自然哲學的宗旨，那麼，我這漢文譯本直想借用漢人的自然哲學傳統思想，人生與社會的傳統思想來爲之做附加的詮釋。按照「以經解經」的常規，箋家於古希臘亞里士多德的注疏，該盡自限於亞氏的著述，與希臘的舊編。但廣義言之，這些學術卷章，既久已具稱爲世界共通的文化遺產，《靈魂論》原來是動物心理學，亦稱比較心理學，那麼，我們爲之添增些古舊民族的比較心理學的對照，也應是可容許的。《周易・繫辭》：「天地之大德曰生。」又曰：「生生之謂易。」試把「生生」淺明地解作「蕃衍子嗣」。這樣，《易》理，作爲儒家哲學正該是善葆本生，更重後嗣的不絕地遞嬗。這恰正符合於亞氏靈魂論的基級靈魂，包括草木在內的一切生物的營養兼蕃殖機能。天地（宇宙）這樣的「大德」，正也就是亞氏的「神業」（τοῦ θείου）。神業（神性）就在「永恆」（τοῦ ἀεὶ）。一切生物，草木鳥獸蟲魚，以至智慧人這樣的品種，凡能因生生不息而延其世代於永恆者，不也都參與了「神業」（自然的偉績）！「卑之無甚高論」：就是這些尋常的事物事例，自然朝朝暮暮地昭示著這樣的「大德」！我們不須阻擋有誰樂於艱難，志趨遙遠的學者們追隨亞氏，別出蹊徑，迂繞於百里之外，進而查詢中級與高級靈魂，即感覺與心識（精神）機能，而且在高級靈魂中析取純理靈魂而考驗它，抽象而又抽象地，乃獨有的，異乎尋常的，至聖無上的「神性」。可是，如果你樂於簡易，近取當前，即事即目，認知自然既以永恆（萬古常在）爲神，我們儕於草木鳥獸魚蟲，萬類之中而得爲其中之一物，竟然具足生與生生的功力，由遠祖遞嬗到自己，還將由自己遞嬗於後世，也就順理成章，夠可參與於宇宙的神業了。

《靈魂論》章節分析

卷(A)一　列舉先賢關於靈魂的議論

章一　研究靈魂是一個困難問題，卻具有崇高價值。靈魂研究屬於什麼範疇？研究入手的方法？靈魂（心理）學家的職分。……402^{a}1-403^{a}2

靈魂與其物身的關係。……403^{a}3-^{b}23

章二　關於靈魂的諸先哲之說：德謨克利特與琉基浦畢達哥拉宗派亞那克薩哥拉恩貝杜克里。……403^{b}24-404^{b}15

柏拉圖對話《蒂邁歐》篇中的靈魂為一「能自動數」。複述德謨克利特、亞那克薩哥拉之說，以及泰里、第奧根尼、赫拉克里特、亞爾克邁翁、希樸、克利希亞諸家之說。……404^{b}16-405^{b}11

諸先哲以三事論靈魂：一、運動，二、感覺，三、非物質性。以其非物質性而言，靈魂寧是寓於物身的一個精神實是。……405^{b}12-31

章三　靈魂為一運動實是（自動本體）；運動四式：(1)位置移換、(2)狀態變化、(3)衰壞、(4)生長。靈魂如何運動的疑難。直接運動（位置移換）與間接運動。

……405b32-406b14

靈魂爲主動機能，以運動物身；柏拉圖論靈魂之運動其物身。柏拉圖之說的諸疑難。……406b15-407b13

靈魂與物身的關係：靈魂寓於物身；工藝必須應用工具，靈魂須應用物身（軀體），笛藝（吹奏）寓於笛管。……407b14-26

章四

靈魂爲與其物身協奏的一個諧調（交響ἁρμονία），這是先賢久傳的佳話。諧調（交響）說的諸疑難。……407b27-408a33

靈魂諸運動的其他疑難。靈魂是否衰壞？……408a34-b31

靈魂爲一「能自動數」？不是一個能自動數。……408b32-409a31

章五

繼續評論先賢舉示靈魂爲物身運動的主動者之說。……409a32-b18

恩貝杜克里憑「同類相識」原理，認爲靈魂由諸元素組成：這是不合理的。……409b19-410b16

……410b17-411a23

先賢所定靈魂的諸要義，未能通用於一切生物。物身因其各種機能（功用）而區分爲各個部分，靈魂也相應區分爲若干部分麼？靈魂的統一。……411a24-b30

卷(B)二 — 自敘其靈魂（心理）體系

章一　靈魂的定義：作爲一潛在生物（動物）的物身，因靈魂與之相合，而成爲一現實的活動數。……………………………………412^{a}1-^{b}9

靈魂爲物質軀體的式因，物身具有了靈魂而示現其生命，斧喻與眼喻。……………………………………412^{b}10-413^{a}10

章二　潛在與現實定義，準之於動物生活的種種形態（模式）。…………413^{a}11-^{b}13

爲一事物製作其定義，必須說明其事實（本體）並及其原因，生物（動物）之因靈魂而表現其具有了生命者，昭示於營養（包括生長與繁殖）、感覺，與理知諸機能，以及發始物身運動的主動機能。…………413^{b}13-414^{a}28

章三　群生（生物界）各因其【級進】順序而或只具備諸機能之一，營養與蕃殖，即植物靈魂，或兼具營養與感覺（官感與情感）機能，即動物靈魂，或全備營養、感覺與理知機能，即人類靈魂（精神）。所以除了靈魂的共通定義之外，生物各級類還有各自的靈魂定義。……………………414^{a}28-415^{a}14

章四　研究生物諸機能的功用。靈魂所以爲生物完成（實現）其爲生命之原因者三：(1)爲諸生物（動物與植物）之實是（本因）。(2)爲之成實的極因（目的），而物身（軀體）乃供靈魂以爲之成實的材料（物因）。(3)爲諸生物（動物）的運動四式（位移、形變、生、滅）效其勢力（動因）。……………………………………415^{a}15-^{b}28

飼料與進食的生物，其物質成分或相類或相反；無論其爲類爲反之飼料，凡有益於其進食者之生存與生長者，則被消化成爲營養，而被吸收；其無益或有害者，則爲殘餘而被排泄。……………………………415^{b}28-416^{b}7

營養靈魂憑「生命原熱」（營養熱）作用於所進食料而行消化，以供應一切生物（動植物）的生存與生長所需的資料。…………………………416^{b}8-31

章五　通述五項感覺。諸感官自體也由「諸可感覺物所構成」而只是「潛在」爲感覺，實際不自成感覺，必待外物（感覺客體）爲之激發而後得成其「現實」感覺。感覺之爲運動，屬於形變的一式。……………………416^{b}32-417^b

感覺由外來的可感覺物（感覺客體）所激發其爲活動（機能）則操持於內在的心識（思想或理知）。………………………………………417^{b}18-418^{a}5

章六　可感覺物（感覺客體）兩級三類：甲級，由己（本然）客體，爲直接可感覺物而是無失誤的，例如（第一類）色、聲、香、味四感覺，各有其一個專項對象；（第二類）觸覺一項，乃有冷熱、乾濕、硬軟等幾種對象。乙級，附從（偶然）客體，動靜、數、形狀、量度（體段），這些都由一種以上，多種感覺爲之感應；（第三類）例如「第亞雷的兒子」，是一間接可感覺物，

感應於冷暖、乾濕、軟硬，與其他多種可觸摸對象。……………422^{b}16-34

觸覺器官——全身肌肉。設想可觸物皆外包著氣膜或水膜，則觸覺與觸覺對象（客體）間，也有介質爲之傳感。……………423^{a}1-^{b}26

諸感覺機能各應屬於中態，例如視覺辨識色之白黑（光暗）兩極端間的各種異彩，必須視覺主體（眼睛）處於色諸品種的中態。聲、味、嗅覺機能相仿於此。觸覺機能感應於四元素之四性狀的兩配對，亦必自處於冷暖兩極端與乾濕兩極端的中性。……………423^{b}27-424^{a}16

章十二　通論五項感覺；蠟模，喻可感覺物（感覺客體）與感覺機能間的功用。感覺機能之爲感應於各項可感覺物的（色、聲、味、嗅、觸）各項刺激，各有限度，其超逾限度的各項刺激、破壞與之相應的各項感覺機能。
……………424^{a}16-^{b}19

卷(Γ)三　亞里士多德詳說其靈魂（心理）體系

章一　五項感覺之外，更無第六專項感覺。凡動物之發育完全，而非畸殘者，既統備了五項感覺機能，就全無遺漏。……………424^{b}20-425^{a}13

專項感覺與共通感覺。共通感覺不是另一專項感覺；運動與休止、形狀（圖案）、量度、數等，爲共通感覺對象。……………425^{a}14-^{b}11

章二

感覺機能於其所感覺者，都能自覺，無須另立一機能，爲之反映其專項器官之所感受。……$425^{b}12$-26

可感覺物（客體）的活動與感覺機能（主體）的活動；兩者的會合，才能現實地成爲感覺。聲音（潛在客體）與聽覺（潛在主體），同在「聽著」的一刻，成其爲現實的聲音與聽感。其他感覺仿此。……$425^{b}27$-$426^{a}26$

高低音節的比例適當，則成諧調，白黑（明暗）的適當比例，則成中和色彩。其他感覺仿此。……$426^{a}27$-$^{b}7$

一物的兩項各別感覺對象，例如白色與甜味，不能由兩項感覺機能同時感應。……$426^{b}8$-$427^{a}16$

章三

靈魂的功能可做兩方面的分界：㈠運動、㈡1.思想（理知）和審辨，與2.感覺（認識）。前賢或混思想與感覺爲同類功能。兩者實不同類；專項感覺各都不會發生錯誤思想容或發生錯誤。唯人類具有理知靈魂，能做實踐思想（考慮情實），也能做純理思想。其他動物只具備感覺靈魂。……$427^{a}17$-$^{b}15$

臆想（φαντασία）。「臆想」既不是感覺，也不是思想（實踐理知或純理思想），也不是感覺與觀念的組合；臆想隱括著感覺而爲諸項感覺的後遺。這是可以或爲謬誤，或爲正確的。……$427^{b}16$-$428^{b}11$

臆想是由於較低級動物缺乏理知機能，或人類在睡中或病中，理知靈魂（心

識）在滅沒之際，他（它）們某些感覺經驗引發了這樣的幻覺。……428^{b}12-429^{a}9

章四　感覺靈魂（機能）各有其專項器官，相應以接受各項可感覺物的外來刺激。理知靈魂（心識或思想機能）主於一一事物的抽象形式（意式）。以「知識」言理知，取醫學爲喻：⑴自潛在知識，經過學習，獲得醫療知識，而現實地成爲一醫師；⑵醫師應用其所習得的醫療知識，治好了一個病人的某病，這就是現實了的醫療知識。……429^{a}9-^{b}4

綜析一一事物（個別存在）以立抽象名稱（普遍實是）。感覺機能憑一一事物的外來刺激爲感應，理知靈魂乃主於這些內在的抽象客體（可思想物）。感覺與理知（心識）爲類之所以相異者，在此。感覺靈魂不可離立於物身（軀體），不染外物的純理靈魂，蓋是可離立於物身而存在的。……429^{b}5-430^{a}9

章五　主動心識（理知）與被動心識。……430^{a}10-25

章六　單獨的與複合的觀念（思想）。……430^{a}26-^{b}6

不可再區分的思想單體的兩義。……430^{b}6-32

章七　實踐理知的操持。……431^{a}1-^{b}19

章八　重論前題——感覺、理知（思想）、臆想（幻覺）。……431^{b}20-432^{a}14

章九　活動物的運動與靈魂之關係。運動機能，於靈魂整體中，不著落於任何一個部分。……………………………432a15-433a9

章十　究屬誰主運動？欲望（生長與生殖）與心識？……………433a9-b31

章十一　欲望靈魂對於一切事物的好惡，引起或趨或避的觀念，促成活動物的一切運動（活動）。相異別的刺激，肇致複雜的運動。…………433b31-434a21

章十二　靈魂與生活。動物之具有較高的運動（位置移動）能力者，營繕較高級的生活。……………………………434a22-435a10

章十三　靈魂各部分機能間的相互關係。觸覺，以及味覺爲一切動物的基本感覺，爲動物生活所必不可缺的靈魂功能。視覺、聽覺、嗅覺，這些遠距離感覺功能是較高級動物營繕較優良生活所當具備的。……………435a11-b26

《靈魂論》正文

卷(A)一

章一

402^a 我們認爲所有一切知識都是美妙而可尊敬的，但其中的這一類，比之於另一類，或憑其更精確的標準，或由於其所關涉的題材，爲較高貴而更可驚奇，恰就顯得較爲美妙而更可尊敬①。於這兩方面而言，我們在諸先進知識中，舉出靈魂（生命）這論題，加之研究，可說是學術上的首要功夫。又，因爲靈魂的一個涵義，恰

---

① 亞里士多德於《靈魂論》卷一章一（402^a1），開宗明義，標示了「知識（學術）的美妙而可尊敬」（Tῶν καλῶν καὶ τιμίων τὴν εἴδησιν）。多馬・阿奎那，《亞氏靈魂論詮疏》卷一第一課（Lectio 一）第三節，引徵了亞氏《動物之構造》（*de Partibus Animalium*）卷一章五644^b22，說明各門學術研究之美妙與可尊敬者，因其題材之等差而為高下（漢譯文見《動物四篇・動物之構造》頁三四）。

是動物生存的原理（基本），這一論題的研究（學識），會當於眞理總體（普遍眞理），尤其是對於自然的認識，做出充實的貢獻。於此，我們先從靈魂的實是（實體）尋求其本性，繼乃及於其所附隸的諸屬性。於諸屬性而言，有些是專屬於靈魂的諸感應，而另些則屬於所有一切具德於靈魂的諸動物所共通的〔身魂綜體〕②。

可是，於這一論題，在它各個方面都壘著阻障，想要獲致任何可靠的信念（知識），是大有困難的。這種研究和其他許多學術相似，凡關涉到本體與實是（「這是什麼？」）的問題，性質相同，人們可以設想，我們希圖識知一切事物的現實存在（本體），這該有一個通用的方法；恰如邏輯論證就可通用於一切相應的屬性。若然如此，這樣的方法必須揭示出來；但，倘於，靈魂的實是（本體）的研究，眞沒有一個通用的方法，那麼，我們於解決靈魂這論題，將是困難更大的：我們，這

② 這一分句，τὰ δὲ δι' ἐκείνην καὶ τοῖς ζῴοις ὑπάρχειν簡略而費解。牛津英譯本，斯密司（J. A. Smith）注云：「這當謂『靈魂與身體的結合』（蘊聚）。」我們的譯文，從此箋釋，加上了〔身魂綜體〕四字。

樣，就得於各別事例，建置各別的相應方法。即便於邏輯論證③，或區分法④，或其他某些方法，可以任你選定一個，準以從事這一研究，在你辨析的進程中，還會碰上阻障，也不免會被引入歧誤；一切論題的諸前提各不相同，而我們卻必須依憑某些前提，發始我們的研究；舉例以明之，數（算術）的諸前提（基本原理）與平面（幾何）的諸前提，就各不相同。

於這一論題，當然，我們首先應該確定靈魂歸於哪一類屬，以及它的本體（「它是什麼」）；我要詢問：靈魂是「某一個體」而具有「現實存在」的麼？或是一個「如此如此（素質）」，或一個「那麼大小（量度）」，或如我們前曾論定的諸範疇中的任何其他一個範疇⑤？又，我還須詢問：靈魂是一個「潛在事物」，

③ ἀπόδειξις論證：亞里士多德綜合論法（συλλογισμός）三段：(1)大前提、(2)小前提、(3)論證（結論）。參看亞里士多德《形而上學》卷七章九，1034^a31，「這是什麼（本體）」為綜合論法的起點（漢文譯本頁一四一）。

④ διαίρεσις逐級「區分法」，蓋創始於柏拉圖：把所謂「動物（有生命物）」區分為「有腳」與「無腳」類別；再區分有腳為「兩腳」與「四腳」之別；如此而下，進行了多次的區分，你就得有某一動物（有生命物）的明確觀念。亞里士多德在《解析後編》（*Post.Anal.*）II,7,92^b5說明這方法應用之於分類，還未完善。

⑤ κατηγοριῶν「諸範疇」：亞氏全集，卷一《工具》（邏輯）有《範疇》專篇；參看《形而上學》卷

或一個「隱得來希（實現了的）事物」⑥？這裡所探求的，其爲差別，眞是夠重大
402^b 的。我們還必須進而研究「靈魂」（ψυχὴ）是由若干部分構合的，抑或它沒有相異部分的組合結構；又，各個靈魂是否統歸一類，抑或不相類同；如不類同，那麼，各個靈魂之間的差異，是科屬之別抑或品種之別。關於這論題的講述者與研究者們，當今似乎都自限其題材於「人的靈魂」（περὶ ψυχῆς περὶ τῆς ἀνθρωπίνης）。我們於「有生命物」【ζῴου活動物】只給予一個定義，按此爲說，我們於「靈魂」也只賦予一個定義就夠了麼？於這樣的問題，大家愼勿躲避，抑或於各個靈魂各賦予不同的定義（名稱）？這就是說，於馬，於狗，於人，於神θεοῦ⑦的靈魂，分別

五章七至十五，卷六章二1026^b1，卷七章十、卷十四章二1089^a6-16，漢文譯本，諸範疇的漢文譯名。

⑥ δυνάμις潛在（潛能），ἐντελέχεια實現（「隱得來希」），參看《形而上學》卷九章一至章九等。

⑦ 402^b7，於有生命物（ζῴου動物）（402^b5）諸品種列舉「神」θεοῦ於馬、狗與人之後，這於西元以後（即天主教一神（天主）觀念流行於歐洲以後）的人們，當大為詫異。多馬・阿奎那於《亞氏靈魂論詮疏》卷一章一第一課第十二節，謂古希臘人，在西元前，於諸天體，如群星的運動，都看作是物體之內，寓有生命的神，而各為之靈魂，乃能做永恆旋轉。我們若追明古希臘的自然觀念——具有神性的星辰，亦是萬物中之一物——這就不必詫異了。在約略與古希臘同時，印度婆羅門教的「輪迴」：天、人、阿修羅、餓鬼、畜生，地獄中生物，也是類此，六道並列。

給以各不同的定義（名稱）？又，有如「有生命物（活動物ζῷον）」這樣的名詞，作爲通用詞項，初無實義，而隨後乃得其邏輯命意。這樣的審辨，當然於任何其他通用詞項，也都可以提出來。

又，假如靈魂眞沒有許多種類之別，但，一一靈魂卻各由若干部分爲之構成，那麼，我們該先研究作爲一個整體的靈魂，抑或先行從事於靈魂的各個部分⑧？這裡，試求辨明各個部分之間所示其差異的性質，也是困難的。又，我們該先研究靈魂內的各個部分，抑或先行從事於它們的各個機能；例如，先及思想，抑先著手於能做思想的底蘊（機制），先及感覺，抑先著手於能起感覺的機制（器官），於所有其他諸部分也引起相似的困難。設若我們先取機能（器官），疑難又得這樣發生：我們是否該在考慮靈魂各個部分的感覺機制（官能）之前，先考慮與之相應的各種外物（客體）——這就是說，在研究感覺機能之前，先研究被感覺的，在思想機能〔即心〕之前，先及被思想的事物。於一事物的本體（怎是）的知識，當然有益於對一事物的屬性的研究，屬性，實際上相符應於本體（怎是），而是由其各種

⑧ 上舉多馬・阿奎那，《詮疏》同卷同章第一節，引徵亞氏《動物的構造》（*de Partibus Animalium*）卷一章五645^b1-10，謂亞氏各門學術皆主於先論其總類（通稱）而後一一及其種屬（個體）。

偶然因素引起的；以數學爲例，認識了「直的」、「曲的」、「線」、「平面圖形」，有助於辨明一個三角形的諸角之和等於幾個直角。但，倒過來講，這也是可以的；偶然諸因素（性狀），對於事物的本體之認識，也確乎各有所資益。一事物向我們示現了它所有的偶然性狀，我們若既明知了它所有諸屬性，或大多數屬性，我們也就夠可講論這事物的本體（此事物之所以爲此事物的原理）了。一事物的原
403a 理（本性），正是做論證的起點，至於那些爲它的諸屬性所定的失當的界說（定義），殊無補於我們的理解，即便說這些提供我們對這事物做些猜忖，也是不足稱道的，這些專爲辯難而撰造的游辭，顯然是全無價值的。

靈魂的感受（感應）涵有又一個疑難——諸感受（感應）是全都聯結於那內儲靈魂的事物麼⑨？抑或其中某一感受（感應）乃專屬於靈魂自體？我們必須面對這個疑難，雖然如何索解，卻眞不容易。於大多數的實例，感受（感應）無論其爲主動的或被動的，沒有離於身體而發生的；憤怒、奮勵（熱忱）、欲望，以及一般的感覺都是這樣的，唯思想可能是一個例外。但，思想，如果也是被感覺印象（臆想）所激發的某種活動形式，或至少可說，若無如此活動，思想便不得發生，那

⑨ 相應於402a10注τοῦ ἔχοντος「執有（或內儲）『靈魂』的」，即「身體」。

麼，思想也不能離身體而自在。倘說任何機能或感受（感應）會得專屬於靈魂，靈魂就能離立於身體之外了；但，倘說，沒有任何專屬於靈魂的機能或感受（感應），靈魂就不能離立。與此相同，直之所以爲直者，具有許多屬性，例如，一條直線與一青銅球只在一個點上相接觸，可是，如果說是離立的，這直線就不能照這樣爲接觸。實際上，這不能分離，如果它常結合於某個物體。靈魂的諸感受（感應）大概是全都結合於身體的——憤怒、溫和、恐懼、憐憫，奮勵與快樂，以及友愛與仇恨，所有這些感應現示時，身體都是有所動忍的⑩。關於這個事理盡可爲之

⑩ 中國，五經，《禮記・禮運》，列人情凡七：「喜怒哀懼愛惡欲」。《禮記・樂記》：「人生而靜，天之性也；感於物而動，性之欲也。」性即天賦，「性之欲」即「情」（朱熹解）。準此，「欲」為眾「情」的總因。《白虎通・情性篇》，列「喜、怒、哀、樂、愛、惡」六情。後世習熟歸經，如韓愈，〈原性〉仍舉《禮記》七情。孫希旦，《禮記集解》，引《四書逸箋》，「性之與情，猶水之與波：靜時是水，是性，動則為波為情。」「欲」，應即亞氏本篇中「欲望」ὄρεξις（403ᵃ30等）（參看「欲望機能」ὀρεκτικός，408ᵃ13等）。「欲望」是人（或動物）感覺於感覺對象（「可欲」ὀρεκτός，參看433ᵃ28等）惹起的，欲望靈魂因所「感受」（πάθος）而生「情」，乃對彼客體作或迎或拒的行為（運動）。這些感受（情），亞氏列上述八事。其中，若把「溫和」（πραότης）與「友愛」（φιλεῖν）併為「[仁]愛」，奮勵（θάρθος）解為見到「可喜」的事物之表情，而與「快樂」（χαρά）合一，又「憐憫」（ἔλεος）解作「哀憫」，便與《禮記》七情之前六相符契。

證明。有時刺激雖是強烈而明顯的、煩擾與恐懼之情，卻沒有外現；反之，若其人易怒而且正值他有所憤怒，那麼，一點微小而隱晦的因數，就激發出這樣的動態。這裡還有一個更顯著的證明。有時，人們顯現著正在恐懼的一切徵象，可是，我們檢查他們的周遭，乃全沒有引致恐懼的任何因素。倘認可這一事例爲確鑿，靈魂的感受（感應）實是憑物質（身體）表現的內蘊意識。所以，它們的定義必須符合於這樣的命意；例如，憤怒，須解釋爲：一物質身體在某一情狀中，所做的一個運動（動態），這樣，（如此）的某個物體，或這個物體的某個部分，或其潛蘊的機能，由於這樣或那樣的原因，爲了這樣或那樣的目的，它做成了這樣（如此）的一個動態。

爲此故，研究靈魂，或研究一一靈魂或限於研究這麼一部分的靈魂，隨即成爲自然哲學的要務。但於「憤怒是什麼」（何謂憤怒？）這樣的論題，自然學家與邏輯學家（辯證家）⑪邏輯學者（辯證論者）行將闡說這是一種企求報復的欲望，或其他類此的稱述，若在自然學家，則他會當描摹憤怒是心臟周圍血液的潮漲，這是
403b 發熱的一個形式。這裡，其一所敘明的是物質，另一說到的是形式，即意識所涵蓋

⑪ διαλεκτικός「辯證論者」原本出於邏輯（名學），但其末流，循名而不責其實，往往入於詭辯之徒。亞里士多德應用此詞，常從其輕蔑義，將提出各不同的定義。

的公式。事物的形式是由這個涵蓋意識形成的，形式的出現與其存在，必須憑與之相應的如此一宗物質，爲之顯示。試詳言之：房屋的意識（形式）是：「用以抗拒風、雨，與曝熱，俾免於其損害的，一個覆蓋。」但，於房屋的另一個解答，將是：「石塊、磚，與木材。」又一個解答蓋是：「憑這些材料，以獲致這樣的目的，而表現爲這個形式。」這裡，請問，持此三解者，其中誰乃是眞正的自然學家？是那位專主物質，不管形式（意識）的人嗎？或是那位專主於那涵蓋的意識（公式）的人？也許，有誰能兼顧兩個觀念的人，才是眞正的自然學家。那麼，於那另兩位，我們又將怎麼說呢？那兩位，誰都不究問靈魂的諸感受（感應）是不可分離的，或說它們於身體爲不可離立；但自然哲學家總是考慮一切機能與感受不能離立於身體，離乎物質，這些就無由表現；讓那兩位去考慮異乎這樣的情狀【他們所想念是離立的】；在某些論題上，這表現爲工藝家的觀念，他是個木匠，或是個醫師⑫。至於或認爲在這些不可分離於身體的靈魂的諸感受之外，另還有可憑抽象法而成爲離立於身體之外的諸感受，那就得別期之於數學家了；若說【不待抽象

⑫ τεχνίτης工藝家，當謂上述作出「房屋」的形式定義與物質定義（公式）的人。ἰατρός醫師，當謂上述做出「憤怒」的生理公式的人。

而】諸感受實際眞有離立於身體之外的，執持這種觀念的人必須是第一哲學家⑬。

我們偏離本題已夠遠了，現在該回到原旨。我們所持說：靈魂的諸感受（感應），有如憤怒與恐懼，是不可分離於生物（動物）的身體（物質底層）之外的，生物的本性全憑其形體以示現，靈魂的諸感受（感應），異乎一條線或一平面圖之不能離立。

章二

在關於靈魂的研究中，我們蓋應提出我們必須予以解答的諸問題，在這樣出題索解之際，我們列述前賢所持理論而加以校比，俾得警戒於那些謬誤的，而取適於那些有益的成議。在進行這個研究之前，我們先應確定，於本性而言，什麼蓋是靈魂所最不可缺少的。物之具有靈魂者，所由基本上別異於物之不具靈魂者，蓋有二事——運動與感覺。

取此二事爲靈魂的主要性狀，實際是沿襲於前賢的。前人曾有說到，靈魂第一顯著的徵象，就在於它能引發運動（活動）。但他們又執持有這樣的信念，凡能使

⑬ ὁ πρῶτος φιλόσοφος「第一哲學家」即「超物學（形而上）家」（metaphysician）。

它物運動的，必自能運動，於是他們就設想靈魂也是一個自行活動的事物。德謨克
404a 利特，正憑這樣的設想論定靈魂在某個命意上是火與熱。他的所謂圖式型子或不可再切割的球形原子爲數無限，他，於一溜日光照進我們窗戶時，所可映見在空氣中的微粒⑭，稱之爲「原子」（不可再切割物 ἀτόμων），認爲火與靈魂類乎這些圓球狀微粒⑮，他認爲宇宙萬物，就由這些「萬有種籽」（πανσπερμίαν）⑯爲之組

---

⑭ ξύσματα（「微粒」）本義為粒屑，如切削木材或鐵料所落的微屑。阿奎那，《靈魂論詮疏》卷一第三課第三十四節，謂德謨克利特的「不可分割物」，取喻陽光映現的微塵（motes）。在德氏意中，「不可分割物」，應是其為微小，幾於不能目辨。德氏之取喻於此，重在光映微塵，不停地浮動，原子之動性類此。

⑮ 阿奎那《詮疏》卷上iii,34，謂德謨克利特所謂「原子」（atomies）的性狀，為類之多，不可計算，同質而異型，有圓，有方，有作錐形者。靈魂原子之必為球形者，取其能透入生物體內，不被阻攔。若是而言靈魂之活性，須有賴於物質運動。亞里士多德《生滅論》（*de Gen. et Corr.*），卷一章七，324b-325a陳述德謨克利特與琉基浦（Leucippus），論一與多，和虛空（無存在）與充實（有存在），有云：「充實於虛空的，有無數微粒所構成的萬物，這些微粒很小，眼睛不能明察。這些『微粒』（『原子』）聚合，由之而生成萬物：因它們在諸聚合間的離析而萬物遂各歸滅壞。」德、琉兩家論（有無）空實，參看亞里士多德《形而上學》卷一章四985b。又，亞里士多德《物理學》（*Phys.*）卷二章四196a，眾原子的聚散，即事物的生滅：聚散當由於眾原子的無休止的運動，其為運動，或出於偶然（無因），或本乎必然（有因）。

⑯ 404a5，ὧν τὴν . . . πανσπερμίαν 依拉丁譯本quarum omne somen「一切種籽的總體」：依牛津斯密司

成，所以他稱這些微粒的總合體爲「元素」（στοιχεῖα）。琉基浦也執持與此相似之說。他們所說的靈魂就是這種球形原子，因爲球狀微粒的動態是最容易穿透以入於任何物體的，而且由於它們的自能動性而運動它物，按照他們這樣的設想，正是靈魂，以其運動性能傳授於諸生物（有生命物）。正也憑這種義理，他們認爲呼吸是生命的基本條件（徵象）；周圍的大氣加壓於身體，體內的型子（原子）被這氣壓所驅迫，〔隨呼氣而〕脫出了身體。因爲它們是憑自己不息的常動而促成生物運動的，這樣它們也得不息地脫離出去，於是生物乃憑吸氣從週邊來補充這些相類原子；這樣，氣壓被擋住了，阻止了原子的凝固，而加強了活動，所以諸動物（有生命物），只要健於呼吸，它們能呼吸多久，就能活得多久。

從畢達哥拉學派遺傳於今的靈魂論，似乎與此相同，在這學派中，曾有人宣稱靈魂即空中微塵，另些人則說，促使這些小粒活動的才是靈魂。他們看到被陽光映現的塵粒，雖在絕靜的空氣中，總是無休止的動著，因此認爲這必有靈魂寓於其內。[17]這與那些主張靈魂是自能動的學者，義實相符。他們兩派蓋都設想自運動是

英譯本（the mixture of seeds of all sorts）應為「一切種籽的混成」。

⑰ 確言這些塵粒不即是靈魂，但其中寓有靈魂，是這靈魂促使塵粒常動不息，阿奎那《詮疏》卷一第三課三十六節，據奧古斯丁（Augustine）《神邦》（*De Civ. Dei*）viii, 2，持此說者為蘇格拉底的老師之名阿基勞斯（Archelaus）者。

靈魂的顯徵（顯性）。他們證知物之自不能動者必不能促使它物運動，所以論定一切事物的運動各有賴於那個既被設想爲能自動的靈魂。

亞那克薩哥拉，同樣，也說到靈魂（ψυχὴν）肇致運動，還有別的某人[18]曾說到一切運動皆有賴於心識（νοῦς），這與德謨克利特所持大體相同，但異於德謨克利特之不以此說應用於一切動物的一切景況。德謨克利特相信，凡人在外表所示現的必其內心的眞實，他準此以言靈魂與心識的同一。他準此而評議荷馬的文句，赫克篤爾在昏眩中，「躺著做別異的思慮」是正確的[19]。他合同心識於靈魂，但他
404^b 限止「心識（心）」這名詞，不使它作爲辨識眞理的機能[20]。亞那克薩哥拉於這題

---

⑱ τις ἄλλος「別的某人」，不能確知其誰何。後世詮疏：照上下文句揣摩，應是亞那克薩哥拉的同門師徒；或議謂兩分句應同屬亞那克薩哥拉之說則我們該譯為「在別的某處」，參看本章404^b1-5。

⑲ 這文句見於荷馬《伊利亞特》（Iliad）xxiii,698行，但上文不是說的赫克篤爾（Hector）。

⑳ 阿奎那《詮疏》卷一第三課第三十八節：亞那克薩哥拉謂靈魂是運動的本原，這與其他諸家之說相符合，但他另有與諸家相反處，他認為靈魂寓止物中，使此物動，而自己不動。第三十九節，德謨克利特認為現存的世界（境界），實際上是憑感覺器官來認取的一個（物質的）感覺世界（境界），心識（知識）仍屬於感覺世界。感覺與知識隨人身體的生理（物質）變化而為異。他是執持了這樣的生理概念，以論定荷馬的文句的。至於認取真理，辨別是非，當另有更高的機能，這不屬於「知識」。故德氏謂靈魂與心識為可合一者，只限於靈魂的有關感覺部分。

旨，所議論不算精明：他曾多次說到心識能辨是非，別美醜，但另有時他卻說，是靈魂具有如此功能。他認爲一切生物，不論大小，不論貴賤，皆有心識，但以知覺取義的心識，在所有一切動物，顯得不是全相似的，甚至於在所有一切眾人而論，也不全一樣。

諸家於有生命（靈魂）物（τὸ ἔμψυχον），以靈魂主其運動者，一致認爲靈魂是最擅於運動的。但於認識與感覺方面，雖都認明靈魂於這些，實屬作始的原理——於此作始原理之數，或爲多，或爲單，則各有所不同。舉例以言之，恩貝杜克里乃謂靈魂由諸元素合成而每一元素各可認爲是一靈魂。他的詩句有云：

唯土以識土，而氣能明氣之具有神性㉑，
唯水可知水，而火能感火其為滅盡；
唯愛其認得仁愛，唯仇以釁對苦恨㉒。

㉑ αἰθέρα，恩貝杜克里的「氣」有「神性」δῖαν，是氣而兼為「乙太」，即亞氏《天象》中的第五元素：福斯特（K. Förster）譯迷爾培克．威廉的拉丁文本，於此就作「ether」（乙太）不作「氣」（air）。

㉒ 本章所引恩貝杜克里詩句見於第爾士（H. Diels），《先蘇格拉底諸哲殘篇》（*Die Fragm. der*

柏拉圖，在《蒂邁歐》篇中，也同樣應用諸元素撰造了靈魂。他主張，唯同類認識同類，萬物就由這些原始物質聚合而發生，這就成了我們所見到的物質世界㉓。在他的《論哲（愛智）學》篇中，他主張生物（動物）本性（生物的普遍本體）是由「意式的太一」（τῆs τοῦ ἑνὸs ἰδέαs）演化以成的，本長〔由意識數，太二〕、本闊〔由太三〕、本深〔由太四〕，挨次及於其他，都出於同樣的演化。推此義而增廣之，〔他說〕心識（心）是太一，知識爲太二。太二本於直線，直線由一點達於另一點，必乎「兩」點之間。這樣，平面之數〔爲太三〕即意願之數，而立體之數〔太四〕就是感覺。〔古傳〕萬物由諸元素組合以成，而「數」（οἱ ἀριθμοὶ）實所本以造型（τὰ εἴδη）而爲事物之第一原理（αἱ ἀρχαὶ）㉔。感覺世界（事物世

Vor-Sokratiker）109。恩貝杜克里謂組合而成宇宙萬物者具有六個原理：物質四元素地水氣火，與精神二元素親愛（στοργῆ）與仇恨（νεῖκοs）。恩貝杜克里言四元素，見於亞里士多德《形而上學》卷一章三，984ª8-12。

㉓ 見於《蒂邁歐》（*Timaeus*）34A以下。

㉔ 今所傳柏拉圖著作中，隨處有論哲學之語，但未見有 Περὶ Φιλοσοφία「論哲學」這樣的專篇。本書此節，亞里士多德述其師「意式」為宇宙與其萬物的第一原理，世多推測為亞氏在亞卡臺米（'Ακαδημεῖα）聽柏拉圖講課時，所做筆記。柏拉圖哲學思想與宇宙觀念，主於意識（idea, form）。他認為現實世界，即物質世界的萬物，只是彼所主純理世界中諸意式的餘事。例如物之

界），在某些方面是憑心識認取的，另些則憑知識，又另些則憑臆斷（教條），又另些乃憑感覺㉕，這類的「數」恰正是這些物類的形式。

既然說靈魂內含有一個起動原理，又有一個成識原理，於是某些思想家，便兼取兩說，而撰作靈魂爲「一個能自動數」（ἀριθμὸν κινοῦνθ' ἑαυτόν）。關於靈魂的第一原理（要素）的性質與計數（質與量），諸家互有異論，而主以靈魂屬於物性
405a （身體）的，和主以靈魂屬於非物性（純理）㉖的兩家，於這方面，分歧尤甚；以

以美見稱者。必仿自意式之美，美的意式：而現實之美，終不能幾及理想之美。它事它物準此。「數」為柏拉圖諸意式的一個重要原理，於義大利宗畢達哥拉派則是最高原理。希臘學者承襲於數論宗者，以一（太一）為眾數之原，由是生二、三、四，演此數以為圖形或形體成形，則二成線，三成面，四成立方，演之於靈魂機制者，亦以「類」（ὅμοιον）相應，若太一主「心」（心識），則知識屬二，依此而順序以行推衍。

㉕ 404b23-27，列舉靈魂（心理學）四項機能（νοῦς, ἐπιστήμη, δοξά αἴσθησις）。拉丁本譯文相應為intelletum, scientiam, opinionem, sensum。在近代西方文字的翻譯，除了第四項αἴσθησις「感覺」，與sensation或parception都是符合的之外，第一、二、三項都沒有單個字可當希臘字在這裡的幾個涵義，這在不同的譯本，或同一譯本在不同章節中，就不得不用二個或三個不同的字來對翻。漢文也類此：⑴nous, intellect理知，或mind心識等；⑵episteme, knowledge知識，或science 學術（分科知識）等；⑶doxa, doctrine教條，或opinion私見或judgement臆斷等。

㉖ σωμάτος（軀體body），本義為人或動物的活體或死屍，它的對字（對體）即ψυχή「靈魂」。這

屬物與不屬物爲別的兩家，和主於靈魂要素該混合兩性兼及物與非物的人們之間，這又是有爭論的。靈魂原理的計數之爭是這樣，有些人認爲這只有一個，另些主張這有多個。關於靈魂的性質諸家當然是有分歧的。大家統都認爲靈魂爲生物的基本因素，它就必然具備自能動的性質（本性）；這是合理的。由此推論，有些人就認爲靈魂是火；火的成分，於諸元素中是最輕的，也最接近於非物質（不屬於軀體的）性，火卻自賦有動能，而且是其他事物所由運動的第一原因。德謨克利特在這些方面，比之他家做出了較明白的解釋，他憑靈魂的性質與數理兩者，確言靈魂即心識，兩爲同一的事物，這事物必須是那些原始（原型）的不可分割物（原子）之一，這些原型物體由於它的顆粒微小與其球形圓渾而具備了促使它物運行的動能；

裡的對仗，相當於漢文的「肉體」與「精神」（spirit）。σωματικός（「軀體的」corporeal）這生理學名詞衍化而為哲學名詞，則轉為「物質」或「物性」（material）這樣的廣義，於其反詞ἀσωμάτικος當謂「非物性的」（immaterial非物質的）；若以稱靈魂的屬性，「靈魂」（ψυχή）就成為「純理」這一抽象名詞。亞那克薩哥拉以「心（心識）」νοῦς同一於靈魂（ψυχή），他所謂「靈魂」的這個部分，實際超乎生理心理的「心識」（mind）而成為「純理」。柏拉圖在《蒂邁歐》篇以數理說靈魂（soul）與心識（mind），也入於哲學抽象的分析與綜合。研究《靈魂論》這書的困難，就在這裡：心理學名詞，難於指實，各家的命意不一，同一書，同一詞，前後章也可取不同的命意，常由此引起譯者與讀者的迷惑。

他稱述球形物體是各種形狀中最有利於運動的一式，而心與火兩者確乎各參有這個性質。

亞那克薩哥拉似認爲靈魂與心識（心）兩者有異，如我們前曾講過了的，他實際認爲兩者本性相類同，而作爲生物基本原理，心識爲高，他認爲，於事物之簡單、純淨而無所混雜者而言，心是獨一的。但，當他說到「運動〔生物的〕各個部分的，是心」時，他以運動包含了心的認識（知識）能力和運動能力。

泰里曾講過有一石塊㉗能致使鐵屬運動，這石塊盍當內蘊有靈魂；人們憑他這一陣篇，推想他關於靈魂的觀念，正就是一個使事物運動的原理（原因）。第奧根尼，還有其他另些人，設想靈魂是氣，他們有感於氣的爲質最輕，爲粒最微，因而設想這最適當於作爲事物的第一原理；爲此故，第奧根尼相信靈魂既能識知也能致使運動；它能識知，因爲氣是元素，萬物皆有待於氣以爲之組成；它能致它物於運動，因爲它極度輕微。赫拉克里特也稱述靈魂爲第一原理，他以靈魂爲原始，由以

㉗ τὸν λίθον「這石塊」當是一塊磁鐵或磁鐵礦石。歐里比特《殘片》（*Eurip.Frag*）571, ἡ μαγνήτις λίθος「麥格尼石」，希波克拉底（Hipp.）543.28, ἡ ραγνήσια λιθος「麥格尼希石」，都是現所稱的「磁鐵」（**magnet**）。古希臘磁鐵礦出於帖撒里的「麥格尼」，假借這地名為物名，一直傳到現今西方物理學中。

放散熱噓氣以形成一一事物；靈魂是非物性的，常處於流動狀態；他和其他許多人們設想一切眼前實在（實有）的事物，都在運動，只有自能動的事物可得認識被致使運動的事物。亞爾克邁翁關於靈魂的設想略與此相似；他說，靈魂是不死的，它像高天的諸神物那樣，常動不息；月、日，與群星和整個天宇，都由於它們，才是
405b 常動而不死（常在）的。有些較淺俗的思想家，有如希樸，曾宣稱靈魂屬於水性。他這信念，似乎從萬物的種籽都是濕的這樣一個事實引得的。他執持生物的種籽就是靈魂的原質，種籽是液體㉘，不是血。因此他呵斥以靈魂爲血的人們是荒謬的。其他思想家，有如克利希亞，曾虛想靈魂爲血液；他們假設靈魂的特殊屬性（表徵）是感覺，而生物的感覺蓋是受之於血液的。事實上，除了土（地）之外，四元素已各有人爲之主張了；但要說全沒有支持靈魂屬土之說，也不盡然；既經有人㉙說過靈魂由四元素混合而成，或說靈魂中具備所有各個元素，那麼土（地）元素也就含蘊在內了。

於是，我們不妨說，所有諸家全都顯示靈魂有三屬性（表徵）：運動、感覺，

㉘ ψυχή，古希臘人兼「生命」與「靈魂」兩義。這裡，希樸之論「靈魂」（ψυχή），實際專言「動物生命」。所以，這句中γονή（種籽seed）實指雄動物的精液，故云濕的液體，而屬於水性。

㉙ 謂恩貝杜克里；參看上文404b13-14。

與非物性（超軀體）；三者各可追蹤到第一原理。這樣，諸家之以認識（知識）功能解釋（界說）靈魂者，就找到了一個元素，或演化之爲由所有諸元素共同合成，他們各所持的論據是相似的，「唯同類認識同類」（只有一人爲例外）㉚；若說靈魂一切都認識（知道），那麼，他們就應用所有的元素來構製靈魂。那些元素主於事物各起源於一個原因，一個元素的思想家，就用一個元素，有如火或氣，來構製靈魂；至於那些認爲起因（原始）不止一個的人，他們也就用多元素來構製。亞那克薩哥拉獨異於諸家，他認爲心識（理知）不參預於任何外物，所以能不受外物的影響（不被動於外物）㉛。但如此構成的心，怎麼能認識任何事物，憑什麼因緣來認識外物，在這論題中，不曾說明，在他所有議論中，也從來沒講清楚。論事物的原始要素，諸家中，那些立於陰陽對反（兩元）爲相成者，也有人用這些對反來構製靈魂。至於另些人認爲第一原理只能從一對成的兩者任取其一，例如熱與冷或其他類此的對成（對反），他們便於此擇一以解釋靈魂。這些思想傢俱有字源學的功夫，那些主於熱成說的，舉稱ζῆν（生活）這本字出於ζεῖν（沸煮）但那些主於冷成

㉚ 謂亞那克薩哥拉，見於下文。

㉛ 亞那克薩哥拉認為νοῦς心識（心）超於軀體，自主自行，不與它物混成。今見於第爾士編，亞那克薩哥拉《自然論殘片》之第十二。

說的，別舉ψυχή（靈魂）這名字，有所本於κατάψυξις（冷卻）應與呼吸和冷凝相關聯㉜。這些就是關於靈魂以及追溯靈魂的原始（因緣），舊傳諸家之說。

章三

406a 我們必須先研究運動這一問題。按上述的考察，有些人說到靈魂自運動或自能動，於靈魂的性質做如此的敘說，也許竟是不確實的，甚或以運動爲靈魂的表徵（屬性），就更是不可能的。我們前曾說過㉝，凡物之能致它物運動者，不必自己運動。但，每一事物之被運動，可有直接與間接兩不同意義。倘一事正處於某一在運動的事物之中而爲運動，我們說這是在間接地運動；例如正在一船上的乘客們（或水手們）。船上所載的人之爲運動與船之爲運動，實際意義是不相同的；船在直接地運動，船上人則是，由於身在某個運動著的事物之中而運動。我們如果考慮

㉜ 古希臘ψυχή靈魂這字兼涵生命之義，因此常兩義聯說，或兩義混說。參看柏拉圖《克拉底盧》（*Cratylus*, 399D-400A）。古希臘生理學，認為人或動物的呼吸，為維持生命的基本：呼氣是一個使血液「冷卻的過程」κατάψυξις。ψυχρός「冷」拼音與「靈魂」ψυχή相近，兩字皆源出於ψυχῶ（呼氣，to breath）。

㉝ 見於亞里士多德《物理學》（*Physica*）卷八章五257a31-259b9。

到人身的諸部分，這個情況顯得更爲明白。合乎人類自然的運動是行進，而行進乃肢腳的運動；當船在行進的時刻，船上人實際沒有表現肢腳的運動㉞。運動既然有如此兩別的意義，我們現在就研究，靈魂是否運動，以及靈魂的運動是否參與於直接運動：

運動有四個品種：(1)移動位置、(2)變換形態、(3)衰壞（減損），與(4)生長（增益）㉟；於是，靈魂若爲運動，必行於這些品種之一，或二，三，或全行這四種運動。但，靈魂的運動若不是偶然發生的，這應須是屬於本性（出乎自然）的運動；若然如此，其爲運動，必在空間，因爲上述諸品種的運動，全都是行在空間（有關於位置）的。然而，若說靈魂的本性（原理）在於運動它自己，那麼運動就不得是出於偶然的了，例如其色之爲白或長爲三肱；這些可以是被運動起來的，但只是偶

㉞ 船與船上人喻運動之有直接與間接兩別，或為後世詮補於古抄本，而又後，乃並錄於現存抄本中的。

㉟ 這裡，亞里士多德，把形態變換（ἀλλοιώσεως）與生成與滅壞都包括入於運動（κινήσεως）；嚴格說來，應只有「移動位置」（φορᾶς）才是真正的運動。亞里士多德在他的生物學著作中，常用μεταβολή（change of state）「情態變化」，這字相當於現代的「新陳代謝」metabolism。這詞可以總括本篇本節，第二、三、四項。本篇卷二章四416^a33 μεταβολή「變化」取意於這字的本義，就是概括後三項的。

然地附帶著的被運動，只是因爲它們所隸屬的軀體之被運動而符應之以現示的屬性。爲此故，它們在空間沒有位置。但靈魂若參與於本乎自然的運動，它就必須在空間占有一個位置。

又，若說靈魂因其本性自然而運動，這必須存在有某些勢力，使之運動；倒過來說，倘靈魂因其勢力而行運動，那麼這個運動當是本乎靈魂的自然的。這於靈魂的靜止也該如此；它由於本性自然以行運動，迨行到空間的某一位置，也由於本性自然而爲靜止；相似地，它到了爲勢力所運動而止的某一位置，也就爲勢力所逼而入於靜歇。但，這些強力運動與強力靜止，是怎樣逼使靈魂之爲動爲止，不易說明，即便容許我們逞其想像，總還是難以爲之解釋的。倘靈魂向上運動，他便應是火元素，如其向下，那麼該是土元素了；這兩項運動是分別地相應於這兩物體的；相同的辨析，將可應用於「上」「下」兩項之間的運動㊱。

又，既然靈魂似乎在運動軀體，設想軀體的某一運動正是靈魂把自己這種運動

㊱ περὶ τῶν μεταξύ「兩項之間」，或擬為水與氣在上下（天地）兩者之間的運動。多馬・阿奎那《詮疏》第六課第八十節，釋406a23-30這一節，舉為亞里士多德對於靈魂論歸傳三家之說，提出的第三個疑難。這末一句應該是這樣的命意：「事實上，靈魂行於一切方向」，或由於自性，或被逼於外力，不必依火與土的物理本性，只限於上下運動。

傳授於軀體，這樣的設想當然是合理的。若然如此，這就該容許我們做出一個程序
406b 相反的倡議而宣布它也是正確的：靈魂具有與其軀體相同的運動，凡是軀體的運動，都可向靈魂追跡其相似的運動。現在軀體做移換位置的運動，於是靈魂必然是和軀體所移動者，以相同的情況變換了它的位置，或整個靈魂，或靈魂的某一部分，做出這樣的移換。但，若說這是可能的，那麼，說靈魂行出了軀體和靈魂又進入了軀體，也當是可能的。準此以推廣其旨，那麼生物〔動物或人〕之已經身死，而又有的竟然復活，也當是可能的。

但，若說靈魂的運動是偶然的（隨附著引起的）這就必須別的什麼在運動它，譬如，生物（動物）可能被一強力所推而運動起來。但，凡是具有憑其自性而爲動能的事物，不該爲任何外物所動，若說它竟然爲外物所動，那就只能是偶然的㊲，這恰如：凡憑其自性而成善的，就必不於任何它物而爲善。凡爲自己所求取的善，驗之於任何它物，不必就是善㊳。可是，大家也不妨作如此想：若說靈魂確乎被運

㊲ 人在船中，因船的行進而說「人在行進」，這樣的行進，不是人本乎自性的運動，只是隨附於它事物而見到的現象。這裡，我們譯 κατὰ συμβεβηκός 為「偶然」（accidentally），實際取意於並時發生的附從現象，以表明這種活動非由自性。

㊳ 《靈魂論》希脫（W.S.Hett）校譯（英）本注：「我們常所要求的許多事物，都是為了另些目的

動著了，那麼運動它的必是可感覺（客體）事物㊴。

又，即便靈魂只運動它自己，這總還是運動；若說運動的種種方式都必須是那個運動體有所挪移，在那個自擬的行程上挪移，於是，靈魂若自其本性部分爲運動，倘不是由於偶然（隨附而引起的）而運動，那麼它將得自己挪出它自己本性所在的本位。

有些人說，靈魂，恰如它運動自己那樣，也運動它自己所寓寄其中的軀體。這就是德謨克利特的觀點，這觀點是從喜劇大師菲力浦的議論中承襲下來的；他（菲力浦）講到第達羅斯製作了一個木質亞芙洛第忒，把水銀（汞）㊵灌於其內，因此

而求取的，譬如我們為求健康而賺取金錢，為了需要在世界上活著，做好工作；為要賺錢，又，如此而又如此。但揆其終極，我們必須抵於為了我自己而求取的一個善物。這一由己之善，既不由於任何從屬的目的，必應是世界之『至善』（summumbonum）。」亞里士多德這位希臘哲學家所畢生勤求的，就是這個「至善」。

㊴ τῶν αἰσθητῶν可感覺客體（或感覺對象），應指一切有生命或無生命事物，這裡實指那內含靈魂的活著的軀體。

㊵ ἄργυρον χυτόν依字義是「熔銀」：熔銀，高溫不能灌入木偶：這裡實謂「液態銀」，指水銀，即汞。這名稱也見於《天象》卷四章八385^b4。

這木製神像能自行運動。德謨克利特關於〔靈魂爲〕不可再分的球體（原子）㊶的立論，恰正運用了與此相似的腔調，他說這種球體（原子）的本性永不靜止，所以拖著全身，運使之跟它一起行動。但，我們要請問，這些常動的原體，也能肇致靜止麼？這樣的原體，它們怎能休止，即便說這未必不能休止，也該是很困難的了。概而言之，我們認爲生物的靈魂之運動其身體，不該由這種方式，它蓋是憑其意願（偏愛）與（或）思想機能以運動其身體的。

在〔柏拉圖的對話〕《蒂邁歐》篇中，㊷他也取同樣的方式，主張靈魂運動身體，專憑自然科學（物學）來辯論；他說靈魂是如此深密地含蘊於生物體內，乃能以自己的運動使軀體運動。造化先引用所有的元素㊸製作（合成）爲靈魂，而後依

㊶ 本卷章二404^{ε}2德謨克利特所舉，*ἄταμιον τὰ σφαιροειδῆ*「不可再切割球體」405^{a}10，*ἀδιαιρέτων σωμάτων*不可再分物體，與本章「不可再分球體」，同是現代譯文所稱的「原子」（atom）。德謨克利特的「原子」，用於物理學，也用於心理學（《靈魂論》）這就只能是一個哲學或邏輯名詞，並無嚴格的物理學或近代科學的定義。

㊷ 見於柏拉圖，《蒂邁歐》（*Τίμαεος,ὁ*）35A以下：「造化」以下句為柏拉圖原文。

㊸ 阿奎那《詮疏》卷一第七課，第九十三節，引亞里士多德《物理學》（*Physica*）卷三章四，203^{a}10-15，說這裡的「元素」（*στοιχείων*）是名學的「同」與「異」，數學的「奇」與「偶」。倘奇數加之一，挨次行之，其答數常是同一式的數，例如，第一個奇數3，加之於1，得4，即2

據感覺所內蘊的諧和（合乎樂律的）數比，為之區劃，俾能感應於樂律，而且製使
407a 其運動完全合符於諧和的節文；於是他彎轉這直線使形成為一圓圈，隨又分一圓為兩圓，而使在兩個點上相交會㊹，以後他㊺又區劃兩圈之一圈為七分圈，這樣，他㊻就使靈魂的運動隱括了諸天體的運動㊼。

的乘方。第二個奇數5，加之於4，而得9，為3的第二次乘方。如此行之，至於無窮。但於偶數如此出題，所得乃為另一式數。第一個偶數2，加之於1，得3。這是幾何圖形的三角形之角數；加第二個偶數4於3，得7，這是七角形之數，如此也至於無窮。柏拉圖於是以「奇數」為「同」，「偶數」為「異」，稱之為構製萬物的基本元素。

㊹ 這裡的兩圓，實謂天球赤道圈與黃道圈，交會的兩點即夏至與冬至點。七分圈謂日月與五行星的旋軌。

㊺ 這裡的「他」，在原文中只是動詞尾綴的第三人稱，承上文的主詞τὸ πᾶν「大全」，即「宇宙」或「世界」，其人格化的神則指「造物」或「造化」，所以阿奎那《詮疏》，依拉丁譯本隱括為神（God）。牛津，斯密司英譯，在這長句之首，標為**Demiurge**（希臘文δημιοῦργός義為人民的工作者，亦為世界造化之主），希脫英譯本作**Creator**（創造主）。

㊻ 同注㊺。

㊼ τὰς τοῦ οὐρανοῦ φορὰς「諸天體的運動」，是「合乎樂律的（諧和數）」τοὺς ἁρμονικοὺς ἀριθμούς）。柏拉圖以天體運動的「諧和」（ἁρμονία）說靈魂，本於畢泰哥拉。阿奎那《詮疏》卷一第七課第九十五節，引卑茜阿（Boethius, de Musica）《樂論》（I, c.10），述畢達哥拉（Pythagoras）

第一，這裡所說靈魂，作爲一個量度（體段）是不精審的；宇宙靈魂（τὴν τοῦ παντὸς大全魂）⑱顯然有類於「所謂心（心識）」（ὁ καλούμενος νοῦς）這

云：我們注意到在諸不同比例數與諸無限數中，有些是合乎樂律的。樂律憑這些數以調成「諧和」（harmony）。倍比所成的和音稱為八度（octave）全音程（diapason），3：2所作協和音，稱為「五分一」（a fifth）；4：3所作協和音，稱為「四分一」（a fourth）；9：8則成一個樂音（a tone）；其他比例造作其他諧和；例如三倍比肇致一個八度與一個五分一的組合；四倍比肇致雙八度音程，按照卑茜阿《樂論》，這是畢達哥拉發明的：「他造四個不同重量的音錘，相次為十二、九、八、六兩。十二兩與六兩錘，作二分之一比，諧為八度的諧音。十二與八兩錘作三分之二比，諧為『五分一』程的協音。十二與六兩錘，相似地，十二與九兩錘，配成四分之三，而諧為『四分一』的協音：九兩與八兩錘配成的協音，即一個樂音（atone）。」（第九十六節）柏拉圖把萬物籠統地簡化為數，但其中只靈魂的數是合乎樂律（諧和數）的。這樣，亞里士多德複述柏拉圖靈魂的數理，把靈魂有所「區劃」，好像靈魂的各個部分是按照樂律諸比例，分另稱量而造成的。他說靈魂所由構成的數是1、2、3、4、8、9、27（即1：2，2^2，2^3：3，3^2，3^3）；人們可以從其中，尋見「樂律諸比例」（聽到「音樂語言」）。這種比例是畢達哥拉與柏拉圖的數論宗從赤道與黃道上日月五星的各不同的行度虛擬起來的。至於2：1與3：2是3與1之間的音階，二分之三與三分之四為2與1之間的音階，則確是「諧和」（樂律）的數學原理。

⑱ τὴν τοῦ παντός「宇宙的【靈魂】」（anima mundi）這句，與上文的「造化……」句都是承柏拉

樣的事物；它實與感覺機能或欲念機能，全不相應；這兩機能的運動，都不是周圓旋轉的。但，「心識」（ὁ νοῦς）恰是一個延續而無間的運動，心識之爲「思想過程」（ἡ νόησις）就是這樣的，它和它「一一所思想者」（τὰ νοήματα）合一（同一）；另兩機能則像數之合其一一順序單位，而爲一個定數，或說是一個空域體段中的一一分區單位。心之爲一，不能符於數與量度的上兩機能的分劃；心或當是不做區分的，或其爲延續者，不同於空域體段之分區挨次的性質。倘心識而爲一個區段，它怎麼能在思想中和它任何一個部分（分區）相應呢？現在，試把心識當作一個體段，或說當作一個點，姑將點也當作一個部分㊾。於是，既然點是爲數無限（無定）的，心識顯然將永不會抵達其目的（終點）。作爲一個體段的心識，會將盡多次的，或無數次的重複思想於其相同的所想。但，這是明白的，心之思想於所

圖，《蒂邁歐》原義敘述的。畢達哥拉學派與柏拉圖學派都稱道，諸天體在天穹中循規的運動，演奏著美妙的樂調，而指揮著這天樂的，當為「宇宙靈魂」。連類而及，人類的靈魂必相應於宇宙總體的靈魂，引用合乎樂律的數理以為行動。

㊾ 407^{a}12, μέγεθος尺度大小），體段，包括面與立體而言。柏拉圖學派的幾何，積點成線，積線成面，積面成立體，這裡表明柏拉圖學派的靈魂與其心識須是一個點有空間的體段。亞里士多德的幾何，點只是點，只是一個位置，不占長度（亞里士多德《物理學》卷六章一 230^{a}20-^{b}5）。這裡附加了「姑將……」（εἰ δεῖ…），表明這句不全是複述，而變更了柏拉圖派的觀念。

想者，只當每一次止於一個。

但靈魂的心識之爲思想，若說只須和它那個所想的部分〔或點〕相接觸，這就沒有必要行運於整一圓周，或獲有其體段。反之，它若必須與全圓相合拍，將如何以取部分〔或點〕的接觸？又，不可分的思想怎麼能想於可分的〔部分〕，而可分的部分又怎能思想到那不可分的？於是，心識運動該當同一於這個圓運動；心識的運動實際就是思想，而圓運動是旋轉（寰周）的。若說思想的行程循乎圓周，則心即是圓，而思想的實際便得是寰周的。於是這個行於如此典常的圓運動者，必然就是心識。一個圓的寰周是無盡頭的，那麼思想也將是無休止的了[50]。但所有實用思

---

[50] 上既列述了柏拉圖學派的靈魂觀念，亞里士多德於是（從406^{b}26至407^{b}13）辨析其謬誤：阿奎那（T. Aquinas）《詮疏》（*Commentarii*）卷一章三第八課第107-131節，析述亞氏的論點共為十事。現代學者於柏拉圖的數學（算術與幾何）實際不能熟習（而且他的「數與圖形」的觀念也異乎我們現在的觀念），對亞氏這裡的辯難，甚難索解。柏拉圖喜用文學譬喻或作為哲學寓言與數學表演，他的舉例常是巧妙的，措詞則頗不謹嚴，往往隨手拈來，便成文章。亞里士多德在這一章中的十辯，有些只是捉住了柏拉圖的措詞失當處，或設喻的不能普遍符合（應用）者，就字論事，以暴其疑難。圓周的性質，終點必返於始點，柏拉圖以喻理知靈魂能返想（回想）自己的理知。亞里士多德乃舉圓周的運動而質問靈魂（理知或思想）若循行圓周，將無可休止。是亞氏以其邏輯推論抵柏拉圖譬喻之瑕，遂乃落入了哲學煩瑣的境界。

想（實踐心識）是各有盡頭的（因爲每一實用思想各有一所想的目標——外在事物），至於虛擬的理想公式是憑它們自設的詞項來爲之解釋的；每一詞項，則各是一個定義（界說），或是一個論證。一個論證必須有某個緣起（開始），並做某個終止，即指向於（綜合爲）一個結論。即便它們還未能抵達於結論，它們無論如何是不能回轉到始點的，它們只能在一直線上進行，另更建立此中間詞項，或外緣詞項。但寰圓卻永是周而復始的。它們的一切定義也必然是一些自圓其說的內限詞項。又，如果這同一寰圓，屢屢運轉，心識也將屢屢思想於同一事物。

又，心識的常態，似乎靜止或停歇勝於運動；推理（合議）的過程恰正就是這樣[51]。更又，如果運動由於被強迫進行而不是和順的，這種運動不會是愉快的，也

---

[51] 407^b407^a27，34，συλλογισμός（原於動詞συλλέγω義為「收集」如積聚粟粒，或集眾起兵。συλλογίζομαι衍變其義而為「集議定論」（或「列數統算」））（甲）通義為「推理」（ratiocination），柏拉圖，對話《泰阿泰德》（*Theaetetus*, 186^D，嚴群漢譯本八十一頁，商務印書館，1963），克拉底盧（Cratylus，412^A），用作邏輯名詞，謂：「由諸前提引申以成結論。」（乙）亞里士多德於其總稱為《工具論》（邏輯）的《解析後編》（*Anal. Post*, II, 23）與《修辭學》（*Rhet.*, I, 2）中，始置中項（middle term）以承接其前提而作結論。於是，凡有所論證，必做三段：中國舊譯「三段論法」，久垂為名學的一個基本法則。在上述兩篇中，亞氏自稱為「演繹法則」；然在《解析前編》（*Anal. Pr.*, II, 23）中，亦稱之為「歸納辯證」。本篇此節取其通義為「推理」。

就不是運動者的幸福。若運動而不因於它的本原（要理），這種運動當是反乎自然的。又，靈魂包含於軀體之內，而無以自解脫，甚爲痛苦，若執此意，而思有以自免者，毋寧讓心（心識）存其自在於軀體之外；實際上多數人是相信這種常俗觀念的。

又，諸天體旋轉著做圓運動，若欲推究其何以必做如此的運動，還是隱微（晦瞑）的。至於，說靈魂的本原（要理）顯示其爲圓周運動，殊無依據，如其或有時而表現了這樣的運動，總只是由於屬性偶然而出此；靈魂實不以軀體爲本原，實際相反，軀體乃多方面現示爲靈魂的屬性。說圓運動是較爲美善的運動，爲此之故，神（造化）就必須致使靈魂也做寰周的旋轉，這樣的說法實際是無所依據的；再說，逕就假定運動比靜止爲美善，運動比任何其他情態爲美善，這也是不足爲憑的。但，這方面的研究屬之於另一較適合的論題爲宜[52]，讓我們的辯難就暫止於此。

但，在這方面的辯論以及關於靈魂問題的其他許多方面，內蘊有一個共通的違失自然的謬誤。人們置靈魂於軀體之中，並使交合，可是直不說明其何以至此，以

---

[52] 參看亞里士多德，《說天》（*de Caelo*）卷二章五287b22以下ἑτέρου λόγων οἰκειοτέρα「另一與之較為合適的論題」，當謂天文學論題。

及在軀體的怎麼一個條件中，才能置入靈魂；可是這些基本因素蓋當交代清楚。既然說，正憑這個交合而靈魂乃得爲之主動，以使軀體接受其運動，於是其一爲動，另一即隨之而被動，皆不出屬性之所以爲附隨，確乎如此，運動就成爲靈魂的本原。可是，這樣，他們實際只專斷（自定）了靈魂的性能，於軀體，即接受一切運動的事物之情況（條件），什麼也沒說明（交代），恰如畢達哥拉宗派的鬼神故事所傳說的，任何靈魂都能覓得進入任何身體的途徑(53)。但，每一物［動物］的身體蓋各有其自己的特殊形式與形狀。可是，他們信口而談，任意假定了，木匠技術(54)直能進於吹奏簫管的樂藝（這是荒謬的）。每一門工藝，各應用其專屬的工具，每

(53) 任何動物的靈魂可以進入任何其他動物的身體，例如一隻蠅魂偶可進入一象身，這類傳說蓋出於畢達哥拉義大利數論宗；柏拉圖有時含糊地沿襲了這類寓言。由邏輯為之審核，這顯然是不合的。一蚯蚓、一蚤虱、一狗與一大象身體的構造各不相同，按照當時的通論，以靈魂主動軀體，一蚯蚓如入據象身為之靈魂（生命），必不能使象從泥土吸取營養，一蚤虱魂必不能使象跳躍，一狗魂不能使象吃肉食。亞里士多德於此乃以軀體的形式與形狀，即動物各異的活動構造，破除了柏拉圖派及其前輩這樣類似於印度「輪迴」論的虛誕。

(54) τὴν τεκτονικὴν「木匠技術」，拉丁譯文，M抄本，tectonica，音譯與之相符，或作ars textrina，「織造藝術」，亦可通讀。以不同工具喻不同體構，不同技藝喻不同靈魂，加強了上一論證——一靈魂與一軀體不能普遍地任意相通。

一靈魂，各屬有其相應的軀體。

章四

關於靈魂，還有一個舊傳的理論（教條），這種設想，雖在公眾論壇上，已久引起了非議，於所有方今流行的諸家之說中，盡多的人竟是信以爲然的。這就是所謂靈魂爲某種樣式的諧和（ἁρμονίαν樂調）（τονα）；執持此說的論據只是這樣：諧和就是諸對反的混和或組合，而軀體恰正是由諸對反組合起來的。

但，(1)諧和之爲具有某項比例的混和或爲組合，須具有爲之配比的或爲之組合
408^a 的諸成分，可是，靈魂實際上既不能成比例混和物，也不能成組合物。(2)又，運動不是諧和的一個表徵，而靈魂諸論者，幾乎都認爲運動是靈魂的一個本原（要素）。(3)如以靈魂爲諧和，殊不符於實際，毋寧把諧和歸之於軀體的生理方面，健康的體質正該是諧和的。想演奏靈魂種種活動，使致於諧和（成一樂調）是困難的；人們不妨親自試驗一下各自的靈魂，蓋可證顯諧和之說，不易核實。(4)又，我們應用[55]τὴν ἁρμονίαν（「諧和這詞」）於兩個相異的命意：這詞的本義是那些具有

[55]《亞里士多德全集》貝刻爾（I.Bekker）編校本，（第三冊）《靈魂論》περὶ ψυχής 408^a5 λέγομεν貝刻爾校注二：S、T、V、X，四個舊抄本皆作λέγομεν「我們說」（我們應用這詞……）。

運動與位置的空間體段諸事物間的相互關係，凡所稱爲「諧和」者，在這整個體系之中，各個既相聯通而各有定態的事物（部分）之間，就不得雜入任何與之相同種屬的事物；至於它的衍義，我們應用之以表明其中諸成分（部分）所由混合的比例[56]。

這兩命意於尋求靈魂的合理的解釋，都是無益的，至於以靈魂爲與身體相應各個部分的組合之說，則可輕易地予以否定。生物各個構成部分實屬繁多，而所以爲之構製者，又其道多端。於是，我們將何以設想構製有如心識，或感覺或欲念機能的種種部分？以及由什麼些方式來構成這些機能？實際，憑諸成分間的比例，製作靈魂以成爲一個諧和樂調（生命），這種觀念也同樣荒謬。用以造作肌肉的諸元素和用以造作骨骼的諸元素，絕不會取相同的比例[57]。於是一個生物體內，若說諸元

---

[56] 設想靈魂為一諧調者，蓋隱指畢達哥拉宗的菲洛拉奧（Philolaus）、柏拉圖對話《斐多》（*Phaedo*）已批評了此說不合，亞里士多德早期著作《歐臺謨對話》（*Eudemus*）也曾批及菲洛拉奧之說。

[57] 參看第爾士（Diels）《先蘇格拉底諸哲殘片》（*Pre-Sokr.Frag*），「恩貝杜克里殘片」17, 22, 30, 37等。（Empedocles）：「殘片」第七十八，引艾修斯（Aetius Medicus）醫師，恩貝杜克里說：「肌肉由四元素作等分量混合而形成。骨，由兩份水，兩份土，與四份火合成。」

素憑種種不同的組合以混成靈魂爲一諧和（樂調）者，那麼，這就得有許多靈魂分布在全身之內了。恩貝杜克里既然說到這些部分各都由某個比例爲之制定，人們就不禁要向他詢問：四肢所由長成的比例，就是靈魂的比例麼？抑或那相應於四肢的靈魂，另有不同的比例？又，他的友愛（和合）原理(58)只憑以做偶爾的（任意的）混合，抑或可憑以製爲具有明確比例的組合？靈魂就是這麼個比例？抑或別是有異於這比例的一個事物？這些就是在這些理論上顯而易見的疑難。若說靈魂是別於這些內具比例的合成事物之外的另一事物，那麼，何以活動物的肌肉與其他各部分（構造）死去的同時，靈魂（生命）也隨即死亡？又，若說生物（動物）未必每一構成部分各有一個靈魂，由此申說靈魂的合成比例，也不必與生物各部分（構造）合成比例相同，那麼，當靈魂離去這生物（動物）時，將是這物身的哪一個部分隨之而壞死呢？

這是明顯的了，依我們上所質詢而無可辯答者，結束前論，靈魂不能是一個諧

(58) 恩貝杜克里謂世間有兩原：其一為「愛」ἡ φιλία（友愛，和洽），另一為「憎」τὸ νεῖκος（仇恨，鬥爭）。諸元素（「四大」）因愛而相結合，於是萬物創生；因憎而諸元素（「四大」或由「四大」合成的各個部分）離散，於是萬物毀滅。參看亞里士多德《形而上學》卷一章四985^{a}18-29。

和（樂調），它也不能做寰圓運動。可是，如我們前曾說過(59)，這卻是可能的，靈魂由於屬性隨附而做運動，在其所寓的軀體之內，雖此軀體之運動實有賴於靈魂爲之作主，但說靈魂之爲運動的命意，必限於軀體之內；別於這一命意之外，而說靈魂能在空間運動，這就絕無此理。

以下相應的一些考慮，對於靈魂運動（活動）這理論，甚且可更明朗地揭示其
408^b 迷惑。我們說靈魂在痛苦或愉悅，在奮發，或有所畏懼，我們也說，靈魂在憤怒，有所感覺以及有所思想，所有這一切似乎可算是運動（活動）；由於這些，人們盡可設想，靈魂是被歆動了；但，實際上，這未必盡然。讓我們姑且說痛苦、愉悅，與思想都是運動，其中每一個項目都可以說它各是一個運動（動作）；讓我們姑又承認，運動是由靈魂導引起來的——例如憤怒與畏懼是心臟部分的個別（特殊）運動，思想（理解）則是心臟或另有某個機能的〔一般〕運動〔這裡，當然該應辨明有些是位置的運動（移換），另些是品質的運動（變化）；至於這些運動屬何種類，以及經何途徑以致此運動，這是和我們當前的辨析無關的另外一些問題〕。即便這麼說（承認上述兩個前提）(60)，「靈魂恰在憤怒」這樣的言語，正同於話說

(59) 本卷章三406^a30-$^b8$：參看譯文注腳。
(60) 408^b12行，依大多數舊抄本，與菲洛龐諾（Philoponus）詮疏做審校，讀為τὸ δὲ λέγειν「即便這麼

「靈魂在織布或造屋」一樣，這是不妥帖的。也許較爲聰明的是，不說靈魂在憫憐，或學習，或思想（理解），而毋寧說，那個人因應於靈魂而織布而造屋。揆其實義，運動不行於靈魂，但有時透入了靈魂，又有時乃緣起於靈魂。舉例言之，感覺始於可感覺的某些事物，以抵達於靈魂；回憶則發於靈魂作爲一個單位以抵達於感覺器官之爲運動，或爲當前運動或爲後遺運動[61]。

說」，依阿奎那《詮疏》卷一第十課，相應於《靈魂論》的$408^{a}34$-$^{b}31$的疏釋，加了使原文較為明白的（　）內短語。第十課的一百四十七節，阿奎那謂亞里士多德姑先承認敵對論方的前提，而後執其紕繆，以攻破其罅隙，為所慣用的一法，並舉出了亞氏《物理》卷三章四至八，與《說天》（*de Caelo*）卷一章三，關於無限（無定）論的辯證為例。

61 柏拉圖學院的門人，於柏拉圖歿後，注重數學，認為靈魂是一個能自動的「數」（若干單位）。這些柏拉圖學派（Platonists）認為悲憂、愉悅（快樂）、憤怒，與思想（理知）等，為靈魂（總體中某個單位區分）運動了與之各相應的器官，動乎中而現於外表的情態。他們承認舊傳靈魂具有神性而不死之說，相信運動各個器官的各部分靈魂也一概長生不死。本章$408^{a}3$-$^{b}18$這一節，和以下幾節中，亞里士多德辨明上述情事，如悲、喜、怒者，是相應靈魂與物身（軀體）上相應器官，各別的交互作用，不能不與物身同其生死，未必有何神性。唯「心」（ὁ νοῦς 心識，或理知），在物身上的相應器官，或云心臟（καρδία），或謂另有所屬，而實際上迄今尚未確知，也許這部分（思想或精神）可能不死而有神性。多馬·阿奎那《靈魂論詮疏》卷一第十課第一百五十—一百五十一節，感覺，與憤怒和恐懼等情事的運動機制云：諸感覺各在物身的某個部但心（心識）〔於靈魂中〕似乎具有某種獨立存在，而不入於壞死程序[62]。若說這是可滅壞的，那就得歸之於年老體衰的原因；心識之顯示爲可滅壞的方面，實際可以舉示感覺器官的情況爲之說明；一位老人倘能獲得一位青年的眼睛，他就會像青年一樣視覺敏利。所以老年（衰老）殊不因緣於靈魂的任何影響，其故實在靈魂所寓著的物體（身軀），人在醉酒中與染病時，恰就與衰損相似。這樣，思想與推理（玄思）的功能消滅時，蓋是由於心識（理知靈魂）所寓在之某個物身的衰

分活動，例如視覺，運之於眼睛；還有〔諸情緒〕，例如憤怒運之於心臟；其他類此。靈魂認為某一事件正該使之憤怒，這動物的所稱為「心臟」這器官（臟腑），就被干擾，圍繞於心臟周遭的血液隨即發熱，這些熱血流行全身，直到指尖與腳尖。恐懼類此：這使物身某個部分收縮而發冷，其人隨即臉色突然灰白起來。這樣的變化，雖只行在體內，確也是運動的一式，即ἀλλοίωσις「形態變換」，亦即「品質運動」（μεταβολή代謝運動），本書卷一章三406^{a}12-14（運動四品種的第二種）。這是明顯的，這些都不能是單獨靈魂的自運動，而必須是：緣起於靈魂而為靈魂與物身的和合活動。

[62] 稱述「心識」ὁ νοῦς這部分靈魂（即理知靈魂）為οὐσία τις οὖσα, καὶ οὐ φθείρεσθαι「某種獨立實是（存在），而是不死滅的」〔這是本書一個重句，須與卷三章五，全書的重要一章，認真比照〕和這句相應的是下文408^{b}28-29，ὁ δὲ νοῦς ἴσως θειότερόν τι καὶ ἀπαθές ἐστιν：「心識多少涵有些神性，所以它是不受影響的。」

損，實際心識（理知靈魂）是不受影響的。思想與友愛或憎恨，實不是心本（心識）的屬性，而是那個具此心本（心識）的人身（物體）的屬性，這只是那個物身做出的一些表現。記憶與愛情於是衰減了，正因爲他身軀衰減（萎弱）了；內含這些的整個實體既趨於壞死，衰減也處處顯見；這些原來就不屬於心本（心識）。心識多少含有些神性，所以它是不受影響的（不被動的）。經過了我們這一番討論，靈魂之不能被運動是明白的了；若既一般地不被運動，那麼它也顯然不能自己運動自己。

可是，關於靈魂的一切不合理的諸推論中，其最不合理的謬說，莫過於把靈魂
409^a 稱爲自己運動的一個數[63]。這一理論，於運動的一般意式上先就是不能成立的，稱說靈魂爲一數，更屬荒謬。把靈魂作爲一個一個單位而運動，人們將若之何來追

---

[63] 以靈魂為一個自運動的數，其說始於柏拉圖及其先古哲如畢達哥拉，至齊諾克拉底（Xenocrates）而堅執其旨，且詳演其義。柏拉圖逝世後，斯泮雪浦（Spensippus）繼長亞卡臺米（Academy，柏拉圖學院），又後而齊諾克拉底繼任主講。其時亞里士多德已另立呂克昂學院（Lyceum），以傳其學。本章自此而下，至於章末，皆與齊諾克拉底之說所做辯論。多馬·阿奎那《靈魂論詮疏》，自409^a2至31，析此論辯為六節：⑴$409^a$2-、⑵$409^a$6-、⑶$409^a$8-、⑷$409^a$10-、⑸$409^a$18-、⑹$409^a$29以下。本章譯文，自⑶以下不復分節。

索：⑴它憑什麼以爲運動？又其運動取什麼方式？這既被認定爲一個一個單位，它就該內無區分，也內無差異？若說這是可運動的，而且確乎在被運動，它就必具有內部差異[64]。⑵又，他們既然說一條運動著的直線，可掃描成一平面圖，一個運動著的點可規劃出一條線，那麼，這麼一個「靈魂，即生命」單位的運動，便將是一條直線了。一個點是具有位置的一個單位；但靈魂之數，該先已有它的所在而具有其位置。⑶現在，人們如果從一個數減去一個數或一個單位，剩餘的當是另一個數；但植物和許多的動物，雖在它們被切以後，依然繼續地活著，似乎那些斷片，恰如它們的本體，各具備相同的靈魂（生命）[65]。若說這些點，正可由德謨克利特的諸球圓體「原子」發展而成立，那麼我們就不妨稱這些爲微粒（粒子），也可說它們是些單位，這些基本單位只有一個常在品質，就是一個量（量元）在每一個這樣的量元之中，必須有一主動與另一被動的部分（事物），而自合爲一個內在的宛轉延續體。因爲這只是一個量元，其爲度之或大（多）或小（少），於我們上述這事項，是無須分辨的。事關緊要的只在它必須內含有一個使這單位（元）發起運動

---

[64] 參看亞里士多德《物理學》，論運動，凡自能運動之物，必須內有一主動者與另一被動者，兩個差別部分（卷八章五257^{a}30以下）。

[65] 參看下文章五411^{b}20-31。

的事物。若說在這動物（生物）之中發起運動的，恰就是靈魂（生命），你如果稱之爲數，實況還得是一樣的；靈魂不能既是發起運動（主動），又是被動的事物，它只該運動由以發起的事物。但，若說這是一個〔內無差異的〕單位，它就哪能如此？這裡，必須在這一主動單位之外，於所有其他單位中，找出某些差異。然而，一個點與另個點之間，除了位置之別以外，又有什麼差異呢？反之，如果軀體之內，〔靈魂，即生命的〕諸單位，原本就異於軀體（物身）諸點，這將有兩系列的單位，共占於同一處，而每一單位各據一點。可是，一處而可容兩個系列，那又何嘗不可容納無數的點呢？若說事物占在一個不可分劃的處（所在），它們自身也應是不可分劃的。反之，如果軀體諸點同一於其數爲靈魂的諸單位，或說軀體內諸點之數就是靈魂，那又何故而不是一切物體咸有一個靈魂？一切物體內顯然皆有爲數無定限的許多點。

又，除了線被區劃爲若干點之外，從它們的軀體中，怎樣才能分離出這些獨立自在的諸點[66]？

---

[66] 貝刻爾校訂本 τὰς ψυχάς「諸靈魂」：依斯密司（J.A.Smith）英譯本，校作 τὰς στιγμάς「諸點」。

章五

如我們上已敘述的[67]，執持這種觀點的人們所得的結論，一方面就得落入那些主張靈魂爲一個纖巧物體[68]的窠臼，而另一方面又得迷惑於德謨克利特所專有的荒

409^b 謬，跟著他描摹靈魂爲軀體運動的本原。若說靈魂也是一個物體（物質），而普遍存在於所有的感覺物身（器官），那麼在同一處必須具存兩系列的物體（物質構製）了。至於那些陳說靈魂是一個數的人們，又得想定在每一點上乃有許多的點了。如其不然，他們必須另擬靈魂之爲數異乎軀內所寓諸點的總數，而每一物體各有其一個靈魂。於是，相應以說，動物（生物）爲「數」所運動，就恰如德謨克利特的舊論，以他的那些小球（靈魂或生命原子）來說明運動[69]；我們在這裡稱述那些小球爲一些擴大了的單位，或統稱它們是些運動單位，就沒有什麼實際的差別？說它們是這個或是那個，都是一樣的，它們都得憑其自動以運動生物（動物）。

---

[67] 見於上章408^b33以下。章五408^b31行，開章至409^b18行止，續論「靈魂為自動數」的謬誤，可以移屬章四。

[68] 認為靈魂是體內的「一些纖巧（綺美）的物質」（τοῖς σῶμά τι λεπτομερές），這種觀念出於赫拉克里特（Heraclitus）與亞浦隆尼亞的第奧根尼（Diogenes Apollonius）等。

[69] 參看本卷章二403^b32以下。

那些人們把運動與數扯合到一起來闡釋這一論題，不期而自投入於這惑誤，而且還得遇到類此性質的其他疑難。這些謬說，既不能舉之爲靈魂的一個定義（界說）；即便把它作爲靈魂的偶然屬性，也是不能通行的，人可試用這種理論來解釋靈魂的諸和諸感應功能，有如推勘感覺、歡樂、悲痛，以及其他類此諸端，他就隨即明白，這種理論統都不合。覆按我們前曾講到過(70)的，憑這些「運動與數」道理，於靈魂的這些附屬性狀，求其解釋，雖欲藉以爲比擬，而引出些測忖，竟也是無益的。

關於靈魂，舊傳於今的解釋，有三個流派：有些思想家認爲靈魂是運動的最主要本原，因它能自行運動；另些則說明靈魂，由一些極度纖巧的物質組成的這種物體，雖也說是物質的，比之其他一切物體，幾乎可說是非物質的。我們於這兩定議（解說）所內含的疑難和刺謬（矛盾）已經相當充分地辨明了。這裡還該於遺留的第三個定議，一加考驗，這一定議確言，靈魂由諸元素構成。趨成這一理論的原意是在解釋，靈魂何以能感覺並認識所有現存的每一事物，但這樣的確釋所引出的理論，內含有許多不能責實的事情。支持這理論的人們，依據「同類相識」(71)的法

(70) 本卷章一 402^b25-403^a2。

(71) 恩貝杜克里 γνωρίζειν τῷ ὁμοίῳ τὸ ὅμοιον「唯同類能識同類」，參看本卷章二 404^b11-19。

則，把靈魂合同於它所識知的一切事物。但世界上所現存的事物實不只是這些元素；這還得有由諸元素所組成的許多其他事物，實際這些事物幾乎是爲數無限的。即便假定靈魂也能認識並感覺凡由諸元素所合成的複雜物，可是，複合體有如神、人、肌肉、骨這樣的事物，靈魂將由它的哪一部分，由什麼方法，得以認識或感覺
410^a 到它們呢？這類合成物不是任憑諸元素隨意結集起來的，它們各得按照某些比例，依從某個合成原理，爲之合成，舉例以明之，關於骨，恩貝杜克里就這麼敘明了的：

「在仁和的大地（土）的熔爐中，容受了八分之二的湛亮的涅斯蒂（水），和四分的赫法斯托（火），於是全白的骨，隨即生成（燒結以成）。」(72)

這樣，如果合成物的成分比例與其合成方式不也存在於靈魂之中，而其中只存在有諸元素，按照同類相識的法則，它就不具備什麼認識機能；因爲靈魂中必須內

---

(72) 引文見於恩貝杜克里，《論自然》，今第爾士編錄《先蘇》「恩貝杜克里殘片」96。參看本卷章四408^a15-16，漢文譯者注，引艾修斯（Aetius, v, 22）記載恩貝杜克里謂骨的成分為土二分，水二分，火四分，合成。本節引文ἡ χθών「土地」，這裡實指「土」元素。νήστιδος在古希臘典籍中釋義各異，這裡取義於西西里島居民的女神，Νῆστις涅斯蒂，世俗慣用之謂「水」元。'Ηφαίστος赫法斯托，冶鐵之神，希臘習俗指以為「火」元。

先有「骨」，或「人」，它才能認取「骨」或「人」。這種法則實屬不通，但這裡已無須更煩爲之作證，誰都不會去測忖某個靈魂中是否內含有一石塊，或一個人？誰也不會去測忖某個靈魂中是否內含有「善性」或「不善性」？以及類於如此的其他種種。

又，τοῦ ὄντος「正是」（存在）這詞，含有許多命意；這可詮釋爲 τό τόδε τι「一個實是」（本體）或 τὸ πόσον「一個量」或 ἢ ποιόν「一品質」，或諸範疇中任何其他的一個範疇(73)。於是，靈魂該應由所有這些一併來合成，抑或不然？諸元素當不能遍通於所有的範疇。靈魂是否只由屬於實是（本體）範疇的一些事物（元素）合成的麼？那麼，它怎能認知其他各個範疇？或者，他們可以提出這樣的主張，說諸元素（要素）（στοιχείων）各有它們的科屬（共性）與品種（個性），靈魂則是總合了所有這些而組成的？這樣，靈魂便將既是一個量，又是一品質，又是一本體。但量要素所能孳生（衍化）的實不能出乎量範疇之外的事物。主張靈魂由所有諸元素合成的人們；須面對這些以及與這些相似的諸疑難。這是不合理的：一

---

(73) 亞氏全集卷一《工具（邏輯）》中，有《範疇篇》。《形而上學》卷七章一，列舉十範疇（κατηγοριῶν）之前三，即 τὸ ὄν（οὐσία）本體、質，與量；參看卷五章七，列舉八範疇，1017^{a}23-31，亦敘本體、質，與量。範疇或譯「云謂分類」，或「云謂諸格」。

方面說，同類不能於同類事物上發生什麼作用，另一方面又說，唯有同類才能感覺同類事物，人各以其內蘊有類同的事物，乃能認識其同類；可是，〔按照後一陳述〕感覺實際成為作用於同類，或以運動加之於同類〔這就反乎前一陳述了〕。於思想與認識而論，情況正也相似。

如我們上已闡明的，按照恩貝杜克里所謂事物都得憑物質諸元素來認識的理論，內含的迷惑與疑難是很多的。在活動物體中，如骨、筋腱，與髮；它們於由
410b 以合成的諸元素中，主要的有賴於土，這些事物似乎全無感覺，即便是與之相類同的〔骨、筋腱，與髮〕土性物體，它們也各不能有所感覺。那麼，靈魂即便內含有這些元素（要素），它又怎能從事於驗證的功夫；可是，依此理論，它們就得具有感覺而能行驗證外物的功夫。又，這些原始事物（諸元素）各都是所不知者（愚昧），多於所知（理解）；它們各都是只知其一，不識其他許多事物，實際上，就不識，除了它自己以外的一切事物。這麼，恩貝杜克里的神，必然是最愚昧（無知）的了；譬說，世道諸要義〔兩原理〕之一，即「鬥爭〔鬥諍〕」（τὸ νεῖκος「仇恨」），只有她〔恩貝杜克里的「親愛」之神ἡ στοργὴ〕是不知（不識）的；至於世上的人們，卻誰都識知，因為世人的靈魂，各都內含有世道諸要義

（「愛」、「憎」兩原理）的(74)。

又，一般地說，既然每一事物各是一個元素，或由一個元素組成，或由不止一個或由所有諸元素合成，那又何故而現存事物不是每一個都各有靈魂？依這理論，它們都得認識一物，或某數物，或所有一切物【這就該各有一個靈魂】。

還應當提出這個問題：把諸元素組合以入於（成爲）靈魂的，是什麼原理？相符應於諸元素之顯然爲物質而言，凡能爲它們做成組合的，不管它是什麼性質，務必是一個最關重要的因素，凌駕於靈魂的一個因素。但，那能有凌駕於靈魂而主宰靈魂的這種事物，若說超乎心識的事物，當然是更不可能有的；本乎自然，而做合理的假設，心識（心）蓋爲最先存在而可爲主宰的，可是按照他們的理論，卻說【物質】諸元素乃是先於一切的存在（事物）。

他們確言靈魂由諸元素組成，因爲靈魂能感覺並認識現存諸事物，他們又確言，靈魂是運動的基本（主要）原因；他們詮釋靈魂的這兩定義，都不能概括所有一切品類的靈魂。凡一切具有感覺的事物，實際不必全都能運動；例如有些生物（動物）顯見是在空間停止著的；對於這種生物，靈魂所傳遞給它的運動，就只有

---

(74) 參看本卷章二404^{b}13-15，及漢文注釋。στοργή, ἡ之為「愛」，包括父母子女夫婦間之「愛」，不僅是男女間之愛。

這麼一個【停止】方式(75)。那些引用諸元素以構製心識（心）與感覺機能的人們也得遇到同樣的問題（質詢）：植物顯然經營其在空間不移動位置的生活，它們也沒有感覺，而且許多活動物是沒有思想功能（理知機能）的。姑爾承認心（理機能）只是靈魂的一個部分，感覺機能相似地也只是靈魂的一個部分，因而讓我們暫置這個問題，可是，他們這樣的定義總不能概括或闡明所有一切靈魂，也不能闡明任何一個靈魂的整體。

所稱爲奧爾菲詩歌中（ἐν τοῖς Ὀρφικοῖς ἔπεσι）的靈魂理論也表現有類同的一些疑難；按照他的詩句，【靈魂彌泛於宇宙間】大氣中的風，帶著靈魂播散，當動物
411a （生物）們呼吸的時候，靈魂就乘機進入了它們的體內。但，這樣的情事，於植物（草木）是不會發生的，於某些種屬的動物，也不能發生，因爲實際上不是一切動

---

(75) 亞里士多德《動物志》（*Hist.Anim.*）卷四章八535a25：「於不能運動的種屬而言，海鞘與藤壺的嗅覺最不靈敏。」又卷五章十六548a24：「刺沖水母有兩種，其一生於石隙，牢固地定著於石上，另一生於平滑的礁上，不固著，而可活動。」著生海灘淺底之藤壺（balanus），今列於節肢動物門，甲殼綱，蔓足亞綱（cirrciped）。海鞘（tethua），今列於脊索動物，被囊亞門，海鞘綱（Ascidiae）。所云「刺沖水母」之固定而不移動其位置者，實為海葵屬（Actinia），如原海葵、紅海葵之類。這些固著於海灘的水生動物，有觸覺，並能捕食經過牠們身邊的微小動物。

物全都進行呼吸。執持這個理論的人們，疏忽了（漏失了）這些實況(76)。

又，我們若要從諸元素（要素）構製成靈魂，直不需要取之所有諸元素（要素）爲之組合；第於相對反的兩要素之中，任取其一，以入於靈魂，這靈魂就能認識（理解）本要素和與之相反的要素。舉例以明之，我們如果懂得了「直」的意義，也就懂得「曲」的意義；持匠師的直線尺以爲準，這就可兩驗其爲曲爲直，但你倘應用曲線規，這就既不能準直，也不能準其曲度。

有些思想家意謂靈魂瀰漫於全宇宙之間，泰里所持「萬物皆充塞著神性」的觀念，大約就是由此衍化的(77)。這個觀念，可也內蘊有某些疑難，這些瀰漫著的靈

---

(76) Ὀρφεύς奧爾菲（杜里語作Ὀρφης），古希臘色雷斯（Thrace）英雄，亦弦誦詩人：為古希臘早期神話詩三家之一（另兩家為Museus繆色與Linus里諾）。三家遺作類荷馬史詩，皆詠歌遠古神人合綴的英雄故事，而古希臘民族之宇宙觀與人生哲學，實寓於這些篇章之內，故亦稱「三哲」。傳說奧爾菲妙於弦歌，其琴音吟句，能使頑石起舞，亦擅演說。昔時農戶牧民散處山林原隰，因奧爾菲之弦誦與演說乃漸進於聚居，而成為市集「社會」。參看品達爾（Pindarus）詩（P.iv, 315）：柏拉圖對話《法律篇》（*Legg.*, 829 E）。

(77) 古希臘文化傳統（哲學思想傳統），「三詩哲」後，繼以「七賢」。Θαλῆς泰里（西元前第七—六世紀間人）。為七賢之首，夙擅天象（星象），多創見：為米利都（Miletus）自然哲學宗師，主於「水為萬物之原」（見於亞里士多德，《形而上學》卷一章三983^{b}20），關於靈魂論，奧爾菲

魂，何不把淨氣或淨火製造爲一動物（生物），使存活於大氣或火中，乃必待這些元素組合【成爲一個物身】之後，才能賦予以靈魂？如果就大氣或火盡先製成動物，依理而言，這種動物可得較淨的形式（？）。人們還可以做這樣的質詢：何以瀰散在大氣中的靈魂，較強健而且竟可至於不死，迨它一入於活體（現存動物）之中，這就難免於死去呢？對於這樣的問題，怎麼也得不到合理的結論，只能做些出奇（反常）的回答；要是說火或氣是些活動物，人們概都不信，可是，它們既內都各有靈魂（生命），你卻不稱之爲活動物，這又是不合理的。他們，憑「整體必同於它各部分的類屬」這樣的原則，設想了靈魂寓於諸元素中；如果活動物周圍的大氣被切開某個部分，以入於動物體內，於是這動物就爲靈魂所中（靈魂就此寓著於這動物），因此，他們也不得不說，靈魂與其【動物的】各部分類屬相同。但若說被切開了那一塊氣是匀和的（類屬相同的）而進入物體以爲之靈魂的，乃不匀和（具有各不同類屬的部分），那麼，存在於大氣中的靈魂，實只是靈魂的某個部分，而靈魂的另個部分，大氣中是不存在的(78)。這就逼著他們只能說靈魂必須是各

認為「大氣中瀰漫著靈魂之原」，「靈魂」，義同「生命」。泰里始作靈魂不死之說；若如所說靈魂，乃二於物身（肉體）的存在。

(78) 這一節，ἡ ψυχὴ ἀνομοιομερής「靈魂的不同類屬部分」，與ἡ ὁμοιομερῆ「同類屬部分」，來歷不明；

部分類屬相同，如其不然，這樣的靈魂實際全宇宙任何區域都是沒有的（不存在的）。

從以上各節，說到這裡，已可顯見，理知功能不屬於由諸元素所組成的靈魂，說靈魂爲運動之原，也不算良好，且不眞確。但，由於理知（認識）、感覺，與立意（撰論），在企求與期願，和一般的情欲之外，也同樣是靈魂的功用，又，在生長、盛壯與衰亡之外，動物在空間的運動也有賴於靈魂，試問，所有這些情事是否 411b 統屬於作爲一個整體的靈魂？我們思想、感覺，以及作爲和忍受（應付）一切相接而至的事物，是否於每一行檔，都憑靈魂整體，抑或某一項由某一部分靈魂，而另一項由另一部分靈魂，分別治理的呢？於生活（營生）而言，也類乎如此：是否生活繫於靈魂的某一個部分，或幾個部分，或繫於整個靈魂？或者，生活所依，另有

我們照原文翻譯就是這樣。「同類屬部分」（相似微分）與「不同類屬部分」（不相似微分），這兩名詞，創自亞那克薩哥拉（Anaxagoras），用以說明動物的物身三級構造，參看亞氏《動物志》卷一章一486a5-8，漢文譯本注（譯本第二上有政策頁）。阿奎那《詮疏》卷一第十三課第一百九十七節，解大氣中的靈魂為勻和（類屬相同的homogeneous）而不死的（immortalis），在動物體內，另有一個部分不勻和（異類屬的heterogeneous）的靈魂，隨動物體為生滅，到時是要死的（mortalis）。

別的原因？

有些人說，靈魂區分爲若干部分，思想繫於一個部分，企求（欲念）繫於另一部分。若然如此，說靈魂原本是由諸部分組成的，那麼，請問爲之組合各個部分以成其整體的是什麼？當然不是軀體（物身）：恰正相反，物身之能合爲一個整體，毋寧是有賴於靈魂；靈魂一離其寓軀，物身隨即消散於大氣之中，而終於衰壞。於是，若說另有它物致靈魂爲一整體（單元），那麼，這才該是眞正的靈魂。但，我們又將做再度的詢問，這個眞正的靈魂，原是一單體，抑或區分有許多部分？如其爲一單體，這又何不逕稱之爲靈魂單元？如其具有若干部分，這又需要爲說明其合成原理，這樣，我們的辯論，遂且無盡頭地進行。

關於靈魂的諸部分，也得提出一些疑難，有如，什麼是軀體（物身）每一個部分各具有的功能。若然作爲整體的靈魂組合了整個物身，那麼，靈魂的每一個部分自然該應組合物身整體的某個部分。但這似乎是不可能的；〔靈魂中的〕心識（理知）部分將組合〔軀體中的〕那一部分，它又憑什麼方式來成此組合（？）。像這樣的疑難，雖許你盡可任意想像，你也不易作答。又，植物，雖被分割，也能存活，有些蟲類(79)也如此，這些是大家都能見到的事實，這些被切開的部分，就該各

---

(79) ἔντομος本義為切開了的碎片，如用以祭饗的俎上祭品。其多數ἔντομα，τὰ切開為二段或多段的動物

有一靈魂（生命），這個靈魂和原體的靈魂雖不同數，而必屬同品種；被切開的每一節段（部分），是各具有感覺，而且能於空間運動的，至少，在短期間，它們是這樣存活著的。它們沒有維持生存的必要器官，所以它們不能繼續自然地活下去，是完全不足驚異的。但它們在切開了的每一節段（部分）所寓著的靈魂，也是整體的區分，不是靈魂整體之中的類屬不同區分，它們各分部之間，類屬相同，和物身整體的原靈魂，也類屬相同。在植物（草木）中的生理要素（原理），似乎也是某種類的靈魂；動物和植物所共通含有的靈魂類屬，就只這一種；這種靈魂【植物靈魂】[80]與感覺原理是離立的，凡不具有感覺靈魂的生物就沒有感覺【凡具有感覺靈魂的，則都有植物靈魂】。

（昆蟲，即分節動物）」；拉丁文「insecta」取義正與相同。亞里士多德始用此字以稱「蟲」類（腹背有節痕的動物）。參看亞里士多德《動物志》卷一章一487^a33，卷四章一523^b15，亞氏用這名詞包括現代動物分類的昆蟲、蠕蟲之類。

[80] 植物靈魂主其所寓物身的營養與生長機能。

卷(B)二

412a 章一

從前賢流傳到如今，關於靈魂的諸家之說，我們已經做過充分的討論；現在，我們該回顧我們開章先曾提到的題旨，試即論定「靈魂是什麼」（τί ἐστι ψυχὴ）而爲之製作最普遍地可得通達的定義。於現存的諸事物的一個科屬（級類），我們稱述之爲「實是」（οὐσίαν 本體）；實是有三分義：⑴物質（ὕλην 材料），由己而言，物質不是一「這個」（τόδε τι 個別）；⑵形狀或形式（μορφὴν καὶ εἶδος），事物恰正由以得其怎是（個性）而成爲「這個」（某物）；⑶它的第三義，就是物質與形式（材料與形狀）的合成（τὸ ἐκ τούτων「由如此與如彼的結合」）①。於是物質（材料）是「潛能」（δύναμις），而形式爲「實現」（現實 ἐντελέχεια）；可是「現實」（隱得來希）這字須在兩個涵義上來應用，譬如，說具備「知識」

---

① οὐσία（substance, essence）本體，實是：τόδε τι（a「this」）「這個」，個別：ὕλη（matter, material）物質，材料：δύναμις（form）形式、模式：參看《形而上學》卷七「本體論」章一、二、三、卷八「物質與通式」。

（ἐπιστήμη）和「運用知識」（τὸ θεωρεῖν 以爲推理）是爲義兩異的②。

世咸知一切事物（物身）皆屬實是（本體），而自然諸物爲尤重要的實是；其餘較繁富的事物就從這些較原始種屬，衍化或複合以成宇宙間的萬類。可是於諸自然物體而言，有些具有生命，有些則無生命；所謂生命（ζωὴν），我們指說自行進食（營養）③與生長與衰死的功能。每個自然體之具有生命者，於是，必須爲一個實是（本體），而且是一個複合級類的實是（本體）。這一實是既然具有生命，便相應地該具有一個物身（軀體），而且這物身就不得是「靈魂」（ψυχή），「物身」（τὸ σῶμα）就只能是它原來的事物，不能是任何另屬的事物，明確地講，它

② δύναμις（potentiality, capacity）潛能、潛在；εἰντελέχεια（entelecheia, realization）隱得來希，現實：參看《形而上學》卷九。有關「本體論」，本篇所應用漢文翻譯名詞，參看《形而上學》漢文譯本《附錄》，「索引」三。「現實」或「實現」兩義：⑴甲：人有獲得知識的諸條件（能量）為「潛在知識」；乙：及其學習與研究之後，而具備了知識，是謂「現實知識」。⑵甲：人有知識而未予應用，是「知識的潛能」，乙：及其運用此知識以有所作為（施於行事）是謂「知識的實現」。

③ **$412^{a}14$** τὴν αὑτοῦ τροφὴν「自行進食」，從古詮疏家索福尼亞（Sophonias西元後第十三世紀）的詮疏αὑτοῦ這字與現存的P抄本符合。從古詮疏家色密斯希奧（Themistius西元後第四世紀）詮疏，作ἑαυτοῦ，則這一短語將為「自己的食料」，這全句在這一節中，就不可通解了。

就是「物質」（材料ὕλη）④。那麼，於實是（本體）的名義上來說，靈魂就必須是一個自然事物的「形式」（εἶδος），這個自然物體則「潛在地」（δυνάμει）具有生命。實是（本體）正是在形式命意上的實現（現實）。於是，靈魂就正是我們上述這一級類的事物（物身）的「現實」（ἐντελέχεια隱得來希）。但現實有與具備（獲得）知識和運用知識相似的兩義。於我們當前的命意，現實，顯然是類乎具有知識；隨便哪裡，凡有靈魂存在處，就兼可看到「睡與醒」的現象，而醒就類於運用知識，睡則不予運用，而只是備有知識。這裡，在任何人的創生史上⑤，都先具有知識，隨後才運用知識⑥。

---

④《形而上學》卷七章七1033^a4，以銅球為喻：「物質是『銅』，形式是『圓球』，合成的一個實是為『銅球』。」這裡說的是有生命物：有生命物（動植物）之為實是，物身（軀體）是材料（物質），靈魂（生命）為形式。物質材料各具有各種屬性，但本身不是什麼附屬存在，而是本性自存的。

⑤$412^a26$ τῇ γενέσει人的「創生經歷上」，多馬·阿奎那《詮疏》卷二第一課第二百一十八節，詮此章，引當時的拉丁譯本有這句，文義與之相符。近代牛津英譯本（斯密司譯文）作「個人歷史」；現代譯本（路白叢書本）希脫譯文，刪去，或是漏失了這短語。

⑥$412^a22$所說現實的兩義，相應於或為「先於」（priority）或為「後於」（posteriority）參看《形而上學》卷九章八1049^b4-12。

這樣，靈魂蓋是潛在地具有生命的一個自然物體的原始（基本）實現（ἐντελέχεια ἡ πρώτη），而這個自然物體則必須是具有官能（工具）的。植物的各
412b 個部分（構造），雖很簡省，也是些官能（ὄργανα 工具）；有如葉片蔭蔽果殼（籽莢），果殼（籽莢）保護果子（籽實）；至於草木的根部類乎動物的口腔，兩者各是進食（吸收營養）的器官。於是，我們倘欲撰造一個可以通用於各種靈魂的公式（定義），這就不妨說「靈魂是具有諸官能的自然物體的原始實現」。於是，人們更毋庸懷疑於「物身與靈魂的合一」了，恰正如此，蠟像與蠟塊所受印模的形狀之合一，是毋庸懷疑的；總而言之，每一事物的材料（物質）和憑此材料所加的形式是合一的。我們承認「一與是」（τὸ ἕν καὶ τὸ εἶναι）的多義，世有怎麼多的「怎是」，就得有那麼多的「合一」，可是其中主要而且是正當的一義，確該是「現實和所憑以成實者的合一」。

於是，我們已撰成了「何謂靈魂（？）」的一個通用（普遍）定義：這是憑形式爲之表現的本體（實是）。事物之所以成其爲一實是者，就憑它這個怎是。假設方才提到的所謂工具（官能）屬有一個自然物體，例如一斧，斧的實是（本體）就該是它之所以成其爲斧者（斧的怎是），這蓋就是它的靈魂；假如它失去它的所

以爲斧者，這就不復符合於正常命意上的那一斧⑦。方今此斧，在名義上，仍然是斧；考察斧之屬於自然事物，恰不是那種自己能動能止的自然事物，只有能感應於動止的自然物身，才以靈魂爲其形式，實際，斧的物身不是以靈魂（生命）爲其形式的。這樣，我們須得把我們的定義另行應用之於生物（活的自然事物）的一些部分。設以眼睛爲一生物（有機體），則它的靈魂就是視覺功能；這就是眼睛之爲實是（本體）所由以表現的形式。但眼睛是視覺的物質，倘失其視覺，這就不成其爲

⑦這一節，行文有些艱澀，但其中理致是明白的。亞氏先舉斧例，這不是一個具有生命的物體，其物質材料是製斧之鐵與製柄的木，其形式是刃口、重量等，必須具備這些，這斧才能行其斫削的功能。若一斧而無鋒利，雖仍可稱之為斧，而已有名無實，失了它所以斧的怎是了。可是，斧為無生物，其形式也應是無生命的，不能是「靈魂」這樣的事物。它的實是是利於斫削的鋒刃。以下引出生物物身之一的眼睛，補充說明靈魂之為有生物身的形式，另還具有「生命」涵義。這裡，他增修了靈魂的上述一個定義。

西元後第五世紀，南朝梁范縝〈神滅論〉：「形者神之質也，神者形之用也。神之於形，猶利之於刃，未聞刃沒而利存，豈容形滅而神在哉。」〈神滅論〉這篇辟佛排道的著名論文，見於《梁書・范縝傳》，其後集錄於梁僧祐《弘明集》；司馬光《通鑑》卷一三六攝要錄存。范縝這〈論〉中的「刃」與「利」正同於亞氏這篇這章中的「斧」與「斧之所以為斧者」，即「斧的鋒利」。兩人異地異時，而設喻正同。行文推理範論較亞氏為順當而且明確。

眼睛了；如果你仍然稱它眼睛，這就類同於一石眼睛或一畫眼睛了。現在，我們該
把上所應用於其部分構造而得其實現者，應用之於整個生物（動物）體上。部分感
覺之相應於部分感覺器官間的關係，該必相同於所有全部感覺之相應於那具備感覺
的整個生物（動物）體之間的關係。這裡，我們必須理解，所說那個潛在地具有生
活功能的物身，只應是現正寓有靈魂（生命）保持著靈魂的，不可是一個失去了靈
魂（生命）的物身；種籽與果實就是這樣的潛在地活著的物身。斧的斫削功能或眼
的視覺功能之為一個實現，恰正相類於醒態之為生機的一個實現，而靈魂之為一實
413ª 現，也恰正相類於眼睛之表現其視覺或工具（視覺器官）之行其操作功能⑧。軀體
相應地具有生活的潛能，但恰如瞳子與視功能之合而成眼，靈魂與身體合成一個活
動物。於是，這可就明白了，「靈魂與軀體是不可分離的」⑨；如果靈魂是具有若

⑧ 「醒態」喻實現，見於本章上文412ª25。

⑨ 413ª4 οὐκ ἔστιν ἡ ψυχὴ χωριστὴ τοῦ σώματος這裡，整個「靈魂與軀體是不可分離的」，說得完全明確。卷三章五430ª17, καὶ οὗτος ὁ νοῦς χωριστὸς καὶ ἀπαθὴς καὶ ἀμιγὴς τῇ οὐσίᾳ ὢν ἐνεργείᾳ：「在做主體活動的心識是可分離（而獨立存在）的，不被動的，是單純的（不含雜物的）。」這是「心識」，即理知機能，實指純理靈魂，又明確地說是可分離而獨立存在。前者確認人身死滅，人魂與之俱亡。後者認為人身死滅，植物靈魂、動物靈魂與人類精神的實用心識與其人而俱亡，純理靈魂則在人身死滅的頃刻，脫離屍骸，還入宇宙而得自由常在。這裡兩相違忤的章句，正是後世確論《靈魂論》三

干區分的，那麼它的部分靈魂與其相應的部分軀體，也該是不可分離的。但有些動物其靈魂的某些部分之爲實現，無關於其軀體的任何部分，那麼這部分靈魂若行分離，這就沒有什麼來加以阻止了；相應於其全軀之實現的靈魂，則總是不可分離的。又，靈魂於軀體的生命現實關係，是否相類同於水手與船的關係，我們實有所不明[10]。

這些概況（素描），於闡明靈魂的性狀而爲之界說（定義），是已夠詳盡的了[11]。

卷，有順從柏拉圖，與反背柏拉圖靈魂論之說，亞氏生平不同時期，思想演變前後之作，參看本書漢文〈緒言〉。

⑩ 參看卷一章三406^{a}2-12。

⑪ 由亞里士多德靈魂與物身的潛在現實定義，後世的生理學演化有三歧的生理心理學平行說（Psycho-physical parallelism）：㈠心（靈魂）與物（人體）為一個實體（實是，存在）的兩個方面或兩種性質，故兩者演變時悉相得契。㈡兩者各是獨立實體，而互為因果。意識歷程（思想），常隨神經系（心理活動的生理官能）歷程而起伏生滅（互動論）。㈢意識歷程與神經歷程不互動，但平行而伴起伴息，伴動。兩者雖各為獨立實體，而各有自己的屬性，而當其入於動變，而形影相緊隨者，乃若出一體。

章二

我們常從雖較隱晦而可憑感官認明（校核）的現象，導致清晰而較爲合理的觀念，因此我們也該循此途徑，試於上述有關靈魂的論斷，重加修補。於一定義而言，其敘述大都只陳說了事實，實際上，定義不僅應當陳明事實，還得闡明其所以顯此事實的底蘊（原因）。但，到此爲止，我們所得定義的敘述，仍只是些結論；譬如：〔請問：〕使一長方形轉成爲一正方形，其定義如何？〔答云：〕繪製一正方形，使其面積與那個長方形的面積相等。這樣的敘述只是一個結論。但若有人另爲之說：「凡欲轉變一長方形爲正方者，須求得『一個當値的中數』（不等長的兩個邊長的比例中項）。」這麼，他就給出了這一實事的底蘊（原因）⑫。

---

⑫ 把直線AB分成AC、BC兩段。以AB為直徑做半圓弧ADB。自C點做垂線AD，交弧線於D點。於是（甲）以CD為邊所建置正方形，與以AC與CB為長短兩邊所建置的長方形，面積相等。（乙）CD為AC與CB的「當值中數」（μέσης εὕρεσις 不等長兩邊長的比例中項）。（甲）、（乙）兩幾何題解的證明見於歐幾里得《幾何》（*Euclid*）卷二14，與卷六13。413ª17 τετραγωνισμός「四正角成形」即乘方（squaring）。多馬·阿奎那《詮疏》卷二第三課第二百四十八節，解作「正方」（等邊四直角）。他因此做幾何題：九尺長，四尺寬的長方形面積是三十六方尺。六尺邊的正方形面積（6×6）也是三十六方尺。所以六是九與四的「當值中數」（幾何譯語，今稱「比例中項」）。

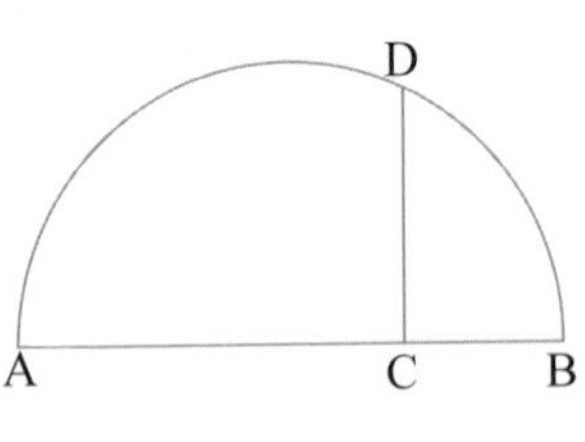

現在，我們回轉到我們研究的起點，有靈魂物（τὸ ἐμψυχὸν）所別異於無靈魂物（τοῦ ἀφύχου）者，就在「生命（生活）」。但生命（ζῆν生活）這字具有多方面的涵義，凡具備下述各事之一的，我們就說它是一個有生命物（活物）：心識（νοῦς理性）、感覺（αἴσθησις）、運動（κίνησις），或占有空間位置的靜止（στάσις），於運動而言，這也包括進食（τροφὴν）、衰壞（φθίσις），與生長（αὔξησις）。因此，所有植物（草木）全都被認爲是活的（有生命的），它們各各內具有這種本能（能與原），憑以向四周（或對向）生長與衰壞；它們不是專向上生長，而又是向下生長的，是上下向同等地生長的，而且做所有各向的發展，只要它們能吸取食料就繼續著活下去（生命就延於不息）。這種取食的本能是可以離立於所有其他諸能之外的，但其他諸能是不可能離取食（營養）本能而存在的，這可驗之於人體（或
413b 動物體）。於植物而論，這是明顯的，它們的靈魂（生命）就只此一能，別無它能。

雖一切生物，憑這原始屬性（營養功能）而得有生命，但有生的動物還須具備「感覺機制」（τὴν αἴσθησιν）以爲生活的領要；於所有一切生物，它們如果能有感覺，那麼，即便它不能運動，或轉移位置，我們就不僅稱之爲生物，兼也稱之爲動物。感覺諸功能的首要爲觸覺，這是所有動物統都具備的。恰如營養功能可以離立於所有感覺，包括觸覺，而自在，觸覺也可以離立於其他諸感覺而自在。我們識

別「營養功能」（θρεπτικόν），雖是草木（植物）也都具備，實爲靈魂（生命）的一個部分。但一切活動物則顯然都又該有觸覺。對於這兩項情況的各別解釋，我且當留待後述⑬。

當前，我們姑自限於這麼些討論，上已述及的種種現象皆原於靈魂，營養、感覺、思想與運動諸功能都是屬於靈魂的諸機制，而由以表現上述諸現象的。至於由此引申的一些問題，有如，這些機能各就是單獨一個靈魂，抑或只是靈魂的一個部分（？），如其說是一個部分，那麼，這個部分只是在名義上分離開來的，抑或也在事實上爲確可分離的（？），這些問題，有些易於闡明，另些是難以解答的。就憑植物來說，有些在分割而相互離立以後，還是各各活著的，這樣看來，植物的靈魂於實現上固然全株只有一個，但潛在地，它的靈魂當不止一個，比照於植物的這種表徵，我們於昆蟲靈魂方面見到了相同的性狀，凡昆蟲之被切開爲分節者，牠們的每一分節，各具有感覺，而能在空間移動其位置；這些分節（部分）既具感覺，這必然也有臆想⑭與情欲；因爲凡有感覺的機制，隨之就會出現痛苦與愉快的徵

---

⑬ 見於卷三章十二434^{a}22-30, ^{b}10以下。

⑭ φαντασία（phantasia）或譯「心理印象」或譯「臆想」，屢見於《靈魂論》（參看427^{b}27-429^{a}9）及《自然諸短篇》中，其實義不完全明確。

象，而從乎苦樂之感，欲望也就含蘊於其中了。

但於心識與「思想（推理）機能」（τῆς θεωρητικῆς δυνάμεως）而言，我們到此爲止，還不明了；這似乎是靈魂的一個頗爲別異的種屬，這裡唯一可得於靈魂的其他諸機能外，獨立存在的，其爲別異，蓋有類於永生性之別異於可滅性。但，如我們前曾說到的，這該是明確的，雖有些人的主張，靈魂的其他部分，在理論上可做分離的說明，實際上是不可離立的。感覺與思想機制（器官）之間爲有別，恰如感覺與思想兩爲各異。所有我們曾涉及的其他諸機制（器官）與機能，情況與此相同。又，有些動物具備所有這些機能，另些則具有其中某些機能，又另些乃只有一
414a 種機能。動物之所由憑以分類者，恰就在此。隨後我將於此推尋其緣由⑮。於感覺部分，也有相似的情況：有些動物具備所有各種感覺，另些只有某幾種，又另些只有一種感覺，即必不可缺的觸覺。

我們習以爲常的措詞，「我們生活（活著）而有所感覺」，這恰如另一措詞「〔我們活著而〕有所識知」，都得有兩個方面的命意：其一我們是在說〔感覺或〕知識，另一就在說靈魂（生命）；我們所以〔有感或〕有知，就由於我們具有

⑮ 卷三章十二、十三。

靈魂（有生），或由於我們［有感覺，或］有知識。相似地，像「我們健康」這樣的措詞，也既可屬之於健康，又可屬之於人體的全身或其某些部分。現在，關於這麼幾項，其一爲知識，另一爲健康，作爲形狀，而主於形式或名稱，則是其人領受了知識的實現，領受了健康的實現。（事物［人］有所領受，授與者發施其作用，而見其效果於領受此作用的事物［人］，）但靈魂是事物［如動物，或人］賴以生活與感覺與思想的最基本的實是（要素），就必須是形式或名稱（原理，或比例），而不是物質或底層材料。我們先已講過[16]，本體（實是）含有三個旨意，形式、物質與兩者的結合。於此三者而言，物質（材料）是潛能，形式爲實現；既然，凡具有了靈魂的事物（生物），必須是兩者（形式與物質）的結合，那麼，軀體就不得是靈魂的實現，而靈魂該當是某個軀體（物身）的實現。由此而論，那些認爲靈魂怎麼也不是物身，卻又不能離物身而獨立存在的主張，是正確的。這不是一個物身，可是靈魂必須是關聯著一個物身的，它存在於物身之內，存在於某一個別的物身之內，全不同於前賢們所設想，可以把靈魂配給任何一個物身，他們於什麼物身，哪一品種的物身，全無限禁，實際上，這是明顯的，任何偶然的事物是不

⑯ 本卷章一 412^{a}6-7。

能闖入另一偶然事物的。憑所見的實例來立論：任何一個指定的事物，只能在既已潛存此物的體內演成其現實，這就是說，必其體內具有相應的物質材料⑰。從所有以上的辨析，這是明白的了，靈魂是某一事物的現實，或其怎是公式，而這某物則是內蘊有容此靈魂爲之演化（表現）的潛能的。

章三

但，關於靈魂的機能（機制與職能），我們曾提及⑱，有些生物種種全備，另些只有幾種，又另些乃只有一種機能。我們上所講到的這些機能（功能），列有營養、欲望⑲、感覺，和在空間運動，以及思想。植物（草木）僅有營養機能，可
414^b 是，其他生物既具這個，又有感覺機能。但機制之能感覺者，也會得有欲望，欲望則包括貪圖⑳、憤怒、意願（期待）；所有的動物統都具有諸感覺之一，即觸覺

---

⑰ 明白地說：某人的魂，只能在某人體內。

⑱ 本卷章一 413^{a}23-25, ^{b}11-13, 21-4。

⑲ ὀρεκτικόν「欲望」包括「食欲」與其他諸「欲」與企求（企望），413^{b}13所列靈魂的營養功能之下，未列「欲望」，蓋行文時所存思的「欲望」，專在「食欲」，乃以包含之於營養項目中。

⑳ ἐπιθυμία 與上文 ὄρεξις 常同作「欲望」（desire）解。這裡，「欲望」這一屬，分列了三個品種，ἐπιθυμία 作為三品種之一，取義於其惡劣命意，為貪欲如食欲、淫欲之類。

（τὴν ἀφήν）。凡具有這一感覺的，它能會通於歡樂（愉悅）與痛苦，分辨喜歡的與厭苦的事物，既感通於這些物情，這就得引起欲望；欲望就是對於可喜歡的諸事物的貪求。諸動物也都具有進食的感覺，因爲觸覺就含有察識食品的功能。動物正有賴於食物爲之營養，而察識食物之或爲乾爲濕，或爲熱爲冷，就靠觸覺，其他物象之於食物的辨識，都憑觸覺而間接地取得的；聲與色與香臭，都無裨於物品的營養效益。由味感以認取物品之營養效益者，其感應方式類似觸覺。飢與渴引起欲望（食欲），飢者貪求乾與熱的物品，渴者冷與濕的物品；這些事物經由調製（醃漬）而獲有了令人喜愛的味感。關於這些項目，我們須待以後再做較精詳的論述㉑，當前，只要這麼說就夠了：凡動物之具有諸感覺之一，即觸覺者，也就具有欲望（食欲）。至於臆想這一項目是迷糊的，這也得留待後論㉒。於這些機能〔營養與感覺〕之外，有些動物，還具備在空間運動的功能，另些更還有思想功能與心識，爲這另些動物的示例，可舉出人，以及其他也許超乎他（人）的動物。

於是，這就明白了，靈魂只能有一個定義（界說），恰相類於圖形〔多角圖形〕之只有一個定義（界說）。於圖形〔多角形〕而言，除了三角形和相從而來的

㉑ 見於本卷章十一；卷三章十二434b18-21。又見《感覺與感覺客體》章四。

㉒ 卷三章三、章十一433b31-434a7。

諸形〔四角形、五角形等、等邊多角的系列〕外，別無它種圖形，於靈魂而言，除了我們上已開列的那些之外，也別無它種靈魂。確乎，這可以製成諸圖形的一個通用定義，但這樣的定義，於任何一個單獨的圖式之特性，是全不能爲之概括的。這於我們上述的靈魂諸品種，正也與此相似。所以，這是荒謬的：要求在靈魂題或與之相似的圖形題上，製作一個絕對通用的一般定義，這樣的定義將完全不管任何實例或個別方案，它將完全脫離現有存在的一切事物；相反的要求也是荒謬的：不要通用定義，專務尋取個別的低級的品種的相應界說。圖形與靈魂的諸案例，確實是平行的；在它們的通稱之內，各含蘊著一一相聯屬的系列，每個隨後的專案，就包容著在先的專案——這於圖形而言，四方形包容三角形，於生物而言（於有靈魂物而言），感覺機能，包容營養機能。因此，我們必須按一一實例研究一一個體，例
415a 如植物，或人或獸，以求了解它們各所具備的是怎麼的靈魂？何以一一相關的項目會得成爲如此的系列？〔我們當留待以後，爲之闡釋。〕㉓實際是這樣，沒有營養機能，這就不會存在感覺機能，至於植物（草木），則其營養機能是離感覺機能而存在的。又，如果沒有觸覺，其他諸感覺不能存在，但在沒有任何其他諸感覺時，

㉓ 見於卷三章十二、十三。

觸覺是能獨自存在的。諸動物中，有許多是既無視覺，也不能聽，而且一般說來，也不具備嗅覺。又，那些具有感覺的動物們，有些能在空間運動，有些卻不會運動。末了，說到具有推論（計算）與思想機能的動物，這是極少的。一切會得死亡（亦即原曾生活著）的動物，凡具有推理機能的，就必盡備其他諸機能，但那些只具有諸機能的一種，就全沒有推論（計算）機能，其中有些甚至於全不會臆想，另些則專憑臆想這功能，而得以被稱爲生物（動物）。至於涉及理論（純理）心識這種機能，那是另一問題，留待別論㉔。到此，這已明顯了，對於這些機能的一一分別的解釋該是對於靈魂爲最信實的闡說。

章四

人們如果試圖研究這些機能，他先得考明這些機能，各是什麼，於是進而探索挨次的，以及其他諸問題。可是，如果人們查問到思想機能、感覺機能，或營養機能各是什麼，他又得先考明，思想之爲活動，感覺之爲活動的實義，我們想來，人

㉔ 見於卷三章四—八：重論臆想，在427^a14-429^a9，重論心識（理知靈魂）在429^a10-432^a14。這裡所稱「理論心識」（τοῦ θεωρητικοῦ νοῦ）參看卷三章十433^a15，與之相對應的，有「實踐心識」（διάνοια πρακτική）433^a18。

蓋先運用了他的諸機能，而後乃能得知自己具有這麼些功效的機能。若然如此，他又該應先研究諸機能（器官）施其功用的相應諸事物（運用諸器官的功能爲活動，必須外有相應的各物之存在，而後能成其諸覺，例如知識與物象）。爲此故，他必須首先建明食物，可感覺物，或可感應於思想諸事物的定義[25]。第一，我們必須先講述食物與蕃殖[26]；營養機能是人類以外所有其他一切生物所通備，這是原始而最爲廣被的一種靈魂機能，正由這一靈魂機能，萬物乃得有其生命（生活）。營養機

㉕ 古希臘人習熟的（ἡ αἴσθησις）「感覺」、τὸ αἰσθητήριον「感覺器官」，與ἡ αἰσθητός「可感覺物（感覺條件）」，這系列的心理學名詞及其系統觀念和印度同時代的婆羅門及佛教（法相宗）的心理學觀念是相仿或相同的。藏經《阿毘達摩（對法論）》等，如眼、耳、鼻、舌、身為五根；「根」即動物的「感覺器官」；《中論》亦稱「五情」。中國古傳，以《荀子・正名》，與《天論》，稱為「五官」。藏經《智度論》，色、聲、香、味、觸為五塵；「塵」即「感覺客體」。五塵亦曰「五境」；《涅槃經》稱為「五賊」。《智度論》云：「眼等五根，名為內身，色等五塵，名為外身。」（「身」，今云「物」也，物謂物質）《中論》：「五塵為五根所緣之境界。」《涅槃經》、《成唯識論》等，五根緣對五塵而生「五識」；見識、聞識、嗅識、味識、觸識。本書，卷二，逐一敘述了這五項感覺（五識）及感覺器官與可感覺物（五根與五塵）。以下《感覺與感覺客體》並論了這五項感覺（失漏了聽覺與聲音這項）。

㉖ 亞里士多德《動物志》卷八章一 589^a3-6：「動物的生活行為，可以分為兩齣——其一為生殖，另一為飲食；一切動物生平的全部興趣，就集中在這兩齣活動。」漢文譯本，三四〇頁。

能的功用就在蕃殖與進食。於生物（動物）而言，只要它們已成熟而沒有殘缺的，只要它們不是自發生成的㉗，那麼營養機能就是諸機能中最爲原始而合乎自然的，是最完善的。【所謂自發生成是無親屬而自然茁生的，】不自發生成的就是由親屬遞傳的，一個動物生育一個動物，一棵植物生殖一棵植物，蕃殖後裔是生物界唯一可得參予於宇宙（大自然）的「永恆與神業的」（τοῦ ἀεὶ καὶ τοῦ θείου）方法；每一
415b 生物恰都力求要把自己垂於永恆，而這正是所有它們所以備有種種自然機能的極因（目的）㉘。「爲達到這個目的」（τὸ οὗ ἕνεκα）【「爲此故」，即「極因」】這詞是模糊的（雙關的），於其「目的」（ἕνεκα）有「爲此」（τὸ οὗ）和「於此」

㉗ τὴν γένεσιν αὐτομάτην「自發生成的小動物」。《動物志》卷五章一539^{a}20-24：動物們，有些父子相承，各從其類，另些自發生成。……自發生成者，有些由腐土或植物質中蕃育出來，例如若干蟲類，另些由動物體分泌物（如糞穢）中出生【如腸蠕蟲】。古代無顯微鏡，不能找到蠕蟲卵，故擬之為「自發生成」。

㉘ τὸ οὗ ἕνεκα「為此故」（為這終極或目的）：《形而上學》（Metaphysica）卷一章三983^{a}25-^{b}1，述四因（本因、物因、動因與極因）：「其四，相反於動變者，『極因』為目的與本善，這是一切創生與動變的終極。」（漢文譯本，第六頁）又卷八章四1044^{a}34-^{b}3，例示人的四因：「本因（式因）是他的『怎是』，極因是他的『終身』。本因與極因，昭明了一個人的始終。」（漢文譯本，頁一六六）

（τὸ ᾧ）兩方面的解釋〔⑴「爲」其人所欲達到的目的，⑵「爲」達到此目的之所施爲〕㉙。它們（生物界）不能託自己的存在之延長，參與〔宇宙的〕永恆與神業，它們既是可滅壞的事物，這就不能以其數爲一而相同的個體，以入於永恆，於個體而論，它們自己的存在雖或較長，或較短，卻終是要滅壞的；它們企圖進到永恆而參與神業的唯一可能的道路，只有期之於與已形式相類同的嗣承個體，這樣的類同個體，當然不能其數爲一，但在品種上確乎爲同一。

靈魂是有生命物體（生物）之因與原（第一原理）。「因」（αἰτία）與「原」（ἀρχή）具有多種命意。而靈魂就通有一切生物諸原因中的三因；靈魂爲生物動變所由緣起（動因），又爲其動變所趨向的終端（目的，即極因），又爲一切生物的「本體」（οὐσία）㉚。於我們對靈魂這樣的認識：⑴靈魂之爲生物本體這命意是明

㉙ 415^b3這一句是很費解的。四因是亞里士多德哲學的基本，「極因（目的論）」更是他立論的重點。多馬·阿奎那熟習了亞氏《形而上學》與《邏輯》（工具），於這句做了詳細的解釋，《詮疏》卷二第七課第三百一十六節，於這裡的「雙關」（διττόν）詞義，撰造了一個實例，以佐說明：⑴醫療的目的為健康，直接地說是為治某一病症。⑵（甲）間接地說，這不但為治病，以求康復，兼也為了整個身體的健康。（乙）這裡所說「目的」不僅為所企求的終極，更要及於為達此目的而施行了怎麼的醫療。譯文〔〕內句是參照了這詮疏添增的。

㉚ 《形而上學》卷一章三983^a25-$^b1$，述四因：這裡，靈魂之於生物，概其三因：κινήσεως動因、

顯的，本體是一切事物所由得其存在的原因（本因），若生物（動物）的存在就系於生命，則靈魂恰正是生命的因與原。還有，靈魂作爲生物的潛在生命之實現，恰又成了它本體的實是公式。(2)又，靈魂作爲生物的極因（目的）的命意，也是明顯的。自然，有似心識，常懷抱著「爲了某些事」而欲有所施爲，這某些事，實即其物的目的（終極）。於是，這就是靈魂在一切生物中的素性，這是符合於自然的；一切自然物體都是靈魂的工具，這於動物物身而言爲誠然，於植物物身而言，也誠然如此，它們統都是「爲了靈魂」而存在的（活著的）。可是，「爲此故」具有雙關命意——「爲誰（？）」與「爲何（？）」。(3)最後，靈魂又是首先引發運動（位置移換）的起因，但這種功能卻不是所有一切生物全都具備的。形態演變與生長也憑藉於靈魂；既然形態演變也是感覺的一個命意，那麼，凡物而沒有一個靈魂，這就沒有感覺。生長與衰壞也與此相同；若不進食，物既不能生長，也就不會死亡；物若進食，它就享有生命。

恩貝杜克里於植物的生長，申說：草木向下生根是由於土性，自然引之向下延

οὗ ἕνεκα 極因（目的）、ὡς ἡ οὐσία 本因（「怎是」，即「本體」）。三者合而與物因 ὕλης（材料）相對，生物的材料，即其物質軀體（物身）。這樣，生物（動物與植物）就成為「靈魂」與「身體」兩個對反的合成。

416a 伸，枒枝向上施展，是由於火性自然發之向上舒張：這是錯誤的。他的「向上」與「向下」的觀念，也是不正確的；各個事物於每一活動，其爲「上」爲「下」，不都相同，我們若憑其功用以論器官的異同，則動物的頭所作爲，蓋相當於植物的根的作爲〔那麼，根之下向和頭之上向，似若相反，若於進食而言，則毋寧是同一方向〕。又，土之下向和火之上向，其間有什麼爲之控制，而保持它們不至於超越限度，使植物或動物不至於開裂而離散？若說在這兩相反向的勢力之間，有一個爲之調節的機制，這就必然是那個爲營養與生長之原因的靈魂了。有些人認爲火元素是營養與生長的原因，他們見到在諸基本物體或元素中，唯火，一經添加〔燃料〕就自行增脹，他們執此以擬想植物與動物的生長，也全靠火在體內發生的作用。於生長，火當然是一個有關的原因，然而不是主要原因；其主要原因毋寧是靈魂。只要燃料不停地添加，火就旺長而無限止，但自然間一切複合而成的個體，都是有限界的，有定規的「公式」λόγος（比例）範型它們的大小（輪廓）與生長；「公式（比例）」徵於靈魂，不徵於火元素，於生長而論「比例公式」λόγος（本因）實際重於「材料」ὕλης（物因）。

但，由於營養與蕃殖（生育）屬於同一靈魂機制，我們必須謹慎地先爲營養（食品）做出定義（界說）：營養機制以其進食的職能，分別於其他諸機制。時輩輒謂食物之可進飼於一生物者，必其性質之兩相對反（對成）者——當然，這不是說，所有一切相反的一對，就可進食或被進食：一個相對反（對成）物，作爲一食料以進於另一物（生物），必須要能轉化而且有補於那另一物的增長（增大），反之亦然。許多事物是合乎這些條件的，可以相互轉化，可是，也有些雖屬對反（對成），而可轉化，但實無裨益（不會增長那另一物體），例如一個健康主體不會受益於一個染疾的物體。這是明白的，諸對反（對成）雖符合上述兩個條件，一個似乎可作爲另一個的食料，但倒轉來，這就不盡然了，水據說是可以餵養火的，火卻不能餵養水[31]。在單淨的基本物體間，凡相對反（對成）者，其一可爲另一的食料，這可毋庸置疑了。但，這裡可別有一個困惑。有一輩思想家認爲唯有相類似物可供養其類似者，並增長其體積；這恰與我上述的時輩之說相反。照上述的論斷，做食料供應的，必須與受供養的，兩相對反；他們的辯難是：相似地，於其所相似，不能引起變化，但食料經由消化過程起了變化，而成爲營養，至於變化則常是

㉛ 這句對我們現代人是很費解的，英譯本現代的譯者希脫，加注云：「擬想一完全乾燥的【無水】木塊，不會讓火著身。」其意謂必須含有水分的木塊才能點火。這一注釋，又是費解的。中古時代，阿奎那的《詮疏》（卷二第九課）：古希臘人的「水元素包括水蒸氣與其他液體和它們的蒸發氣體」。按照此說，油氣助燃，被說成了水在餵火（供作火的食料）。這樣我們可以通解這句。

變入於相反的或變入於間體的事物。又，受供養者施其作用（消化）於食物，食物 416b 不能反其道而行事，有如木匠施工於木材，這樣的功力是不能倒施的；在這過程中，木匠也有所變化，但這僅僅是這麼一點子變化，木材到了他手，一個原來閒著的木匠轉爲現刻在忙碌著的一個木匠。從一個不著力的狀態轉入了著力的狀態。如果辨明這「食物」的「既已消化」與「尚未消化」之間的差別，這個疑難是可以解答的。我們倘許可應用「食物」這詞兼作兩方面的涵義，即完全未消化的物料和完全消化了的物料，那麼，我們就能評定兩個相反論斷的是非了：作爲未消化的物料而言，這是與受供養者（進此食物者）相對反的，作爲業已消化了的物料，這就相類似於受供養（進此食物）者了。於是，這就清楚了，我們可以說：在某一命意上，兩方都是正確的，在另一命意上，兩方都錯了。

既然只有活著的進食，凡進食的就必是有生命的，即是內蘊有靈魂的物體。於是，食物主要是與內蘊的靈魂相關聯而不是它的偶然屬性㉜。食料，於它所供養的物體，能爲之增益，凡具有靈魂（生命）的個體，怎麼也得是「一個」「量

㉜ κατὰ συμβεβηκός「偶然屬性」：不是「偶然屬性」就得是基本屬性（秉賦）。參看（《形而上學》卷五章三十）。

元」（ποσόν τι）㉝，只要這內蘊靈魂者恰還是這麼「一個」「這個」（τόδε τι）㉞或「本體」（οὐσία），那麼，食物，而作爲飼料，就能增益它的「量」；但得營養過程繼續進行而不止，那個受到供養的生物，就能維持其存在。但食料在增長個體之外，實另有一功能。創造所賴，端在食料，這裡所謂創造，不是說（無關於）那個受供養的個體之創造，實際是說蕃殖（創生）另一個與之相類似的個體；存在著的原本體是不能再自創造的，食物供應，對於原本體，只是爲之營養而維持其生存㉟。所以，我們現在正研究著的靈魂之首要功能，就在於這一內含此靈魂的本體，保持其繼續活動，一如既往；恰正就是食物裨益「這個」以活動的能力。所以，它若一朝被褫奪了食料，這就不能繼續存在。營養機能（過程）蘊共三事：（甲）誰接受營養？（乙）爲之營養者是何物？（丙）若之何施行營養？三事是

㉝「量元」（quantum）為十範疇之第三，參看《形而上學》卷七章一。

㉞「這個」（Thisness）（個別）即「本體」（substance）為十範疇之第一項，參看《形而上學》卷七章一，參看本篇I,5,410^{a}13-18及注。

㉟阿奎那釋食物為維持生命（靈魂）所不可缺少（《詮疏》卷二第九課）：「食物的性質就在維持其所供應的那個本體之存活；在它存活的時候，自然熱量和內涵水分，繼續地消耗，這些就得依靠食物為之補充。本體的存在與其生命直保持到它停止進食的時刻。」（第三百四十三節）。

這麼的：（丙）施行營養機能的是第一靈魂㊱，（甲）受這營養的是具此靈魂的物身，（乙）用以爲營養的，即食料。但，正確的命名，應按照事物的結局（終極）題取，這個靈魂的終極（目的）既然在於創生另一與之相類的含存靈魂的個體爲嗣續，那麼，第一靈魂眞該被名爲生育類已品種的「蕃殖靈魂」（ἡ ψυχὴ γεννητικὴ）。可是，「何物爲之營養」（ᾧ τρέφεται），這措詞是模糊（雙關）的，這與「［舵手］何以運駛［船舶］（ᾧ κυβερνᾷ）」一樣，這蓋指其手，或指其舵。若說後者，則是既屬被動，又爲運動，若說前者則專爲運動。但所有食料乃必須被消化，而進行消化，則須有熱量；所以，凡含有一靈魂的事物，各各內蘊有熱性。

我們，現在已說明了食物性質的概要；更詳盡的研究，當留待此後另一專篇（專題討論）㊲。

㊱ ἡ πρώτη ψυχή「第一靈魂」，謂靈魂諸品種的首先的而且是任何生物必不可缺的一種，即「營養靈魂」（φ. τὸ θρεπτικόν）。

㊲ 依鮑尼茲（**Bonitz**）《索引》**Index**, $104^{b}16$-28，亞里士多德，撰有《營養》專篇，但這麼一個專篇，不傳於今。這樣的一個專篇或確曾寫作而失傳於後，或實未寫成此稿（？），今不明。羅斯，《亞里士多德・靈魂論（Περὶ Ψυχῆς）》校本，《緒論》iii，「亞里士多德的心理學（靈魂學）理論」（頁二三），敘卷三章四要領：$415^{b}18$提示生長機能與蕃殖機能同屬營養靈魂，但以下全章，只說「進食」，直到$416^{a}18$，未涉及「蕃殖」。揣測其文意，蓋將另有專篇，討論「蕃

殖」問題，此專篇應即《動物之生殖》（比較胚胎學）（*de Generatione Animalium*）。此篇中有四處提到《靈魂論》（736^a37, 779^b23, 786^b25, 788^b2）為已先完稿的著作。

章五

業已講明了這些事物的實義，我們當進而通論感覺的概要。如我們前曾涉及㊳感覺似乎是某些形態的演變，這須憑外面所加的影響而自己做相應的運動。在這方
417^a 面，有些思想家申說，唯相似的能影響與之相似的，這樣的持論，在什麼情況是可能的，又在什麼情況是不可能的，我們曾在「作用與被作用」的一般研究中做了解釋㊴。

但，這裡有這麼一個疑難，感覺（ἡ αἴσθησις）何故而於諸感覺的本身，無所感覺，它們必待有外物為之刺激而後才產生感覺；它們內含有火有土，有其他諸元素，是大家可想而知的，可是，於這些物質組成之中，何物是由本質以起感覺，何物則因偶然屬性而起感覺？這是明白的了，起感覺而成覺的機能㊵不是現實的，只是

㊳ 本卷章四415^b24-26。

㊴ 見於亞里士多德《創生與滅壞》（*de Gen. et Corr.*）卷一章七323^b18行以下。

㊵ 參看卷一章一402^b13-20，本章及卷三章三427^a27，章七431^a1-19，章八、章九。及《自然諸短篇・感覺與感覺客體》章六446^a21-447^b15各節。

潛存的。這可喻之於可燃的物料，燃料不會自己著火，這必須有外物爲之點燃；如其不然，燃料將不待現實的外火爲之引燃而自行燃燒了。但，既然我們應用「起感成覺」（τὸ αἰσθάνεσθαι）這詞，做雙關的涵義（甲）謂具有能聽能看的潛力，它雖在入睡了的休眠狀態中，也是會得聽，會得看的，以及乙、它現實地恰正在聽，在看，而且有聞或見到），「感覺」（ἡ αἴσθησις）這［名］詞也得雙關地具有潛在的與現實的命意。這樣，τὸ αἰσθάνεσθαι「起感成覺」這［動名］詞，就得兼及［感覺的］（甲）機能，以及（乙）這機能的運用了。

開始，讓我們於(1)被動的或被作用的，與主動者或施其作用者之間，暫且不做分別，而渾稱這樣的動態爲一種活動的未完成方式——這個，我們在另篇曾已講過[41]。每一事物之被作用或被運動，當有一個在現實地施其作用於這事物的作者。如前已說到[42]，作用者與被作用者（或受作用者）是相類似的，這是一個命意，於施受作用之先，以及因此作用而爲變化之中，兩者是不相類似的，這是另一個命意；迨其作用既已完成其變化，兩者終乃相類似。

但，我們必須辨明潛能與實現（隱得來希）之間的差別，到此爲止，我們於

㊶ 亞里士多德《物理學》卷三章一$201^{b}31$。

㊷ 本卷章四$416^{a}29$-$^{b}9$。

某爲潛在的或某爲現實的事物，是含混的。我們於「知識」（ἐπιστήμον）這詞，慣用兩個命意，（甲）說這是一位「有知識的人」（ἄνθρωπον ἐπιστήμονα），因爲他是具有「知識人」這類屬的通性；（乙）我們也可以指說一位「懂得文法的」（τὴν γραμματικὴν或有文理的人）爲「有智識的人」。兩人都潛存有知識，但其爲潛在是有差別的；前者所備有的是類屬（通性）材料；而後者則具備了能夠思想的特殊（專屬）材料；具備了能思想的那個特性的人，如果沒有什麼外因爲之阻擋，他立即可以思想，就在他思想的時刻，例如想到了「A」字，這就由他潛在的知識轉而表現爲現實的知識。原先兩人之爲有知識（聰明）都只是潛在的；但他們各以成其現實者，卻兩不相同：前者之欲成其爲一個現實的「有知識（聰明）人」，還須經過一番「學習」（διὰ μαθήσεως），以變改其素質，這種變改，甚至是須從相
417b 反的一端〔無知識〕進行到另一端〔有知識〕，這麼的過程，才得完成；後者所行的變化則是他原本已具有文法知識，不用時便爲潛能，一旦予以應用，他就立即實現了它的文法知識（文理）。雖「被作用」（「接受因素」τὸ πάσχειν）這樣的詞，也不只單純的一個命意；（甲）有時，這可以是由一與之相反的作者，施加了壞作用而趨向於滅亡的情況；（乙）另時，這也可以是一個現實與潛在間的關係，一個與之相類似的現實性作者，施加了正面的良好作用，這就毋寧是成全了那被作用者的潛能；那一位「有知識的人」轉而爲一位在思想著的人，蓋可謂做了素質的變

改，或可說他沒做什麼素質的變改，因爲他只憑此作用，從一位內蘊的有知識人顯現爲一位實在的有知識人。當一位建築工人正在建築房屋的時刻，你若說他變改了素質，這確乎是錯謬的，同樣，當一位思想人在從事於思想的時刻，你若說他變改了素質，恰也全然錯謬。於理知（心識）與思想而言，從潛能發展以至實現，不該說這是一個「教訓」過程（διδασκαλίαν）㊸，可是，這也沒有另一個其他的措詞；總之，由潛存知識的，經「學習」，而從某個現實了的具備教導功能的那裡獲得知識，（甲）原就不該稱爲「被作用了的」，或如上曾說到了的㊹，「變更（改換）」（ἀλλοιώσεως）分別有兩個相異的情況，（甲）其一乃變向了相對的反面，（乙）另一則變見了正面，即其所原有的本性的實現。

但，於感覺機能而言，變化首先肇於父親（雄性本體），一自誕育，這子體就具備有「知識」與「感覺」的涵義，而實際的感覺則相符應於知識（思想）機能的運用。可是兩者之間存在這麼一個差異，凡引發感覺的事物，例如可見諸物，可聞諸物，以及相類的可感覺諸物，全在外界（身外）。差異是這樣的：操持感覺機能，著落之於一一個別（特殊）事物，知識乃爲普遍性的表現。普遍性機能蘊在靈

㊸ 按照上下文，這裡蓋應是「學習過程」（μάθησις）。

㊹ 參看上文417b3-5。

魂之內，所以其涵義與感覺的特殊性有別㊺。這樣，人們在任何時刻，都可自運其心識，操持理知，至於他的感覺功能則不然，這必須待之外物而後應用之以顯示其所經驗。既然可感覺事物全是各別的、外在的，我們於每一項目的感性「知識」都得做如此相應的理解。

隨後我們可有適當的機會闡明有關這些問題的細節，現在姑且限於「潛在」（δυνάμει）這詞的辨析，這詞慣用作兩個涵義：第一，我們可以說一兒童是一潛在的將軍；第二，我們可說他是一潛在的成年人；只有在第二個涵義上，感覺才能應418a用潛在的命意。這裡，我們雖已指出了其間的差異，以及它們所以爲異之緣由，但於「潛在」的兩個不同方面，沒有鑄作不同的措詞，我們就不得不沿用πάσχειν「被作用」和ἀλλοιοῦσθαι「改換性狀」來隱括而混述兩種不同的變化。我們曾已講過，具有感覺機能的事物，潛在地與實際可感覺事物相類似；起初，在潛在與其實現的變化過程中，作用與被作用兩者是不相類似的（οὐχ ὅμοιον），末後（終止），作用者同化了（ὡμοίωται）受作用者，受作用者就和作用者的品質相類似（οἷον）了。

㊺ 我們從感覺「所經驗的『紅』」，必然得之於某一刻，著眼於某一（καθ᾽ ἕκαστον 特殊）紅色物。關於「『紅』的知識」，卻是脫離了任何時刻，任何紅色事物，而在心識中，現示為「普遍的（καθόλου）『紅』」。亞里士多德慣用的「普遍—特殊」的邏輯，就是這樣。

章六

我們必須首先研究一切爲感覺器官所能感應的諸可感覺物。「可感覺物」（τὸ αἰσθητὸν）慣用於三個不同的涵義；其中兩義是關涉於我們所可直接（由己地）感覺的，另一義是間接地（聯附地）感覺到的事物。於前兩者而言，㈠其一是各個器官各所感覺到的某物（與之相應的個別事物），㈡另一則是感覺諸器官共通感覺到的一物。於個別的某個可感覺物，這是說，其爲個別者，只有與之相應的一個器官，能得感覺，其他器官於它都無感應，這樣，它是不會引起錯誤（錯覺）的，譬如色，只是視覺的，聲只是聽覺，味只是味覺的對象（可感覺物）。觸覺固然屬有許多品種的對象，可是，所有那些不同的品種，統都憑這專一的觸覺爲之感應，這也就不會發生錯誤。專由視覺以見色，則此爲何色，此色之原物在何處，專由聽覺以聞聲，則此聲爲何聲，此聲所由發者，在何處，都可明確而是不會誑惑的。所有這些事物、各分屬於個別的某種感覺，但，關於運動，休止、數、形狀、大小（度量），這就得有幾種感覺共同參與，幾種感覺於這些事物便都有份了。這些事物實不專屬於任何某種單獨的感覺；例如運動，觸覺與視覺兩都有所感覺。㈢說到間接地㊻感覺到的事物，可舉例以明吾意：「那個白色物是第亞雷的兒子」，

㊻ καθ' αὑτὸ《形而上學》卷五《詞類釋義》章十八1022^{a}25-36漢文譯「由己」（事出「本

這就是一個間接感覺，這裡，所感覺，實際是「第亞雷的兒子」，至於其色之爲白，只是〔得之於視覺的〕他的偶然屬性，「第亞雷的兒子」這可感覺物，所由作用於那個感覺者的實體，不在其色之爲白。迨乎那些直接地（本然）被「某一種」感覺機能所「感應」到的諸事物之「感覺」，才是眞切無疑的「感覺」，每種感覺由是而成立爲各個「實是」（ἡ οὐσια），這就是感覺的本性㊼。

然」）：《靈魂論》本卷本章$418^{a}9$，我們譯作「直接地」。κατὰ συμβεβηός《形而上學》卷五章三十$1025^{a}14$-34，譯「偶然」（由於屬性）：本章$418^{a}9$和本行，我們譯作「間接地」（按：本章希臘原文沒有分段碼，譯者為分清「三個不同的涵義」而加㈠㈡㈢）。

㊼ 古希臘的心理學（靈魂論）和古印度（婆羅門教與佛教）的心理學（唯識論）大體是相通的（同出一源）。印度唯識論到中國的盛唐時代，佛教的相宗祖師玄奘，實際集了大成。唯識有關的佛經，既已翻譯，他和他的門弟子，相繼造論，勝於印度舊傳。這裡(1) αἴσθησις「感覺」、(2) αἰσθητικός「感覺者」，即具有αἰσθητήριον「感覺器官」（例如，眼）的人，或其他動物，(3) αἴσθητος「可感覺物」（對象）。於唯識論，相應的梵文譯名為(1)「識」、(2)「根」、(3)「塵」。佛經大小乘所同說者，「六識」，以「意識」加於五識。意識，就是我們這裡的「心識」：五識即五種感覺：色、聲、香（嗅）、味、觸五覺；五根即眼、耳、鼻、舌、身五器官；五塵，即外物之具有色、聲、香、味、觸而可感覺者。塵為根所緣之境界，故亦謂之「境」。五根為五識所依，應於五塵，而生見、生聞、生嗅、生味、生觸。如是而識由根生。《唯識論》心理學名詞的漢文譯名，簡明而切合經義。

章七

視覺的對象就是可看見的事物。所謂可見物者，或是色，或是沒有本名，而可以文言爲之敘述的一個目接的景象⑱，我們的討論繼續著進行，隨後關於這個現在尚不明瞭的景象會得明白的。這裡，就說所謂可看見者之爲色。色呈現於自身具有
418^b 可見性的事物之表面，我們說「自身」（由己，καθ' αὑτὸ）者，確言此物本然（本性上）而爲可見，不只是在定義上爲可見。各種色，在它的活動狀態中，能在具有映透功能的物體內發生運動，這正是色的本性。所以，若使無光，任何事物皆不可看見，一一事物的色，只能在光照中見到。

於是，我們必須先行講解「光」（φωτὸς）是什麼。「透光體」（「映透性」

西方近代心理學較之古希臘時，內容既已大增，論理也遠勝於昔賢，但基本（技術）名詞，猶多相沿襲，中國現代心理學，又承於歐美，而無所取於釋氏。我們這裡的譯名，也專取於現代通俗名詞。但通俗名詞有時不免含混，界說（定義）不精切，所以有時，我們或加（　）做輔佐的釋義。又如於「塵」，做一切「可感覺物」的譯名，實為精當；但與「塵」之俗義，相違而相混，為使行文不引起誤會我們不得不做如此累贅的措詞。

⑱ 418^a27，ἀνώνυμον「沒有本名的事物」，大衛・羅斯。《靈魂論》新校本的相應詮疏擬為「phorphorescence磷光現象」。τυγχάνει ὄν「偶然碰上的事或物」；因為這裡既限於視覺，故譯為「目接的景象」。

διαφανές）顯然是存在的。所謂透光（映透），我意指那些憑別處來的色而得以顯示的事物之性質，那些事物是被見到了的，但不是單純地（無條件地）直接見到的。氣、水和許多固體，各都具有這樣的透視性質。透明（映透）原來不是水或氣的本性，但兩者瀰漫於天地之間，也豫有上穹這種永恆的素質，「透視性之所以爲透視」（τοῦ διαφανοῦς ᾗ διαφανές），這個功能，實由於「光」。凡「光」所潛在地著處，「暗」（τὸ σκότος）總是與之同在的。於是，光的一個命意，就是色之所由以成爲映透，而正在其時，透光性乃現實地爲之映透，這樣的實現，我們恰從火或與之類同的，例如上穹所含有的這種素質而見到了。這樣，於光與透光體，我們該可認明，它們既不是火，一般地也不是任何物體，也不是任何物體的流散物（ἀπορροή放射）（如其爲流散物，它們就得是些物體）；依理，在同一處（空間），不能同一時而存有兩個物體。火和與之類同的其他素質，在透光體的映透中，確乎呈現了它們的作用（活動）。「光」被論斷爲「暗」的對反；而「暗」褫奪（祛除）了透視所需的重要（活動）條件，這就明顯了，「光」的存在，就是對於透視所必需的這麼一個重要（活動）的條件。

恩貝杜克里，以及其他與之主張相同的人們，認爲光是［有物］在「行進」（φερομένου「動向」）中，抵達於地球與其外圍之間，才「產生」（生成γιγνομένου）的，只是，於此，我們失察了；這樣的主張是錯誤的，它既不符合於實際觀察所見到的，也超逾了理知所能究明的[49]；於一小小的間隔（空間）中，我們的觀測與理知有所失察，是可能的，若於這世界（地球）極東與極西那麼廣遠的區域內，指稱我們有所失察，那是不可信的。唯無色體爲能接受色（見色），恰如無聲物才能聞聲。無色物包括（甲）透視物體，與（乙）不可見物或僅微弱之至的可見物，恰如
419a 「暗體」（τὸ σκοτεινόν）就可說是這麼的一個微弱之至的可見物。於（乙）物體之爲透視而言，我們在這裡只是指說它潛在地之爲透視體，而不及它的實現透明；透視體之時或入冥，時或見光，在這兩異的表態時刻，它的本性是不變的[50]。

但，在光（光亮）中，並非所有一切事物皆可看見，這須各種事物而具有某色，才可得見；有些事物在亮光中是看不見的，但於暗冥中卻能發生色感，於這些表現或熾烈，或耀明的事物（於這兩類事物沒有可以通用的單一名稱），可舉

---

[49] 依貝刻爾校訂，418^b24，這裡 τὴν ἐν τῷ λόγῳ ἀλήθειαν 譯文應為「理知的真實」，茲依Py抄本，與西元後十三世紀詮疏家索福尼亞（Sophonius）校訂 τὴν τοῦ λόγου ἐνάργειαν 譯作「理知所能究明的」。

[50] 本篇卷二章七，關於氣與水為視覺的透視體（光導介體，διαφανές），參看《天象》（Meteor.）卷一章五，述夜空所見「坼裂」、「火把」等高懸著的明亮物體（異象）種種顏色，342^b6-9，解釋為日光通過空氣與水汽「介體」的「反射（反映）現象」（ἀνάκλασις）。又，《天象》卷三章二，述虹彩，所做解釋，略同於上。

示、蕈、角[51]、〔某種〕魚的頭與鱗與眼；這些在暗裡可見的事物，都不具備它們各所專屬的某色；於此，可知事物之所以在光亮中顯見者，由於它有色；至於這些事物，何以於暗裡能見，則是另一問題。當前，我們只知道，凡屬有色，都可於光中得見。如果沒有光爲之助，色是不能自明的。色之所以爲「色的本性」（αὐτῷ τὸ χρώματι），恰就在促使透視體入於運動，而實現其透視功能，而「透視體」（τοῦ διαφανοῦς）之終得完成其現實者，則端賴乎「光」（φῶς）。

以下這樣的試驗可證明透視〔作爲間體〕的作用；人們倘把一有色物緊靠著眼睛，這就看不見了；這裡可因而知道，視覺的過程是顏色運動了透視體，有如氣，於是視覺器官（眼），跟著就被這作爲透視體的氣所促動，假設透視體在有色物與視覺器官之間是延續著的。德謨克利特所做的擬想：「兩間」（τὸ μεταξὺ）若是眞空，那麼在大穹上，雖〔微小如〕一隻螞蟻，也應是清晰可見的；這是不可能的，所以他的設想是錯誤的。視覺機能必待施加以相應作用，才會發生視覺，而可見的有色實物，若無「間體」（τοῦ μεταξὺ）爲之傳遞，它就不能施加作用，要視覺機

---

[51] κέρας「角」，斯密司（Smith）英譯本，從張德勒（Chandler）校為κρέας「肉」：他們認為世未知有角的畜類，誰能夜間發光，但水族有能發光的魚，是古代漁民就已見到，故疑以為發光魚身之「肉」。

能，於某有色物，現示其視象，必須於其間存在有某些「間體」（介質）；實際，天地之間，若然眞空，這不僅不可能有精確的視象，所有一切事物便將全不可見。講到這裡，我們已闡明了「色」（τὸ χρῶμα）何以只「在光內」（ἐν φωτὶ）可見的原因。至於「火」，是在「暗」中或「光」內，兩可得見的，這自屬有所必然的事情；因爲透視體之實現其透視性者，正由於火。

同樣的理論，兼可應用於聲音與氣息（香臭）；兩者都不因（直接）自己觸到相應器官而激發感覺，香臭（氣息）與聲音只促使其「間體」（介質）做運動，以激勵相應的各個感覺器官；可是，人們如果緊靠著感覺器官【耳或鼻】安置其聲音或氣息，這就不會產生相應的感覺。同樣的理論也適用於觸覺與味覺，但於此兩者，上述情況表現得不那麼確切而明顯；隨後，我們將陳說，所以表現爲如此情況的緣由[52]。聲感的間體（介質）是氣（大氣）[53]。但嗅感的間體（介質）無名[54]。

---

[52] 本卷章十一 422^{b}34-423^{b}13, 423^{b}1-26。

[53] ἀήρ（air）氣，謂元素之氣，即常俗所稱空氣或大氣。在本書中我們寫作「氣」，以別於其他氣體（gas）之為「氣」：ὀσμὴ（smell）香臭之為「氣息」，γεῦσις（taste）酸鹽之為「氣味」（或味），我們都寫作「氣」。

[54] ἀνώνυμον「無名」，實際應該是「無單獨的通用名稱」。

氣與水，對於揮發氣息（香臭）的事物，具備相應於透視體對於有色物的作用。氣
419^b 與水，對於嗅覺而言，確乎內含這種通性：動物，雖是生活於水內的，似乎也具備嗅覺[55]。但，人以及陸地動物之行呼吸者，只在吸入空氣時能嗅到香臭氣息，於這樣的情況，隨後將有所討論[56]。

章八

現在，我們該須進而辨析聲音與聽聞的實義。「聲」（ὁ ψόφος）有兩義：有時，這是現實的，有時這是潛在的。我們說，某些事物如海綿或羊毛是無聲的，但另些，如青銅[57]，以及所有一切既硬實而又平滑的事物，是有聲的，因爲它們能發

---

[55] 生活於水中的哺乳綱（獸）如鯨、海豚、海豹等有鼻，當然是有嗅覺的。亞里士多德《動物志》（*Histonum Animalium*）卷四章八533^b1-534^b12，詳述魚綱若干品種具有嗅覺。533^b1-6「魚類無顯明的司聽與司嗅的器官：在鼻孔的部位，似乎可以揣測其某處為嗅點，但這些點與胸部不相通，這些點像堵塞的盲衕（盲道）。另有些解剖實例則發現它們與鰓相通。但不管所有這些情況，魚類無疑地能聽能嗅。」（漢文譯本，一七六頁）以下，書中舉示了薩爾帕、鰻鱔、烏賊等多種魚的嗅覺實況。

[56] 見於本卷章九421^b13-422^a6。

[57] χαλκός，現代化學譯作「銅」（copper銅或bronze青銅）。但古代遺留至今，或現代發掘所得各地，如希臘等的古銅器，都是棕褐色的銅錫合金：所以我們照中國俗稱，譯此字為「青銅」。

聲。這是說，它們在自身與聽覺之間，確實爲產生聲音的本原（原因）。可是，聲的發作須是某物，在〔作爲介質的〕某物之中⑱，撞擊某物，才能現實地響起；發聲，端在如此的一擊。撞擊者和被撞擊者爲兩個不同的事物，聲音乃發生於此物（發聲者）著於彼物（被發聲物）的時刻。但，撞擊必須是一個移換位置的運動。上已講明，這麼的一擊，不是著於任何偶然物體，都能發聲，羊毛雖加撞擊，不會作響，但青銅以及事物之平滑而有洞孔者，確能作響。青銅之具有平滑面者，一擊便發一聲，如其備有洞孔，則在受擊之後〔在介體中〕，其運動所產生的初聲，不能脫出洞孔，於是發爲好多迴盪而成的餘響。聲在水中，也像在空氣中，一樣可以聽到（聞得），但在水中所聞，聲響較輕（較低）。然而氣與水兩都不是聲音的主要原因；必備的情況（條件）是須有兩個堅實的事物相撞擊，而且這撞擊也觸到了空氣。當打擊在著物之頃，空氣正在這裡，未曾播散開去，聲響發作了。既然打擊須捷急而強烈乃能作響，那麼，打擊者揮鞭（或棒打）的動作必須抄先（搶前）於空氣的脫離，恰似人若鞭擊一個沙堆，或一個正在速旋的沙暴〔如果他的動作夠急

---

⑱ ἔν τινι或τινος ἄλλου「在某物中」：或解此某物為兩者中隔的間體，或解此為一段的「空間」。依下文419^b18 τοῦ κινηθέντος「運動的方式」若解作「移換位置的運動」（轉移式的運動），這裡作為「空間」解，比之作為在此空間的間體解，較更合適。

驟，這就會發出響聲」[59]。

「回聲」（ἠχώ）的發生，由於延續而成團的空氣，在振動中，被容器所限禁而沒法脫出，因而像一個躍起了的球，只能在限定了的範圍內來回躍動。聲的這種現象，同樣地見於光的照映，似乎回聲是常時發生的，可不是常時都被注意到了的；光則常時地處處在反射（如其不然，這就不會處處明亮，而在太陽所直接照耀到的地區以外，蓋將是處處暗冥的），但，光的反射不是常時地夠可投射一個暗影，有如光照在水面上，或青銅【鏡】面上，或任何其他平滑面上那樣，劃分爲明暗的界限。至若聽覺（聽聞）的主要條件，卻需要正確地區劃其虛空境界。這裡所謂虛空境界，就指氣所充溢之處，作爲延續體而且能爲運動的氣，實際是肇致聲音的原因。被撞擊物必須是平滑的，若不平滑，這就不會聽到聲音，因爲【它周圍

[59] 這一節說明氣的傳聲作用，頗為費解。阿奎那《詮疏》卷二第十六課第四百四十六節：「在受打擊物周遭成團（en bloc）的氣，應作為一個延續的整體來看待它，這個整體，不可在受打擊以前播散（碎裂）。大眾都有這樣的經驗，倘兩硬物漸漸地靠近，直到相接觸的時刻，這是不發作什麼聲音的；因為在這樣的接觸之間，空氣已退卻（脫離）了。人們揮鞭擊向一個石堆或沙暴（旋風沙團），如果他動作捷速，在沙堆未坍倒、沙暴未播散前，鞭已著物，這就能出聲。又，人們於空氣中若揮鞭驟急，也會發出嘯響，這可見氣不僅可為受聲傳聲的介體，它本身在成團時，也是可被激發聲音的。」

420ª 的〕氣是會破碎（散離）的。但被擊物若屬平滑，則由於它的平滑表面之延續性狀，氣也延續而保持爲一團塊〔這就能運動而行傳遞的作用〕。

發聲過程是由發聲者在延續的氣團中造成運動，而這氣團則延續著傳遞這運動，直到接合於聽聲者（聽覺器官，即耳）。氣之接合於聽覺器官者，若屬天然（共生）。聽覺器官（耳）內外皆在氣中，外圍氣一被運動，內在氣就相應而也運動。這樣，那個動物既不是用全身所有各部分行使其聽聞功能的，氣也不能透入它全身的任何部分；即便那個能運動而發聲的[60]部分，也不處處全在氣內。由於氣的易碎（易散）性，它本身是不能發聲的；但，如果遇到外物阻止它的碎散，氣的運動乃由無聲轉作有聲。但，耳內氣藏於深入處，亟求自免於外物的干擾，俾能精確地分辨（感應）傳到的運動之任何變異。我們雖在水中，也能聽聲，追溯其故，也就在此，水是不能進到耳內儲氣處的；由於耳內形成有螺旋構造，水不能深入。如果水竟深入，耳就失其聽覺（功能）[61]；耳內膜（鼓膜）若被傷損，也就什麼都聽

---

[60] 420ª7行貝刻爾本ἔμψυχον「內蘊靈魂的」動物，即「有生命的」動物，依牛津英譯本，斯密司（Smith）校改為ἔμψοφον，譯能「發聲的」。

[61] 亞里士多德於「感覺」這一心理學論題依據生理學基礎，先解剖一一感覺器官，而查察各項感覺機能，然後及於各與相應的感覺對象。近代心理學實際沿承著這一途徑。亞氏本章所敘，耳的

不到，恰如瞳子外皮（角膜）若被傷損，眼就失其視覺㉜。耳內常有像似號角的迴

構造，有螺旋（蝸部），有鼓膜等，以及內耳外耳間空氣所做傳聲的功能，實與近代耳科的紀錄相符契，只是近代的解剖與生理研究遠更精詳。人獸的聽覺器官大略相似：耳的位聽器聯結於位覺器，其構造：（甲）外耳——耳郭、耳道、鼓膜；（乙）中耳——鼓室、聽小骨、咽鼓管、乳突小房；（丙）內耳——骨迷路、膜迷路、蝸部、蝸管、咽鼓管、溝通鼓室與鼻咽部管道，使鼓室與外耳道的氣壓相等，以保持鼓膜內外壓力平衡。乳突小房內具有許多含氣小腔（鼓膜聽竇 **autrium typanicum**）。我們憑這樣的古今比較，可證見亞氏為學悉從現實的物質世界入手，所以列寧嘗稱道亞氏的《靈魂論》（心理學）與「唯物主義」概念密相接近。

㉜ 視覺器官，鳥獸與人略同，在構造上作相仿的模式：（甲）外膜——角膜、鞏膜；（乙）中膜——虹膜、睫狀體；（丙）內膜——盲部、視部；（丁）瞳——瞳孔、瞳子；（戊）眼瞼。在本篇及《動物志》，《動物解剖（構造）》中，亞氏於眼睛說到角膜（**cornea**,420^a10, *κόρη δέρμα*「瞳皮」），虹膜（**iris**，亞氏書中*ἶρις*只是「虹彩」：加倫（**Galenus**）醫書中，才做周圍於瞳外的「虹膜」），瞳子（420^a16等*κόρη*, **pupilla**），眼瞼（421^b29，*βλέφαρα*, **palpebrae**），比之現代眼科解剖，雖然簡疏，卻已得其梗概，於視覺器官的感光（生理）作用，也已有正確的理解。但在最近將百萬倍放大的電子顯微鏡應用到生理學研究之上以後：關於眼睛的視覺功能的紀錄略如下述：光線通過角膜，即眼球的外層保護，再穿過一個自動調節的隙縫（瞳孔），抵達一個自動調節的晶體。由晶體把光聚焦在視網膜的後端。這裡一億三千萬個感光的桿狀體和錐形體產生光化反應，把光線變成電脈衝，再以極高速度將這些電脈衝傳達到腦部的視神經。近代眼科生理學與解剖功夫的精度，我們當然不能強求之於二千三百年以前亞里士多德時代的。

盪聲音，這可爲我們聽覺的或聰或聾之徵兆；耳內氣常時會自做某些運動〔干擾我們的聽覺〕；但聲源確乎是外來的，耳本體沒有發聲的本能。因爲我們是憑內中包含了一個氣團的容器來聽聲，所以人們說，藉以有聞的那個事物，是虛空而能回音（共鳴）的。現在試問，被打擊者與打擊者，實屬是誰在發聲？也許兩者都發聲，而爲義各異；聲就是那個能被運動的事物之運動，這種運動可仿於擊物著之一個平滑面，而其物躍出的情形。但，如曾講過的⑬，並不是一切物在被打擊與打擊時，都會作響，舉例來說，倘用一支針打擊另一支針，這就沒有聲響；被打擊者必須是一個扁平體（或一個平面），在平面之上，氣團才能躍起並震盪（波動）。可是，發聲（音）物的差異，須待它的聲（音）實際作響才能顯明⑭；恰如種種顏色不經光照，就不能認見一樣，若〔琴〕聲未作，〔弦〕音的孰高孰低是無從領會的。這些詞類有取於觸覺方面措詞的「隱喻」（μεταφοράν）。聲在一個短時間內，行過一個長音程，這就產生一個「高尖」（τὸ ὀξὺ）音階，若在一個長時間內行過一個短音程，這樣產生的則是一個「低沉」（τὸ βαρὺ）音階。高音階自己無所謂快，而

---

⑬ 本章419^b6, 13。

⑭ 這句的「發聲物」，應於下文相接的〔琴〕聲，聲〔音〕，應於〔弦〕音：「〔琴〕與〔弦〕」，參照下文所及（420^b8）λύρα（lyre），加上的。

低音階自己無所謂慢，這裡只是由於高音的運動速捷，乃以成其高銳，低音的運
420b 動緩慢，乃以成其低沉。這似乎與觸覺之爲利或鈍是類同的；話說，「尖利」的（τὸ ὀξύ），動則銳刺，而「滯鈍」的，（τὸ ἀμβλύ）運動則是漸推著以前進的；前者霎時而入，後者則經行一個長時間，其一爲快，另一爲慢，就是這樣。這些已夠可闡明聲（音）的事理了[65]。

但「嗓音」（φωνὴ）[66]是具有靈魂（生命）的一個活動物所發的聲響；所有一切無靈魂（無生命）物是默不作聲的。作爲「隱喻」，無靈魂物（無生命物）也可說具有「嗓音」，例如一支笛或一張琴，以及其他類此諸物都具有樂器的節度，【能奏出】樂調，【譜發音樂】言語；嗓音似乎具能做這些表現，而許多動物乃不

---

[65] 這裡引用敘述「尖銳」事物，於「觸覺上」，刺痛人的肌肉者，相同字樣τὸ ὀξύ，以敘述，於「聽覺上」激動人的「尖高」音，這在辭藻是一個完全合格的「隱喻」（metaphor）。相接的τὸ βαρύ入耳的「低沉」音（「滯重」音）與τὸ ἀμβλὺ，著身的「滯重」感兩詞雖詞類相同，而字樣不同，作為「隱喻」，已非正格；這可作為「明譬」（simile）。

[66] φωνὴ, ἡ的一義為語音，常以指人類的發音，以別於獸類的叫聲，亦以指合乎樂律的「樂音」，以別於「雜訊」（ψόφος）。這裡，我們以「嗓音」翻譯這字，實謂人們從胸腔、喉頭、口腔所發的聲音，這已擴大了「嗓」的原義。

具備嗓音；所有無血動物全不會發作聲音，有血動物中㊼，魚類也不發聲音。這自然是合理的，因爲聲音起於氣的運動。至於水居動物中，有些據說是能發聲音的，例如那些生活於阿溪羅河中的魚，可是這些魚聲，有的是用鰓做出的，或用其他構造作出的音響㊽。這麼說來，嗓音是一個活動物所發聲，這不是由它的任何部分，可得隨意作響的。既然聲音只在某種「間體」（介質）之內，某物拊擊另物所造成，而這間體（介質）則須是氣，這就合乎自然的了，只有那些容納空氣進入的物體，才能作聲（音）。於吸入的氣，自然利以行使兩方面的作用，恰如她（自然）於舌，兼用之於味覺與言語；於這兩者而言，味覺於動物的生存，至關緊要（是必需的）（所以大多數種屬都應用其舌在味覺方面），若夫言語，那是爲增進其生活

㊼《動物志》（*Hist. Anim.*）卷一章六490^b7-15，動物以有血無血為大別，「有血動物」（*τῶν ἐναίμων*）有魚、兩棲、鳥、獸，諸綱；「無血動物」（*τὰ ἄναιμα*）有海綿、蠕蟲、介殼、甲殼、軟體、昆蟲諸門諸綱。亞里士多德所稱「無血」，實際是指「無紅血」的動物們，例介殼（貝類）的血，淡藍色；古人就稱牠們「無血」。

㊽《動物志》卷四章九435^b16-22，「魚不能作聲，因為牠們無肺，又無氣管與咽；但牠們有時發出不調協的聲響，或作尖叫，這就說是『魚音』，例如琴魚（魴鮄）與黃鮟與阿溪羅河的豚鼻魚（*κάπρος*, boar-fish），以嘉爾基魚與鴟鴞魚，嘉爾基魚所做近乎吹簫聲，而鴟鴞魚叫酷似鴟鴞的咕咕聲——這魚便由此得名。所有這些魚聲，有些實由於鰓的摩擦動作——那些魚的鰓多棘。」

幸福，才要用到。一如她於舌的兼用，自然於呼吸也兩用之於保持體內熱度和發聲兩個方面。這裡，保持體熱是主要作用，而相應地因呼吸之爲效於發作聲音，這也增進了這活動物的幸福。至於保熱，何以爲生存所必不可少的作用，須待另篇講述[69]。

經營呼吸作用的器官（工具）是咽喉（氣管），這器官爲了肺的功能而做成其
構造；引向並終止於肺部。正由於肺這構造，陸居（有腳）動物，較之其他品類爲
富於體熱，心臟周遭的部位是最迫切地需要呼吸的。這樣，在呼吸過程中，必然有
空氣被吸入。於是，這部分構造的靈魂，拊擊這些吸入的氣，著於所稱爲氣管之
上，這就肇發嗓音。但，一個活動物所發的聲，並不都是一個嗓音，有如我們前曾
說過了的（那些人掉舌打咯，只可說他發了一個「聲」）；爲此拊擊者，必須內蘊
有靈魂，而具示其某種心理（靈性）想像，這才能成爲嗓音。「嗓音」（φωνή）
是含蘊有某些意義的一個「聲」（ψόφος）這不同於一個「咯」（βήξ）之爲氣團活
421^{a} 動，那僅是咯者打動氣管中的氣，著之於氣管（氣管壁）而已。爲此事之佐證，可
舉示這樣的事實：人在吸氣與呼氣時都是不能言語（發出嗓音）的，必須屏住了氣

---

⑲ 見於《呼吸》（*de Resp.*）$478^{a}28$；《動物之構造》（*Part. Anim.*）$642^{a}31$-$^{b}4$。

才能說話；人（具有這部分靈魂的）就能屏住（節制）那氣團的（或進或出的）活動。這就明白了，魚類何以是啞巴，這就因爲它們沒有咽喉。它們既不進氣也不呼氣，所以不具備這個器官（工具）。至於何以它們不行呼吸，則屬於另一論題[70]。

章九

關於嗅覺和具有嗅性（香臭）的事物，比之於我們上已講述了的諸題，較難做成簡明的陳說。嗅（ἡ ὀσμή）的性狀，不像「聲」（ὁ ψόφος）與「色」（τὸ χρῶμα）的性狀那麼明顯。推究其故，我們在這一感覺上，辨識功能是不精明的，遠遜於其他許多種屬的動物；人的嗅覺既屬劣等，而且還有這麼一個缺憾：因爲這一器官拙於辨識，不得不借助於對事物的喜愛或苦厭的情感，來判別事物的香臭。這是合乎自然的，硬眼動物[71]之辨色，相似於人類的辨臭；是有所假借的，它們的硬眼對於當前事物的形色是模糊的，只能憑這是可怕或不可怕的（可喜的）印象做出判別。對於嗅覺而言，人類這一官能正相仿於那些具有硬眼的諸動物的視覺。「嗅

[70] 參看《動物之構造》（*Part. Anim.*）卷三章六669^a2-5；《呼吸》（*de Resp.*）474^b25-30；476^a6-15。

[71] τὰ σκληρόφθαλμα「硬眼動物」謂昆蟲與蝦蟹類。參看《動物之構造》卷二章十三657^b30-658^a2。

覺」（ὀσμῆς）與味覺（γεῦσις）之間，和諸有嗅物（τῶν ὀσφραντῶν）與諸有味物（τῶν χυμῶν）之間，似乎是可相比擬的。但我們味覺的辨識功能實較嗅覺爲高，因爲味覺類似於觸覺的某種變異，而人類的觸覺恰具有最高的精度。人類於其他感覺遠遜於別的動物，可是，於觸覺這種官能，他卻比其他諸種屬爲敏感。這就是人在動物界中所以是最擅於思慮的緣由。作爲動物的一個屬類，人與人之間，凡其他諸感覺，自然秉賦都無差別，唯獨在觸覺方面，或靈敏或麻木，是有差異的。凡人體之肌肉（肌膚）粗硬者都感覺麻木，而思想貧乏，凡其肌肉（肌膚）柔軟者，較靈敏於觸覺而富於知慮。由此可徵觸覺與思慮之間，內含有相關的比例。又，恰如味之有甜與苦，嗅也有甜與苦。但諸嗅（香臭的氣息）與諸味間雖有某些可比照者，例如我們可說這臭，這味，兩都是「甜的」，或兩都是「苦的」，可是，於另些屬性卻不能同樣地爲之品評。相似於味覺，嗅覺之同樣品評，可有刺激性（刺鼻的）[72]，粗澀性，尖酸性或油膩性之別[73]，但，如我們已講到了的，嗅，有異於

[72] δριμεῖα（**pungent**），對於相應感官具有刺激性質，這一措詞，在嗅覺而言為「刺鼻的」，於味覺而言即「刺舌」的。下文ὀξεῖα尖酸，於嗅為酸氣，於味為酸味；λιπαρά油膩，於嗅為油氣，於味為油味。但αὐστηρά本義為嚴肅，於味覺為苦澀，於嗅覺，在漢文沒有與之相應的措詞。

[73] 這裡的嗅感兩純種，與間體四品種，比照下章，422^b10-14，味感品種。關於味感（滋味）與嗅感（香臭氣息）的品評，參看《感覺》章四441^a14-15, 442^a16-19及注。

味，不是那麼容易分辨的，因此我們評定香臭這種氣息的措詞，都取似於從其名物
421b 的審味措詞，例如從番紅花（薩芙蘭）㉔和蜂蜜的甜味，來說事物的甜性氣息，從百里香（蓚蘑草）㉕，以及類此諸物的刺激味，來說刺激性氣息。其他諸品題所措辭，實際情況都是這樣的。

視、聽，可以互相比照，以做說明，也和其他諸感覺一樣；「聽」之爲感覺，旨在分明什麼是聽到了，而什麼沒有聽到；同樣，「視」之爲感覺，旨在分明什麼是看到了，而什麼則看不見；於「嗅」，正也如此，須得分明什麼是確有可嗅到的氣息，什麼是沒有這種氣息的。說此物「無臭」（不曾嗅到），一般地說，它全無香臭，也可說它只有小小的氣息，或說它貧於氣息（只有微弱的氣息）。說此物「無味」，其實義類茲。

㉔ κρόκος（saffron）：番紅花屬甜味種（crocus sativus）廣栽於南歐：克洛科屬，多在春季發花，有白、黃、紫三色，花入藥，亦以製染料。甜種，秋花紫色；今名薩芙蘭。其蕊深橘黃色，古希臘人乾製之，用為糕點或飲料之著色與調味。所著食品，又香又辣。但在此句內，意在甜味氣息。

㉕ θύμος（thyme），蓚蘑，百里香屬之常見種（Thymus vulgaris），原種出於地中海地區。畦栽，收穫後，製為烹飪調味料，香辣。野生百里香（Thymus serphyllum），枝柔，蔓生地面，古希臘人乾製之為獻祭時之爐香或炷香。此句重在氣息，應指「野生百里香」（θυμολαῖα 油欖蓚蘑）：古語亦作「θύμος蓚蘑」。

嗅覺機能（ἡ ὄσφρησις）也是通過一個間體（介質），有如氣或水運行（操作）的；水居動物顯然也是具有嗅覺的；這些生活於水中的動物，無論有血的或無血的，似乎像陸居動物生活於空氣之中，一樣能嗅，而且其中有些種屬，能從相當遠處，憑嗅氣爲導，游向牠們的捕食事物。〔所以我在作嗅覺間體的「氣」外，又加上了「水」。〕這裡有這麼一個疑問，所有一切動物的嗅覺運行，都取同樣的方式嗎？人類只在吸氣的時刻作嗅；他如果不吸入氣，如他在呼出時，或在屏氣停止呼吸時，無論那個被嗅物置在遠處，或迫在跟前，都不感應其香臭，即便把這事物納入鼻（嗅覺器官）中或緊靠之於鼻孔或鼻端，他還是不聞香臭。你如於此試做實驗，這情況是可證明的。這樣看來，無血動物既然全不吸氣，似乎該於我們常有感官（五官能）之外，別有感覺器官。但這是不可能的；它們用以辨識事物的氣息者，必須是嗅覺器官，必須憑這機能，以聞（嗅）到事物之或香或臭。又，牠們如果接近臭油（瀝青）[76]、硫磺，以及類此物品，表現出若受傷害的情態，恰像人們

---

[76] ἡ ἄσφαλτος（**asphalt**）臭油或瀝青（石油礦之黑色結塊，擦之則發臭氣）。希羅杜德《史記》（I,179），巴比倫附近水面有黑色瀝青，成塊成堆。又謂在蘇薩（**Susa**）附近之亞爾特里加（**Arderica**）也有此物。亞里士多德《異聞志》（*Mirab.*,127）記載有從地下掘出的瀝青礦石（ἀσφ. ὀρυκτή）。參看本書《感覺與感覺客體》章五445^{a}1 ἀσφαλτώδης「瀝青樣物」。

接近這些物品時的表現。這樣看來，牠們（無血動物）必然是雖不吸氣，而確乎能嗅的。

人的眼睛異於那些動物所具有的硬眼，也許人的嗅覺器官之異於其他活動物者，也相似於此［具有構造上的差別］。人眼是有眼瞼爲之覆蓋的，眼瞼皮像護甲或皮鞘，保護著眼睛，若不揭開瞼皮，眼就不能見物；硬眼動物沒有這種構造，牠們在透明體（介質）中，可視見任何顯現在牠們眼前的事物⑦。這樣看來，那些動物們的嗅覺器官，和牠們的眼一樣，是無遮蓋的，但人鼻蓋是內隔有一帷幕，當他
422a 吸氣時，這帷幕就揭開了，血脈或其間的孔隙舒張了［嗅覺也就通暢了］。爲此故，
凡吸氣的動物，不能在水中作嗅；牠們既然不能在水中吸氣，也就無所嗅聞了⑱。

---

⑦「硬眼」參看亞里士多德《動物志》卷四章二526ª7-10；章四529ᵇ28。眼有上下「瞼皮」（τὰ βλέφαρα）的動物，謂獸綱、鳥綱、爬蟲綱各科屬。

⑱嗅覺器官（organon olfactus）位於鼻腔後上部的嗅黏膜（在上鼻甲及相應的鼻中隔部分）。嗅黏膜呈淺黃色，內含嗅細胞，即嗅功能的原始感覺神經（雙極神經元）。嗅細胞，棒狀，末端有嗅毛，其中樞突形成一條細長神經纖維。這些神經纖維，在鼻黏膜內集成約二十條「嗅絲」（fila olfactoris）穿過篩骨的篩板上諸篩孔，進入顱腔，止於嗅球。終以成其嗅覺。嗅覺器官的機制實際有待於近代生理學闡明了神經系統的功能，並具備了近代顯微儀器與其操作的種種方法，才能

香臭（嗅感）發自乾性物，而味感則出於濕性物。所以嗅覺器官的性狀是潛在地屬於乾性。

章十

一個有味物就是一個可觸著的事物；所以味覺不須經由任何外物爲之間體（介質），以操持其功能，而觸覺（ἡ ἁφή）正也就是這麼的。內含有滋味而成其爲味感的物品，是處於液態（水濕）材料之中的；這是可摸觸的。這樣，我們雖入於水內，該也可以感覺水中所被注入的甜味，我們的味覺不須經過任何間體，便自行接觸，恰如在飲料中，只是在水內混合著些有味物而已。但色感（τὸ χρῶμα）於此是不相符應的，凡可見的，既不是某物與某物的混合，也不是某物向某物的發散（流注）。味覺的對象是有「味」物，恰如視覺的對象爲有「色」物，但視覺所需有的間體（介質），於這方面是全然無須的。可是，若無水在，任何物品都不能引起味感；凡作用於感覺器官的物品必須現實地或潛在地是水濕的，有如鹽質物；鹽性物

辨識。亞氏這篇以及《感覺與感覺客體》篇中，關於鼻的構造與嗅覺的機制，殊不超越當時常俗的見識與理解。

質是易於溶解並易於爲舌所水漬的[79]。

這裡，視覺（ἡ ὄψις）的機能是兩相關於能見諸物和不能見諸物的（視覺機能承認有「黑暗」（σκότος）這樣的視感物品，但黑暗是見不到的），視覺也相關於太過耀亮的物品（這種事物也是見不到的，但其不能見到的意義與黑暗相異），與此類同，聽覺（ἡ ἀκοὴ）機能也是兩相關於聲音與「寂默」（σιγῆς）的，前者爲可聽到的，後者關於聽不到的，也包括有太過高亢的吵響，恰如視覺之於太過耀亮的物品，一個低微的聲音是聽不到的，另一方面，一個高亢而強烈的聲音，也是聽不到的。「見不到」（ἀόρατον）這字的一般（常俗）命意，攸同於在某項景況中爲「未能」見到（τὸ ἀδύνατον），「未能」云者，可以是無此機能，也可以雖憑其自然而具此機能，但其爲能，卻是很微弱的，權其實義，恰恰相似於（鳥類之有）

---

[79] 味覺器官organon gustus：舌上分布有若干「味蕾」（calicule gustatorii），少量分布於軟顎、咽及會咽。味蕾藏於舌黏膜的菌狀乳頭、葉狀乳頭、輪廓乳頭；味蕾內含有味細胞，味覺神經在味細胞基部。味蕾所接受的刺激（味感），主要分為甜、苦、酸、鹹四品；舌尖敏感於甜味；舌尖兩則與側緣後部敏感於鹽味（鹹味）；舌外側緣中部敏感於酸味；舌根敏感於苦味。

「無足」（τὸ ἄπουν）[80]或［果品］之有「無核」（τὸ ἀπύρηνον）[81]這樣的名稱。這裡，情況恰又相同，味覺（ἡ γεῦσις）是兩相關於有味物與無味物的；後者包括了味淡或乏味，或那種能破壞味覺的惡味諸物品。我們憑以辨味的基本物品蓋是飲料與非飲料（不可飲用的物品）；兩各供人辨識某一種品味；但後者乃是乏味的或具
422b 有惡味，而前者則爲合乎自然感覺的本味。飲料之爲味感物，兼也是觸感物。

因爲激發味感諸物品都是水濕的，味覺器官既是所由感味的機能，就必須現實地不是水濕（液狀）而卻是能夠液化（水漬）的；凡［其舌］正當在嘗試的時刻，那個有味的事物，必然著其如此的作用於味覺機能。於是，味覺器官該是能轉爲水漬而不失其本性，自身不至於成爲液體（化水）。這種情況，可以這樣的事實爲之證驗，舌在乾燥時，是沒有味感的，如果太濕（浸水），也無味覺；舌浸水中，則

---

[80] ἄπους有四義：一為「無足」，則是本義。二，有足而其足不良於行，如跛者之足。三，有足而不跛，但不善於步行。亞里士多德《動物志》卷一章一487b24-29：「有些鳥，其腳微弱」，因而被稱為「無足鳥」（ἄποδες），例如岩燕。鳥的現代分類，岩燕科與雨燕科列於Apodiformes「無足目」（中國或譯「貧足目」）。四，雨燕飛行速度在燕科為最高，人們常見牠在空中振翼，不見牠下地，認為牠有足不用，牠的分類種稱也是「**Cypselus apus** 無足（貧足）捷燕」。

[81] τὸ ἀπύρηνον果品之「無核類」，常用此字，指：㈠果殼或果肉內無核者；㈡有核，而瘠弱，或只有一個軟核。

它所先予接觸到的就只是水，這與人之先嘗了一個烈味，隨於後接的另一味，就失其感覺者，恰正相仿；又，當人在病中，覺得物物都作苦味，這時，他的舌實已爲苦味所感染，他以彼苦舌接物，自然而物皆成苦的了。

種種滋味恰如種種顏色，其最簡純的形式（品種）是相反的配對，即甜的與苦的，與之相對應者則爲油性物與鹽（鹵）性物；在這兩對反之間的品種乃有刺激性（刺舌的）、粗澀性、辛辣性、尖酸性諸味⑫。滋味的差別就盡於這些了。味覺機能潛在地做類此的相應差異，至於使這些品種的味覺成爲現實，則有賴於相應差別的諸有味物⑬。

---

⑫ 參看上章421^{a}30-31，嗅感四品種。

⑬ 卷二章十422^{b}11-16，亞里士多德評議味感（滋味）與嗅感（氣息）的品級（品種），先設想人類的味覺器官與嗅覺器官，對於相應的感覺功能各有限度，所以訂定，味覺的兩極端為γλυκὺ甜味與πικρόν苦味，在兩極端味感品級之間，挨次為λιπαρόν油膩δριμὺ刺舌（苛酷）αὐστηρόν嚴厲（粗澀），στρυφνὸν辛辣ὀξὺ，尖酸ἁλμυρόν鹵鹽共八級。嗅覺仿此。色覺（光感應）仿此，以白、黑為兩色極，挨次而為【白】、黃、綠、藍、紫、紅、灰、【黑】共八色。於滋味與氣息，世俗早已有所評定的品種名稱，亞氏應用這些名稱，有時不免一些參差。本篇本卷章九，$421^{a}27$-$^{b}4$，列七味，七嗅；《感覺與感覺客體》篇442^{a}17-25，亦列七個品種。

中國古代，《禮記·王制》，「五味異和」。五味，古無確詁：或詮為「辛、酸、鹹、苦、甘

章十一

相同的敘述也可應用於被觸及的事物與觸覺。觸覺（ἡ ἁφή）的命意，如若不止一義而含有多義，被觸及物（τὰ ἁπτά）也就必須有多義。於觸覺，之或只一義或有多義是難於確定的；容受觸及物作用的影響之觸覺器官，其爲一爲多，也難確定，這器官就是肌肉麼？或肌肉只是間體，而原始的（眞正的）觸覺器官實際另有某個內藏著的獨立事物[84]。又，於那些沒有肌肉的動物而言，牠們身上哪一部分是相當於肌肉之爲觸覺器官呢？又，每一項感覺各都關涉於一個相反的配對，有如視覺涉及白與黑的視象，聽覺涉及高與低的音響，味覺涉及甜與苦的味感；但於觸覺所及的，卻有許多而相反的配對，熱與冷、乾與濕、硬與軟，以及其他許多相似的

（甜）」。俗以「甜酸苦辣鹹」為五味，與《王制》五味，異一辛味。《玉篇》，釋「辛」為「辣」。又，俗於葷臭之為「腥」者，或亦稱「辛」。辛與辣雖刺舌有所同，而為味實異。中國自《書經．洪範》，重「五行」，舉事稱物，輒以「五」為類總，故於味而言，或遺「辛」，或遺「辣」，以成「五」數。《楚辭．招魂》，「辛甘行些」：注云：「辛為椒薑」；椒，辣；薑，辛。若是，則楚人古已混同辛辣。

[84] 多馬．阿奎那，《詮疏》卷二第二十二課第五百一十八節：(1)肌肉即觸覺器官，抑或(2)內部靠近心臟處，才是真正的觸覺器官所在，而肌肉只是觸及物與器官之間，傳遞感應的介體。《感覺與感覺客體》篇ii438^{b}30-439^{a}3）是支持後一說(2)的。

配對。於這個疑難，或可做這樣的解釋於其他諸感覺，若各加深察，未嘗不能發現它們各個配對也不止一個；這樣，聲音就不僅有高有低還更有洪亮與輕柔、潤滑與粗澀，以及類似的諸差別。相似地，色感也有白黑之外的其他兩相反視象的配對。但於觸覺的問題，我們的困惑還在，相符乎聲之於聽覺，可有一單純的底層（基調）[85]，觸感的底層爲如何？這是曖昧（不明）的。

423a 事實上，人們一有所觸及，立刻就得其感覺，但這一事實還不足以辨明肌肉直接具備如此機能，抑或觸覺器官另藏在內部。人們如果在整塊肌肉外面包上一層網膜，而後使有所接觸，對於觸及物的所感，它仍會立刻著錄；你若使這網膜緊密地與肌肉合生在一體，觸覺的感應也許傳遞更快些，可是，感覺總不在網膜，網膜必不是觸覺器官。例之於這個網膜，我們不妨把人身周圍的空氣，看作是與之合生的一個整體；若然如此，我們就得設想我們所感的聲、色、味都出於同一事物，而視象、聽聞，與嗅感乃全是同一的感覺。但，間體【如正說到的空氣】，只是憑以傳

---

⑧⑤ ὑποκείμενον, τὸ底層（substratum）：《形上》卷十四章一1087^{a}-^{b}1，「一切由對反（或對成）所演變的事物，例皆出於某一底層；那麼諸對反（對成）必得在某處含有此底層」。這裡，白黑（視象對反）的底層為「色」；「色」的實義為一切能受光而反映之於人眼的事物，實際就指「一切實物」。高低音（聽感對反）的底層為「聲」。

感的介質，只要我們放棄這姑予假借的事物之作用，這就顯然可見上述諸感覺器官是各別的。可是，於觸覺而言，這是不明顯的；內含靈魂以成其生活的身體，不能是水或氣造成的；這必須是某種固體物質。那麼，製造身體，若體內的肌肉，以及其他（無肌肉的動物）相當於肌肉的部分，唯有應用土的混合物了；這樣的構體，諸感覺都由以發起者，於觸感機能作爲傳遞的間體，該是合乎自然的，而且具備多項性能。在舌上的觸覺，確乎顯見是多性能的；舌能感覺一切可觸摸物，而它的相同部分，又能辨識有味事物。如果身體的其他肌肉，也有味感，那麼，味感與觸感將是同一項感覺了。但，照所示現的實況，證見它們兩不相通，不能代換，分別爲兩項不同的感覺。

但，這裡，又有一個疑難；一物體各有其深度，即第三向計量；於是我們試作一例，設想兩物之間存在了另一物，那麼兩物就不能互相接觸了。可是，這一物若爲液體或是水濕的，這就須得有另一物體爲之支援，這物體必須自己也屬水性，或內含有水。於是，那兩個在水內，求相接近的事物，外面諸角隅既全被水含，這就不復是乾燥的了；若然如此，那兩物泡在水內，是不可能相互觸及的。事物之在空氣中求相接觸，恰似在水中的情況，也該確乎是不可能的。氣對於在氣中的物體所施其作用者，和水對於在水中的物體所施其作用，恰全相同，只是人在氣中生活，
423b 相似於水居動物之於水中生活，總是各自失察於氣中之形成氣膜爲阻隔，和水中之

形成濕膜爲阻隔的。現在大家擬想味覺與觸覺兩皆以接觸取感應，而其他諸感覺則在一個距離上取感應，由此推想，是否所有一切事物的感覺實通於一式抑或不同的事物，各取不同的感覺方式？說我們於硬感與軟感可以直接觸得，是不確的，這也得經由一個間體（介質），恰如我們聽取聲音或一聲音被我們聽到，或一香氣被我們嗅到一樣，是通過間體（介質）的。差異只在後者的間隔距離遠，而前者乃相靠近。我們於一切物的一切感覺都是通過一個間體的，只是在觸覺方面，這間體殊不顯著，所以我們失察了。如我們上已說明的，我們於一網膜之上，觸及一物時，常不注意網膜之爲物我間的阻隔，在水中或氣中的物物感應，恰與相同，我們總意謂它們的觸覺是直接的，無所賴於任何間體。但視象或聲響事物和可觸摸事物，兩者還別有一個差異。我們見到的視象或聽到的聲音，是由間體發施其作用於我們的感官的，可是，那個可觸摸物則著其觸能於那個間體（網膜）之上時，在同一頃刻，也著於我們身上（肌肉）了，情況就像一個人經由他的盾牌而受了傷；這裡，須知，不是那塊被擊刺著的盾牌，擊刺了他而受傷的，乃是他和他的盾牌實際同時被擊刺所中了的[86]。泛而言之，肌肉之於眞正的觸覺器官，和舌之於味覺器官的關係

---

[86] 執盾以力抵槍刺或抗錘擊，因而受傷者，其理在於手與臂與身體的骨骼是一固體結構，可以傳遞強力；固體如具有十足的剛性，就可十足地傳遞（或抵擋）所加壓力的強度。因此，以執盾禦敵

和氣與水之於視覺，聽覺與味覺器官的關係是相似的，前兩項與後三項起感事物，若置之逼近相應的器官之上，都不能引發感覺，例如一個白物被貼在眼睛的表面。比照於此，這可又印證了感覺可觸摸物的機能，實際必須位置於〔肌肉的〕內裡。只有這樣的安排，觸覺體系才可和其他諸感覺的體系做成完全的比較。於視、聽、嗅方面，你若把客體事物逼緊器官，這就遮蔽了機能而無所感覺了。於觸覺而言，置物於肌肉之上，這就引起觸感；那麼，肌肉確乎是傳遞觸感的間體，不是感覺器官的本體⑧⑦。

例於氣與水這兩流動體（氣體與液體）之作為聲光傳遞的介體是不合的。這樣的譬喻，在力學上說來是錯誤的。

⑧⑦ 關於「觸覺器官」τὸ αἰσθητήριον τὸ ἁπτικόν 我們現在知道位元在皮膚組織之內。皮膚組織，三層，⑴表皮（epidermus）、⑵真皮（corium）、⑶真皮下淺筋膜、結締組織、脂肪組織。觸覺神經細胞在皮下組織內。皮膚為身體的廣大感覺面，其功能有保護軀體、感受刺激、調節體溫、分泌排泄等。皮膚的全面積上分布有來自腦與脊椎分支來到的大量感覺神經末梢，能感應於觸、壓、傷痛、溫度（冷熱）四種刺激，轉變之為神經衝動，傳遞到中樞神經，產生相應各種的感覺。本篇本章422^{b}21-22：大家通常都認為肌肉就是觸覺器官。但肌肉也許只是真正的觸覺器官與觸摸物間的一個介質，真正的觸官，隱藏於肌肉之內。以下，亞氏做了全身若被覆了一層網膜的設想，直到423^{b}25，他確言：「肌肉確乎是傳遞觸感的間體，不是觸覺器官的本體。」這裡的「肌肉」

凡事物之屬於觸覺性質者（可觸摸物）都具有物體之所以爲物體的分明的諸性質；物體所由辨別的諸性質，我以此指稱諸元素的基本質性，即，熱與冷和乾與濕，這些在我們較早的關於元素的專篇中，已講過了⑱。察識這些物體本性的感覺機能就是觸覺器官，觸感，基本上（原始地）就寓著於身體（人體）的這個部分。這個部分潛在地施其機能，恰相應於其被觸及事物的現實機能；所有一切感覺，就是這樣的一個相互作用（影響）。所以，凡物之能作用於它物，使實現其如是的諸
424a 質性者，必其物原就潛在地具備如是的諸質性。這恰正就是，何以一個觸著物和我們同樣地熱或冷，或同樣地硬或軟，我們便感覺不到的緣故；我們只能分辨諸物的諸可感覺度有所超逾或遜減的，強差或弱差。於是，「感覺」實爲被感覺物諸所感的任何一個相反配對的「中和點」（μεσότητός「中數」）⑲。人能於有感覺事

實謂我們今所雲「皮膚」。憑他的推理，他實際預言了現代解剖學上的，真皮下的「觸覺神經細胞」與「神經末梢」，真是那些「隱藏著真正的觸覺器官」。

⑱ 參看《創生與壞死》（*De Gen. et Corr.*）卷二章二、章三。

⑲ τὸ μέσον「中點」或μεσότητός「中和點」，「中性」，「中度」：本意是兩極點之間的中心點；應用之於感覺者，因諸項感覺的兩極配對，實無確切的量性資料，這個中點也就不能確說。用現代語言，可倒轉來說，舉人體肌肉的溫度觸感而言，以攝氏三十七度為中點，如物之溫度高於（熱於）此，或低於（冷於）此數者，他能感知（辨識）若同為三十七度，則他不能感覺。

物在某項感覺上顯示其分辨所感的程度（差異）者，端賴這個中和點。「中點」（τὸ μέσον）與其兩端的關係是它總歸處於某端的相對的那邊。譬如人欲辨明白黑的色度，他在初必須現實地兩都不是，終乃潛在地兩都爲是，於其他諸感覺而言，情況與此相同，於觸覺而言，這是特爲顯著的，他必須既不熱也不冷。又如我們曾已見及的⑩，視象兩關於可見物與不可見物，而曾已討論過的其他諸感覺的相反諸配對，情況與之相類⑪，因此，觸覺必須兩相關於可觸摸物與不可觸摸物；稱之爲「不可觸摸者」（ἄναπτον），意指事物之可觸摸度是極爲微弱的，例如氣，以及事物之具有超度的可觸摸性，以至於能毀損（破壞）［與之相接觸的觸覺機能］的。

說到這裡，我們已闡明了各項感覺的概要了。

章十二

憑所敘明各項感覺的過程，可加以綜合，而製爲關於「感覺」（ἡ αἴσθησίς）的普遍論斷；「感覺」是除外可感覺物的「物質（材料）」而接受其「形式」，恰如

---

⑩ 本卷章十422^{a}20行以下。

⑪ 本卷章九421^{b}3-9、章十422^{a}29。

蠟塊接受指環圖章的印文，而除外其物身之爲鐵或金，加一金印或銅印於蠟模，模所受而存之者，只是印記，印章屬金質或銅質材料，是與之無關的，凡有色或有味有聲之物，施其作用以成感覺者，恰正如此，它無所關涉於事物的【材料】本名（本稱），但感應於有如色、味、聲等，這類屬性，所發顯的如此如彼的種種形式（程式）。於是「感覺器官」（αἰσθητήριον）的本義（第一義），當是由以成感而表徵如此如彼的種種機能的事物。感覺器官與感覺機能原是相聯而共在的，但它們的本性（怎是）實不相同。行使感覺的事物（器官）是一有定限的度量，但其機能不落入這個定限，只是與之相涉的一個程式（形式）。由此，我們又可以明白，何以有感事物過度強烈者，會得破壞感覺器官。著於感覺器官的運動，如其用力過度，「程式」（ὁ λόγος，所由成其形式的比例）[92]遂即失調（被破壞），而形式

---

[92] ὁ λόγος在古希臘典籍中，其義至為廣泛，相仿於中國經史中「道」、「名」這樣的字。本書《索引》中，這字分列四義，為之迻譯，並依此四異義，分編頁行數。一、ratio【說的或寫的】，字、名、詞等：λόγοι（多數）言語、文句、篇章、講詞等。二、notio理、道理、設想、案例等。三、cogitatio思想、認識、觀念等。四、relatio關係、比例、程式等。在本章中λόγος我們譯作「比例」，其實義則為「程式」。亞里士多德在這一節中，取義乃與τὸ εἶδος「形式」（form）為同義，或作formula「公式」，或formulated essence「公式實是」。這樣的「比例」，引申到數比（如作為材料而言，諸元素混合的數比，作為一器官而言，各種作用要素混合的數比）以上，指

（程式）恰正是感覺的實是（要素）；這就像琴弦，綳得過度緊張，竟乃破壞了音
424b 節的「諧和」（ἡ συμφωνία）。這也可憑以解釋植物（草木），雖也具有部分的靈魂，而且在某個程度上可觸摸物也施之以作用，它們也時而受熱，時而著冷，但，它們無所感覺。推究其故，它們既不具有中數（中和點），也不備那些相應於接受可感覺物的形式（程式）的任何要素（原理）；所以它們只能承當那些尚未從物質材料分化開來的形式的渾沌狀態的作用。人或置疑於任何不能嗅的事物，香臭氣息對它是否能施加什麼作用（影響），或於任何沒有視覺機能的事物，色能施加什麼作用（影響）？於其他諸有感覺物，所以置疑者，也類同如此？嗅覺既然是有嗅物惹起的感應，那麼任何可施作用於嗅覺者，必須是香臭氣息，而任何不具備嗅覺的，香臭對於它是不可能發生作用的。任何哪一項有感覺物，只對於同項的相應感覺發生作用，於它本項以外的諸感覺是全無影響的。以下這樣的情實也可爲上述答案的佐證：光亮與暗暝對於人身全無作用，聲音與香臭亦然；可於物身（人身）施加影響的，只能是由以發光（取色）、發聲、發嗅的實事（諸性能），恰如雷劈了

示於由此比例（「公式」）所成的事物的「形式」具備了新的性能或勢力。經院學者稱這種公式或形式為forma operans「作用形式」。參看皮耳（Beare）《認識要義的希臘理論》（*Greek Theories of Elementary Cognition*）頁二二五。

一支大樹幹，這不是雷〔的聲響〕，而是雷所激動的空氣打擊了這樹幹。但，這可是確實的，可觸摸物與有滋味物是能作用於物身（人身）的；如其不然，則無靈魂（無生命）諸事物將憑何加之作用而為變化？那麼，試問，其他諸有感物也能作用於（物身）事物麼？也許香臭氣息與聲音之作用於事物者，就不是可行於一切事物的，而只能施之於那些無定界（瀰散的）而不穩固的事物，例如空氣；受了發臭物影響的氣，似乎自己也多少著有了些臭氣。於是，發臭物在它引起嗅感的作用之外，還另有別的作用？也許嗅覺就只是作用於嗅覺器官的一項感覺，而受到發臭物作用的氣，卻迅速地（暫時的）變成了可感覺物（發臭物）[93]。

---

[93] 424^b12以下這一節行文簡略，詞不達義，推理是有破綻的。末句（424^b18）的上一分句，ἢ τὸ μὲν ὀσμᾶσθαι αἰσθάνεσθαι直譯該是，「嗅覺就是一項感覺」，很難與上下文貫通。分析這一節的文句，推求他的立意，當在說明αἰσθάνεσθαι「感覺作用」須做兩類分別：其一，有觸感的與有味感的事物直接著於物身（人身），它們作用於感覺器官者，屬於「生理（物身）作用」。其二，色（光）、聲、臭（香）感的事物，通過氣或水這類介質，而著其作用於各與相應的專項感覺器官者，屬於「心理（靈魂）作用」（在解剖學上既已究明了神經系的實況，現代看來，這樣分類是不切實的）。另有一個提到了而未能闡明的疑問：聲、光、嗅這類憑介質以著其影響（性質）於感覺器官者，以臭為例，是否此臭物發出的臭氣通過空氣而著於器官，抑此臭物先使空氣變成了與之相應的臭氣，然後，這些與人鼻接覺的臭空氣乃作用於感覺器官以促成其人的嗅感。

卷(Γ)三

章一

憑以下的辯證，人們可以滿足於（相信）感覺確乎限在五項（所云五項，我明舉之爲視、聽、嗅、味與觸覺），外此別無感覺。因爲我們憑觸覺察識所有一切具備可觸摸性的可觸摸事物，我們可以設想一切事物，凡有所感應於觸覺者，我們皆可感覺（察識）。又，若說我們缺乏任何一項的感覺，我們必然是缺失了某項感覺器官；更又，一切事物，如果是須經摸觸到了以後，才會察覺，這就是有賴於觸覺爲之辨認的一項感覺，這樣一項感覺，我們確乎是具備的；至於那些不因實際摸觸到，而是通過間體（介質）以取感覺的，這就有所憑藉於某些原始單體，例如氣與水①。又，這是確實的，倘事物之品類相異，而可得由同一種介質傳輸其感應者，

① 近代學者治《亞氏全集》著名者，鮑尼茲（Bonitz）以章節分析，見稱於時：他的章句功夫，以標點（punctuation）顯明文義，往往能解除歷世積疑：不改動一個字母，但糾正或增加一些標點符號，或移換一個、幾個措詞的位置，便使詰屈之語，豁然貫通。這裡，自$424^{b}24$行至$425^{a}13$行，依鮑尼茲標點為一個一氣呵成的長句；層疊而下，思路是貫串的。我們現在就其分句號（：）處，析作四句。

那麼，人有具備了相符合的感覺器官者，將可兩皆察覺（例如，其感覺器官倘屬氣組成的，而介質恰正是氣，於是，聲和色，兩皆可憑以傳輸），倘同一事物而為之傳感之介質乃不止一種，例如氣和水，兩者都可傳輸色感（因為兩者都是透明
425a 的），於是，人之具有兩者之一，便可通感到傳輸其感覺於兩介質間的事物。感覺器官就只是氣和水兩個單體物質構成的（眼的瞳子是水成的，聽覺器官則是氣成的，至於嗅覺器官則是兩者之其一或另一構成的）。但，火不是傳感的介質（間體），可是，若無熱度（熱性），感覺就不會發生，那麼也許一切感覺咸有火在內，還有土也不是傳感的介質（間體），可是土，於觸覺這一項，該是特與相關聯的。這樣，我們該當設想，離卻水與氣，這就不能構成感覺器官；而有些動物確實具備氣和水所組成的器官。到此，我們該可論定：一切動物之既非發育不完全，也不是畸殘的，就都統備了一切諸感覺；雖是鼴鼠②，似乎皮下也有眼睛。於是，若

② ἀσπάλαξ 鼴鼠。鼴鼠科Talpidae為食蟲小獸（Insectivora），舊有多屬：歐洲、亞洲、北美，古時普遍有鼴鼠（mole）生活於田野間，穴居土中。體長五六寸，蔽覆軟毛。眼小，隱在皮下，幾無視覺。小耳而聽覺靈敏，嗅覺亦佳，前肢硬且有力，掘土成穴，通以長廊。夜出覓食蚯蚓與小蟲，達旦而息，西方人於視覺不良者，稱之為「鼴眼」。中國，「鼴」，名見於《本草綱目》，亦稱「隱鼠」。此章所舉，當為歐洲種之鼴（Talpa Europaea）。參看亞里士多德，《動物志》卷一章九491b28-33、卷四章八533a1-15。

說，這世界上，除了這些單體（四元素）以外，別無單體（元素），除了屬於這些單體的素質（屬性）以外，別無其他素質（屬性），那麼，我們上所開列的諸項感覺，就眞無遺漏了。

做進一步的研究，對於我們憑相應的這個或那個專項（各別）感覺所識得的共通可感覺事物，不可能另有一個特殊的感覺器官，這樣共通感覺到的事物③，我指運動、休止、形狀（圖案）、量度（大小）、數目、單元（合一）；所有這

③ αἰσθητός κοινάς「共通感覺對象」，相對於專項感覺對象 τὰ αἰσθητὰ ἴδια「專項感覺諸對象」，即五項感覺。這裡所舉共通感覺六事，本篇在先，418^{a}10-20已開示（未列入「單元ἑνος」這一種），隨後，於428^{b}22-30，重又論及此題。《感覺與感覺客體》篇442^{b}4-10、《記憶與回憶》450^{a}9-12、451^{a}16、452^{b}7-13涉及此題增列有「時間」。大衛・羅斯《靈魂論》新校本（1961），「緒言」，頁三四：亞里士多德關於「共通感覺」的觀念，蓋有所受於柏拉圖《對話・泰阿泰德》184B4-186A1（嚴群漢譯本七七—八〇頁，商務印書館，一九六三）。此文論及憑兩個以上的感覺來察覺的事物（事情），開列有存在或不存在，相似或不相似，同、異，單元與列數（「數」內，有「奇・偶」）。兩個陣列，雖內容相異，但所據以立論者是相同的，當時舉為感覺的一個疑難。所以為解者兩家不同。柏拉圖指出這些事物（事情）應把它們作為思想（心識）部分的問題來考慮。亞里士多德認為一事物有色而發聲者，視覺認色，聽覺認聲，固各屬專項，然視覺與聽覺各為感覺的一項，於是目與耳之專項各感覺自然會通於對這同一事物的共感。

些，例如量度，我們都因依於運動而得以察覺的，由是也有賴於形狀（圖案），因爲形狀也是量度的一式；至於休止，我們是憑運動之停歇來認取的，數目則因否定諸可感覺物的延續性來認取的。既然，每一項感覺感應於同項諸可感覺物，對於任何一個共通可感覺物，有如運動這類事物，這就顯然不可能另有一項專門（特殊）感覺。如果，反乎此理，而謂另有一項特殊感覺，那麼它對那共通可感覺物，蓋當類同於因視覺而辨識甜味物了。事物的兩項素質，碰巧爲我們所同時察覺，這只是由於這兩項各別的素質是相關涉的，若不遭逢如此的偶然情況，我們就無由察覺；試舉例以喻之，我們感覺到（察識）了克里翁的兒子，我們實際上只是看到了他是白的，他是克里翁的兒子，不是視覺所能感知的，關涉於他（這個白色物）是克里翁的兒子，實際上事出偶然④。我們原有的感覺能察識那事物的共通（兩項）素

④卷三這首章，旨在說明我們（人類與高等動物）就只五項感覺，別無第六感覺。由於當時心理學上的技術名詞有限，和句法的定型，不能適應宛曲的思想，行文艱澀，詞難達意。阿奎那《詮疏》卷三第一課第五百七十九、五八〇兩節，釋425^a10-29：甜與白，分別相應於各本項的味覺與視覺。如果同一事物，兼有甜味與白色，則單憑視覺可直接感到白色，若於甜味，只能因其白色，間接地【聯想】為之察辨。但事物之具有兩項可感覺素質者，若無任何一個直接地感覺到了的感覺，另一項素質就不能間接地感覺到。憑我們的視覺只能見到一個白色的人，他是「克里翁的兒子」Κλέωνος υἱός，不是我們眼能見的，但憑這視象，我們可間接地認取這「白色」物，就是

質，正由於它們是相互關涉的，認取這聯結著的附屬感覺者，不須有另一特殊（專項）感覺。若說眞有這麼一項特殊感覺，我們就得說「我們已經看到了克里翁的兒子」⑤。

諸感覺於同一事物，例如膽汁，感到了它是苦味而作黃色，但當他們做此感覺時，各別的機能各做與之相符合的感應；說這苦味與彼黃色實出於同一事物，這一
425b 嗅覺器官與那一視覺器官，皆無意於此；可是，既然事發於同一頃刻，遂不自覺而認爲其味其色同屬其物；這裡，實際，沒有另一感覺機能來辨別兩感覺之發於共通或不同來源，這樣的問題。所以感覺是可以被紿而成錯誤的，如人有見到了一黃色物者，他輒謂爲膽汁。人們可以提出這樣的疑問，何故而我們不專備一項感覺而乃有多項感覺？蓋由如此：我們具備了多項感覺機能，庶幾對於隨和而複合的物情，

「克里翁的兒子」。在視覺和另四項感覺之外，實無另一專門感官，能直接察覺「克里翁的兒子」這樣的事物的。當然也沒有在各別的視覺與味覺器官之外，另有一個器官能兼識色、味兩者的「共通機能」。

⑤ τὸν Κλέωνος υἱὸν ἡμᾶς ὁρᾶν「我們看到了克里翁的兒子」是不可能的。識別「克里翁的兒子」須是多種感覺所得徵象，匯合到這同一人身上，而且這個人先曾被認明為克里翁的兒子，而儲有此認識於「記憶」之中。

有如運動、量度，與數目之類，不致輕易漏失於察覺，如果我們只備有視覺這單項機能，倘他看到了某物之爲白色，他可能引起較多的錯覺，顏色與量度，既相符合而同在，這就誤取爲眞屬一物了。但事實乃眞有不然者，幸而我們實具多項機能，爰知彼同爲黃色而具有某種量度者，乃屬另一對象，而且這裡確乎存在著兩個分別而性質攸同的事物⑥。

章二

既然我們於所看或所聽著的各自爲察覺，那麼爲此察覺（感覺）者，該應或即

⑥這裡，再舉釋氏法相宗，唯識體系，與「共通感覺」，相關涉者為比照，以佐我們對於這一論題的理解。五根（眼、耳、鼻、舌、身）對五塵（色、聲、香、味、觸——《中論》，「五塵」為五根所緣之境界，亦稱「五境」），相應而生見識、聞識、嗅識、味識、觸識（見於《涅槃經》）。這裡，根即「感覺器官」，塵或境為「可感覺物」，而識即「感覺」。對於各專項感覺的個別認識（「個別作用」）和對於一「事物」（一塵或一境）的多項感覺的匯綜認識，相宗稱此五識以上的第六識，為「意識」，相應於此的意識客體（可意識物）曰「法塵」，相應於意識器官者曰「意根」（意根所在曰「心所」）。六根（五根加意根）對六塵（五塵加法塵）而生六識（《成唯識論》）。六識（五識加意識）為釋氏大乘小乘所同說的心理學體系。大乘經論增說第七（末那）識，第八，阿賴耶（藏識）。

視覺自能感知其所看見的視象，或須是另一種感覺，「別於視覺的某種感覺，」爲此察識。但，於前一設想而言，那同一種感覺（視覺）必須既能察認視象，又能察認物色，即那著色的物體（視象的客體）。這樣，於同一個視象，或⑴當有兩種感覺爲之察認或⑵視覺，這一種感覺能自認知其視象。又，如果說，另有一種察辨視覺的感覺，那麼這還得有另一種感覺來察辨那前一種感覺，而由是以至於無休止地累疊起來，或者終久須有一個能自覺的感覺。若然如此，我們就盡可以在第一種（第一次）感覺上，及早做出如此的休止⑦。

但，這裡存在有一個疑難：若說視覺是爲感應，恰就在「看」，看而成「見」者、爲「色」，或「著色的物體」，於是，如果有誰看見了那個看而成見者，那個看了成見者，原本就得是著了色的。所以，這是明顯的「憑視象以爲感覺」（τὸ τῇ ὄψει αἰσθάνεσθαι）這短語，具有不止一個的命意；我們不看什麼事物，就能

⑦ 425ᵇ11-17這一節，亞氏設疑：各專項感覺於感覺客體各有所感之後，是否有另一機能反映此感應於感覺靈魂：亞氏的答案：沒有這樣的，也不須有這樣的二重機能。各專項感覺，除感應功能（perception）外，咸有感覺於所感的感覺，而各有其「自覺」（self-consciousness）功能。對於物質感覺這樣的推理方式，相仿地運用於非物質的理知（思想）機能。《形而上學》卷十二章九1074ᵇ35：「……而思想就成為思想於所思想的一種思想。」（漢文譯本頁二三四）

憑視覺識別暗冥與光亮，但其所以爲之識別（覺察）者，〔與辨色而論，〕其道不同。又，在一個命意上說，雖謂那個看而有所見者便著了物色（客體的色相）；而每一個感覺器官所接受的可感覺客體，卻是除外了它的物質（材料）的。所以，雖則那個被感覺了的物體已不在眼前（失其所在），諸所感而成覺者與其印象（想像，*αἱ φαντασίαι*）還留在感覺器官之中。

但，被感覺到了的物象（客體）的活動和感覺的活動是同一個事件⑧，雖則它們的實是並不相同；說它們相同，我的命意是現實地發聲與現實地聽著。譬如，一個具有聽覺的人，可是他並不傾聽，而一個能發聲的事物，恰也時常不發其聲。只有那個能聽的人正在傾聽，而那個能發聲的事物，正在作聲，於是現實的聽覺與現實的聲響，遇合於同時而合成爲一個活動（這樣，人們才可以說其一「正在傾
426a 聽」，另一「正在發聲」）。

於是，如果承認，兩兼活動（主動）與受動（被動）的一個運動（活動）須得出現於受動體上⑨，那麼，聲響與聽聞，當其正在活動（實現）的時刻，應必在聽覺機能上發顯；由於運動或活動因素（作用）必然在受動體（接受因素）上得其實

---

⑧ 參看本卷章八。

⑨ 參看亞里士多德《物理學》（*Phys.*）卷三章三。

現，所以，那個肇致運動的事物（因素）是可以處於靜止狀態的。這裡，那個能夠作聲者的實現，就是聲響或發聲，而那個能聽聞者的實現，就是聽覺或傾聽；「聲」與「聽」兩字，各都是雙關的。同樣的事理適用於其他諸感覺與其可感覺的諸客體（對象）。因爲主動（活動）與被動（受動）的功能顯示於被動（受動）體上，而不在活動體上，所以感覺主體與可感覺物（客體）的活動（功能），兩都實現於感覺體上。但，於這綜合實現的兩個方面，有些感覺傳習有各別的名詞，例如說到聽覺，分別爲「發聲」與「傾聽」，另些感覺則或在這方面，或在那方面，曾未置有名詞，例如視覺機能的實現，謂之「看見」，可是，於「色」之實現，這個方面就沒有專置名詞；味覺機能的實現，謂之「嘗試」（辨味），可是於「味」的實現，則沒有名詞。既然可感覺物（客體）和感覺機能，雖它們的本體形式（實是）各別，當其綜合爲一個感覺現實的過程，現實聽聞與現實聲響的各別存在，蓋於同一時刻出現，同一時刻消失，那麼，現實嘗試與現實滋味，以及其他感覺過程的兩方面，也當如此，至於就其潛在而論，則其一乃可於另一不在時，自爲其存在。較早的自然哲學家們（自然研究者）認爲若無視覺，白或黑就兩不存在，若無味覺，世上就沒有滋味⑩。這樣的陳說，一部分是眞實的，另部分是錯了的：「感

⑩ 此「較早的自然哲學家」蓋指德謨克利特。

覺」與「可感覺物（客體）」都是雙關詞項（具有兩義），既可引用以說明潛在事物，也可引用以說明現實事物：這樣的陳說合於現實而誤於潛在。他們偏認了一端，遂乃失察於另端。

若說「噪音」（ἡ φωνή）常是一個「諧調」（συμφωνία交響）⑪，若說噪音與聽乎所發作的噪音，於其一個涵義而論，兩者同一（於另一涵義而論，兩不同一）⑫，若說諧調（交響）常含有一個比例（程式），那麼，聽之爲感應，與其所聞的音響，必然也同是一個比例（程式）。這就是或過於高或過於低沉的音階，破
426^{b} 壞聽覺的緣由。於味感而言，也如此，其過度者，就破壞味覺；於色感而言，其太亮或太暗的，破壞視覺；於嗅感而言，其氣息過於劇烈的，無論是甜氣太強或苦氣過度⑬，就都破壞嗅覺。這些顯徵了的感覺確是某種比律（比例）。事物在無所摻

---

⑪ 依貝刻爾校本$426^{a}27$行：…ἡ συμφωνία φωνή τις…這句當譯「……諧調若是某種噪音……」茲依索福尼亞（Sophonias）與柏里斯濟安（Priscianus）校訂，倒轉為…ἡ φωνὴ συμφωνία…譯出（這裡的「噪音」蓋謂人之言語優雅而合乎樂律者）。

⑫ 括弧內分句「καὶ ἔστιν ὡς οὐχ ἕν τὸ αὐτό」貝刻爾校本存作正文，依篤爾斯揭克（Torstrik）校訂，這是刪去了的：茲加（）。

⑬ $426^{b}1$-3，γλυκεῖαν「甜」與πικρά「苦」，兼用以說明味覺之為甜為苦，與嗅覺之為甜為苦。參看本書上文卷二章十$422^{b}4$-8。又，參看《感覺與感覺客體》篇（*de Sensu*）章四$440^{b}29$-$442^{a}11$、章

雜的淨態，而具有與其相應感覺的適當比例⑭，恰正是使人感到喜悅（愛好）的緣由，例如酸、甜，或鹹，都是味覺所喜歡的。但一般說來，混合而倘能造成一個優良的諧調，實際有勝於專只是高音階或專只是低音階的聲響；至於觸覺，溫暖總是比寒冷爲人所樂受。可是，感覺既同爲一種比例，則凡可感覺物之逾越常度者，就使之感到痛苦，或竟破壞了感覺⑮。

於是，每一項感覺，得之於相應的感覺器官者，只與其本項的可感覺物（客

五443b3-17，說味感與嗅感品類相仿各節。

⑭ 第三行，λόγου τινὸς所說「某種比例」，指可感覺物（客體）所發，如聲，如味的各系列間各自調和的「比例」；這裡第五行τὸν λόγον的「比例」則是指感覺器官，如耳，如舌者，在構製上，内蘊的感應機能的比例。

⑮ 426a28行ἡ συμφωνία（symphonia交響，harmony諧調，concord協奏）這句的實義：雖說嗓音也是一個諧調，音樂的協奏樂曲，畢竟異乎嗓音，音樂的諧和，其高音節與低音節是按某種比例調和了的。λόγος常譯為「比例」（ratio），亦可譯為「程式」（formulae）。全節，於諸感覺，凡色、味、嗅覺〔未及於觸覺〕之於所感，皆仿於聽覺之於聲感之作諧調，咸主於「中和」（μέτριον）。羅斯箋疏，謂亞氏此節取旨於先哲克留毗盧（Cleobulus）的「善德中庸」（μέτριον ἄριστον），梭倫（Solon）的「永勿過度」（不逾規矩）（μηδὲν ἄγαν），與泰里（Thales）的「中和色彩」（μετρίῳ χρῷ）。

體）相關聯，而在這項所得的感應，察辨其間的差異；例如視覺專辨白與黑，味覺專辨甜與苦。發生於其他各項的感覺也做如此相同的過程。由於我們還能判別（辨析）白色之異於甜味，而且實際還能判別所有各項感覺間的相差異品質，這該考詢，憑什麼，我們乃能察識這些差別。既然面對著我們的是可感覺客體，能察識它們的，必然是感覺。依此設想，這是明顯的，肌肉不得成爲這項終極感覺器官；若以肌肉爲這樣的終極感覺，那麼判別一切可感覺物的各項間之差異，都得依憑於直接的相觸了⑯。

兩項分離的感覺各別施展其感應之爲白爲甜，它們於兩者之間差異各都不明；這必須待之一個單體，而內蘊乃兼此兩異的品性者，才能做出判別。否則，我所感爲甜（味），你所感者爲白（色），這是顯著的，我們之間所受者各不相同。甜與色異別，如之何而說，這兩事必然出於一（一個客體）。那麼，只有誰能自行同合於如此兩異項者，才能察識其間的差別【而申明兩者實際出於同一客體】，這樣的

---

⑯ 觸覺感於物身，味覺感於舌，兩者都由肌肉構成；兩者都須接觸於可感覺物（或冷或暖，或軟或硬的物體，與有味物）。但色覺、聲覺與嗅覺是在間體（介質）中感應的，不必接觸有色物，發音物與具有香臭氣息諸物的。所以肌肉不能成為如此的「終極感覺器官」，即通於五項感覺的「共通感覺」器官。

一個審辨機能，蓋當既能感覺，又能（考慮）思想。這樣，憑兩項在分離著的機能，來辨明兩個在分離中的可感覺項目，顯然是不可能的；⑵在分別的時刻，想做成這樣的審辨，這也是不可能的：這可憑如此的考慮爲之解釋：有如同一機能，當它宣稱善與惡是有別的，與之同時，這也宣明了這一物［善物］有別於那一物［惡物］，這「當時」絕不是任意說的。（「我現在說，這裡存在一個差別」，這是任意的，但「我說，這裡現在存有一個差別」，這「現在」就不是任意的了。）正當機能發言的時刻，也就是顯見著那個差別的時刻，必須所宣稱與所表現，恰在同一時刻，這才正確。這樣，審辨機能必須是不分離的單體，而所做審辨則必須免於時刻的間隔。

但，說要使同一機能，在同一時刻，向相反對的兩個方向移動，如果又要求它保持單體，不可分離，那就是不可能的，說在時間上不可分隔，這也是不行的。倘
427a 那甜味促進感覺或理知（τὴν νόησιν，思想機能）於一個方向，而苦味則促使進於
相反的方向，至於白色乃運動之使進於全不相關的另一方向。於是，我們就只能設想，這審辨機能之爲不可割開、不可分離者，僅乃在爲數而言是如此，若於其實是（素質）而言，蓋是可分開的？於是，這就可以讓它自體中的可分離素質感應於諸相差別的事物，而在另一方面則維持其不可分離的單體。這樣，於數、於空間之爲不開拆的單體，其內蘊的素質乃是可開拆的。

但，這樣的設想，怎麼可能呢？自行同合而不分離的單體，確乎可以潛在地兼涵兩相反的因素（品質）於一時，但於其本體（實是）是不能自行同合的——迨那潛在因素既經活動而成爲實際存在（實是）的時刻，這就無以保持其爲單體了。在同一時刻既爲白物，又爲黑物，是不可能的；所以白物與黑物之爲白與黑的形式，也不可能在同一時刻，作用（影響）於上述那樣的單體，使其感覺與理知表現上述的情況。可是，恰正有人於一個所謂「點」（στιγμήν）竟就說成「既爲一，又爲兩」⑰，依他的命意，「點」是可分離的。按照這樣的論據，來解我們這裡的疑難：作爲審辨機能，這是不可分離的，在做審辨的頃刻間，表現其爲活動的「單體」；但當這同一個「點」號（標誌），在同一時刻，而做兩個方向的兩度應用時，這是可分離的「兩」。於是，當把這點看作一事物兩端的「限止」（τῷ πέρατι 限度或終點），這就被說成爲審辨兩個分別事物之「兩」（δύο），但，這點被喻爲單個審辨機能，在一頃刻中，行其審辨功夫，這就成了「一」（ἑνί）⑱。

---

⑰ 427ª10行：貝刻爾校本 ἡ μία καὶ ἡ δύο「既是一，又是兩」（兼一與兩）。萊比錫抄本（Cod. L），保羅堂藏書（Bibliothecae Paulinae）第1335號，亞里士多德《靈魂論》，希臘文抄本，ἢ μία καὶ δύο「或一或兩」。茲從貝刻爾本索解。

⑱ 427ª10-13這一節，引用一個數學命題（幾何命題），以說感覺與共同感覺的為分為合的疑難，

關於，我們說明生物界（動物們）之為具有感覺功能的道理，這已足夠了，讓

原文率略，後世詮家，不易確詁。現代幾何，淵源於古希臘的歐幾里得幾何。數學家歐幾里得（Euclides Mathematicus）約生活於西元前第四世紀下葉埃及的亞歷山大城。雅典柏拉圖學院和亞里士多德學院中的數學課程，蓋較早於歐幾里得。在我們學習近代幾何，近代數理的人看來，這裡的引文實難理解。多馬·阿奎那，依這四行的拉丁文（迷爾培克本）義，做了詳細的詮疏（《靈魂論·詮疏》卷三章二第三課第六百零九—六百一十三節，福斯特（K. Förster）與亨弗里斯（S. Hampheries），英譯本，頁三七二—三七四），茲撮要於下：

從$427^{a}10$行起的這一節，亞氏解答了上述那個超越於五項感覺的，可以遍識各項感覺的「共通感覺」（κοῖνη αἰσθήσις）。他有取於幾何方面某一數學家的觀念，認為「點」做一條線的兩端之終極（πέρας限止），其數為「二」；至於它在這線段的中間時，一個點為左段的終點，又為右段的始點，則其數為「一」。然此「一」，當其移動著，畫成此線的時刻，發生有兩方向的作用。準此，作為兼攝諸感覺的單體，它既具諸感覺的各別（一一）功能，於此而獲有可分離的各別存在，但它既兼諸功能而超越為一共通感覺功能，恰又是獨立存在而為不可分離的了。

這個「共通感覺」（common sense）雖說超越於五項感覺之上，實際還是被動功能，由色、聲、香、味、觸五項可感覺物為主動者而發生的諸感，傳輸到一一接受的終點，這終點就是相應的感覺機能，也就是各項感覺的「根」。每一項感覺機能必須有一器官，內蘊此根，以接受各該項輸來的資訊。共通感覺也得有這麼一個總根，以匯通同時輸來的諸感覺訊息，而為之識別與聯繫。亞氏曾試求此器官於人身遍體都有的「肌肉」，但他畢竟「未能有何定論」。這個共通感覺的器官何在？沒有著落。

我們的討論就於此而止。

章三

人們通常依循兩類不同的功能（職能），界說靈魂的性質：一類是位置運動（移換），另一類是思想（考慮），審辨（判別）與感覺（認識）。人們概約地計度思想和智慮，爲近似感應（認識）的一種形式，兩者（思想靈魂與感覺靈魂）都從事於審辨並認識當前所存在的是個什麼，實際上昔賢，有如恩貝杜克里，徑直認

427a 爲思想同於感覺；他說：「人們的智巧會當與經驗（積漸的見聞）而日增。」⑲他

在阿奎那《詮疏》中，稱之為「根」（radix, root）的這詞，在亞氏原文中，實無與之相應的「ῥίζα」這樣的名稱。佛藏，相宗的唯識諸經論中，卻用以指稱眼、耳、鼻、舌、身為「五根」（五項感覺器官），以相應於色、聲、香、味、觸的「五塵」（五項可感覺物）（見於《阿毘達摩》，即《對法論》）。五根對應五塵而生「五識」（五項感覺）。總比五識乃有為之聯繫並與匯通的第六識。亞氏竭其邏輯推理而考核的「共通感覺」，在法相宗經論中，似乎是現成的，即不用費力探勘，而逕稱之為「意識」者，便是。下文討論到的ὁ νοῦς心識（mind），亦做理知（reason）、思想（thinking）解，亞氏把它提到比感覺靈魂高一級的理知或精神靈魂的機能，這在相宗心理學體系有當於第七識，即「末那」識（mana）。

⑲《恩貝杜克里殘片》（*Emped. Frag.*）106，這引句中，μῆτις一字，在迷爾培克（Moerbeke）拉丁

又說：「人們的思慮各隨歲月的更新而時自爲演變。」⑳又，荷馬的短語：「人心概若此，所識毋乃同。」㉑所昭示的義理，正也如此。所有這些作家，統都設想，思慮的過程，有如感覺，也是一個屬於身體（生理）的職能（機能），像我們在這一論題的開始時，曾已說過的那樣㉒，憑「物以類應」的原則，人們因其攸同的內涵質素，感應並審察外界的相類示像。可是，他們在發作這些議論時，該也得提到
427^{b} 人們會有失誤（錯謬）的這一問題；含有靈魂的生物（動物），凡靈魂與之俱在的歲時，深且久者，似乎自然地更易於失誤。若然如此，究其失誤之由來，當不出兩者：⑴或如有些人所主張的，凡人們【從感覺或思想】所獲識見的現象，率輕信之爲事實；⑵或他的識見是由於和與之不同類的感應得來的。憑不同類物取感或著想，實際違反了「物以類應」（物以類認）的原則。但於物之對反者（或對成者）

譯文中作「volunte s」「意志」。μῆτις有數義：「意志」、「智慮」、「技巧」。於此節中，取義「智巧」為切合。

⑳ 又，《殘片》，108。

㉑ 荷馬《奧德賽》卷十八，136，按照迷爾培克，拉丁古譯本，所引荷馬語，較希臘文原本所引要長些，須在上文添上「大神既昭示，列祖久秉承」什麼的十字。這樣，雖和《奧德賽》的原文是符合的，但全句的涵義與下文所取以佐證的本旨已不符合了。

㉒ 本篇卷一章二—404^{b}8-18。

而言，謬誤（錯認）或明知（眞識），似乎是一樣的㉓。

於是，這可以明白了，感覺過程與思慮過程實際不是相同的；所有一切生物（動物）統都參與感覺，但只有少數種屬具備思慮（審辨）功能。假設思想（理知）機能和感覺（見聞）過程相同，也是不合的，思想可以或屬正確或屬錯謬——由智慧（謹愼）、知識，與正理（達觀），可引得正確的思想，而與之相反的，則引得謬誤的思想；對於個別事物的感覺總是正確的㉔，而且所有一切動物的感覺就

㉓ 427^b2-7所舉，人們「更易於失誤」（錯謬ἀπάτη）兩個來由，亞里士多德所以否定其⑴者，見於《形而上學》，卷四章五（*Met.* iv, 5）1010^b1以下：「關於真實的性質，我們必須認定每一呈現的物象，並不都屬真實：第一，即便感覺不錯——至少感覺與感覺對象互相符合——印象卻也不必然真與感覺符合。……事物在遠距離與在近處所呈現於人眼前時，是否尺度相同，顏色相同；其所呈現於病人或於健康人眼前時，是否相同，……明顯地，他們並未想到，這些都是疑難（迷惑）。」亞里士多德認為這裡「有些人所主張的」是不能成立的，他不加辯論，就對第⑵來由，做了一句簡略的糾正。阿奎那《詮疏》，闡明427^b7這句的論點，見於卷三章三第四課，第六百二十八節：「同類與不同類是一個相反的配對。對反兩事物必須在一共通的底層之上為演變。故有識於『正』者，也就有識於『反』；凡誤於其『正』者，也就必誤於其『反』。」所以憑第⑵來由為準，感覺與思想之真訛與是非，兩都無以論定。

㉔ 舉例：在平常的景況中，有人眼見了一個紅色物，準定這一物確屬紅色。

都是這樣正常的；至於理知（理解），這就可能發生錯謬，而且那些不具備這功能的動物，是不能理解的。又若臆想（心理幻象）則既不同於感覺，也有異乎思想（理知），可是，如果全無感覺，也難引起臆想（幻象），若全不臆度，這也不能構成什麼觀念。這樣，思想（理知）和觀念（審辨）也顯然不同。臆想是可以隨我們的意願而作成的（譬如，我們可憑記憶㉕，追回一個心理印象，或憑備忘錄引出前存的一幅圖景，或虛構一個魅影）㉖，可是，我們若要構成一個觀念（理致），這就不能逞意擅行，製作爲一個觀念，這可以是或屬訛謬或屬正確的。又，當我們對於某個事物形成爲一個危險品或可怕事物的觀念，我們的性情，就立刻引起警惕或恐懼，同樣，若於某物被認爲是足以爲我鼓勵的事物，我隨即興奮起來；但，對於臆度所作的幻象，我們有如在一幅畫圖上看到某一可怕的或足資鼓勵的事物，我們是無動於衷的。由審辨功能所肇製的飾辭是多樣的，知識、觀念，與謹慎（智慧），還有正與此三者相反的製詞；這些製詞（飾辭），相互間的差別，必須留待

㉕ οἱ μνημονικοί 兩解：⑴記憶（memoria）、⑵備忘錄（memorandom）或記事術（memoria technica）。

㉖ εἰδωλο-ποιοῦντες「構成形象」，謂偶像，或幻想如鬼魅〔τὸ εἴδωλον（源於εἶδος形式）衍變而作假神（偶像idol），或鬼影（phantom）之類〕。

提到另一論題㉗的時候，再行研究。

思想（理解）別異於感覺，這應涵蓋臆想（φαντασία幻象）與審辨（ὑπόληψις
信念）兩事：因此，我們必須把臆度的範圍（界說）先予概劃，在臆想的定義既
428a 已明瞭之後，我們就可以討論審辨。我們憑以審辨事物或事理的爲正爲誤（爲
是爲非），有這麼些機能（職能）：感覺（αἴσθησις）、信念（δόξα成見）、知識
（ἐπιστήμη）、理性（νοῦς心識）。現在，設若有一個影像呈現於我們之前，這個
影像恰正緣起於臆想（幻覺），而且這所謂臆想，並不是我們常時取作隱喻的景
物，這是否爲關涉到這影像的唯一機能？而我們又將何所憑藉來審定這個影像的爲
正爲誤？

憑以下這些考核，可以顯明，臆想（φαντασία）㉘不是感覺：感覺是有如「觀

㉗ 這「另一論題」也許是指說《尼哥馬沽・倫理學》（*Ethica Nicom.*）1139b15以下那些章節（卷六章三至十一）。

㉘ φαντασία「臆想」或「幻象」，或譯「心理印象」（mental image）。427b27-429a9，以夠長的篇幅申說「臆想」，他說臆想是思想的兩個要素之一，另一要素是「審辨機能」（ὑπόληψις）。可是，有時他遺落審辨，而以「成見」（δόξα信念或信條）代「審辨」，與「臆想」相比照。他又說臆想不同於「知識與心識」（ἐπιστήμη καὶ νοῦς），因為臆想只是些疑是影像。他也說到臆想異乎「感覺」。這樣，他盡多地舉示了所以為之否定的條件。於正面的定義，例如說「臆想為憑實際

看」或「見到」這樣的功能或活動，臆想（幻覺）卻發生於「既不在看，也無所見」的景況之中，例如在夢裡。又，感覺是常在的，臆想（幻覺）卻不常現。如果感覺與臆想自潛能以抵於實現，確屬相同，那麼一切野生動物該就統都能爲臆想了，可是，實際不然，例如蟻、蜂或蠕蟲們（如蚯蚓之類）是不會臆想（不起幻覺）的。又，感覺總是眞實不誤的，臆想（幻覺）則大都是虛妄（訛誤）的。凡可感覺物，既經眞切地觀看，我們絕不會說，這形象「似乎」是一個人；我們只在沒有看清楚的形象（事物）上，說「似乎」。又，我們曾已說到，人們閉合了眼睛（不用視覺），也會呈現形象。既然臆想常時入於虛妄，那麼，有如智識與心識（理性）這些永求眞實（永不犯誤）的機能，也必與臆想（幻覺）無關。

於是，餘留下來的就只是對於（成見）信念（δόξα）的考核了，信念是可以或正確或謬誤的。但信念包含有偏見（πίστις成見）（對於我們自己的觀想，若全無

感覺所引發的一個過程」，總是不完備的。《自然諸短篇》中，〈記憶〉與〈說夢〉內關於臆想也未做成精確的定義。推求其實義，只能說，臆想是「感覺」與「思想」兩者之間的機能活動。《詩學》（*Poetica*）**1455**^{a}，亞里士多德釋「臆想」（φαντασία, **imagination**）為「狂所作的優良詩篇」。又云：「好詩出於詩人的狂想（幻臆）。」文學上所謂臆想，與這裡心理學上的臆想，名詞雖同一，實恰殊別。

偏見或無所偏執，這就不能構成什麼信念），可是，許多野生動物，看來牠們也會有些幻覺，然而牠們全沒有偏見（偏信）。又，一一信念，輒由偏見促成，而與偏見密相聯結，迨偏見與理解相聯結而循成信念（觀念）；試看野生動物們，有些眞也具有幻覺（臆想），若及理解功能，牠們是全都沒有的。說到這裡，這是明顯的了，臆想（幻覺）不能是(1)信念加之感覺，(2)信念也不須經由（聯結）感覺，(3)更不能說臆想是信念與感覺混合起來的㉙。所以，這是明顯的了，信念只能涉及與之相關的某項感覺，不能與其他各項相關涉；這裡，明說我的本旨，臆想（幻覺）是一個「白」的信念和一個「白」的感覺組成的，這不能是一個「善」的信念和一個

㉙ 有關臆想的這三個觀點，參看柏拉圖對話：《蒂邁歐》（*Timaeus*）52A：《智者》（*Sophisticus*）264 A, B：《菲勒波》（*Philebus*）39B。《菲勒波》是以「快樂」為主題的一個倫理對話：這一節說：觀念根據於觀察（視覺等諸感覺），諸感覺是可以為正確，也可以錯誤的。你在遠處見到形狀，就說：「這是一個人。」隨後，又說：「不是的，這是牧羊人製作的一個影像。」無論你這話出口（作聲）與否，你的靈魂中的一位文士已把你這觀念著錄了，還有一位畫家把你這印象，複製了以為存照。柏拉圖這裡所說的文士與畫家，即「記憶」。臆想大抵出於過去視象的回顧。視象的謬誤常由於物象在遠處或物象間的相互關聯之錯亂，而造成錯誤；由此所建立的觀念也跟著錯誤。隨跟這錯誤而做臆想就成了幻覺。由此而論，臆想盍是失真的記憶（回顧）。

「白」的感覺的組成。依照這個案例，〔白念與白感必然相符〕而論，所謂臆想
428b （幻覺）者，即其人所想，恰和彼所曾感覺的（曾看見的）嚴格地相印符。然而這樣的信念〔臆想〕，雖於相應的感覺做出了合符的觀念（審辨），還是可能發生錯誤現象的；舉例以明之，太陽的量度看來是夠一尺長（直徑），可是，我們相信太陽比我們方今居住著的地球更大。於是，我們必須在這兩者之間有所取捨：我們將維持我們從視覺所得的印象，而捨棄我們〔經由計慮而得的〕那個眞切的信念，抑或堅守我們的觀念（信念），如果事物未嘗有改更其眞際，我們也不忘懷或遺棄自己的前識，臆想若乃任憑兩者各遂其意而無所抉擇，那麼，一一觀念蓋必兩或爲正確，兩或爲虛妄。事物的眞際已經改變（更換）而我們直不認識，則後起的觀點（信念）自必成爲謬訛。臆想（幻覺）確乎不是上舉諸事狀〔不是觀念，也不是感覺，〕也不是它們的混合。

但，由成規可以表明，一物入於動態後，另一物可被那一動態中的事物所促動。臆想該當是一個動態，而且只有具備感覺（能觀看）的人物，才能爲臆想，若不具備感覺，臆想就是不可能的，而臆想的內容也不離乎那些可感到（看到）的事物，又，因爲這一運動可由感覺活動產生（造成），運動必須是：(1)（甲）不可能離絕於感覺，（乙）也不能存在於我們正有所感覺（有所見到）以外的時候，(2)做如此臆想的人物既然處於如此的境界，這就可以發生多種（多樣）的主動和被動的

形式，而(3)引起若干或屬眞實或屬虛妄的效應（影像）。出現這樣的不確定效應（或眞或假的影像）的緣由，可作做如下的解釋。㈠個別事物的感覺總是眞實的，或偶有偏差，這偏差也必是很微小的。㈡其次，這些事物所引起的這些感覺，都屬於偶然的（附帶的）性狀㉚；於偶然（附帶）性狀，失察（謬誤）常是可能的。感覺到我們當前出現有「白」色，這是不會錯亂的，但於發此白色者，究屬爲何事物（由此或由彼）㉛，我們的感覺會得錯亂（受給）。㈢第三，作爲相應來到的感覺客體，某些（個別）可感覺物的普遍屬性（例如運動與量度），入於感覺時，最可能（最容易）誘起失誤，而使臆想成爲幻覺。由這些感覺活動所操持的，三異態所引起的臆想活動，相應地也是不同的；第一種衍生的運動，只要感覺正當臨著在，總是不出錯的；第二與第三種運動是可以發生失誤的，無論感覺客體正當臨，或已

㉚ 依從擺渥特（**Bywater**）的校訂，把二十四行ἃ συμβέβηκε τοῖς αἰσθητοῖς（「屬於感覺的偶然性狀」）移上，置於二十行ταῦτα（「這些感覺」）之後。《靈魂論》卷三章三428ᵇ18-25這一節，學者久不得其解，因此移接而文理得以暢明。參看大衛・羅斯（David Ross），亞里士多德《靈魂論（Περὶ ψυχῆς）新校本》，〈緒言〉頁五。

㉛ 阿奎那《詮疏》卷三章四第六課第六百六十二節，呈現為「白」色，而人們視覺隨即報稱其為「白」色，是必然不誤的，至於那呈現其「白」色的原物是「雪」或是「麵粉」，感覺常是失誤的，這原物處於遙遠的距離時，尤易於錯認。

不在那裡，都可以出現錯亂，若這客體遙寄在遠處，尤容易引起錯亂（幻象）。於
429a 是，若說臆想的情況就已盡於我們上所敘述的狀態，別無它異，那麼，臆想必然是
由感覺功能實際活動所引起的一種心理運動效應㉜。

視覺是在諸感覺中發展到最高度的一項感覺，而視覺乃全賴乎光，若沒有光，什麼都不能看見，所以φαντασία（「臆想」）這詞是源於φάος（「光」）而形成的。又，因爲臆想（幻覺）含蘊於我們，與諸感覺器官相符應的內部，生物界（動物們）時常憑種種臆想而爲活動，牠們，有些因爲沒有心識（缺乏理知），有如野生動物，這就只能依靠於臆想了，有些，例如人類，他們的心識，時或爲感情或疾病所暫時的掩蔽，或在睡眠中失卻了心識。

關於臆想（幻覺）之屬何性質，由何發生的論題，到此已講得夠多了。

章四

關於靈魂的作用於認識與思想的部分，是否可分離而獨立存在，或實際上爲不可分離，而在理念上則是可分離的，我們必須考慮這個部分的特異性質，

㉜ 上引書第六百六十七節：是否可由外物的感覺之外的某種機能，引起幻象臆想運動，亞氏這裡，未曾闡明。似乎應該提到，有些臆想不專由外感引起。

以及它如何肇致思想的過程。如果思想過程是可與感覺過程相比擬的，這就該有可思想物，或與之相似的某物的活動，促使或引起它從事於思想。說得精確些；這不應是被促動的官能，而該爲接受意式（形式）的機能，這種機能雖不會外現，實際上確乎內潛著具在。思想（理知）機能對於可思想（可理知）物的關係，恰相似於，感覺機能之於可感覺物的關係。於是，既然一切可思想物，全都可由心識（思想）所收容（接受），恰如亞那克薩哥拉說到的㉝，心識之爲物，既旨在控制（主持）一切，才可認識一切，這就必須是純淨而無雜的；如其摻入了雜物，這些外來的渣滓全將蔽塞它的秉賦而妨礙其容受功能，這樣，除了具備著容受功能之外，心識一無所有。於是，我所稱之爲心識的這部分靈魂，（「心識」（ὁ νοῦς）這字，我的命意，專指靈魂中，思想，和由思想以成立信念的那個部分）在它從事於思想之前應無現實存在。所以，若說它是和合於軀體之中的某物，這就不通於理了；如其不然，而謂其必存在於體內，那麼它就必須參與某些物性，例如，熱或冷，或且成爲，有如感覺器官那樣的，某個項目的器官。但如實說來，不存在這種器官。說靈魂爲「諸形式（意式）的所在」（τόπον εἰδῶν）㉞，

㉝《亞那克薩哥拉，殘片》（*Anaxag., Frag*）12。

㉞ τόπον εἰδῶν「諸意式的所在」（識所聚處），這樣的意念該出於柏拉圖，但今所存柏拉圖《對

確乎是優良的詮疏，但這個勝義，須限止於靈魂的思想功能，不可應用於全整的靈魂，而那些「形式」（τὰ εἴδη）只能是潛在形式，不可爲現實形式。可是在被動的容受能量方面，思想機能不同於感覺器官與感覺，是明顯的。於過度強烈的可感覺
429b 物的活動，感覺機能（ἡ αἴσθησις）是全不能感應（接受）的；例如聲音若過度地作響我們就聽不到，如果顏色〔光〕過強，或氣息（香臭）過烈，視感或嗅感也失其效應；但心識（ὁ νοῦς）則不然。心識思想於（考慮著）嚴重的題目（事物），其爲功用不減於較輕易的題目（事物），甚或於彼而顯示了更敏利的功用。推究這差異之所由，就只在於：感覺機能與身體不相分離而心識卻是離立於身體的。當心識（理知）完成了它思想（考慮）一切理知題目之後，譬如一位博學多識的人，經一番思想活動之後，而自謂已有所領會了（這時候，他已能由己地操持其思想機能），就在這時刻「心識」又復於潛能狀態了，雖這時刻的潛能，比之經歷這番研究與領會之前，殊已不同於等；這樣，心識就能由己地行其思想（考慮）。

話》中，未見這樣的措詞。εἶδος本義為「形式」（form），亦衍其義為「模式」或「法式」（model）。多數εἶδη（ἰδεαί, ideas）「意式」或「通式」（general form）抽象的普遍形式，以相對於「各別的物質材料」（particular material）。參看柏拉圖《共和國》507B，與596以下；亞里士多德《形而上學》卷一章六、卷六章十四、卷十二章十。

15

有如量度的一個實數與抽象的量度，命意不相同，某一份水樣與水的普遍性狀也如此地不相同；還有許多其他案例也如此，但不是一切案例全屬如此；例如某塊肌肉和一般肌肉的性狀是同樣的；這兩者或由不同的機能爲之審辨，或由同一機能在不同情態中，爲之審辨；這裡，肌肉之必須含存於其所以成爲肌肉的物質材料之中，恰如「凹鼻」（「塌鼻樑」）之爲「憑某個【材料】表現作某個【形式】」㉟。這裡，感覺（觸覺）憑感覺機能，以辨認熱與冷，而這個感覺機能，正是那個由某些元素，按某個比例組成的肌肉；至於我們憑以審辨肌肉自己的本性，則很明顯地應是另一種機能；這機能蓋相同於一條曲線被拉直以後而審確其直性那樣的機能。又，於抽象的普遍性（通式）而言，「直性」常和合於延伸，而相似於「凹鼻」的本性；如果「直的」與「直性」兩者爲不同事物，我們就得應用另一種機能來認取「直之所以爲直」的本性。姑作直性的定義爲數「二」（δυάς）㊱，

㉟ 429b14 τὸ σιμόν「凹鼻喻」，又見於下文431b13。此喻說明「形式（意式）寓於物質（材料）」（τόδε ἐν τῷδε, a this in a this）【廣義言之，為「普遍依憑特殊」】屢見於《形而上學》（*Met.*），參看卷六章一1025b30-34等章節。

㊱ 阿奎那，《詮疏》卷三章四第八課第七百一十五節，直線之本數為「二」，出於柏拉圖數理哲學：點之數為一，直線之數為二，面之數為三，立體之數為四。

於如此的案例，這須由另一種機能，或同一機能在不同的情態中爲之審辨。總而言之，諸事物的實是㊲既然可以分離於與它們相應的物質（材料），心識（理知）的諸機能也該可以【分離於它們的理知客體】㊳。

倘若恰如亞那克薩哥拉所說，心識（理知）是一個單純的事物，不與其他任何事物相混相通，故不爲任何外物所動（所作用），人們正可提出這麼的一個問題，若然如此，心識怎能思想（考慮），思想該是【爲可思想物所作用的】一個被動

㊲ τὰ πράγματα，通義為「諸事物」（these things, deeds, or affairs）。諸家英譯，翻此詞各異，斯密司作「realities」，希脫作「objects」；福斯特（K. Förster）與亨弗里斯（S. Humphries）譯迷爾培克拉丁本作「things」。茲譯作「諸事物的實是」（essence of things）或「怎是」（quiddity）。429^{b}5-22，本章這一節辨析感覺機能與心識（理知）機能的別異，亞里士多德應用其《本體論》的邏輯，參看《形而上學》卷七章六1031^{a}5-^{b}19，漢文譯本頁一三三注腳(1)、(2)、(3)。亞氏「本體論」（Ontology）多用「遝語」（「如此如彼」、「這樣那樣」……）、鑄詞、造句，行文，頗費追尋。故後世索解多歧，因而譯文或異。

㊳ 這一節與上下節不相承接：全節所舉「抽象」、「本體」諸論，「凹鼻」、「曲線」諸喻以證「理知靈魂之可離立於物身」邏輯上實多破綻。全節蓋也類於本卷章七，是後世編者搜索亞氏殘片，拼湊起來的，不是亞氏手筆【例如「凹鼻喻」就是亞氏《形而上學》（卷六章一1025^{b}30-34等章節）中屢次應用到的】。

（容受）的事物？凡其一爲主動，另一爲被動而引起的相互作用，必須兩者原就先曾內涵有相通的因素。又，㊴還有這麼一個問題，心識（理知）可能不依賴它物而由己地自爲其理知客體（可思想物）嗎？若說心識（思想）能由己地自行思想，那麼所思想物該與思想（心識）屬於同一範疇，於是心識便將歸同於一切思想物（理知客體）的種屬，或不作此想，則就得承認心識內涵某些混雜因素，而正有賴於這些與諸思想客體共通的因素，心識才能自行思想（自爲可思想物）。

我們在先曾有短語，「由於某些共通因素，而能接受（成爲被動體）」㊵或許這一短語足以解釋上述的疑難，思想客體與思想（心識、理知）潛在地爲同一，但430a 現實地來說，不是同一，唯有心識正在思想的一刻，才是同一的。舉示書版這樣的

㊴ 429b26-29：「另還有這麼一個問題……」（ἢ γὰρ τοῖς ἄλλοις…）這句很費解，和上下文相接也不全通順。或是原文有缺誤。

㊵ 429b30「ἢ τὸ μὲν πάσχειν κατὰ κοινόν τι」這一短語，追索上文，沒有恰相符應的措詞。卷二章五417b1-12，於理知機能（心識）為可理知物的「接受因素」（τὸ πάσχειν），有所說明：本章429b26「ἦ γάρ τι κοινόν ἀμφοῖν」於思想機能與思想客體的活動與接受活動，「兩者間的共通因素」，也有所說明。大概這些都可以算作這一短語的「前緒」。參看本卷章三426a3以下一節，說感覺器官（五根）與可感覺物（感覺客體，即五塵），互為薰染，互為主動與被動（活動與受動），而成感覺（五識），其間所措動詞，各做雙關命意而可以互用。

例，以譬喻這事，是貼切的，一塊空白的石版（或木版），說它上面寫著有字，這只能是潛在爲有字而已，現實地講，此時版上，一個字也沒有：心識恰恰就是這樣。於是，心識（思想）就自爲其思想（理知）客體，恰如其他諸思想客體（可思想物）㊶。於事物之不涵有物質材料者而言，思想過程與被想到的事物是合同的；專於純理知識作想，思想（知識）主體就同一於純理（知識）客體（心識何以不能常時做思想活動，［它，時或著想，時或無所思慮］須待後論）㊷。於事物之潛在地含有物質者，各自爲一個思想客體（被思想物）——在這樣的案例中，心識原是非物質的，也是潛在的；憑這些審辨來做定義：心識（思想機能）實不繫屬於思想

㊶ 參看《形而上學》卷十一章九。亞里士多德這一章的論題，同於他的《物理學》（*Phys.*）卷三第一至三章的論題：「潛能之實現與運動」。《形而上學》卷十一章七1064^a20-26，「我們該注意到自然哲學家，怎樣來界說事而為其『怎是』（『這是什麼』）製成公式——這些就有如『凹鼻』，或如『凹性』兩類公式。『凹鼻』包括物質，『凹性』離於物質而獨立；凹鼻得之於鼻，我們必不能捨鼻而另致其公式，凹鼻就是一個具有凹形的鼻。」這裡所謂「思想客體」（νοητός）當指不含物質的，例如「凹性公式」；所謂「其他諸思想客體」（τὰ νοητά）當指含有物質的，例如「凹鼻公式」。

㊷ 從近代譯者希克司（Hicks）、特里高（Tricot）與斯密司（Smith）的校勘，於這句加「刪出正文」的（）號。「須待後論」者見於下文第五章。［ ］是從上舉英文本譯者添加的短語。

客體，而思想（理知）客體乃繫屬於心識（理知）㊸。

章五

自然萬物的每個級類各有其物質（材料），它們所由以潛在地而各爲一事物者在此，離於此者，還有它們各自的主動體，即它們所由以各自成其爲一【現實的】事物的原因，兩者之間的關係，恰如藝術和它施以操作的材料之間的關係；這樣兩相關而各別的要素必然也存在於靈魂之中。心識（理知），如我們上所敘明的，見於上文，章四。具有一個適應一切事物的要素，也具有另一個締造（措置）一切事物的要素，這後一要素類乎光照的效應；光的一個命意，就在照亮潛在的色，成爲現實的色。在做主體活動中的心識是「（獨立的）可分離的，不被動的，是單純的

㊸ 這一節中，429^b32-430^a2句，舉示了「書版」（γραμματεῖον）喻，從一塊無字的潛能書版，實現其為一塊有字的書版，實際有賴於一番寫作功能（亦即思想功能）。阿奎那《詮疏》卷三章四第九課第七百二十三節：「這一節的論辯，不僅反於前時自然哲學家的『靈魂含有一切要素，故能識知（認識）一切事物』這樣的主張，他也否定柏拉圖的『宿慧』（**reminiscence**）說。柏拉圖假想人的靈魂天賦有靈性，是全知的，迨其入於人身，而合一於軀體（肉體）之後，靈性消亡，遺忘了全知。柏拉圖所持此說，把教育簡化為，只要喚起記憶，使人回復他誕生以前，固有的天賦（知識）。」

（不含雜物的）」；主動要素總是優於被動要素，原因（本因與動因）總是高於物因（材料）。

正在實現中的知識是與知識客體相同的。潛在知識於各別（特殊）事物而言，較其現實了的知識爲先於時間，但於普遍而言，則不先於時間㊹；心識有時不考慮知識（不做理知活動），有時是全不活動（不行思想）的。心識，可是，只有在它「分離了」（χωρισθεῖς）以後，才顯見其眞實的存在。只有在這情況，它才是「不死滅的，永恆的」（ἀθάνατον καὶ ἀΐδιον）㊺。既然它不是被動體〔而是主動體〕，所以它不做記憶〔於以前的活動無所回想〕，作爲被動體的心識（ὁ παθητικὸς νοῦς），是要死滅的，而靈魂（理知靈魂）失去了被動心識就再不能

㊹《形而上學》卷九，主題是《潛在與實現》：章九1049^b10-12：「實現對於所有這類潛能，在公式上和本體上均屬『先於』：在時間上，某一義可說『先於』，另一義則非『先於』。」札巴里拉（Zabarella），《自然物性》（*De Rebus Naturalibus*）勘閱此句（530^a19-22）與上下文失黏，應刪出這章：下文章七開章句，略同此句。

㊺《形而上學》卷十二章三1020^a24-27：「我們應檢驗，任何形式在綜合事物消逝以後，是否仍然存活。有些例，似乎未必不是這樣，例如靈魂，可以具此性質（並非整個靈魂，而只是其中的理性部分；整個靈魂，大約不可能身沒而猶然存活）。」

思想（理解）任何事物（任何實用思想的外感客體）了㊻。

章六

關於不可能錯認（誤訛）的事物，應在不可分割的那些思想單元（單體）上探求，至於那些可以是眞，也可成僞的，蓋都是由若干思想客體聯合而造致的貌似單體，有如恩貝杜克里曾講到的㊼：許多生物的無頭的頭茁生了，於是「友愛」

㊻ 本章430^{a}20-25，關於靈魂應可「離立」χωρισθεὶς於物身這一節，原文久懸為箋家、譯者，與讀者的疑難。本文很難通解，古詮疏往往各持異說。迷爾培克拉丁譯文，於原文有所補綴，仍還未能完全貫串。多馬・阿奎那《詮疏》，於這一節是按照拉丁文句索解的。疑難主要在於作為主詞或賓詞的代名詞，用得多了，讀者很難追求它所實指的名物。所以後代譯本於這一節常多差異。我們這裡的末一句，也照拉丁譯文與阿奎那《詮疏》，添實了「靈魂」（anima）這主詞，以下的「被動心識」（理知客體**passivus intellectus**），也是按照拉丁譯文指實了的。按照希臘原文τοῦτου只是一個不確定的「這個」（this），承上文而加以揣摩，毋寧應指「理知主體（純理靈魂）」。人死後，被動心識不做「回憶」（μνημονεύμαι, **reminiscitur**）云云，阿奎那認為被動心識應為實踐理知，既與物身（人身）而俱滅，那麼所說不滅而常在的，只有主動心識，相應而為純理靈魂了。

㊼ 恩貝杜克里，《殘片》（*Fr.*）57-61，第爾士（Diels）編錄：地上，這裡，那裡，或茁生些頭，或出生些肢腳，愛與恨兩神交互當世，愛使物物團結，恨使物物分離。兩種經久不息的纏鬥，事

（τῇ φιλίᾳ）乃連接之於一體。這樣，有些分立的（各不相屬的）實是（事物）也被聯合了起來，例如「不可計量的」與「對角線」⑱。如果思想涉及於正在創生中
430^b 的，或行將出現的，那麼，這類思想體系蓋當著落於或旁察於時序排列。訛誤（錯謬）就常發生在綴合的過程之中，倘竟然有人說「白」爲「非白」，他只是把一個「非白」觀念錯接上了。在這些案例上，你盡可說綴合，卻也不妨把一切予以分析。可是，我們不僅應該推敲「克里翁是白的」這句話，是眞是假，這裡還得加以追查，克里翁之爲白，屬於過去的事情，抑或屬於將來的事情（？），而議論其爲眞爲假。對於這裡每個案例，爲之主持其聯合的（合成者），統都是「心識」（ὁ νοῦς，理知）。

因爲，所謂「不可分割的」（τὸ ἀδιαίρετον「單體」）具有雙重命意，即（甲）潛在地未被分開，與（乙）現實地不分開的，兩項，於是心識盡可以於時

物偶然地團結或偶然地分拆。在眾偶然中，這些零件，偶然而湊成一個可以生活（具有了靈魂）的動物，這就可得遺傳了。

⑱ τὸ ἀσύμμετρον καὶ ἡ διάμετρος「不可計量的與對角線」，見於《形而上學》卷一章二 983^a16-22：「如正方形的對角線不能用邊長來計量，等……。」漢文譯本第六頁，譯者注：a邊的正方形，其對角線為$\sqrt{2}a$，故云：「雖用最小的單位，也是不能計量的。」

間上自行認取（思想於）一個未被分割的時間，有如它認取（思想於）一個「長度」那樣；這個長度恰就是現實地未被分開的。「時間」（ὁ χρόνος），例於長度（τῷ μήκει），同樣是可分開（區劃）的，也可以不予分開（區劃）。所以，在時間兩分的各半時間上，你就無從指說心識對於一線的兩分段，方今正想著的是哪一分段。這種思想（知識）客體，在既已區分了以前，是沒有現實存在的；如果心識在思想上認取的是各別的「半分」，那麼，它在時間上也必做出同樣的分劃，可是，正當此刻，那個劃分開來的「半線」，就各成一個長度的新的完全的單體了。但心識若把這兩個潛在的半線作想為合攏的一條全線，它在這時刻，也得把時間的兩個半分合攏㊾。

㊾ 卷三章六430^{b}6-20這一節，於「靈魂之為一個不可區分的單體，抑或是一個可以區分的綜合體」，這一論題（τὸ ἀδιαίρετον καὶ τὸ διαίρετον）引入了「時空」體系的解析，也是《靈魂論》這書中，令人迷惑的一個章節。古代思想家把綿延的無始無終的「時空」（即「宇宙」，亦即「渾沌」），假設為一些可區分的，可計數的段落（量度）；他們不期而共相約定了年，月，日，時，刻，以至分、秒（刹那）的時間量度，約定了一指、一肘、一腳（尺），以至於一跑道（斯丹第）、地緯一度（今一百一十一公里餘）、地球一象限（今四萬公里），這樣的空間量度，由以建置了天文、地理，以至哲學體系上的基本觀念。這裡把幾何線段（空間的一個量元），與時間，構成宇宙的時空體系，引入《靈魂論》中，讀者尚能據以推理。下文一些雜說，與靈魂論若

但，當思想客體不在量性（數量）上爲不可分劃，而只在形式（品種）上爲不可分劃（單體）時，心識（理知）是憑其靈魂的不可區分部分的機能，在不可區分的時間上，思想於這個思想客體的[50]。可是，相應而來的審辨；不憑那個不可區分部分的機能，【憑另些可區分的機能】作想，這單體卻是可區分的，時間，不在不可區分的命意上（在可區分的命意上）著想，也是可區分的；在這些可區分事物中，確乎含有一個能使時間成爲單體，能使長度（線）成爲整一的要素[51]，但這些雖可析示，也許不能獨立存在。於每個「延續體」（τῷ συνεχεῖ）而言，無論其爲

即若離，而文內尤多錯漏。這章也像是後世編者，把亞氏生前原不相承的斷片湊泊起來的。參看本書下章431^b19注。

[50] 擺渥特（Bywater）認為430^b14-21推理於「量性」之不可區分時，不應雜入「品種」之不可分語，把第15-16行這句移下，接於20行，「也許不能獨立存在」句後，可改善文理。

[51] 成為整一（單體）的原理，見於《形上》卷五《詞類集釋》，1016^b32-1017^a3：「有些事物以數為一，有些以品種而為一，有些以科屬而為一，有些以比而為一，……」這裡所舉時間與長度（空間）之為一，實以其為「延續體」（συνεχός）之故。多馬·阿奎那《詮疏》卷三章六，相應於430^b20這一句，第十一課第七百五十二節：「一事物可因其『延續性』（continuity）而成一：凡延續體（continuum）之被稱為不可區分的（單體），就因為它在現實上未被區分，雖則潛在地它是可區分的。」

時間或爲長度（空間），這樣的事理都是適合的[52]。

點和一切可區分而未被分劃的單體都可以按照我們闡明「闕失」（στέρησις）的命意尋取解釋[53]。於其他諸案例，相似的事理也是可以假借的，譬如，說：心識（理知）怎樣認取「惡」或「黑」；它就從「惡」的對反（善），或「黑」（暗冥）的對反（白）「光亮」，那一端來尋求（察知）其實義。但這個作想（認取）的機能必須在它的自體內現實地存有這對反的一個因素，而潛在地存有這對反的另一個因素。如果它所欲認取的客體，並無與之相對反的，那麼它得返求之於自體而現實地尋取其離立的存在。於「是非格」的任何肯定記載，有如申述「某事物關涉

---

[52] 在這裡，討論靈魂的高尚部分，即心識（理知靈魂）時，引入時空體系這宇宙論上的基本概念，似已越出本題之外。篤爾斯揭克曾指出卷三章七，只是後世編者把亞氏生前一些斷片匯綴而成的：章六這一節或也如此。關於卷三章六430^b6-20的注解見上頁注①，本頁注是其補充說明。

[53] στέρησις「闕失」（privation，作為法律名詞為「褫奪」）：《形上》卷五章二十二，「釋闕失」（1021^b21-32，「闕失四義」）其，第一義云：「倘一事物原應有的屬性（品質），它卻沒有，或先就沒有或隨後失去了，是謂闕失。」同書卷四《矛盾論》1011^b19：「相對成的兩端之一，是另一端的對體，也是它的『闕失』。」這樣的「闕失」，同於「是非格」的非格，或「正反」兩對論的反方（負方）。

於某事物」，這樣的記載[54]總是各各或屬眞確，或屬虛假（或正或誤）；但於心識（理知）而言，這就不必常然是如此的，當心識著想於事物的「實是之所由以成其爲實是者」（物性的抽象即普遍，命意），而不是著想於任何個別，即特殊，事物時，心識（理知）就常是正確的；這恰如視覺之於個別，即特殊，事物，乃常是正確的，但視覺於認見一個白物而指明這白物是一個人或不是一個人時，這就不必常是正確的了（或許是錯看了）；凡脫去了物質（材料）而專論其品性，統都該做如此的觀念。

---

[54] 430^{b}26，ἡ φάσις肯定敘述（affirmation）：「肯定」與「否定」敘述（ἀντίφασις）兩並為「是非格」。《形上》卷四章四1006^{a}3，「是」或「不是」，應各有一個限定的（明確的）命意：每一事物都不得為「如是而又不如是」。卷五章七，「是非格」：1017^{a}32，「是」與「現是」表明一個記載（敘述）為「真確」，「非是」表明一個記載（敘述）為「不真確」。本章，這裡τι κατὰ τινος「某物之關涉於某物」為感覺上（或感覺靈魂）的一個肯定敘述：ὅ τοί ἐστι κατὰ τὸ τί ἦν εἶναι「實是之所由以成其為實是者」，為理知上（或理知靈魂）的一個肯定敘述：兩語中間若加「不」，這就成否定敘述。亞氏這裡所做審辨而為決斷者是：感覺在單純的，不可區分的個別事物之認識，必不誤，理知則在抽象（普遍）意念上所思想者，必不誤。但於多物聯綴的認識或多事聯綴的命題，感覺與理知都是可以肇成錯誤的。

章七

431^a 知識，當其正在實現時，同一於其客體（可知或所知事物）。潛在知識，在個別事物上，於時序而論，爲先於現實知識；但統概而論（普遍地說），雖在時間上，也沒有先予；凡物之終爾成實者，必由某一原就內蘊有些實是者出生(55)。顯然，感覺功能受感覺客體的影響，而由潛在的感覺現示其實在的感覺，它的這項操作可不是被動的，也沒有改變什麼狀態。若說感覺機能的這種操作是一種運動，這該是運動的一個別種（異式）；運動的通常命意是應爲一個未完成的事物，進向於其完成的活動，這在先我們曾已涉及(56)，這事物，在如此單純的命意上，做成其現實的運動，當是不同種類的(57)。這裡，感覺，實際只是在肯定或考慮；當它肯定或否定某物爲可喜或可厭的，感覺靈魂就相應而作爲趨向或違避的感應，感到愉悅（可喜）或痛苦（可厭）而採取某樣的態度，以對應那個相涉的客體，這表明了這

---

(55) 本章431^a1-4，論知識這句，實即章五430^a19-21句的重複，只末一分句有異，^{a}4分句，亞氏忽然轉而論涉感覺。

(56) 見於本書卷二章五417^b2-16。

(57) 431^a8這一分句，與上下文都是不相承接的。下文，431^a17行、20行都有這樣文不合題的情況。431^a4-^{b}1，這頁中，拼湊起來的語句大都是論涉感覺的，431^b2以下，轉到「思想與行動的關係」，這樣的問題：^{b}12-19，又轉而考慮於「抽象」客體。

客體於己爲善而有益，或惡而有害。這樣的或趨或避的內情而見之於外表，雖所外現的情狀相異，而實出於同一的感覺機能的底蘊。這裡，靈魂的思想（理知）機能所遭逢（映見）的影像，恰就同於感覺的印象。迨靈魂（生命）肯定或否定了某事物之爲善或爲惡，它就趨向於某物，或逃避於某物。靈魂絕不能全無一個心理影像而做思想；理知機能的操作，恰如空氣，爲眼睛的瞳子，在這樣那樣的情況中，做成介質（間體），眼睛於是作用於這樣那樣的可見事物；於聽覺，也類乎如此；但諸感覺終皆匯合於一個單體，匯合於一個匯中性的合體。但這一單體，實際卻具備有多樣的實是（品性）。

靈魂憑它自己的哪一個部分（從一個甜而又熱的客體上）來審辨甜之差別於熱，這我們前已說明了(58)，現在，還得再加以考慮。按照我們方才提及的「表現有兩項性狀的事物」，只是某種單個的物體（整一），既屬單體，它成爲兩事項的聯綴者，當有憑於其比爲一與其數爲一的本義(59)，它所聯綴的一個與另一個的感覺機能與感覺事物當須限於某一範圍之內，而兩者的性質，該是互通的。（試問，於同

(58) 見於本卷章二 426^b12-427^a14。

(59) 參看《形而上學》1017^a1-2：「一於數者，亦一於品種，然彼於品種為一者，未必於數亦為一；於科屬為一者，亦一於比，然彼於比為一者，未必於科屬亦為一。」

級類即同底層的對反，例如白之與黑之間，和不同級類的事物之間審辨，有何差異？）這裡，假設A（白）之於B（黑）的關係（比例），相同於Γ之於Δ的關係（比例）。於是，若爲之「交互」，這個公式也是正確的[60]。如果Γ與Δ屬於一個主題（物體），那麼兩者的比例，將等同於A與B的比例；A與B代表同一物體的
431b 不同性狀（品質），Γ與Δ與之相應爲另一性狀的差異配對。這樣若A爲甜而B爲白，也可因其主題（物體）之爲同一而成立如此的比例。

思想（理知）機能，於是思想於心理影像的諸形式，並按照〔感覺機能的〕前例所照示的，什麼是該應趨求的，或該應違避的，就這樣，它在感覺已不復存在的時候，依循這些影像，以行趨求或違避的活動（運動）。舉例以明之：人有見到了一個火把（烽燧）的，認知了這是火[61]；隨後又見到這火把在移動，他的思想機能由以推證，這是一個敵軍前來了。但，另有些例，它所依憑的彷彿是靈魂內在的影像或思想，實際卻只是視覺在先所實見的，而據以爲當前的現象，盤算並計慮將來的情況，採取相應的措施，於是，心識照感覺所顯示的那樣，宣稱當前的事物是一

---

[60] ἐναλλάξ「交互」或「交錯對換」（alternando）這數理術語，見於亞氏邏輯《工具論》、《解析後編》（An. Post.）卷一章五與卷二章十七，四項兩對的比例題：設若A:B::C:D，則A:C::B:D。

[61] πῦρ「火」下，刪去貝刻爾本的τῇ κοινῇ（「共通的」）字樣。

個可喜的或是一個可惡的（痛苦的）客體，該應向之趨求或即行違避。理知所操持而措施的活動（行爲），一般地就是這樣。

擱置現實活動這樣的論題，重提那些屬於普遍性的思想，這些是有異於專涉某個特殊事物的；事物（思想）之可以成爲正確，可以爲虛僞者，與事物之可以爲善，可以爲惡者，屬於同一範疇。於所謂抽象論題，心識（理知）可以不脫離肌肉（鼻的物質材料）而考究[62]「凹鼻之所以爲凹鼻者」即「凹鼻性」；如果它除去了肌肉，即那個原本含有「凹性」的鼻，於是而專研「凹之所以爲凹者」；當心識之從事於這樣的數學（幾何）推論時，它姑把肌肉分離了，現實的鼻，實際上不能把肌肉除去。然而，一般地講，心識（理知），當其有所著想時，總是專注於它所操持的思想客體的。至於心識（理知）是否可能自己存在於具有量度的（空間）事物之外而思想於具有量度的（在空間以內的）事物，我們必須留待後論[63][64]。

---

[62] τὸ σιμόν「凹鼻」前，刪去τις（「什麼」或「那個」）字樣，從擺渥特（Bywater）以及斯密司，與希脫的校訂。

[63] 本書內，以下未見有這一論題的申說。阿奎那，《詮疏》卷三章七第十二課第七百八十五節：空間以外，（不具有量度的事物）即純理知，非物質事物，屬於形而上學的論題；我們現在流傳下來的《形而上學》，已不是亞氏原著的全書，所以亞里士多德是否未補寫這一論題，或已補綴而隨後軼失了，今已不明。在迷爾培克的拉丁古譯本（Vetus Translatio）中，也沒有這樣的章節。

[64] 《靈魂論》卷三，文理多疑難，第七章尤甚。時有在本章內不相貫通，與它卷它章或複出，或相

章八

綜合我們關於靈魂的上所陳說，讓我們重申[65]，「靈魂」的一個命意，是統概了「全宇宙」的。宇宙包含了一切感覺事物和一切思想（理知）事物，感覺事物相關於感覺，思想事物則爲知識所本：我們現在該應考究這麼些情況的來由。

知識與感覺兩者對於其相應客體的關係，各分爲潛在與現實兩項，潛在的對應於潛在物，現實的對應於現實物。在靈魂的內部，知識機能和感覺機能，潛在地就得是各與相符的客體，知識合於可識知物，感覺合於可感覺物。「同於」必須是在原物爲合於，或在原物的形式爲合於。前說是不可能的〔那麼當然是在形式爲「合於」了〕。在靈魂（思想靈魂，即理知）之中所能存在的，既不是石塊，那麼當然
432a 只是石塊的形式了。靈魂，於是，蓋是類似於手那樣活動（操作）的；手是〔能運用〕諸工具的一件工具[66]，心識（理知）所以與之類同者，就在於自己爲一種形式

乖舛的文句。篤爾斯揭克（Torstrik）認為這一章是後世編者把亞氏原稿中一些斷片，拼湊而成的。

[65] 431b20, ἡ ψυχὴ τὰ ὄντα... πάντα 或譯「靈魂統概萬物」或譯「統概宇宙」；後一譯文與卷一章三407a5，τὴν τοῦ παντός「大全魂」即「宇宙靈魂」相符。

[66] 432a2, ἡ χεὶρ ὄργανόν ἐστιν ὀργάνων這一名句，直譯該為「手是諸工具的一件工具」；「能運用」是譯者添進去的。

而能運用諸可理知物的形式、感覺，自己是一種形式，而且是能運用諸可感覺物的形式的。

這是大家都同意的，脫離了可感覺的空間量體（超乎物質體段）之外，實無獨立存在，思想（理知）客體，實際上是可感覺事物的形式表現；所謂抽象（數理抽象）[67]以及感覺諸事物的一切屬性或種種情況之成爲思想客體，也都是這樣的。爲此故，人若不備感覺機能，他就永不能學習或理解任何事物；即便他在從事玄想（推理），也必須有些影像，供爲著想的資料，這些影像相似於感覺機能所得之於可感覺客體的印象，這些，實際就是除去了物質材料的感覺客體〔的形式〕。但，臆想（想像）和肯定與否定（是非格）不是同樣的事情；正確與訛謬是思想諸客體的綴合（並驅）。於是，試問，最簡單的原始思想（理知）與心理印象之分別（差異）云何？當然，兩者有別，這些簡單的原始思想既不即是，另些也不即是心理印象，可是，若沒有這麼的〔可感覺形式所肇致的〕思想印象，（心理印象）原始思

---

[67] ἀφαιρέσει,-ις（本於動詞ἀφαιρέω，本義為自某物「取去」某些，若作法律名詞，同於「褫奪」）：亞氏《邏輯（工具論）》，《解析後編》（*An. Post.*）卷一章十八，作為邏輯名詞，譯「抽象」（abstract）。這詞，在這裡，實指各種幾何圖形，皆從世間實物（或方體，或圓球等）攝取其形式，建置其為「方」為「圓」等，「數理抽象」圖形。

想（理知）就無由出現。

章九

生物（動物）的靈魂是憑兩種功能來爲之界說（定義）的：（甲）審辨機制，承擔思想（理知）和感覺的聯合功能，以及（乙）在空間運動的機制。關於心識（理知）與感覺，已經充分地爲之闡明，現在我們該研究靈魂內涉及運動機制的那個部分了。這個機制是靈魂本體內一個可分離的（單獨）部分，這一部分是具備有空間量度（體段）的嗎，或是只有一個名稱？抑或整個靈魂恰正是這個機制？若說這是靈魂內的一個部分，那麼，這是在我們業已陳述的，和世俗通常議論的，另一特殊部分，抑或就是這些部分中的某一個部分？這裡隨即引起這麼一個疑難：所說靈魂諸部分，其義云何？其數有幾？在某個定義上，靈魂的區分，可說是無定限的：有些思想家擬將靈魂區分爲理知（計算）、情念與欲望（貪欲）[68]，另些思想家認爲區分只在有理知與無理知之別[69]，他們各擬憑這些區分爲之界說。我們研究了他們所舉的名稱與其涵義，勘之於我們上所陳述的分類，其間頗有糾葛而相互錯

[68] 見於柏拉圖對話《共和國》（*Rep.*），435-441。

[69] 這一通俗觀念，參看亞里士多德《歐臺謨：倫理學》（*Ethica Eud.*）卷二章五1102^{a}25-^{b}8。

綜；譬如說到營養靈魂這個部分，這是植物與動物們所通備的，以及感覺這個部分，人們就很難抉擇舉以歸屬之於有理性靈魂，抑或歸屬之於無理性靈魂，還有，臆
432b 想部分，它的實是（所由名之爲臆想的本義）似乎與上舉諸家的（三分與兩分的）諸類別全不相合，試想配合臆想靈魂於上舉諸類別的任何一個，或和其中任何一個部分對析相互間的差異，都是極度困難的。人們如果假定了靈魂確屬由分離的若干部分組成的，這些都是隨之而引起的嚴重難題。此外，還有欲望（貪欲）靈魂這個部分，潛存的欲望（貪欲），在邏輯上（名學上）顯然和它們（上舉諸類別）的功能，各有差異。把這一部分從靈魂整體中割除，自屬荒謬：有理性靈魂部分內有意願，無理性靈魂中有情欲（貪欲）與憤怒；倘使靈魂即此而做三分，那這三部分中，將會發現每一部分中都有欲望（貪欲）在內[70]。

---

[70] ὄρεξις欲望、τὸ ὀρεκτικόν欲望（貪欲）靈魂，實指動物的個體生存與種屬生存即蕃殖的活動。《動物志》卷八章一589^a4-9：「『動物生活行為（功能）』（ἔργον τῆς ζωῆς）可分為兩齣——其一為生殖，另一為飲食；一切動物生平的全部興趣，就集中在這兩齣活動。食料為動物所資以生長的物質，牠們尋取各不相同的主要食料。凡符合於天賦本性的事物，動物們便引以為快樂，這就是各種動物在宇宙間，樂生遂性的共同歸趨。」中國《論語》云：「食色性也」是和古希臘生物學家以覓食與求偶（繁殖）（τὴν τροφὴν καὶ τὴν τεκνοποιίαν）為動物基本秉賦（靈魂要素）相符合的。βούλησις意願，ἐπιθυμία情欲、與θυμός憤怒（亦作「欲念」解）三事都是欲望（desire）的表現，都由

又，我們現在這一論辯，關涉到這麼一個議題，著使動物們進行空間運動的，是靈魂的哪一個部分？生長與滅亡的運動（活動）是一切生物所通行的，必然屬於蕃殖與營養的機能；隨後，我們將考察到吸氣與呼氣，以及睡和醒(71)。這些也是內含有好多疑難的。當前，我們該研究空間運動，闡明促使動物們做前進行動的，究竟是什麼。顯然，這不是營養機能；凡爲了營養所做的活動都可見到它有一個目的，與之相併聯的還有臆想或欲望；動物，除了爲某種強力所迫促，因此不得不有所趨向，或有所違避，牠們就絕不運動。又，如果說，這是爲了求食而行動，那麼植物該也內含有促成這種趨向的機制，外表又得配備能做運動的器官（工具）。這也不得是感覺機能；許多動物具有感覺，卻是靜止（固定）的，牠們終生就不移動(72)。於茲，有鑑於自然【之於動物】絕不爲之創造無用的對象【器官或肢節】，它也不減省任何必要的配屬(73)，於那些畸形（殘缺）的或發育不全的動物除

於覓食與求偶而發生的衝動，故云：「其中都有欲望在內。」

(71) 這些專篇，現在都編錄於《自然諸短篇》（*Parva Naturalia*）內。

(72) 參看《動物志》卷一章一487^{b}6-13，τὸ μόνιμα「固定動物」，所舉實例有蠣、海綿等。

(73) *Εἰ οὖν ἡ φύσις μήτε ποιεῖ μάτην μηθὲν μήτε ἀπολείπει τι τῶν ἀναγκαίων*，於動物構造，「自然絕不【為之】創造無用的器件，也不減省任何必要的配屬」。亞里士多德這一「目的論」名句，屢見於其《動物

外。（這裡所論述的，限於發育完全和體無殘缺的動物）完整的表徵，是牠們各能生殖（傳衍）自己的品種，並能經歷生命的盛壯與死亡，這樣，牠們就得被配備有移動（行進）的官能。這也不得是所稱爲（ὁ νοῦς）「心識」的，理知（計算）機能來擔當這個運動原理，心識之作用於推理方面者，絕不管實際事情，它不過問（考慮），什麼該違避，或什麼該追求；但運動的表徵恰就在其人之或在違避什麼事物，或在追求什麼事物。然而，即便心識恰在想念於這類事物，它也不吩咐其人起作趨向或違避；例如心識時常昭見某些可怕或可喜的事物，卻並不激發恐懼的情趣。反應於可怕的景象者乃是心臟；如果所遭遇爲可喜的事物，則引起了反應而有
[433a] 所動作的，乃在［人體的］另一部分(74)。又，有時，心識已發施了命令，思想（理知）也囑咐我們，對於某物或趨或避，而我們竟未做出運動；可是，我們見到［品德］羸弱的人，一爲欲望所促，他立即行動。又，通常，我們見到具備醫療知識的人，不在從事醫療，那麼促使之活動的，實不是知識，而另有與其知識相關的別種

志》、《動物之構造》等篇；參看本書章十一 434a30注。

(74) 這裡，亞里士多德所隱括的蓋是柏拉圖的靈魂構製：人體內不同的部位，官能或臟腑，因應於不同的情緒，憤怒或恐懼，中於心臟，心臟為心識的「意志」（意願）所寄的官能；貪欲情緒，中於肝臟；腦為心識（諸意式）匯聚的所在。

原由，爲之動因。最後，這也未必欲望就能完全主宰運動；秉德貞固（具有自制能力）的人們，也可有所願望，有所貪欲，但他們循從理知，拒不爲滿足自己某些欲望而有所動作[75]。

章十

於是，顯然，這裡有兩個致動者，欲望與心識，這裡，該把臆想當作某種思想過程；人們常跟著反乎知識（理性）的臆想行動，而且人類以外的諸動物是既不會思想，也不會計算的，它們就專靠臆想行事。這樣，心識與欲望該正是空間運動所由發生的本原了。但，這裡所說的心識，須是備有計算功能（工於心計 τοῦ λογιζόμενος）的「實用（實踐）心識」（νοῦς ὁ πρακτικός），實用心識所顧慮的，專在如何獲致所企求的客體（目標，或終極），「理想心識」（ν. τοῦ θεωρητικόῦ）則沒有自己的終極（無所企求）[76]；而欲望的種種形式總捨不了有一

---

[75] 「秉德貞固的人們」（οἱ ἐγκρατεῖς）與上文「品德羸弱的人」（ὁ ἀκρατης）對於欲望（貪欲）誘惑的反應相異，見於《歐臺謨：倫理學》卷七章三1146b20。

[76] ὁ νοῦς θεωρητικός理想（純理或理知）心識，只在靈魂「自體」之內，例如推論「〔直角〕三角形之另兩角加起來等於一直角」，只為研求真理而研究的對象與物身全不相涉。διάνοια πρακτική「實用

個企圖（目標）：欲望（貪欲）的客體正是實用心識的刺激物；這個客體既是思想過程的「終端」（τὰ ἔσχατον），又是行動過程的始點（ἀρχὴ）。於是，這麼該是合理的了，欲望（貪欲）與實用心識，兩者合同是一運動的創始；說運動發源於心識者，其眞意只限於這麼一個方面，這個客體激起欲望思想，而爲運動，其運動的終極（目的），乃止於獲得這個客體（所欲）。臆想在任何時刻產生運動，也莫不有欲望與之相共（相偕）。

那麼，實際只有所欲（欲望客體）才是唯一的動因（致動事物）。若說眞有兩因，即欲望以及心識，相共致動，則其所爲動，必由於兩者內涵著有某項共通的品質，但按實說來，我們迄未見過心識不與欲望相偕而能肇發運動；而【屬於心識的】意願，恰就是欲望的一種形式。人可憑推理（計算）以爲一己行動之準，卻也可憑意願行事；而欲望直可促成其人做出相反於理知所該選取的活動；這裡，貪欲便是欲望的一種形式。又，心識常是正確的；但欲望與臆想，可以是或爲正確或爲謬誤的。所以，所欲（欲望客體，即貪欲的標的）常促成運動，但這個運動，可以是良好的，或僅似乎良好，或不必各方面都屬良好，而只在實用上爲良好而已。實

（實踐，或實利）心識」，則有所企圖於「身外」之物，如食料或繁殖配偶等物激發欲望，反照於心識，而合致行動，終以獲得那個食料或配偶為止。理想與實用之分辨大略如此。

用（實利）良好的，可能一轉而成為實不良好的。

於是，這就明顯了，運動是由所稱為「欲望」（ὄρεξις）的靈魂功能肇致的。
433b 為靈魂做區劃（分析）的人們，如果憑其功能為辨別，他可以析出許多個部分，營養的、感覺的、思想（理知）的、意願的，以至於欲望的諸部分，這些區劃相互之間的差異，比於欲望與情念間的差異為較大。但欲望（貪欲）的種種是自相對反的，動物之具有時序意識者，當其，理知與欲望相矛盾（對反）時，這樣的情況就得表現（貪欲只顧當前的事物，而心識（理知）則考慮到了將來的後效，而規導我們拒卻這些事物；欲望是顧不到將來的，它總是把暫時為（貌似）可喜的事物，錯認為絕對可喜的，而且永遠有益（良好）的事物）；於是，肇致運動的原因，在形式上（科屬上）雖只是一個（單一），即欲望功能之所以為之欲望者，追溯其原本，亦即是引致欲念的客體（貪欲客體自己雖然不動，但當它被人念及或被臆想到了，作此念此臆的人，就活動起來了），實際的動因卻是為數多個（眾多）的。

關於運動，這該考慮到三個因素：第一是肇始運動的原因；其次，是憑何機能以產生運動；第三，被運動了的是何事物。「肇始運動的原因」是雙關語：這可以指稱自身不動的某物，或以指稱既屬自動而又被動的事物。不是被動而自為之動者，為現實之善（實用利益），自為運動而又被動的，是欲望機能（欲望，於實現其所欲望，便自成為運動，為欲望所影響者，遂被引入運動之中），至於被投入了運動的就是那個動物。應用於這運動的工具（器官）就是內含貪欲質性的身體；由此論之，欲望蓋是相通於身體與靈魂的諸功能之一[77]。在當前，作爲綜結，只要說明，憑工具爲運動的關鍵，就在其始點與終端相符契之處，例如在一套球窩關節之中[78]。在那裡，球的凸面和窩的凹面相互地成爲運動的始點與終端；所以，方後者爲靜止時，前者就運動。名義上，兩者爲各不同的事物，在位置上，它們乃是不可分離的。一切運動，簡賅起來就只是推開與拉攏。所以，即便以一圓輪爲例，其中必有一點，永守其靜定，而運動乃恰正從這點發始[79]。

統而言之，複述我上所敘述，動物既各有欲望功能，它就各備運動功能；而動物若無所臆想，它就不能有何欲望；一切臆想則或屬於計算（推理），或屬於感覺。於感覺而論，不僅是人，一切動物統都參與。

---

[77] 參看亞里士多德《動物之運動》（*de Moto Anim.*）章六至十一702^{a}21-703^{a}22：「動物的運動機制：心理機制（靈魂）與生理機制（身體）。」

[78] 433^{b}22, ὁ γιγγλυμός樞軸機構，如戶樞（hinge）：於解剖學上，為球窩關節（the ball and socket）。

[79] 433^{b}27, ἐν κύκλῳ μένειν τι「車輪上靜止的某點」，當為中心的車軸。參看《自然諸短篇》，《炁與呼吸》章七484^{b}11，述骨骼在運動上的功用，恰取「軸」字（ὁ πόλος）。

章十一

現在，我們必須研究到關於發育不完全動物們的運動原理，牠們僅有的一項感434a覺是觸覺。牠們可能有臆想，抑或沒有？有無欲望（貪欲）？這是明顯的，牠們會得表現痛苦與愉悅的情態。既然牠們能做如此情態，這就必然含有欲望（貪欲）。但於牠們有無臆想，其實義又何如？有鑑於牠們的運動只是無定向（無定式）的情態，抑或牠們確也有臆想，但牠們的臆想僅僅是無定向（無定式）的？按照我們上所敘述的[80]，凡「本於感覺而起的臆想」（ἡ αἰσθητικὴ φαντασία），是各種動物所通有的，而「意願（評議）臆想」（ἡ βουλευτικὴ φαντασία）只有擅能推理（計算）的動物才得具備：於評定（抉擇）該做這件事或那件事（？）這就得依憑理知（計算）的功能；而評議就得先有一個標準，俾可按之以測量孰較優良。照這樣辦，人就能夠在匯集了多個影像之後，臆為某個合一了的印象。這就是我們認為動物們不會訂立旨意（信念）的緣由，牠們不具備由綜合評議[81]論定的那樣的臆想；唯有理知才能做成抉擇臆想。欲望固然不涉及（含蘊）評議（抉擇）功能，事實上，欲望

[80] 見於上章433b29-30。

[81] ἐκ συλλογισμοῦ「由綜合評議（綜合推理）」：syllogism在其他章節做邏輯名詞，照已通行的譯文，做「三段論法」。

卻有時竟然克服意願並能運動（操持）意願。可是，有時，意願也會得作用於欲望，像一個天球（輪天）施展其運動於下一個天球（輪天）；或[82]一種欲望，也這樣的，施展其作用於另一欲望，譬如正當人們德修軟弱的情況。但，在自然界而言，上層天球（輪天）常施展其較爲巨大的力量，以行控制而發始運動，於是運動的三個因素就此合而爲一。

知識機能常是不動而靜止的。可是，這裡還有舉稱爲「信念」（先入成見或觀點，ὑπόληψις）這麼的因素，其一出於普遍辨識，另一出於個別辨識（前者申稱一個人凡在這麼的情況之中，該應做這樣的操修，後者乃認謂，我這個人，處於如此的這個情況，所該辨的就是這種行動）。促發運動的都是個別（特殊）信念而不是普遍觀點；或者可說是兩者的混合因素引起了運動，其間普遍所著力的，總較小，而個別（特殊）所起的作用就較大。

章十二

於是，一切活著的生物必須具有營養靈魂，每一生物自其誕生，迄於死亡，確

---

[82] 依張德勒（Chandler）（校貝刻爾本）14行，於ἡ ὄρεξις「一種欲望」前，加ἢ「或」字。

都秉賦著一個靈魂。生物一經誕始，便得生長，發育抵於盛壯，而後繼之以衰壞；凡是這些活動，若無食料，統都不可能進行。所以，一切事物經歷於生滅過程者，必具備營養功能。

但感覺，於一切生物不是全都必需的，一切身體構造簡單的生物就不須有觸覺（也不是任何生物統都要具備感覺，才能存活）；那些若無物質就不能成就其形式（受形並長成）的生物，也不須觸覺這項感應功能⑧③。

若說自然絕不造作無用（虛廢）的事物⑧④，那麼對於動物們就必須賦予感覺。自然所安排的萬物，各秉有憑以生存而抵於終極（達到它所以存在的目的）的配備，或也秉有爲此目的而共生的一些附屬性狀。既然爲眾生達命全終是自然的功

---

⑧③ 434^a27-30（ἐν ἅπασι τοῖς ζῷσιν）「一切生物……」這句，疊有三個 οὔτε 分句（……不……也不……也不……）。漢文譯者於第二個「也不」分句，加（）。這裡於感覺五項中只舉「觸覺」，因為觸覺是最基本的為一切動物所必備的一項感覺。全句所說的「一切生物」當然是指植物（草木），即下文434^b2，所言「固定的（不移動的）生物」並舉「物質」與「形式」的末一分句，表明植物必須吸收肥料才能生長：在這過程中草木憑營養靈魂為生命，無所待於樹根、樹皮對於泥土或空氣的接觸是否具有冷暖的觸感。

⑧④ 參看本卷章九432^b21。這是亞氏動物學關於構造的名句，屢見於《動物志》和《動物之構造》（*de Partibus*）。

業，每一動物之能向前行進者，若不爲之配備感覺，牠就無以抵達，受生的終極而
434b 先期滅亡。【倘牠沒有感覺】牠將何以覓食（獲得營養）？凡固定的生物，自能從其茁生處的資源吸取食料，但於憑生殖過程誕育而不是固定的生物，牠的身體既含持有「一個靈魂」（ψυχὴν）和「一個能做審辨的心識」（νοῦν κριτικόν），若說牠沒有感覺，這是不可能的。這也是不可能沒有感覺的，即便是不由生殖而誕生的。何爲而牠不備感覺？如果牠賦有了感覺，這該「於牠的靈魂或於牠的軀體」（τῇ ψυχῇ ἢ τῷ σώματι）兩都有益？但，就事論事，我們看來這於兩者咸屬無益。於前者而言，加之感覺，牠的思想不必因以改善，於後者而言，牠的軀體也不必由以加強[85]，所以，凡具有靈魂而不是固著的（能移動的）軀體，統都不能沒有感覺。

又，倘使牠確有感覺，這身體必然或是構造簡單的，或是構造複雜的。這不可能是簡單的；如其簡單，這將無觸覺，而觸覺乃是牠絕不可缺少的。試做以下這些

---

[85] （）內文句，難以通解。多馬·阿奎那《詮疏》卷三章十二第十七課第八百五十四—八百五十七節，謂非由生殖誕育而具有理知靈魂的，是指說諸天體（星辰）。或謂此節在辨正柏拉圖學派所說的「精靈」（demons）之謬誤。亞比留（Apuleius）謂柏拉圖學派的精靈為「氣體生物（air-bodied animate being）具有理知而是永存的」。依亞氏邏輯，這樣的事物，不能實際存在。

考慮，藉以顯明此理：既然活著的動物是一個含持有靈魂的軀體，而每一軀體總是能觸摸的，而每一可感覺對象，統都是憑觸覺爲之感應的，於是，這一動物若說是活著的，或還要活下去，其軀體（物身）必然備有感覺機能。其他諸感覺，有如嗅、視與聽覺，其感應是經由某些間體（介質）的；但動物若缺少觸覺，當其進向接觸時，將無法違避某物而捉摸某物。若然如此，這動物就不能生存。循順此義，以言味覺，則嘗味別是接觸的一式；這是頗有關於食料的一項感覺，而食料乃是一項可捉摸的物體。聲音、顏色，與香臭，是無所資益於營養的；也無所賴於它們以行生長與衰亡。既然味覺是關於接觸物體與其營養品質的感應，這必須是某種形式的觸覺。所以，這兩項感覺，於活著的動物是必需的，顯然，動物若無觸覺，就不能生存。

所有其他諸感覺，於獲致「優良的生活」[86]，都是必備的，爲此故，它們就不是任何一個級類的動物所通有，只有某個級類的動物們才具備視、聽、嗅覺，這個

---

[86] τοῦ τε εὖ ἕνεκα「為了優良的生活」：此詞及此節的實義，再見於《感覺與感覺客體》（*de Sensu et sensibilibus*）章一 $437^{a}1$。在本章這一節中，只是說具有視、聽、嗅覺而能行走、飛翔、游泳的動物，較之固定動物為能營較優良的生活。亞氏《政治學》中，用同樣的措詞於人類各邦的政治經濟而言，指說「較優良的社會生活」（即今所習稱的「幸福生活」或「社會福利」）。

級類專指那些能移動（行進）的動物；這種動物，牠若要生存，這就不得等待到有所接觸，才成感應，牠必須在一個距離之外就有所感應。遠處感應，唯有通過一個介質間體，才得抵達，可感覺事物在這介質之中，施其效應，而這一動物，則在這介質之中，有所感應於其作用而爲行動。凡造成位置移動，必相應而做從某點至於某點的距離變更，一個發起衝動的事物，促使另一物衝動又一事物，陣陣相繼，以傳遞此運動，通過一個間體——初動者之爲衝動，自己不是被動的，而末一被動者則自己不更衝動它物，至於間體（自己被衝擊而又衝擊它物的間體，爲數甚多），
435a 乃既被推動，也推動它物。——形態變換，正也如此，所異的只是初變者肇致此變而不使受變（被變）者更換位置(87)。這樣，倘浸入一對象於熔蠟之中，這運動繼續進行，直到其全身沉浸而止。若置此對象於石上，這就不做任何距離的運動，如其浸之於水內，則所爲擾動，就遠適於此物體的周遭；如果入於空氣，則此物之爲擾動，將延展到遠而又遠之極處，氣之爲被動與衝動，也前後相承而不絕，蓋未可窮其止泊之處。爲此故，關涉到光的反射，如果空氣是延續而安定的，這就毋寧設想那個可見物的形狀與顏色作用於氣，反映以抵於眼睛，而不是眼睛發出的視線，被

(87) 本書卷一章三：「運動有四個品種（四式）：⑴移動位置（φορᾶς）、⑵變換形態（ἀλλοιώσις）、⑶衰壞（φθίσις）、⑷生長（αὐξήσις）。」變換形態，運動四式之一：詳見405b32-406b14。

反射了回來。於是，設想氣爲一個延續體而且是平滑的，氣就會得前後相承地運動視象，自可見物體以及於視覺器官，恰如刻印在熔蠟上的物像，正與原物體那一面相値，一樣。

章十三

這是明白的，動物的軀體不是，有如火或氣那樣的，單一元素所構成。如上已說到了的[88]，所有具備了靈魂的（有生命的）軀體各有觸覺功能；若無觸覺，它就不得有任何其他感覺。除了土以外，其他諸元素都可以構製感覺器官，但由此以成的器官之爲感應，必有賴於它物爲之介質，這就須通過間體。但「觸覺」（ἡ ἁφή）直接感應於對事物的「接觸」（ἅπτεσθαί），觸覺正是由此以取名的[89]。其他感覺器官之爲感應也是有所接觸的，但須經由間體；只有觸覺才能憑自體爲感應。由此看來，動物軀體的構成，不得單依於間體諸元素的任何一個，也不能單憑土元素來

---

[88] 上章434^{b}10-24。

[89] 憑字源學（Etymology）論事，亞氏著作中常有。ἁφή「觸覺」（touch, as a sensation），源於動詞ἅπτω（to touch）：ἅπτεσθαί「接觸」（touching）。ἅπτω本義：接觸，附著；衍義：點，燃，著火。

構製[90]。統一切可捉摸物而與之接觸，這須具有一宗中和的性質，而接觸器官就得容受土構物的種種不同（差別）性質，而且還須感應於熱與冷，以及具有其他諸性質的觸摸事物。爲此故，我們的骨與髮以及身體的其他類此各個部分，凡是土元素
435b 所構成的，都無感覺。也爲此故，既然植物，主要是由土所構成的，它們就不備感覺。可是，若無觸覺，則它諸感覺便不得存在，而這一感覺器官，則既不由土組成，也不由單個其他某元素組成。

於是，顯然，一個動物只要被剝奪了這一感覺，牠就必須死亡。於一動物而言，觸覺是唯一的不可或缺的感覺，於一個不是動物的生物，絕不會具此感覺。這裡，恰正表明了其他感覺和觸覺之間的下述差異。在其他諸感覺方面，感應的品質如果超度，例如過於強烈的顏色〔光亮〕，過於高亢的聲響，過於激劇的氣息，只能破壞相應的感覺器官而不會使這動物死亡（這些情況該當除外，譬如那高亢的聲響實際是隨同一個衝撞發生的，或那個可見客體，或可嗅客體，隨伴其顏色〔光亮〕與氣息而促發了另些可因接觸而行毀滅的事物）。滋味之成爲致死的原因，也是在於這有味物附會著可憑接觸來毀壞這動物的作用。但，可捉摸物的過度品質，

[90] 動物軀體與諸器官不能由單淨某一元素構成，須是諸元素複合的構體，參看：卷二章十一 423^a11-16；卷三章一 424^b24-425^a13；章十二 434^a27-34等章節。

例如熱、冷或硬、銳，都可憑其自性以毀滅這動物。有如各項可感覺品質的超量，可以破壞與之相應的感覺器官，可觸摸物也是這樣，破壞觸覺器官（動物肌體），而這項官能恰正是生命的標誌；前已闡明，若無觸覺，動物就不能生存。所以，觸摸客體的品質之過度強烈者，不僅破壞觸覺官能，兼也毀滅這動物本身，因爲觸覺是每一動物所不可或缺的感覺。

如我們上所言明[91]，所有其他諸感覺之於動物們，不是爲了「營生」而成爲必需具備的官能，但爲獲致「優良的生活」，這才需要這些感覺。舉例以明之：凡生活於氣中，在水內，或一般的透明物體之中，牠就憑視覺，俾能看，又憑味覺，在既已認明其物（客體）之爲可喜的或爲痛苦的，又得察覺這些事物作爲營養事物的價值，這樣引起的欲望，就可促發運動；至於聽覺的作用，牠憑此獲得任何外來的信息，而且牠還有一個舌，可以用以向它項感覺有所解釋（質證）[92][93]。

---

⑨1 見於上章434^{b}24。

⑨2 435^{b}24-25, γλῶτταν δὲ ὅπως σημαίνῃ τι ἑτέρῳ照迷爾培克拉丁譯文，「……一個舌，可得向其他，表達一些什麼」，這譯文雖含糊，恰與原文全相符合：現代的希脫英譯文與之相應。多馬·阿奎那《詮疏》卷三第十八課第八百七十四節：「聽覺的功用有裨於動物間相互通報。動物們互助以共營生活，傳遞各自的生活經驗，事屬必需，這於哺乳為蓄育，而群居的諸動物尤為顯著。所以具

有一個舌，也是必需的，俾一動物可憑聲音向另一動物通情達意。」牛津英譯本，斯密司，從此詮疏，英譯為：「還有一個舌，可得用以向同儕有所通報。」

一九六一年印行，大衛・羅斯《靈魂論》（Περὶ ψυχῆs）新校訂本詮疏（頁三二六）略云：所有舊傳抄本，在全書這末行都有這個γλῶτταν…分句，舊傳諸箋家色密斯希奧（Themistius）、菲洛龐諾（Philoponus），與索福尼亞（Sophonius）詮疏中也都有這分句，但辛伯里契（Simplicius）的詮疏未及這一分句。這一分句是與上文不相承接的。這一節說明諸官能於動物生活上的功用，在22-24行中已講明味覺器官，即「舌」（ὁ γλῶτταν）的功用在於辨味，俾能擇食；在下文突然提示舌的語言功用，實在不合文理。揣測之：這一分句蓋是抄寫這一稿本的人，或後世箋家添加的。「它項」（ἑτέρῳ）蓋謂「嗅覺官能」這一章於4-19行詳說了觸覺，21-22行說到了視覺，22-24行說到了味覺，24行說到了聽覺，唯獨於嗅覺，未涉隻字。於是這位細心的抄者或箋家為增數字，補所漏失。這裡的漢文翻譯是按照羅斯詮疏作解的。

⑬ 本書卷三，末三章敘述各項感覺對於動物之運動，即生活，所起的作用，詳於觸覺，稍及味覺，而略於視覺、聽覺，是否⑴抄本有軼失的卷頁，或⑵亞氏原稿如此，或⑶下篇《感覺與感覺客體》中，某些章節與此章相承：三者，孰是殊無定論。

自然諸短篇

《自然諸短篇》前言

(一)《自然諸短篇》的編次

十九世紀，柏林，普魯士研究院，貝刻爾（I. Bekker）編《亞里士多德全集》，沿承第十三世紀的拉丁古譯本，即迷爾培克譯本，輯在卷三下半，《靈魂論》之後，有若干短篇的動物生理心理學文章。這些短篇久不為世人所注意。近代有羅馬的埃季第（Aegidius Romanus，即Gilles de Rome）在拉丁古譯本（Vetus Translatio Latina Γ'）的一個第十五世紀的抄本上，發現了這些文章，統稱之為「Parva Naturalia」《自然諸短篇》。自此而後專研亞里士多德學術的修習此書者遂多。《全集》的卷四為《動物志》，卷五為動物之《構造》、《行進》、《運動》與《生殖（胚胎）》四篇。亞氏撰著卷三這些短篇，擬在動物諸長篇成書與《靈魂論》成書之間的歲月。

在拉爾修人，第奧根尼（Diogenes Laertius），《學者列傳・亞里士多德傳》（卷五，21）所附《亞氏書目》中，沒有《自然諸短篇》。其後所謂《托勒米・陳那（Ptolemius Chennus）書目》（羅司，Rose柏林印本）中，編號第39,

40, 46, 47者，挨次爲περὶ αἰσθήσεως καὶ αἰσθητῶν, ἀ《感覺與感覺客體》περὶ μνήμης
καὶ ὕπνου, ἀ《記憶》與《睡眠》，Περὶ μακροβιότητος καὶ βραχυβιότητος, ἀ《長壽與短
命》，Περὶ ζωῆς καὶ θανατοῦ, ἀ《生與死》；第40號的內容實際上包括了今所傳，
《記憶，睡・醒，說夢，與夢占》（Περὶ ὕπνου καὶ ἐγρηγόρσεως, Περὶ ἐνυπνίων,
Περὶ τῆς καθ' ὕπνον μαντικῆς）；第47號的內容相當於今所傳《青年與老年・生
與死》（Περὶ νεότητος καὶ γήρως, καὶ Περὶ ζωῆς καὶ θανατου），並包括了《呼吸》
（Περὶ ἀναπνοῆς）。這些篇章合成的這些書卷，蓋即現代所稱的《自然諸短篇》。
法國莫勞（M. Moraux）詮釋「第奧根尼書目」中缺漏了《自然諸短篇》的原因：
《列傳》所本亞氏著作的全目，原出於西元前約二〇〇年間的目錄學家，當時學者
專重亞氏名理著作，不重其生物心理之學，故而未予著錄。

在《靈魂論》漢文譯稿前的〈緒言〉中，我們已講明了近代學者於《靈魂論》
與《自然諸短篇》，亞氏當初寫作的順序，這裡做些補充。諸短篇的首篇《感覺
與感覺客體》的首章436^a6-14，列舉身體（生理）與靈魂（心理）相關諸事項（論
題）爲感覺、記憶、情思、貪欲與一般欲望，以及與之相應的諸節目如「歡樂與痛
苦」和四個最關重要的配對，即「睡與醒」、「青年與老年」、「呼與吸」、「生
與死」。這裡，他預報行將撰著的一篇目。又《感覺》449^b1-4說，隨後將作《記
憶》篇（*de Memoria*），而《記憶》與《睡眠》（*de Somno*）相承接，是在這兩

篇之間，即《記憶》末節（453^{b}8-17）與《睡眠》的首章標明了的。《睡與醒》章一453^{b}17-24預告了《說夢》（*de Somniis*）與《夢占》（*de Divinatione*）。《夢占》的末節與《壽命》的開章（*de Divin.* 464^{b}16-de Long. et Brev. Vitae, 464^{b}21）既表明了兩篇的相繼續，《壽命》（467^{b}6-9）又預告了《青年與老年》（*de Juv. et Senes*）和《生與死》（*de Vita et Morte*），即全組的末兩篇。最後的《呼吸》（*de Respiratione*）篇，也包含在《青與老》的簡省篇名之中。

考察了《亞氏全集》現傳的希臘與拉丁文本，卷三下半、卷四、卷五，可以揣想亞氏著作，當初蓋預擬有一個以「生命」或「生物」爲總題的較大的編組：《動物志》（*Hist. Anim.*）爲這大編組的基本，繼之而有《動物之構造》（*de Part. Anim*，比較解剖學）與《行進》（*Incessu*）。《行進》之隨附於《構造》，見於《行進》714^{b}20-22。按照《行進》714^{b}22-23所陳，其後篇該爲《靈魂論》（*de Anima*）。《靈魂》之後，該爲《感覺與感覺客體》（*de Sensu*, 436^{a}1-8）。挨次而下，則爲《記憶》、《睡・醒》、《說夢》與《夢占》。《夢占》之後，按照《運動》（*de Motu*）篇204^{b}1-3所標明者，該爲《運動》，而實際與之相承者，乃是《動物之生殖》（*de Gen, Anim.*比較胚胎學）。憑一一篇內，前後互相照應的語句，我們擬定了上述《自然諸短篇》小編組，和生命與生物爲總題的大編組的內部順序，把這順序提供做傳習與研究亞氏生物學，或生物心理學入手的次第是合適的。這些互相照應的語句，是否亞里士多德的原文，抑或後世編者所添入，未可確定，若便據以斷言亞氏各篇寫作的先後，這還不是充分可信的憑證。

(二)《自然諸短篇》撰寫的先後

紐揚（F. Nuyens）《亞里士多德心理學的演化》（*l'Evolution de la Psychologie d'Arist.*，頁一七〇）把《自然諸短篇》和動物學著作相對勘以後，確認：(1)《青・老，生・死，呼・吸》，與動物學諸篇，為同時期之作。(2)《自然諸短篇》的前五篇《感覺，記憶，睡・醒，說夢，夢占》屬於亞氏晚期，與《靈魂論》為同時之作。(3)《長壽與短命》（*de Longitudine Vitae*）則介於中晚期間之作。羅斯（W. D. Ross）《自然諸短篇》重校本（*Aristotle, Parva Nat., a Revised Text*），「緒論」（頁一一）認為紐揚所確精到，只《睡與醒》一篇，共三章的撰著期，猶有可疑。這篇的章二$455^{b}34$-$456^{a}6$：「在另一專篇中，我們曾擬定於一切活著的動物而言，其感受所由發源之處就在運動所由發起的相同部分。這個部分總得在（甲）頭部與（丙）胃下部及（乙）兩部之間的三個部分之中，選取其一，以著落其位置。於有血而言，這就在（乙）部，心臟所在的這個區域；凡屬有血動物，各具一個心臟，運動的本原和首要的感覺機能（觸覺），恰正位置在這裡。於運動而言，這是明白的。呼吸，一般說來，其作用在於冷卻，其本原也就在心臟。」這裡的ἐν ἑτέροις「在另一專篇中」，加以考核，應是《動物構造》卷二章十656^{a}1-10。又《睡與醒》章三456^{a}30-^{b}5：「挨次，我們必須討論，所稱爲醒寤與睡眠的某些遭遇，並研究這些作用（效應）究屬從何時開始。顯然，生物（動物）當其具有感覺而且在生長之中者，必須進食，凡有血動物，其始入爲食料，而終成的營養，則爲血液；至於無血動物，其所終成者，則爲與血液相當的營養物質。血液處於血管之內，其源泉則是心臟。依據解剖研究，這些是明確無誤的。當食料從體外進至體內容受食物的構造之中，於此被蒸調，而噓入諸血管內，在這脈絡之中，變化而爲血液，由此重複流出，還到它的發源處。」這樣的章節，全像是《動物志》與《動物構造》，關於心臟與循環系統解剖紀錄的撮要；有些語句實際是複抄。又《睡與醒》章二456^{a}12，《呼吸》475^{a}8，有所謂能迸發生理元熱的「生理元氣」（σύμφυτον πνεῦμα），或稱「內蘊氣」（ἔμφυτον πνεῦμα），這樣稀見的名詞，也只在《構造》659^{b}17, 669^{a}1，《運動》703^{a}10, 15，與《生殖》744^{a}3, 781^{a}24，五節中見到。所以，《睡・醒》的下半（自455^{b}13行以下，到終篇），大概是和《青・老》同屬於動物學著作期，即中期的撰著。

《靈魂》卷二既揭示了靈魂爲潛在生體的「實現」之後，每一動物就該是「一個含蘊著靈魂（生命）的身體」（a be-souled body），不再做動物學諸篇中「靈魂與身體各是一個實是，兩者的合一乃成爲一有生命的動物」這樣的觀念，不再尋求各級靈魂在物身內，與之相應的各不同的位置。《睡與醒》章二、章三455^{b}34-456^{a}4，和《青・老，呼吸》467^{b}28-468^{a}1、469^{a}23-27,474^{a}28-^{b}3指說感覺靈魂與運動靈魂寓寄於心臟區域，這樣的觀念，在《靈魂論》中已不再見與此相符應的章節，而只能追索之於《動物構造》之中了（例如647^{a}24-26）。所以，呂洛夫斯（Lulofs, H.J.D.），在《睡與醒》的校訂中（*De Somno et Vigilia*），憑上述諸論據，肯定了《睡與醒》的下半，該與動物學諸篇爲同時，不與《靈魂論》爲同時之作。他辨明《睡與醒》上半（章一453^{b}11行起直到章二455^{b}13行爲止），當是亞里士多德較晚的文字，與《靈魂論》宜在同時，舉示《睡・醒》454^{a}12,455^{a}8,25，三次引證及於《靈魂論》，而《靈魂論》432^{b}11-12，也提到了《睡與醒》。但羅斯認爲憑這些來斷定《睡與醒》的上半，爲與《靈魂論》同時，——爲亞氏晚期之作，證據是不充分的，因爲亞氏書中的稱引短語，常可能是後世編者所添加，不必是亞氏原先的手筆，所以《睡・醒》的上半，也該與下半同樣歸之中期。

呂洛夫斯《說夢與夢占》校本（*De Insomniis et De Divinatione per Somnium*），認爲《說夢》章一，是與《靈魂論》的同期作品，應附隨於《睡・醒》的上半，而章二、章三，屬於與動物學同期作品，應附隨於《睡・醒》的下半。他所舉的論據是舉示了《說夢》章二460^{a}1-2，視覺不僅因通過空氣而發生某些效應，它也可自有所活動而發生作用〔於視覺客體〕，有如發光的炬火。但《感覺與感覺客體》437^b10-23這節，先提出恩貝杜克里眼睛像燈光照亮事物而成視覺，接著他就否定恩貝杜克里之說，並申述了眼睛不發光，只是感應於光亮而著色的客體，以成視覺的理由。這就相反於《說夢》那一節的論旨。羅斯《自然諸短篇重校本》「緒論」（頁一三），認爲呂洛夫斯所舉《說夢》章二那一節，上下文乖忤，是可疑的文句，不宜據以爲辯難的資料，故呂洛夫斯憑這兩節而分別擬定《感覺》與《靈魂》爲同期，而《說夢》則與較早的動物學諸篇爲同期，缺乏充分的證據。羅斯認爲《說夢》和《睡與醒》相仿，皆篇幅不多，各篇前後行文也各沒有怎麼大的自相違異之處，統可列爲亞氏中期著作，無須再各爲分析做前半後半之別。

《長壽與短命》文內沒有可資考證其寫作年代的文句。憑內容爲斷，這該屬於動物學年代。揭示幾處可與《構造》相比照的章句：《壽命》章一465^a5-7：「我所謂類屬之別（κατὰ γένος），意指人與馬這樣的差異（人這類屬的壽命，較馬這類屬爲長壽）。」《構造》卷二章五645^b22-25：「說明白些，我們就得敘述一切動物的通性，敘述各大類，如鳥類所有各屬（科目）的通性，以及動物群，如人群那樣，不再分化有諸差異的群體（品種）的通性。」又，《壽命》章六467^a18-21：「但，如前曾講過的，植物類乎昆蟲；它們兩者，雖被切開，都能存活，把植物或昆蟲切成兩段，或更多的分段，它們各都能存活。但被分割了的昆蟲，雖能繼續生活，可就活不了多長時間。」這一節也像是《構造》卷四章五682^{b}28-32的複述。這樣的章節，實際只是生理學的記載，無關心理學，亞里士多德把所積存的生物學資料，分別應用到兩個論題。憑這些相應或相同章節看來，《壽命》盡可屬之與動物著作相同的中期。

《感覺》與《記憶》兩篇的理致，都相似於《靈魂論》所持的理致。紐揚博士（《心理學演化》二五一—二五二）曾提出了些該應注意的《靈魂論》某些章句，卷一403^{a}16-19：「顯然，靈魂的種種情操都隱括著有一物身爲之底蘊：溫和、恐懼、憐憫、奮勵、歡樂、仁愛與憎恨，所有這些心理活動各都內含著身體與之相應的生理活動。」試對照這一節於《感覺》卷一章一436^{a}6-10：「動物們最重要的性情，一般地和各別地而言，顯然是兼通於靈魂與軀體（物身）的諸事，有如感覺、記憶、情思、貪欲，和一般欲望，更有加於這些，則是歡樂與痛苦；凡是這些，幾乎是一切生物（動物）所通備的。」再對照之於《記憶》篇章二453^{a}14-18：「回憶原是在體內（物身之中）尋求一個心理印象，可是它的作用，也多少中於（影響）身體（生理）。有些人，當他回想某事而不得著落時，即便他既已放棄了再續回憶，可是在心理（靈魂）上引起的擾亂，仍不平息。」靈魂的操持（心理表現）統都交會著物身的生理與靈魂的心識，兩相符應的活動：這樣的宗旨，在這三篇的三節中，做出了同樣的說明。再舉「思想有賴於感覺」這樣的論題，《靈魂》卷三章八432^a3-8：「脫離了可感覺的空間量體（超乎物質體段）之外，實無獨立存在，思想（理知）客體，實際上是可感覺事物的形式表現；所謂抽象（數理抽象）以及感覺諸事物的一切屬性，或種種情況之成爲思想客體，也都是這樣的。」《感覺》章六445^b15-17：「捨卻感覺質性，我們將憑哪一個機能來審辨而認識這些？憑心識（理知）麼？但它們直不是心識（理知）所考慮（思想）的對象，心識（純理心識）也不認識任何外在事物，除了那些與感覺相統合（交會）的對象，心識（理知）也不承認任何外在事物。」關於感覺的被動性，參照《靈魂論》卷二章三416^b33-35：「感覺有賴於一一從外來的一種作用，或一個運動過程，因爲感覺被認爲是某種性狀的變化。」於《感覺》章二438^b21-23：「因爲感覺器官是被感覺客體所激動而後即之以做成感應的，所以感覺必先潛在地存於感覺器官之中，所以那個能夠現實地嗅到氣息（香臭）的器官，必然潛在地具備有嗅覺功能。」又，以此比照於《靈魂》卷二章十一424^a17-21：「感覺的命意；在於容受事物的可感覺形式而不沾染其物質。其實義必須相同於一個印章指環的授其印記於一蠟塊，而這蠟塊絕不沾著指環的鐵或金質。」和《記憶》章一450^a30-32：「……我們乃稱之爲『記憶』，記憶這種情態的展示，隱藏感覺活動（運動）的某些印記，恰如人們用指環印章按下的一些印記。」

《感覺》篇，顯見亞里士多德對於這論題所發揮的許多思想，常略同於《靈魂論》中所表白的理致。有如觸覺是一切動物所通備（《感覺》章一436^{b}12-15、《靈魂》卷二414^{b}3-11）；共通可感覺物的原則（《感覺》章一437^{a}8-9、《靈魂》卷二418^{a}8-20）；光爲透視體（介質）的實現這樣的觀念（439^{a}18-^{b}16；參看418^{a}31-419^{a}21）；否定蘇格拉底以先諸哲，感覺器官爲感覺客體的流播（輻射）所激動而成感覺，這樣的概念（440^{a}15-20，參看《靈魂論》418^{b}13-16）；人類的嗅覺功能比之其他諸動物的嗅覺功能爲遜（440^{b}31-441^{a}1，參看《靈魂論》421^{a}9-13）；空氣與水同屬嗅覺介體（442^{b}27-29，參看《靈魂論》419^{a}32-^{b}1）；味覺與嗅覺間關係特爲密近（443^{b}6-8；參看421^{a}16-18）；否定恩貝杜克里的光行應歷時間的觀念（446^{a}26-^{b}28，參看《靈魂論》418^{b}20-26）。這些論旨，兩書中都是互見的。

憑這些比照，紐揚總結，《感覺》與《記憶》應與《靈魂》爲同期著作。羅斯覆考了紐揚所有的校詮而重爲之質證：《靈魂》的首章412^{a}4-28，亞里士多德提示了靈魂是否爲一個「隱得來希」（「實現」ἐντελέχεια）的問題，接著就在第一第二章中，肯定了靈魂爲一個實現，並爲之申說其理由。自此以後，他揚棄了原先動物學著作中所表現的靈魂與身體（動物各個物身）各爲一實是而兩合以成一有生命的動物，這樣的二元觀點。按照他的「潛在與現實」論旨，靈魂不能先物身而存在，及動物之受生而靈魂乃與生命相含蘊。一動物受生而立命，遂成爲一「具魂本體」（a be-souled body），此之謂潛在生物的具體實現。迨此物身之死壞，靈魂便也失其存在，不能脫物身而自活。做如是觀念的《靈魂論》，可以肯定爲亞里士多德回到雅典（西元前三三四／五年）之後的晚期之作。《自然諸短篇》中《感覺》與《記憶》既然理致與《靈魂論》多相同處也屬於同期。

《自然諸短篇》中，《感覺》436^b10, 14, 437^a18, 438^b2, 439^b11，《睡與醒》454^a11, 455^a24《青與老》467^b13, 474^b11，各有回顧到《靈魂論》卷二的短語，該應是在《靈魂》卷二之後撰著的。但按照現在所傳存這兩篇的內容，不可能晚於《靈魂》。著名的亞里士多德學術研究者篤爾斯羯克（A. Torstrik），假設古代另有一種《靈魂》卷二的抄本，是較早於現行本之作，撰寫這一稿本的時期，須是在動物學著作之後，而「現實」論尚未成熟之前。另一解釋是亞氏諸書的回頭短語，當是後世詮疏家所添加，不宜輕信爲各個篇章實際寫作時間順序的確鑿證據①。由此，羅斯認爲自然諸短篇《睡與醒》、《說夢》、《夢占》，允可訂爲動物學時期之作，《感覺》與《記憶》稍後，可能是在《靈魂》卷二以前，和《靈魂》卷一約略同時之作，《靈魂》卷三，則是亞氏心理學著作的最後文稿。

---

① 後世編纂者添加這類互相照應的語句，在亞里士多德全集中，是大量的。羅斯曾舉及《工具論》（*Organon*，邏輯論彙編）中的《解釋》篇（*de Interpretatione*, 16^a8）提到了《靈魂論》。《解釋》為先於《靈魂論》之作是明確的。所以這短語，必然是後添的，不是亞氏原稿。

《自然諸短篇》篇章分析

感覺與感覺客體（436^{a}1-449^{b}3）

記憶與回憶（449^{b}4-453^{b}11）

睡與醒（453^{b}12-458^{a}31）

說夢（458^{a}32-462^{b}11）

夢占（462^{b}12-464^{b}19）

長壽與短命（464^{b}20-467^{b}9）

章一　本篇的概要。……464^{b}20-465^{a}12

章二　壞死的諸原因。……465^{a}13-32

章三　有無這麼一個區域（部分）在壞死過程中，保持其爲不壞死？……465^{b}1-32

章四　哪些動物長壽？……466^{a}1-16

章五　長壽諸原因與短命諸原因。……466^{a}17-467^{a}5

章六　動物與植物壽命的比較。……467^{a}6-^{b}9

青年與老年．生與死（467^{b}10-470^{b}6）

章一　營養靈魂與感覺靈魂的寓處在心臟。……467^{b}10-468^{a}12

章二、章三　動物體與植物體皆特重中段，即心臟所在。……468^{a}13-469^{a}27

章四　憑極因（目的）而論，研究上述問題。……469^{a}28-^{b}20

章五　滅火的兩個方式——自熄與被撲滅，例於動物死亡的兩式——自然死亡與非命死亡。……469^{b}21-470^{a}18

章六　在植物中，自然（內蘊）熱即生機是怎樣葆全的。……470^{a}19-^{b}6

呼吸（470b7-480b31）

章十八　誕生、生命、青年、老年、盛年、死亡的諸定義。……$479^{a}30$-$^{b}7$

章十九　何以動物之經營肺呼吸者，窒塞於水中，而魚類乃窒塞於氣中。……$479^{b}8$-16

章二十、章二十一　心臟的三項活動：⑴顫慄（心悸）、⑵脈搏、⑶呼吸……$479^{b}17$-$480^{b}31$

《自然諸短篇》正文

感覺與感覺客體

章一

436a 關於「靈魂本題」（περὶ ψυχῆς καθ' αὐτὴν）的論述業已完成，於靈魂所有各部分的機能，也都已講明，我們挨次的功課，該應考察生物（動物）和一切具有動物生活的個體，俾能了解牠們各別的特殊活動（習性）和牠們共通的活動（習性）。現在，讓我們持存先已講過了的，關於靈魂（生命）的一切事理，進而討論其餘的問題。循乎自然的順序，以擬定所討論諸事的先後，動物們最重要的情性，一般地和各別地而言，顯然是兼通於靈魂與軀體（物身）的諸事，有如感覺、記憶、情思、貪欲，和一般的欲望①，更有加於這些，則是歡樂與痛苦；凡是這些，幾乎是

① 一般欲望四種，這裡只提出三種：ὄρεξις欲望、θυμός情欲（情思）、ἐπιθυμία貪欲。因為βούλησις（rational wish, or deliberative）「願望」或「意願」，既是經過評審機能的抉擇而做出的合理期

所有一切生物（動物）所通有的。外於這些，有些雖亦爲參與於動物生活者所通行，另些卻只爲某些動物所特有。關於這些，我們認爲這麼四個配對，最關重要，即：醒與睡，青年與老年，吸氣與呼氣，生與死；關於這些，我們隨後將分別研究它們各是什麼（所爲何事），以及它們之所以爲此者，本於什麼原由。

又，這是自然哲學家的義務，於健康與疾病，勤求其第一原理（本原），因爲這些都是生命（靈魂）的現象，凡被剝奪了生命的（靈魂的），就絕不會犯病，也絕無健康可言。於這些事理的研究，大多數的自然哲學家，和懷有高度哲學興趣而精求醫療技術的醫藥師們的旨趨，是相同的；前者始於自然研究而終必論涉醫藥
436^b （醫療），後者志專醫藥，而實不能不詳察自然②。

這是明白的，以上所提出的諸論題，其性質統都兼屬於靈魂與軀體。所有上舉各端，都由感覺引起，或與感覺相交會；又有些是感覺的屬性（受到感覺的影響），另些則是感覺的正常作用；又，有些是旨在衛護並保全生命，而另些乃欲褫奪動物的生機而致之於滅亡。從理論上推榷，或捨理論而驗之事實，顯然，靈魂憑

望，是人類所獨有的，不是諸動物所通備的。參看《記憶與回憶》章一453^a8-21。

② 依福斯特（Förster）校訂436^b1這句，刪去句末的複出贅文，「περὶ τῆς ἰατρικῆς關於醫療技術」一短語。

身體爲之介，而感應於感覺。可是，我們在《靈魂論》（τοῖς περὶ ψυχῆς）那個前篇中③，先已講述了感覺與感應，說明了感覺的本義，以及動物們顯現這些作用的事理。

因此，一切生物必須具備感覺。我們就憑有無感覺判別動物們還是活著的，抑已死了（不活）；於每個生物，觸覺與味覺都得終生與之共在，關於觸覺之不可或缺，我們已在《靈魂論》中，舉示其理由④。至於獲取食料（營養）則有賴於味覺；味覺辨別食物之爲可喜的或苦惱的，動物乃得憑以決定，趨向於其一，而違避其另一，一般地說，滋味正是營養靈魂這個部分的屬性（秉賦）⑤。但那些，必須經由身外介質（間體），才得抵達於那些擅能移換位置的動物們的諸感覺，有如嗅覺、聽覺與視覺，則是爲保獲自體（自身安全）而具備的，具備這些感覺的動物們，可得在逐取其食料之前，先行辨明這些食料爲惡劣的、不可取的，或竟是致死

437a 的，而知所以違避。至於那些具有思想功能（理知靈魂）的動物，牠們不僅爲了保

---

③ 本書，《靈魂論》卷二章二 413b以下，說感覺。

④ 《靈魂論》卷三章十二 434a。

⑤ 嚴格地說，ὁ χυμός不是「營養靈魂的」部分（τοῦ θρεπτικοῦ μορίου），也不是「味覺機能的」部分（τοῦ γευστικοῦ μορίου）屬性，而是「食料的」屬性（πάθος）。

全生命，實乃爲了獲致更優良的生活之故，才備有這些感覺；由這些感應以引起理知的審辨，這就可得憑生活實踐和理知推斷，對於那些感覺客體與理知客體間的諸差異，有所抉擇，而發施警戒預報。

於動物的生存而言，衡量這些官能，視覺該是最關緊要的，但於心識（理性）而言，相應地，聽覺乃較爲重要。由於萬物皆參有顏色，靈魂就憑這一機制，察認大多數的共通可感覺物（客體），恰正是視覺這項功能，報明當前所有事物間的許多差異（這裡所謂「共通」κοινά，我以指稱形狀，量度，運動與數）。但聽覺只審別（記錄）聲響，於少數某些動物也審別（記錄）它們的嗓音。可是，聽覺相應地（不期然而然）對於理智做出了最大貢獻。所有一切教訓與學習，端賴字句或言語，而這些卻全靠聽覺；但言語由一一單字（詞）聯綴以成的，而每一單字［音響］，恰就是一個訊號，所以傳習（教訓）實不是聽覺的「由己功能」（καθ' αὐτὴν本業），而只是它的「附屬功能」（κατὰ συμβέβηκος副業）。所以於那些從誕生時就闕失這項或那項感官的人們而論，盲人總比聾子與啞巴爲較富於理智。

章二

關於感覺的這些機能，我們已經一一講到了。考慮到每項感覺和與之相應的身體上的感覺器官的發施，有些思想家輒從由以組成軀體的諸元素，來尋繹其涵義。可是，當他們的四個元素和五項感覺，難於做成諧和的配合，他們逼切地試爲第五元素的探索。因爲他們不理解視覺的某些特性，他們統都認爲視覺主於火成。當眼被緊壓或摩擦或被擾動時，它似乎迸出（冒出）火星（火花）⑥。這在暗冥中，或眼睛閉闔著，確乎可發生這樣的現象；閉闔眼瞼實際就如同在暗冥中了。但他們這樣的解釋，引起另一個疑難。按照這樣的設想，眼睛應可看見其自體，否則就得另行設想，眼睛可以看見了某個可見對象（客體）而不成某個視覺。可是，當眼睛不被觸動時（在安靜中），何以不發生那樣的現象？試做如下的考慮，以求解答對於「視覺主於火成」這理論的疑難。在暗冥中照亮（炫映）的，常是一個光滑的平面，雖這平面實不發光，而在眼睛中央，人們所稱爲眼「黑」（μέλαν）者，
437b 顯然是平滑的。但，當眼睛被擾動【其平滑面勉強保持其平滑的頃刻】，那樣的現象，就可見到，這現象彷彿是一物而兩見。這種作用是由運動的速度引致的⑦，

⑥ πῦρ ἐκλάμπειν直譯是「閃出火」：推其實義，應是彷彿看見眼裡迸出了火花（或火星）。

⑦ 如果一條振動著的弦，其為振動，若足夠快速（每秒鐘的振動數足夠的多），在我們的眼睛看來

因此，視覺感應與視覺對象顯示了別異。所以，這種現象，只有在暗冥中做快速運動時，才會得遇見；平滑面只有在暗冥中才能照耀（反映），例如，某些魚的頭，襯托在烏賊（鰂）的墨汁水中⑧。倘眼睛的運動緩慢，視覺之感應於對象，便不能在同時既屬是一，而又顯爲兩。但，在另一方面的案例，當運動是快速時，眼睛有如在反射現象之中，見到了它的自體。如果眞像恩貝杜克里所說的那樣，像在《蒂邁歐》⑨［對話］中所說的那樣，眼睛就是「火」（πῦρ）從眼睛發出「光」（τοῦ φωτός），有如一盞燈那樣，於是這就成爲視覺，若然如此，視覺不就該在暗冥中也同樣地不昧的嗎？「光才從眼睛發出，就被暗冥浸熄了」，《蒂邁歐》的⑩這個解釋，全然是虛誕的；我們於光之被浸熄，殊不明其立義之何所根據？我們在煤的燃燒中，見到火與焰，並由以識得乾的被濕的（水）浸熄，熱的（火）被

就不是一條弦線，而是處於振動上下限的兩條弦線。現代心理學稱這種現象為「視覺的持續」（**persistence of vision**）。亞里士多德這裡所述案例，似乎就是這一現象。

⑧ 437^b^7行，οἷον κεφαλαὶ ἰχθύων τινῶν καὶ ὁ τῆς σηπίας θολός：「例如某些魚的頭與烏賊（鰂）的墨汁水。」海中確實有發光的魚種，但烏賊（鰂或鱆）的墨汁是不能發光的。καὶ ὁ τῆς...校作ἐν τῇ...譯。「發光的魚頭」，參看《靈魂論》卷二章七419^a^5。

⑨ 見於柏拉圖對話，《蒂邁歐》（*Timaeus*），45C。

⑩ 參看《蒂邁歐》45D。

冷的浸熄，但熱與乾實不是光的質性。或說兩者確乎是光的屬性，只因爲它們不在運動之中，所以我們失察了；若然如此，那麼，光就該在雨（濕的）中的白天，也被浸濕，而在凍霜（冷的）日子將較多地遭遇晝暗。焰與燃燒著的物體所顯示的那些現象，在別的案例中並不全都如此。恩貝杜克里似乎臆想，視覺是從光出離眼睛的時刻發生的，如我們前已說到了的，這裡請注意他還有這些敘述：

恰如有人將在風雨中出行，配備了
一盞提燈，四圍裝著透映的璃片，
擋住並散開吹來的野風，從燈內
躍起的炫火，隨即播其光芒於四面，
憑其不倦的輻射，穿過了自己的門限。
於是，他用芒線織成的膜網，絡住了
那原火⑪，這膜網竟也包圍了眼中
438a 瞳仁：穿過膜網的輻射，照明了

⑪ 437b32 ὠγύγιον πῦρ「原火」。希臘神話時代有古王名Ὠγύγιον烏古季翁（或埃及遠古時代，名Ὠγύγια烏古季亞），故以此製為形容詞時ὠγύγιος，義為遠古或原始。

周遭的水圈，而火乃由以播向外面，
做更廣更遠的曼衍⑫。

這就是他有時關於視覺主體的敘述，但在另些時，他卻又說這〔光〕是由視覺對象（客體）發播（輻射）來的。德謨克利特說，眼睛由水構成是正確的，但他設想視覺只是反映，這便錯了。在眼睛裡出現可見反映，是由於眼睛有平滑構造，能著錄這樣的作用（印象），視象不在眼中，而在視覺者其人得有了如此視象。鏡照與反映的整個理論，一般說來還是很模糊的。何以它物之能映成印象者不起視覺，而眼

---

⑫ 這十行詩句，現保存在第爾士編恩貝杜克里《論自然，殘片》（*Emped. Frag.*《先蘇殘片》卷一，84）。菩納脫（J. Burnet），《早期希臘哲學》（*Early Gr. Philosophy*）頁二四六以下，引色奧茀拉斯托（Theophrastus）《論感覺》（章二第七節），恩貝杜克里認為眼睛內部由火構成，周遭圍著水與氣。這內在的火向外播射，通過眼內的諸水暈時，則視覺著於暗黑的物體，這些物體就被看見，通過眼內火道，應於發光的對象，則所見為耀眼物體。柏拉圖《對話》，《米諾篇》（*Meno*, 76C-D5）先哲意謂視覺本於視覺客體的輻射。《泰阿泰德》篇（*Theaetetus*, 156D-157C），謂先哲之有智巧者，說到視者眼睛的輻射和視覺客體的輻射，兩者是潛在的；必須兩者會合後，乃成為入於視覺的視象。這裡的所云「先哲」實指恩貝杜克里。下文438^a24-$^b2$，亞里士多德對恩貝杜克里的質疑，也就是對柏拉圖的質疑。

睛乃有視覺，這是該予考慮的，德謨克利特竟然全未注意及此，這是可詫異的。眼睛確屬水成，但視覺的功能實不由於這水而由於水有透明的賦性；這種屬性，是水和氣所通備的。因爲水較稠厚，所以比空氣易於控制與含容。眼睛與瞳子之爲水構成，可憑下述三事爲之顯證：當眼睛朽壞，從中流出的是水，胎兒眼中流出的水，特爲冷清。有血動物的眼白是脂肪或油性物質；因爲融合於油脂，其中的水分就不至於冷凝（冰凍）。爲此故，眼睛是全身對於寒冷最不敏感的一個部分（構製）；從來就沒有誰感覺到眼睛內部著了冷。但無血動物的眼，包有一層爲之保護的硬皮[13]。

但一般說來，設想瞻視之於視覺，爲從眼睛發出了某些事物，其渺遠乃直抵於星辰，這樣的設想，未必是不合理的，有些人說這播散物發施到視覺對象，便與之和合。但這樣的設想，毋寧把它轉到眼睛，說視覺客體與視覺所發施者，在眼睛裡和合了。可是，即便爲做如此的修改，這究竟是愚蠢的設想；說光與光和合，其實
438b 義云何？怎樣致此和合？偶然地（碰巧的）和合，是不可能發生的。內面的和外

⑬ 有血動物，如魚、鳥、獸之眼含脂肪質，見於《動物志》卷四章一526a10，無血動物如蟹有硬眼，見於《動物志》卷三章十八520b3。

面的〔光〕，怎能和合？兩間有一網膜爲之阻隔。在另篇⑭中，我們曾已講到若無「光」（φωτός），視覺是不可能肇致的⑮；在眼睛與可見物（視覺客體）之間的介質（間體）是光或是氣，暫不置問，總之，產生視覺，實由於通過這介質的運動。於是，這就說對了，眼的內部是由水爲之構製的，而水是透明的。這個眼內的透明物體既不是氣，便只應是水了。靈魂或靈魂所持的感覺器官，顯然必須在眼的內部而不在眼的表面；那麼，眼的內部必須透明而成爲接受光的部位。以下所舉的

---

⑭ 見於《靈魂論》卷二章七章八418^{a}26-419^{a}24（「光與透明介質」）。

⑮ 卜根杜爾夫（J.C.Poggendorf），《物理史》（*Geschichte der Physik*，萊比錫，一九六四年重印，一八七九年初版本）：第一時期（古代物理），第五節頁一九：古希臘恩貝杜克里、德謨克利特、柏拉圖等，都執持，眼睛有輻射，人眼所見物像，是這輻射著於這物而映見的，或眼光與物所發光，會合而成視像。後世希臘自然學家（物理學家）以及拉丁自然學家，多承襲其說。唯亞里士多德，獨闢清此惑，確言恩貝杜克里以燈喻眼，眼為火成而能發光，以顯物成像者（參看《感覺》章二437^{b}25-438^{a}3，引恩貝杜克里，《論自然》）為謬誤（參看《感覺》章二438^{a}24-^{b}2；《靈魂》卷二章七418^{b}4-419^{a}24）。亞里士多德的析辨是簡當的，若眼能發光，則雖在暗冥之中，人眼亦可為他人所見，而它也應能在暗冥中照見一切物體。亞氏，關於光在空氣中傳輸，著物顯像，而人眼（瞳子）做黑體平滑面，乃能像鏡一樣，映成物像，這樣的說明，於光學上實為先導。

實況，可佐證此說之爲確乎無疑：在戰鬥中，人有被擊在前額之上者，他立即落入了暗冥（感到眼前烏黑），有如一盞燈驟然熄滅了似的，前額原有聯貫眼睛的通道，經這一擊，恰像那個所稱爲「瞳子」的（τὴν κόρην），被楔入了一塊隔板，遂與那燈光隔絕了。

如果確認我上所舉的諸事爲確實，顯然，唯一的辦法，就只有對於每一感覺器官，各分配給並使之適應於一個元素。人們正可設想，眼睛的瞻視部分是由水爲之構製的，感應聲音的器官是由氣爲之構成，而嗅覺器則是火成的。因爲感覺器官是被可感覺物所激動而後即之以做成感應，所以感覺必先潛在地存於感覺器官之中；所以那個能夠現實地嗅到氣息（香臭）的器官，必然潛在地具備有嗅覺功能。氣息（香臭）類乎煙噓氣，而煙噓氣，乃發於燃火。因此，嗅覺器官特須聯屬於腦部相近的區域；腦的物質具有潛在熱性，而爲現實的冷體。眼的生成，有似於嗅覺器官
439a（鼻）者，它全由腦部發育起來；腦是全身構造中最濕最冷的一個部分。於是，觸覺機能由土構成⑯；而味覺實爲觸覺的別一形式，爲此故，味覺與觸覺器官兩皆近

---

⑯ 這裡，438b16-439a5，謂五項感覺器官分別為水、氣、火、土四元素所構成，異於《靈魂論》425a3-8：構成五項感覺器官的物質，只是水與氣兩個元素。羅斯（D. Ross）《自然諸短篇》校本，「緒論」謂關於物質構成《靈魂論》所言為較成熟。《感覺》章二，蓋先於《靈魂論》所揣擬。

屬於心臟。心臟恰正是腦的對體，相反於腦，心臟乃是全身構造中最熱的一個部分。

這裡，我們講完了關於身體的感覺機能的各個部分。

章三

相應於各個感覺器官的各項可感覺物（客體），即色、聲、嗅、味與觸，諸感覺對象，業已在《靈魂論》中，做了一般的說明，每項感覺的功用，以及每項感覺器官各自的活動，各已分別講清楚了；現在我們該考求，如何闡述各項感覺的本性（怎是），回答，色是什麼，以及聲，或嗅（香臭），或味，相似地也及於味，它們究竟各是什麼。讓我們先行討論顏色。

這些詞項各都應用於雙關的命意，其一爲實現，另一爲潛在。我們在《靈魂論》中，已經闡釋了，現實的顏色與聲音的命意或相同於，或相異於現實感覺，即瞻視與傾聽（看著與聽著）之爲色與爲聲⑰。讓我們現在來考慮每一項感覺機能何所憑依而可得確乎實現其感覺，在上述論題中⑱，我們已說到，「光」（φωτός

⑰《靈魂論》（*de Anima*）卷三章二 425^b18-426^a27。

⑱ 參看《靈魂論》卷二章七至十一，及 418^a3, 418^b11-15, 419^a10, 24。

）即與「透明體」（τοῦ διαφανοῦς）相符應的「色」（χρῶμα）；任何時刻，倘透明體中有一「火性事物」（τι πυρῶδες）存在，當其出現，這就是光明，當其湮熄（闕失），這就爲暗冥。我們所謂「透明」不僅是氣或水，或其他任何有透明之稱的物體之特性，這蓋是這些物體與另些或多或少地具此品質與功能的物體之通性，另些物體實也內含有如此性能，而且這樣的性能與其本質相屬而是不可分離的。這裡，恰如每一物體必有其限處（終端），這種物體也得如此。光的本性現於（存在於）一個無限止的透明之中，但這是明白的，在諸物體中的透明性必須有所限止，實際上，這一終端就表現其爲顏色；顯然顏色就存在於這物體的終限，或正就是它自身的終限。爲此故，畢達哥拉宗門（學派）說到「這物體的顏色」⑲（τὴν χροιὰν），就實指「這物體的表面」（τὴν ἐπιφάνειαν）。顏色雖然存在於物體的限處，可是它
439b 實非那個物體的終限；這才是合乎自然的，肇致物體外表的著色，也自存在於其內部。氣與水顯然是有色的；它們的亮性就屬有色的本質。但氣與水是無所限止的，存在於這樣無限止物中的顏色，如於大氣與大海而言，在近處看到的氣色與水色，

---

⑲ χροιά這字，在荷馬（**Homerus**）《伊里亞特》（*Iliad*）xiv, 164,義為「皮膚」：到畢達哥拉學派字彙中，才做「表面」（ἐπιφάνεια）解，更後又轉做「顏色」（χρῶμα）解。這裡，承襲最後的通義，實際也隱括了前兩古義。

和在遠處遙見的天色（氣色）與海色，是不相同的。可是，在物體上，除非其外表的周圍發生了什麼些變化，顏色的表面印象（表面的顏色印象）⑳是劃定了界限的。於是，這就明白了，同一事物，於其一例，與其另例，兩必須是顏色的容受物體。於是，在某種程度或比例上，於這物體中所存在的透明性就使它們參與了顏色（所有各種物體各具有或多或少的透明度）。既然顏色存在於這物體的限界，它也必然就躺在（呈現於）其透明性的限界。這樣，蓋可以證明，顏色就是一個有限物體的透明限界。由此看來，「色」（χρῶμα）是一切透明物體通有的一個性狀（本質），這所云透明物體，包括有如水和任何與之性質相似的物體，兼也包括那些在它們的外限（表面）上存在各自的特殊顏色的事物㉑。凡在大氣中，肇致光（φῶς）

---

⑳ χρόα這字，在ἡ φαντασία τῆς χρόας這短語內：㈠畢達哥拉學派慣用的文義是事物的表面。㈡俗用的通義是皮膚的顏色，或人的臉色（顏色）。這裡承畢達哥拉字義而雙關之於俗義，因而造成了一個艱澀的文句。

㉑ 皮爾（J. I. Beare）《關於基本認識的希臘諸理論》（*Greek Theories of Elementary Cognition*）頁六〇：亞里士多德的光學基本，總於其視覺與視象的兩條定義：(1)《感覺》439^{b}11-12，顏色是透明性抵達於一個定有了界限的物體的表面視象。(2)《靈魂論》$418^{a}31$-$^{b}1$顏色於透明介質（介體，空氣或水）中，激起一個運動，這個動波的延展使介質的潛在透明性，現實地成為其透明【色彩】。亞氏有關光與色，與介質的透明性三詞，各未建立，有如近代物理學中，精確而且分明的光學定

效應（作用）的這麼的事物，有時似乎存在於透明體中，另時似乎是被除去了，是不存在的。

這裡，恰如在大氣中，我們既有光明，也有暗冥，在物體上，我們見到白色，又見到黑色。但，我們現在必須商量，除卻白與黑以外的諸色，並說明顏色可能有多少種異彩。可能一個顯色（辨彩）方式是把白與黑並排比照，如此而各個獨立的色彩、由於輕淡（微小）而不可得見，或所得見的，只是某某兩色的混彩（調和）。這樣，所見到的當然不可能是純白或純黑了，這就分明地必須是某種混合色，或某種異型的色。這樣，我們就可相信純白與純黑之間實有更多的色彩，這些色彩爲數幾許，當決於原色混合的比例；它們可以三比二的數或三比四的數，並排起來，也可以其他的比例數並排，有如在聲樂中憑相仿的數比，做出諧和（協調）那樣，但它們也未嘗不可由過多或太少的數爲很不勻稱（平衡）的排比，一般地說，它們盡可由無窮盡的數比，從事於這項混合㉒。這裡，凡由可計算數（整數）

義；因此這裡拉長的文句是迂迴的。亞里士多德於一個有色的實物說成為它「潛在地」具有顏色，而在視覺所及的表面（物體與其體外空間的界限）乃顯見其「現實地」所成的色彩，這種措詞，實出於畢達哥拉宗的學術思想。

㉒ 一個透明的介質，如空氣或水，在一個火（光），燈光、星光、通過而表現其「光」度（亮度）

爲之做比例的混成色彩，有如樂音之發於諧和（協調）數比者，似乎是最可喜愛的
440^a 色彩，例如紫色與紅色㉓，以及少數幾種與此相似的其他色彩，但整數比例（精簡比例）是不多的，可能其他諸色，在數比上都屬凌亂（不勻稱）的，所以那樣動人的色彩是爲數稀少的。這也可以做這樣的設想，一切色原，都含「在數內」（ἐν ἀριθμοῖς），其中有些是勻稱地排列著的，另些則是凌亂的，於這些內含數之爲凌亂的諸色，如果它們直不屬於純色或精簡色彩，則它們的本性必然是有虧於勻稱（平衡）排比的。

這是發色的一式，但，還有另一式也可肇成顏色。有如畫家（畫師）們把一種顏色塗抹上另一種較鮮亮的顏色，別一顏色，就在那兩色的相互渲染之間，產生了。他們在繪製大氣內或水中的事物（景致）就是這麼辦的；這樣重沓色彩的顯映，恰可與陽光的變色相比擬，人們直接看太陽，所見似乎爲白色，但透過霧與

或「暗」度成為白與黑這個基本色彩配對（439^b16-32）這一節，由白黑的各種數比的混合，以成各種色彩，參看下文章四442^a20-25，白色（光）與黑色（光）以不同比例混合成白、黃、紅、紫、綠、藍、黑七色。

㉓ 440^a1 ἀλουργόν或譯「紫」（**purple**）或譯海紫（**sea-purple**）；φοινικοῦν紅（**crimson**緋紅）。亞氏全集中，有漫步派作家的《顏色》篇（*de Coloribus*, 392^a15），謂紅色較紫色為鮮明（耀亮）。

煙，所見，卻是火紅色。按照我這裡敘述的方法，將可現示許多的色彩。這樣重沓渲染而成的色彩，其上抹層和底色層當有某種相互關係，可是這些關係，未必具備確定的比例。

但，如昔賢（前代的自然哲學家）所說，顏色之所以能被見到，是由於視覺對象（客體）的流散（播發）㉔，這樣的主張是不合理的；依從這一設想，所有一切感覺，毋寧說是憑接觸（觸覺）發生的了，感覺客體激動感覺間體（介質），以抵達於感覺器官，而成茲感覺，這就不必別稱之爲流散（播發）物了，逕可說這項感覺得之於接觸。現在設想：若有它們的量度是不被察覺的兩物（感覺客體），相傍著並列在一處，於是，它們的運動抵達於眼睛的時間差別，也將失察而不被感覺，那兩個同時抵達於眼睛的兩物，便將現示爲一物。在那另一案例上，關於量度的設想是不必要的了，上層色，在或被下層色推動，或不被下層色推動時，所做運動，當不相同。爲此故，這就得顯現不相同的色彩，既不是白，也不成黑。若說任何量度（體段）不被察見，這是不可能的；相反於此，若說每一量度（體段）在某個距

㉔ ἀπορροία「流散（播發）物」近乎今云「輻射物」：昔賢當指恩貝杜克里，也可以包括德謨克利特（上文，438^{a}6）。柏拉圖《米諾》篇76C4-8，高爾基亞（Gorgias）的光學與視覺理論，持說略同於此。

離上都是可察見的，那麼它就該是某些色的混合（合彩）。在這樣的案例中，任何顏色，在若干距離間之出現，須是無物爲之阻礙的。隨後，我們該當考查「量度（體段）是沒有不可察見的」這個敘述㉕。

440^b 如我們在《關於調和（混合）》的專篇中㉖所說，物體的混合由種種方式調成，通常是隨處可以遭遇的，這不僅限於有些人所想的，只應是有色物（客體）的極微小粒互相靠近而並列著，因此感覺不能做出分明的辨別，才可稱之爲「混合」（μίξις）。依照這規定，混合只能在那些區分到最小的事物間，例如人、馬、種籽之間辦到；這裡，每一人是人群中，每一馬是馬群中，最小的單體；把這樣的兩群一一分別地，相傍，挨緊，並列起來，這就說是這麼兩物的混合。但我們就不能說把一個人和一匹馬混合。於這樣命意的混合，那些沒有區分到最小單位的事物是辦不到的，可是把這些事物雜湊起來，予以完全的調和，實際上卻是最合乎自然的混合。如何調成這種混合物，在先，我們已在《關於調和（混合）》的專篇中，討論過了。但，於顏色而論，這是明顯的，必須諸著色物先行調和了之後，才能成爲色

㉕ 參看本篇下文章七448^a14-$^b14$。

㉖ Περὶ μίξεως《關於混合物》這一專篇，下文440^b13，又提到了。現存亞氏著作不見有如此專篇，但在它現存諸卷章論涉「混合（調和）」是時有所及的。

的混合，這是出現許多色彩的眞實原因。這樣現示的色彩，不由於兩色的重沓或並列相傍的緣由；由混合物表現的色彩，在任何距離看著，都是單一個色，若由並列所表現的，須是遠觀才成單一個色，若由重沓所表現的則靠近些也能見其爲單一個色。由於諸原物（原色體）的調和可做許多不同的比例，有些是爲數有等差，有些只是一量超逾於另量，所以肇成許多不同品種的色彩。於重沓與並列之調色，也可合成許多品種的混合色；但色之爲別，品種雖多，其數還是有限，而不是無限的，這於滋味與聲音而論，也理有同然，我們將隨後討論這些㉗。

章四

現在我們已闡明，雲何爲色以及色之何故而有許多品種。我們在先業已在《關於靈魂》的專篇中，討論到聲響與嗓音。這裡㉘，我們該研究嗅氣（香臭）與滋味

㉗ 章三討論了「色」之後，章四、章五，講「味」與「嗅」，中缺講述「聲」與「觸」的兩事。詮疏家於此做兩種解釋：⑴亞氏原有此兩章，後世軼失了。⑵亞氏認為這兩事已詳述於《靈魂論》中，這裡已沒有什麼可補充的了。

㉘ Περὶ ψυχῆς《關於靈魂》（《靈魂論》）卷二章八，ψόφος（聲響），見於419^b3-420^a4；φωνή（嗓音或樂音），見於420^a5-421^a7。

了。這兩項感覺，雖不在相同的境況中相值，所發生的作用是相同的。滋味的種屬
441a 比之嗅氣的種屬，較易於爲之類析。推究其原因，這當在於我們的嗅覺劣於我們所有其他諸項感覺，而且也劣於所有其他諸動物的嗅覺。但我們的觸覺卻較任何動物爲優勝（敏利）。味覺則是觸覺的別一形式。

水的本性是無味的；水之爲無味，擬可有三種不同的解釋：⑴恩貝杜克里做這樣的揣想，可能水中實含有一切滋味的種籽，但每一品種都含量微乎其微，所以不被察覺。⑵水中可能藏有一切滋味的種籽㉙，而滋味乃從水中這裡那裡所蘊存的這類物體中孳生。⑶滋味的成因，和水全無關係，味，可能由於有如熱效應或太陽的這類作用而發生的。於這三說，恩貝杜克里的理論之爲謬誤是一覽而可知的；我們明見滋味是受到熱的影響而爲變化的，當果實（果殼）㉚從枝上摘下而被太陽所灼晾之後，這時它的滋味，殊不能有它被置於水中而浸出的滋味，但經長時期的存

㉙ 441a6，πανσπερμίαν χυμῶν「滋味的萬有種籽」或「所有一切滋味的種籽」，這短語中，πανσπερμία「萬有種籽」這字，亞里士多德於《物理》203a21、《說天》（de Caelo）303a16、《靈魂論》404a4，引以說德謨克利特的原子論；於《創生與壞死》（*de Gen. et Corr.*）314a24-b1，用這字說，亞那克薩哥拉的「相似微分」。

㉚ 441a12 περικαρπίων 應為果皮、果殼，或豆莢：亞里士多德在這裡 καρπίων 專指「果實（籽實）」；參看《天象》380a11, 14, 28，這同一字也是這樣別用的。

儲，與蒸發並乾燥之後，這就會從甜的，變作粗澀，或苦的，或其他諸味，而若加焙煮[31]，這又轉出種種的滋味。或謂水應內藏一切滋味的原種（萬有種籽），這又是不可能的；同一份作爲飲食料的水（湯），人們不可任意製作之以成各種不同的滋味。剩下的另一解釋，須是滋味的發生，蓋由於受到某些作用，經某種方式，變化而成的。現在，這是明白的了，我們所謂味覺功能，實不由熱功能獲得；水是諸液體中最輕的一種，雖比之於油，也是較輕的。但，由於其稠度之故，油在比水較大的表面上播散。可是，水就沒有那麼緊地黏結，所以用手捧油，比用手捧水爲較難。既然水在被加熱時，自身不表現增稠的現象，這樣，水的內含若有所變化，須得在水自身以外尋取其原因；至於一切滋味都顯示其具有濃厚度的，若加之熱，這

441^b 就增加其濃厚度。所有一切籽實（果殼）中的滋味都存在於土裡（土壤），所以，有些古代自然哲學家[32]申說，水在地下（土中）經行時，吸收了它所內含的物質。凡水之滲透灰燼的，若灰是屬於苦味的，這滲出水也就帶有苦味。這是明顯的，鹵

㉛ 441^a16，ἑψομένους 多義，見於《天象》380^b31注：這裡，用作烹調名詞，或譯「焙過的」（baked），或譯「煮過的」（boiled），或譯「發了酵的」（fermented）。

㉜ 441^b1-3，「果實滋味全都來自土壤」這論斷，亞歷山大《天象論詮疏》，67，17行以下，謂古哲持此說者有亞那克薩哥拉與米特洛杜羅（Metrodorus）。

質水必是從鹽層滲出的；鹽是土的一個品種。地上的許多水泉，有些是苦的，有些是酸的（尖銳的），另些乃具有不同品種的各樣滋味㉝。在㉞草木方面，滋味這類屬的諸品種，最爲分明，這是合理的。凡「濕的」（τὸ ὑγρὸν），都自然地爲其與相對反的事物所影響（作用），這是萬物所同然；與「濕的」相對反者，即「乾的」（τὸ ξηρὸν）。爲此故，這就必在某種程度上，接受火的作用；火的秉賦就是「乾燥」（ξηρά）。但，有如我們在《論諸元素》專篇中㉟所已闡明的，火的本質（特質）是「熱性」（τὸ θερμὸν），而土的本質（特質）才是「乾性」（τὸ ξηρὸν）。火之於火，或土之於土，通常是既不施展什麼影響，也不接受什麼作用，只有遭遇各與之相對反的事物，這才會施展其影響或接受其作用。人們浸洗某些有色物或有味物，這樣的水就染上那個顏色或含有那個滋味，自然恰也如此處理那些乾性與土性物，讓水滲透它們，由熱使水流通（運動），於是這水就著了些它們的色或味。

㉝ 滋味諸品種，參看《靈魂論》卷二章九421ª27-31。

㉞ 刪省一個聯繫詞διὸ（「為此故」）。

㉟ Ἐν τοῖς περὶ στοιχείων「在《論諸元素》專篇中」，今未見亞氏著作中有如此題名的獨立篇章，但《生滅論》（*De Gen. et Corr.*）頁329ª以下，研究「諸元素」的性狀（四本性與四輔性〔熱、冷、乾、濕〕）。

如上所云，浸洗乾物於水（液體）中，所起的作用而取得的滋味，於是遂使潛在的味覺，轉成了現實的味覺；感覺不同於獲得知識（理知）而相仿於操持理知（運用知識）㊱。

人們可以從作爲營養的乾食物悟到這樣的事理，即全乾不濕或全水而內無乾性物，都不能用爲動物的營養（食料），唯乾濕兩混物才能成食料；人們又可以從此領悟，雖能由乾食物獲得滋味，卻不能由一切乾物都取得滋味，而其中全無乾物的〔液體〕，也不會有滋味。可是，凡供應動物的食料全都是可感覺的，使動物們得以進行生長與壞死的活動者，正是那些事物的可捉摸（可觸著）部分；生長與壞
442a 死相屬，繫於熱性與冷性，而所供應的食料，實際就內寓了熱與冷的素性。供作營養的食物是憑味覺爲之識別的。凡物之有甜味的，無論其單獨的爲甜，或與它味相混雜而含有甜味，統都有益於營養而可以進食。關於這方面的詳情，留待在《生成篇》中陳述㊲，當前只提示若干主要事項。食料是由熱爲之形成並增長的，由那些

㊱ 參看《靈魂論》卷二章五417b19-24及注。

㊲ Περὶ γενέσεως《生成篇》擬即《生滅論》（成壞論）的省略：參看現傳亞氏全集中《生滅論》（*De Gen. et Corr.*），卷一章五，頁三五〇—三五二。參看《動物之生殖》（*De Gen. Anim.*）762b12以下。

加過了熱的事物中，抽出輕的，於是因其性重而剩下鹵鹽的與苦味的。在外物而由外熱加溫的這樣的製作食品功能，在動物與植物體內，是由〔體內的〕自然熱承辦的；經由這樣操作所製成以供養動物與植物的，實際就是屬於甜味的食品。但所有其他諸味，例如鹵鹽的，與尖酸的，在如此過程中，混合於食品之內，也具有〔醃漬與酸化的〕保持（護儲）滋味㊳的作用。過度的甜味使食物不易消化而留滯於體內，這就需要調入它味，以抵消那獨多了的甜味。

恰如顏色出於白與黑的調和，滋味乃甜與苦的調和。在調和（混合）中，每個配對各有或較大或較小的比例，這例的比值與其運動㊴，或是有定數的，或是無定數的。可是，凡屬令人喜愛的〔美〕味，其爲調和（混合），所配諸味都各有確定的數比。只是甜味獨饒於油性，而鹺鹽幾乎同於苦味，但粗酷（苛嚴）的，刺舌

㊳ ἡδύσματος「經過調製或醃製（如鹽漬、酸化、加糖）而成為令人喜愛的美味食品」，這一措詞先已見於《靈魂論》卷二章三414b13。

㊴ καὶ κινήσεως「與其運動」，或擬「運動」字樣有誤。福斯特（**Förster**）擬為κιρνὴσεως調和（混合）之誤，羅斯《自然諸短篇校本》，《詮疏》頁二〇六，校作κιρνὴσεως只是上文μίξεως的複沓，沒有必要。可保留「運動」原文，而解為甜與苦調和時相互間的作用。

（辛辣）的，鹼鹽的，與尖酸的諸味，則屬於中間性滋味㊵。

味的品種分別，幾乎全同色別一樣。色與味各區別爲七種（七式）㊶，如果我們順其自然，把灰色看作黑色的一個變種。這裡，還得考慮，黃爲白色的一個變種，恰如我們認爲油膩是甜味的變種那樣；於是，挨次爲紅、海紫、綠與藍，爲白與黑之間的中間性顏色；其餘種種顏色，都由這些調和（混合）以成的。恰如黑色是在透明介質中全沒有（被褫奪了）白，鹵鹽與苦味是在濕食料中被褫奪了（闕失）甜味。爲此故，一切物品若燒成了灰燼，就都作苦味；其中所有可飲用的液汁，業已蒸發而盡了。

但，德謨克利特和大多數的自然哲學家，在研究「感覺」時，撰造了一個很不
442^b 合理的假設；他們假定一切可感覺物統都是可捉摸（可觸著）客體。於是，顯然，

㊵ 滋味品評，以甜味與苦味分屬於人們在味覺上喜歡的與討厭的兩端，中間四味，第一 αὐστηρός 和第三種 στρυφνός 是難於辨析的。αὐστηρός 於味覺而言為粗糙或苛酷，於人的情態而言謂「嚴肅」；στρυφνός（辛辣）於味覺而言，謂其味使口舌感應而收斂者，於人的情態而言，同於 αὐστηρός「嚴肅」。參看《靈魂論》卷二章九 421^a27-31，章十 422^b11-16。

㊶ 442^a20，ἑπτὰ … εἴδη「七種」的「七」字很可疑。亞氏於色與味的品種分別，兩相類似，若兼舉兩端（白與黑、甜與苦）則應為「八個」品種；若捨兩端，則各為「六」種。或依22-23行，並黃於白，並油膩於甜味，若是，則兩者乃各為「七個」品種。

若認可這個假定，其他諸感覺，便各都是觸覺的一種分式了。這裡，大家不難明瞭，這種假定不符事實㊷。有些事物是所有各項感覺統都能感應的，他們把這些共通可感覺物專屬之爲只有觸覺一項的可感覺（可觸）物；在一具有體積和重量的立體事物，除了它爲尖銳或敝鈍的以外，總還得有量度、形狀，以及粗糙或細滑等性質，這些通性，即便不全通於所有一切感覺，至少是通於視覺與觸覺兩項官感的。涉及共通可感覺物時，感官往往惑誤於所覺，但各項專門感官，對於它相應的感覺客體，如視覺之於顏色，聽覺之於聲音，是不會錯誤的，但這些思想家們，有如德謨克利特所想的，卻把專項的感覺物歸屬之一般的感官，他把滋味通於形狀，因而說明所謂粗糙的與細滑的正就是白的與黑的㊸。又，能認取共通可感覺客體的，毋

㊷ 442^a29-$^b1$，感覺客體的流散（輻射），應於感覺主體（器官）而成感覺，古傳為畢達哥拉，以及巴門尼得（Parmenides）之說，參看艾修（Aetius）四，13, 9-10［見於第爾士（Diels），《先蘇殘片》（*Vor Sok.*），卷一，頁二二六］。在亞里士多德的心理學著作中乃屬之於恩貝杜克里與德謨克利特。色奧茀拉斯托《感覺論》xi, 55、xii, 60、xiii, 69（第爾士《先蘇殘片》二，頁一一六—一一九）所記同於亞里士多德。柏拉圖《泰阿泰德》篇（*Theaetetus*），簡撮了原子論者（atomist）的感覺觀念（182B，1-17）。

㊸ 442^a29-$^b23$。亞里士多德否定德謨克利特把各項感覺總歸於觸覺的假設。修洛（F.C.E. Thurot）校《感覺與感覺客體》，本章，加括弧於這一節，認為這一章在講「味覺與滋味諸品種」，這一節

寧該當是視覺，而不宜任意舉而屬之於其他某項感覺。感覺功能對於與之相應的某項可感覺物，必能審辨其最微小的差等，若把這麼的功能屬之於味覺，那麼，味覺將是最擅於審辨「形狀」的官能了。又，可感覺諸客體，顯見有相反的諸客體之配對，例如於色而言，則有黑與白，於味而言則有苦與甜。但於形狀（幾何圖像）而言，這似乎沒有什麼是互相對反的；怎麼能說一個球形與一個多角形爲相對反的呢？又，「形狀」是爲數無定限的，那麼，滋味必須也爲數無定限麼？可是，一物可以引起味感而另一物乃絕無滋味？這裡，我們結束關於味覺與滋味的研究，滋味的其他相親近的諸屬性，在《植物自然志》中已有所敘述了㊹。

與上下文不聯貫，是題外語。亞氏指出形狀、量度等屬於共通感覺事項，通於視覺，亦可通於觸覺與味覺，不通於聽覺與嗅覺。又「共通感覺」（*κοινὰ τῶν αἰσθήσεων*），可以發生錯誤：五個「專項感覺」（*ἴδια τῶν αἰσθήσεων*）不會發生錯誤：德謨克利特昧於這兩異級功能的差別。

㊹ *τῇ φυσιολογίᾳ τῇ περὶ τῶν φυτῶν*《植物自然志》（*Natural History of Plants*），這樣的書，按照亞歷山大《感覺篇詮疏》87, 11-12，在他當時，絕未見到。按照這裡這一節，和《動物志》539^{a}20-21、《生殖》731^{a}19-20，亞氏確曾想撰此書，或已撰成此書。今亞里士多德全集亦有*de Plantis*《關於植物》之篇，或題云*Phytologie Frag*《植物學殘片》。現傳存有色奧茀拉斯托（Theophrastus）《植物志》（*Historium Plantarum*）與《植物原理》（*de Cans. Plant.*）是一本完整的古希臘植物學，世多揣擬謂，這書是這位亞氏繼任導師，依據亞氏遺著或資料，整理增補而完成的。

章五㊺

現在我們該以相同方式進而研究嗅覺，乾物體在濕液（湯水）中所產生的一項作用，相仿地也在經由空氣與經由水，而產生另一項感應。透明是水與氣的一個
443^{a} 共通性狀，而既屬透明，自然是嗅不到的；但由於它們能清發或浸洗已經潤濕了的乾性物，所以不僅在氣中，也在水內，引起嗅覺功能。於魚類㊻與介殼動物（貝蛤）㊼諸案例中，這是明顯的；雖則水中無氣（水中，任何時刻若有氣體生成〔氣

㊺ 按照Y抄本，十二—十三世紀，梵蒂岡261號抄本，以及其他幾種古抄本，卷五，開章前有 *'Αριστοτέλους Περὶ αἰσθήσεως καὶ αἰσθητῶν βιβλίον δεύτερον*「亞里士多德的《感覺與感覺客體》卷二」這樣的題目：那麼，現行的這本書，可能是章一至四與章五至七，分成兩個先後的時期撰成的。

㊻ 亞里士多德《動物志》卷二章十三505^{a}34-^{b}1，魚類沒有聽覺與嗅覺，也未見有司聽與司嗅的器官。這一節與本書這裡所說不符：但《動物志》（*Hist. Anim.*）卷四章八533^{a}11-16和本書這一節相符：魚不吃腐臭的釣餌，也不能常用同一種餌來誘取魚類。魚類憑嗅覺辨認這些餌料。薩爾帕（*σάλπα*）喜歡臭餌，可用排泄穢物引致薩爾帕（鮨）。以下553^{a}16-^{b}13，敘明漁民利用或香或臭的某種氣息，做多種方法以引致某些魚類。參看《動物志》553^{a}30-554^{b}14。

㊼ 《動物志》卷四章八534^{b}15-535^{a}13，述軟體動物，介殼動物與節肢動物（昆蟲），皆有嗅覺與味覺，都能憑嗅氣感應於若干距離外的食料。昆蟲雖不行肺呼吸而無鼻孔，嗅覺特為敏銳，蜜蜂與樹蜂都能憑嗅覺而尋取遠距離外的食料。

泡】就立即浮起水面之上了）；而且牠們這些屬類又是不行吸氣的，卻在水中確乎表現其具有嗅覺功能。人們不妨把水與空氣同樣當作潤濕物，則有滋味的乾性物體，在這潤濕流體中應就具備嗅覺性狀（香臭氣息），而這樣的物體遂將成爲嗅覺客體。考察那些具有香臭氣息和那些不具有氣息的事物，使人能夠嗅到的作用，顯然是有據於滋味的。諸元素如火、氣、水與土，若不混雜之於某些事物，而單純地只是些爲乾與爲濕的物質，皆無滋味，也就皆無香臭（氣息）。大海之具有一個氣息，執由此故；大海內含乾性而有味的物質。海鹽的氣息，較之礦鹽硝石㊽的氣息爲重；海鹽滲出的油【鹵】㊾，可舉以爲此事作證；而礦鹽硝石乃較富於土性物。石塊又是既無滋味，就也無氣息的一證，而樹木之具備香臭（氣息），正由於它們各有滋味；濕樹木之具味較乾樹木的具味爲輕淡。於金屬而言，金因爲無味，所以

㊽ λίτρον是νίτρον（natron）的雅典語拼音。埃及沙漠孟菲斯（Memphis）附近有礦鹽硝石（saltpetre），見於希羅多德（Hdt.）《史記》者，作λίτρον「里德隆」。亞里士多德《天象》卷四383^b, 384^a, 385^a, 388^b, 389^a，五見此物，作νίτρον「涅德隆」。涅德隆（硝石）是鉀或鈉的碳酸鹽（鹼）。

㊾ 原文ἔλαιον「油」，意蓋謂「鹽鹵」。

也無香臭。但青銅（銅）與鐵是有氣息的[50]。當這些事物經過燃燒（焙炙），除去了水分，它們餘剩的爐碴的氣息都是很少的了。但銀與錫的氣息較金稍多些，而較青銅（銅）爲少；這些金屬都是內含了水分的[51]。

有些人認爲香臭氣息是一些煙嘘氣，煙嘘氣，一部分是土，一部分是氣。關於氣息的觀念，人們實際都趨向於此說，赫拉克里特本乎這個觀念，乃謂世間萬物若使統變成煙，鼻將是感應萬物的器官了[52]。統概起來，對於嗅感，做不同的認識者，該包括那些主於蒸汽的人們，和主於嘘煙的人們，也該及於那些認爲這當出於兩者混合的人們。蒸汽實僅是水濕，而嘘煙，如曾敘明了的，則是氣與火兩者的混合，從蒸汽所能形成的，只有水，但由嘘煙轉變出來的，卻是某些式樣的土。然而，也許兩者都不是嗅感的由來；蒸汽既屬水所組成，而煙嘘卻全不留滯在水內。

㊿ 說銅、鐵、銀與錫有氣息，可用嗅覺辨識者，實謂這些金屬的結晶鹽類，這些晶體各含大量的結晶水，有色有味，也有些可嗅辨的不同氣息。這些金屬鹽類，經高溫除去其酸根與結晶水，可得金屬剩餘，或氧化金屬。參看柏拉圖《蒂邁歐》（*Timaeus*）58D-59B。

(51) 羅斯（Ross, W.D.）《自然諸短篇‧校本》，《詮疏》，頁二一四，443^{a}18注，引柏拉圖《蒂邁歐》58D4-59A6云，水有兩種，一是河海常見的水，一是熔融的金屬液體。古希臘人謂金屬內含有水者，於此取意。

(52) 參看第爾士（Diels）編《先蘇殘片》，赫拉克里特（Heraclitus）殘片，第7、第12。

443b 但如上已言及，水中所含存的事物卻是可具有嗅感的。又，嘘煙說，相仿於發播（輻射）說。如果發播說爲不佳（不合於理）(53)，那麼，嘘煙說也就不佳（不合於理）了(54)。

因爲空氣原有潤濕的本性，顯然，這可能含在氣中與含在水中的濕性作用於乾性物體而吸收了乾性物的具有味感的素質。於是，這就明白了，潤濕物，如在空氣中，發生了對幹物的浸洗作用；而嗅感所自的氣息，恰相仿於滋味。於某些案例，這確乎是可比照的；品評氣息的種別就和滋味的種別相仿，而爲粗澀（苛嚴）的、甜蜜（香氣）的、辛辣（刺鼻）的，與油膩（油氣）的，以及相仿於苦味而爲腐惡（臭氣）的。有如苦味那樣，人們厭於飲食，人們於臭氣也是那樣惱於吸入。於是，這可明白了，在氣中，也在水中，發生作用的嗅感氣息，實相當於僅在水中引致的味感作用。爲此故，寒冷與冰凍休歇了滋味，也會使嗅感滅失；寒冷與冰凍實際抵消了那激發感覺而產生滋味的暖熱。

---

(53) ἀπορροῖα 發播（流散）合乎本字的原義，近代或譯「emanation」，「發射」。本書章三440a17，說在視覺客體（色）上，發播（流散或輻射）說，是不合理的。

(54) ἡ ἀναθυμίασις「嘘氣」有乾煙、濕汽兩種，常見於《天象》各章節中。羅斯（W.D. Ross）《亞里士多德》（*Aristotle*）109-111，匯撮了嘘氣的大意。

但，嗅覺客體（對象）區分有兩個類別；有些人說可嗅物沒有類別，這是不合的，可嗅物確乎爲類有異。我們該應說明，於何命意而嗅覺對象爲類有異，又，於何命意，而爲類無別。有一類的嗅氣，是可以列置於如我們前曾敘述的，諸滋味的相同範疇的，有如可喜愛的和苦惱的這些詞項，就相應於香甜的和苦味的而成爲附屬名稱；既然它們是營養機能的作用，這類嗅感氣息激發動物的貪欲，它們成爲被喜愛的，但當動物們既飽既足之後，已無所需於它們時，它們乃轉而爲無可喜愛的事物了，有些事物作爲食品，其滋味，對於某些動物而言，是不可喜愛的，於是其氣息也成爲不可喜愛的。這樣的成爲可喜愛的香甜氣或相反的苦臭氣，實只是附屬於滋味而云然，而這樣的情況，卻於許多動物爲常見。另有些嗅感氣息、其爲可喜愛者乃起於它們的自體，譬如花卉的香氣；花香之或甚濃重，或爲清微，都不爲招惹人們而自獻爲食品，其所抒發者也不在激勵人們的貪欲，也許其旨竟是相反的；斯脫拉底識諷歐里比特說：「ὅταν φακῆν ἕψητε, μὴ πιχεῖν μύρον.你調製羹湯時，請勿
444a 澆上香料。」斯脫拉底恰正道破了人們調羹的譎巧，他們投我們嗜好的積習，混合兩項感覺之所可喜愛者，遂使我們迷誤了其爲喜愛，乃只自一項感覺引起的。從氣息引起喜悅感應，是人類的特性，所有其他諸動物，如我們前曾講過的，都專重事物內含的滋味，以選擇其食品。憑此以辨嗅氣的分類：人類所認取的，孰爲香甜而可喜、孰爲臭惡而爲苦惱者，出於氣息自體的嗅感，而其他諸動物所求者，則是相

應事物之滋味，附隨而來的氣息，其爲歡爲惱，只是滋味的從屬感應。

推究，凡由本性而爲感應的氣息，何以專屬人類之故，蓋由於人類腦部周圍區域的冷性。腦是自然地冷的，腦周邊血脈中的血是輕而清的，且又容易冷卻（爲此故，從食品中引發的滋味，當其冷卻時，促進了腦周圍的冷性，肇致病理泌液）。人類，爲了有益於他的健康，乃有這樣的嗅感功能；氣息，除外了這樣的作用，也就沒有其他作用。它顯然是在發揮這樣的作用；食品之味甜而可喜者，無論其爲乾或濕，往往有害於健康，至於事物之以氣息（香甜）而爲可喜者，則一般都有益於人的健康，無論其人之體質（或強或弱）爲如何。爲此故，嗅覺既由吸氣爲傳遞，這就不能及於所有一切動物，而只能達到人類或熱血動物之有如四腳（獸）者類，和那些自然地吸氣足夠多的類屬。嗅覺感官，自然地爲具有熱性，由其熱度，凡憑之以傳遞及於其軀體的腦部周遭，須是氣息之較爲清輕者，如此氣息確是有益於健康的。

自然應用呼吸於兩個方面，它的主要作用在於保護（幫助）胸腔，次要作用就在於嗅覺功能；當一活動物吸氣時，嗅感氣息也經由鼻管的運動，像似於從一個邊旁通道，跟著也吸進了。這樣形式的嗅感特顯於人類，因爲他獨具，憑體積爲比較計量，所有一切動物中最大又最濕的腦；恰正也因此而人類，於一切動物之中，獨能領會而怡情於花卉和相類事物的【芳香】氣息。這些氣息所發生的熱量與運動，

444b 平衡了他身上這個感應於嗅覺的構造及其周圍，過度的濕性與冷性。自然，於所有其他具肺而行呼吸的諸動物，只配給與嗅感的第二等級功能，避免爲牠們做成兩個分離的官能；自然認爲，對於牠們，這樣的呼吸方式就已足夠，讓人類能對兩個級類的嗅覺對象統都感應，至於其他諸動物就僅須感應於一個級類。但，這是明白的，那些不行呼吸的動物們，也具有對於可嗅客體的感應；魚類和所有各科屬的昆蟲類，對於營養物品的嗅覺氣息，雖在一個距離之外，便能很精確地察識，雖把這可以進食的事物置於遠處，牠們能憑其內含的營養性質，遙做明辨。譬如蜜蜂之於花蜜，就顯見了這個情況，蟻類的一個小種，所稱爲「克尼伯斯」的，以及海生動物中，有如紫骨螺，以及其他許多相似的種屬⑤⑤，都具有對於氣息的敏感以尋取其

---

⑤⑤《動物志》卷四章八534b29-535a12：「昆蟲所追求的食物是多種多樣的，牠們的味嗜各不相同：譬如蜜蜂老是縈繞於新鮮而甜蜜的花朵，從不棲止於凋萎的草卉；而郭奴伯斯（醋蠅）便叮住辛辣的事物，並不追求甜味。……介殼類具有嗅覺與味覺。關於嗅覺，這可由誘餌為之證明，例如紫骨螺喜歡腥臭的肉，牠感應到腥氣，會從老遠的地方引來。……凡動物之聞香或聞臭而引來者，這必然因為那發生氣息的事物，其味為牠素所愛好。又，一切具有口器的動物，於接觸到有滋味的液汁時，都會引起愉悅或厭苦的表情。」（漢文譯本，頁一八〇）這一節正可引作本篇本章443b13-444b15幾節，關於嗅覺與嗅感客體的兩級分類的箋注。所引動物實例，αἱ μέλιτται「蜜蜂」與αἱ πορφύραι「紫骨螺」，兩書相同；但本章中，κνίπας句，記明其為「蟻類」（τῶν μυρμήκων），

滋味爲合乎牠們進食的感覺（嗅覺）機能。但，這些動物的這種機能，與相符應的感覺（嗅覺）器官，究屬於牠們身上在哪個部分，迄今不明。

若說嗅覺，只有吸氣的動物們才得具備，那麼，上述這些不吸氣的動物，將憑怎樣的器官而爲嗅感，人們當然大爲迷惑。於一切能行呼吸的動物之具有嗅覺，這顯然是無疑的；可是，這裡所舉示諸動物，沒有一種是行呼吸的，而竟乃都有嗅感，也許在五項感覺之外，眞別有一項感官。但這是不可能的。識得香臭的氣息確是嗅覺的功能，而且這些動物確實感覺到了臭（香）氣，可是牠們由何途徑致此感應，也許是別異的。於舉行呼吸的動物而言，嗅覺器官上恰像有一個覆蓋，呼吸恰好揭開了這個事物，所以若不呼吸，牠們就像有所遮蔽，嗅不到任何氣息；但於不行呼吸的動物們而言，這個覆蓋先已是除去了的。以眼睛爲喻，這就可明白其眞相，有些動物有眼瞼皮，瞼皮閉闔，牠們的眼睛就什麼都看不見了；但硬眼動物【如蝦蟹】沒有眼瞼皮，不須有什麼來爲之揭除其遮蔽，視覺對象，在任何時刻，在可見距離之內，一經呈現於其前，牠們隨即見到了。相似地，於其他諸動物而

《動物志》中所舉則為κώνωψ（conops醋蠅）。κνῖπας本字當為κνίψ：《動物志》534ᵇ19，κνίψ與蜜蜂並列，應為「癭蜂」之屬（cynipid）。這裡「克尼伯斯」既列於蟻類中，當是蟻類中之aphis阿蜚屬（樹蠹，或蠹蟻，或蜜蟻）。

言，除了有些相應而爲致命的事物外，各個氣息不良的嗅覺對象，於牠們都不引起苦惱的表情。從煤炭裡洩發的煤氣，使人頭痛，甚或使之死亡；與此相仿，其他諸
445a 動物常被硫磺與瀝青的效力所殺死，因此牠們相率違避這些事物。但，這些動物，對於事物固有的不良氣息，倘若這些事物的滋味不屬牠們所愛好，作爲食物，牠們全然不取的，就漠然無動於其嗅覺感應（雖則許多植物具有使牠們嫌惡的氣息，牠們也是全不理會的）。

諸項感覺的總加是一個奇數，奇數常被應用爲中項的一個單位。諸觸覺——姑將味覺歸類於觸覺，而爲一個方面——又列其他感覺之必須經由介質而達成的，即視覺與聽覺爲另一方面，嗅感似乎可被認取爲兩方面的這麼一個中項。所以，嗅感的作用是可資營養諸物質的一個屬性（這些物質都屬於可觸摸物的級類），也是可聽聞與可看見物的一個屬性。因此，嗅氣在空氣中，也在水中感應。既然嗅感附現於觸覺，也附現於聽覺與透視，它就該是兼通於這兩個方面的了；因此論定嗅感氣息發於乾性物在濕體與液體中的浸出或滌散，是合理的。於嗅覺的種種，凡我們所能說明的，以及我們所未能說明的，就到此爲止了。

但，有些畢達哥拉學派的從者，所提出的一個主張是不合理的；他們說，有些動物以嗅氣爲營養（食物）。首先，我們見到食品都是複合物，供爲動物們做營養的物質，實際不能是簡單的物質，爲此故，進食後的動物，有如草木那樣，在牠們

體內體外，都是有殘餘（剩物）的。雖是水，若全不摻入些實物，也是不能用爲營養的，必須加入某些實體，這才能黏結而成食品。空氣當然更不如水，更不能使物體實成爲食品。還有，顯然，一切動物必須其軀體內具備一個容受食物的構造（部分），牠的全身由此以資取其營養。現在，嗅覺器官卻位置於頭部，而嗅感氣息，隨呼吸以進達這個區域，就像吸入的空氣一樣，必須止於呼吸所止的區域。於是，這就明白了，嗅感之爲嗅感，實無關於食品。可是，這也是同樣明白的，憑我們前已講到了的，憑我們自己（人類）的感覺而言，嗅感氣息實際有補益於身體健康，
445b 所以，於營養，以及對受到營養的人，嗅覺氣官和嗅氣是盡了它有助於人人健康的功效的。

對於各項感覺器官的陳述，就到此爲止。

章六

可許提出的一個疑難是，若說各個物體能容受做無限止的分劃，它的諸屬性也該可容受做如此的區分，所云諸屬性，我指說色、味、嗅、聲、重量，以及冷與熱、光、硬與軟。也許，這是不可能的；這些物體實際上各各產生感覺，而且正是依循牠們各所因應其專項客體之專項機能，題取了牠們各自的專項名稱。這樣，按照上述的設問，感覺須是無限地可區分的了，而且每一區分（分段）各須是可感覺

的；若非那個分段也具有白色，這就不可能具見其爲「白」。否則，一個既無色也無重量，也無其他屬性的事物，也得存在而可感覺到了。但，事實上，這樣的事物（物體）是全不可感覺到的；凡可感覺的事物（客體）已盡在上舉的諸項（五項）了。按照這個事理，每一可感覺物體，將不是由可感覺的諸部分組成的了。但由以組成爲各個物體的諸部分，不得是些數理抽象，而該須是可感覺的事物。又，捨卻感覺，我們將憑哪一個機能來審辨而認識這些？憑心識（理知）嗎？但它們直不是心識（理知）所考慮（思想）的對象，心識也不認識任何外在事物，除了那些與感覺相結合（交會）的對象。同時，若謂此義爲無誤，那麼擁護原子（不可區分物）理論的那些人們的主張，蓋是可取的了；我們的疑難，也許可由此而得以解釋；這一理論，我們曾已在《運動篇》τοῖς λόγοις τοῖς περὶ κινήσεως(56)中講述過了。闡明了這些問題，何故而色，味，聲與其他可感覺物之品種，各爲有限數目，將是清楚的了。凡具有兩方面的極限的事物，其中間級別（等差）必然是爲數有限的；彼兩相對反者，恰處於兩極限。而各項感覺對象都內含著對反（相反配對），例如於色而言，有白與黑，於味而言，有甜與苦，於所有其他諸項感覺客體而言，其相應極

---

(56) 實指現行亞里士多德全集中的《物理學》（*Physica*），參看這書卷六章一至二 231^{a}21-232^{a}25。

限，也就各是它們的相反配對。這裡，凡物體之具有延續性者，可以區分爲無限數的不等部分，但區分之爲相等諸部分，這就爲數有限的了(57)。至於物體之自性爲非延續者，則可區分爲若干有限數的品種。準此而論，這裡所涉及的屬性可以當作諸
446a 品種來敘述，而延續性則是它們的自然諸性狀之一，人們必須考慮到潛在狀態與現實狀態之間的差異；爲此故，人們看到了一個粟堆而失察於其中只有萬分之一那麼微小的粟粒，人們能聽到整個延續的樂調（旋律），而失察於樂調中的四分之一音程(58)。可是，兩極之間的間隔是沒有認明的。於其他可感覺物而言，凡屬微小分量，情況與此相同；潛在地，它們是被看到的，但它們若不從整體中孤離起來，現實地是看不到的。潛在的「一尺長」存在於兩尺之內，但，這只有被切開了之後，人們才能現實地有那個「一尺長」。但這恰是合乎自然的，這些品種的增值（增

(57) 照古希臘的數學語言來解釋445^b27-29句，一個真正的延續體不能無限地區分為相等分部分；若說能如此等分，那就自身須是無限的了。若做挨次至於極微的不等分部分，這是可以分劃至於無限次數的（例如2=2+1/2+1/4+… ad infinitum至於無限數）。

(58) δίεσις，希臘古音樂中的「半音程」（semi-tone）。亞里士多德書中稱為「四分之一音程」（quarter-tone）。這是樂音中最短促的音程，雖最優良的樂隊指揮也難審聽，半音程（二分之一）則是大眾能辨明的。參看亞里士多德［偽著］《集題》（*Problemata*）917^b35-918^a2；參看亞里士托克色尼（Aristoxenes），《協和樂調》（*Harmonica*）頁二二，梅伊蓬Meibom編訂本。

益）蓋當淹沒於它們的外圍環境之中，有如屑屑薄味潑入了大海。但這些微小增益，感覺自己是感覺不到的，即便從整體分離（孤立）了之後（這種分離活動只有在較顯著的感覺項目上才潛隱地存在），這也不可能現實地見到這品種的可感覺客體；它們既潛在地爲如此，這也只有在它們返合於整體之後，才能現實地爲如此。於是，我們已陳述了於某些量度（區分）與某些屬性，我們欠於注意；我們說明了這一失察的原因，也說明了它們作爲可感覺客體和不作爲可感覺客體的命意。但，由於有些感覺項目的某些品種，具有這麼樣的【這麼大的】存在，它們竟已成爲現實地可認見的了，它們不但在整體中確實存在，而且即便離立了之後，也是存在的，所以顏色，滋味與聲音【的品種】，必須是爲數有限的。

還有一個疑難應該予以考慮：這些感覺對象，或由它們所發起的運動（不管從哪個方向或途徑發起的），在它們成爲現實之先，是否先得抵達一個中點，有如嗅氣與聲音似乎就是這樣的？人站得較近於嗅源的，先嗅到這香氣或臭氣，而聲音既經打擊而發作，要待隨後才能抵達於聽眾。這於視覺對象與光，情況也相同麼？恩貝杜克里曾說到，太陽光在抵達地球，或大家的視野之前，先行寄止於一個中間點上。這一例示似乎頗得其實；凡被運動了的事物，其爲運動必來自某個動源，而運動於某個方向，運動發始之後，從一點至另一點，必須經歷一段時間的間隔。但一
446b 切「時」都是可區分的，所以在先未被看見以前，當有一段落的時間，光線正在這

中隔的空間運動（行進）。即便假設「聽」與「聽到了」，「觸」與正乃「觸及了」，在同時發生，這麼的間隔（段落）總還是存在的(59)，恰合符於使鐘發聲的一擊，業已打了，而聲音還沒有到達我們的耳中。言詞的拼音（聲腔），我們聽來已有變異，這可證明如此的變異是在這中隔空間發生的(60)，正當聲音向聽者行進，空氣的擾動，肇致了些變化，所以他所聽到的，就不符合於所說的了。於色與光，情況也恰正與此相同麼？這是不確實的，說其一人看，另一人就被看見，只因爲他倆正處在兩相等的某個境況；若然如此，這就無須乎兩人該應各有指定的位置了；若說事物可以一例爲之等同，那麼它們或相靠近和或相遠離，都無分別了(61)。這是合

---

(59) 見於《物理學》（*Physica*）卷七258ᵇ17；《說天》（*de Coelo*）卷一286ᵇ27。

(60) ἡ τῶν γραμμάτων「文字」或「拼音字母」，姑解作言詞的拼音；μετασχηματίσις「變形」，這裡，以形喻聲，譯作「變異」或「變化」；例如在大風中傳話，人就聽不清楚，發語者的聲腔和所說的是什麼。

(61) 《形而上學》卷五章十五1220ᵇ25-1221ᵇ12，《釋關係》（τὰ πρός τι）事物之間「關係」三義：㈠數的較大或較小，相比而成的倍數或分數關係；㈡主動與被動關係；㈢計量與可計量關係，例如感覺與可感覺事物之間的關係（αἰσθητὸν πρὸς αἴσθησιν）。這裡涉及「關係」論題，亞里士多德所指，不是第一與第三義，他在說第二義，即主動與被動關係，在這「關係」方面，事物間有「位置」差異。

理的，假設同樣的情況發生於聲音與嗅氣；它們所通過的間質（介體），氣與水，是延續的，所以，它們也得是延續的，可是，兩者的行進（運動），該設定爲分段的（有區劃的）。這樣，其一義是第一人和末一人聽到與嗅到了相同（同一）的事物，可是，另一義，兩人所聽到嗅到的，不是同一事物。但，有些人在這裡發生又一個疑難；他們就認爲一個人聽，或看，或嗅，和另一人所聽，所看，聽嗅爲同一事物，是不可能的；他們申辯，許多人站在相互分離的位置上，一人與另一人怎能聽或嗅到同一事物，若說如此，那個發聲發臭的事物將離立於自身了(62)。這些運動的發始者，有如鐘，或炷香，或火，大家同時所聽，所嗅，與所看的，雖然相同而其數只一的事物，而且是形式上相同的，但各人聽到，嗅到與看到的，在品質上乃

(62) 貝刻爾本《亞氏全集》第六冊，「諸短篇」（Opuscula）中，有「評議米利蘇（Melisso）、崔諾芳（Xenophane）、高爾基亞（Gorgia）諸家論題」：牛津英譯本有勒芙戴與福斯特（T. Loveday and E.S. Förster），據第爾士（Diels）一九〇〇年編校本（柏林）的英譯。980^{b}9-22，評高爾基亞（Gorgias）提出的一個「矛盾」（παραδόξ「不可說」或「悖理」）：「『同一個事物不能同時呈現於幾個離立著的人【的視覺】』：若說能【同時呈現】，那麼這同一事物將分離為二。但，他辯說，若同一事物而能呈現於幾個人，未必各人所得印象是全相似的（全相同的）。如果他們不在同一位置，而且他們所得印象各人不全相似（相同）；……」這裡，亞氏實際在應用這一「矛盾」例。

爲數有異（非一）。這些〔聲、臭（香）、色（像）〕不是物體，而是物體的某些專案的屬性或其運動（否則這樣的事情就不得遭遇），雖然這些屬性或其運動，都是與物體相關聯的。

關於光的事理是特殊的，與這些相異；光是一個現存的事物，不是一個運動。一般說來，形態變化與位置移動是不同的；空間運動自然先行於中隔空間（聲音顯
447a 然是某些事物在行進之中），但事物之爲形態變化者，情況不同，因爲一物的形態變化可能一時而全然突變，不是一半先變的（不是漸變的），例如水，可一時而全然冰凍。可是，這又該承認，水的高熱（增溫）與冰凍，須待大部分到達某一熱度，驟然〔融化或〕冰凍，大部分凍結以後，這就影響著挨次的部分，這樣，全塊冰凍也就不必限之於一刹那了。嘗味實際竟相類於嗅感，倘使我們生活於水中，這在尚未接觸之前，隔著一段距離時，就有感於味源之所在了。但，自然地，那些經由間體的諸感覺，除了光以外，就不是在同時感應的，間體的作用，前已講過，由於光肇致視覺（才能看見），那麼，視像就可以大眾同時看見。

章七

關於感覺，還有一個疑問，是否人能在同一個不可再區分的時間內，感應於兩

物（兩個感覺客體）[63]？或說，一個感覺的較大運動能否消除一個較小的運動？人有恰正在思想有所集中的時刻，或正在有所恐懼之中，或正在傾聽著一個響亮的聲音，他們的眼睛就看不見投入其視野的事物（可見對象）。假設這事理是確實的。又假設以下這事理也是確實的，感應於個別而單淨的事物（感覺對象）較易，感應於相互混合了的事物（感覺對象）較難，例如，品嘗（評定）純酒，比混合了水的酒的滋味，爲較易，這於蜂蜜，或於顏色也如此；聆聽下弦的單獨一個最低音較易，辨明在八度音程和聲中的這個低音節較難，因爲不同的音節相互中和（抵消）了它們的響聲。對於構成一個整體中的各個個體，這些情況是常有的。於是，其運動較強（較大）的一個，倘與運動較弱（較小）的一個相值，強大的隨即消除了弱

---

(63) 這一章的結構是複雜的。討論的問題是：人能同時看到（感覺到）超於一個以上的事物麼？447^{a}12-448^{a}19討論了這問題，並做出了否定的結論。448^{a}19-^{b}17試做如此解答：兩物之不能同時看到，若挨次地看，其相隔的時間是短而又短，以至於不能察覺。他隨又辯說此解答為不合於理。448^{b}17-449^{a}20他重論這一問題，而提出他自己的解答：五項感覺，各只能於一個時間內，感應於一件事物，但感覺的中樞機能乃能感應一個以上，兩個或更多的事物。449^{a}26-31他證明了凡不可再區分的極微客體，是不能被感覺的——微乎其微的，「極微可感覺物」（**minima sensibilia**）是沒有的（在感覺上不能實際存在，只在思想上存在於這些「極微物」——「原子」的大堆（集合體）中）。

小的，可是，那個強大者之爲感應，也得因此而比它單獨出現時爲減遜了；當那個弱小的與之混合時，實也抵消了它一些強度，所以一切單純的事物總是較易被感應。於是，若說有兩個各別的運動，恰恰相等，兩者各以其恰可相擋的強度，互纏著一同行進，那麼，其爲感應將不能分辨這是出於哪一個的。它們各在自己單純狀態中的表現，這已不可能得到感應。這樣，或於兩者各別說來乃全無感應，或說所感覺到的只是兩者合成的一種感應，那是和原來兩物各所抒的感應都不相同的了。這樣的效果，當兩事物以任何方式或比例組成，或混合起來後，似乎實際見到了的。這樣的混合，有時眞產生了一個合成的完物，有時恰實不產生什麼新物；如果所有參與此混合的各別事物屬於不同項的感覺客體，這就歸於後一情況「不產生什
447b 麼新物」（只有事物之性狀，其兩極屬於相反配對的，予以混合時，才能合成；一個白色物和一個尖銳物是不能合成單獨一個可感覺客體的，但事物之兼具或輔備有如此的兩項屬性者除外；尖輕音與沉重音則不能在同一拍上奏成諧和或交響）；所以，這樣的異項感覺混到一起，是不可能被感應的。兩者動能若屬等量，它們將互纏而對擋著行進，誰的刺激都不能突出。但兩物的感性若不等量，較強大的一個將激發感覺，因爲靈魂（感覺靈魂）在同一時刻，感應於兩件事物，蓋便依循它的常習，運用它某一專項感覺機能，好像這兩件事物恰就屬於同項感覺機能，有如尖輕（高）音與沉重（低）音，單項感覺的同時兩個感應，總比兩項感覺，有如視覺與

聽覺的同時感應，其爲功能，總是較大的。

但用一項感覺感應於兩個感覺對象，不是可能的，除外的，須是兩者統齊而合成爲一個對象；合成過程催使兩物化爲一個整體，只備具一項感覺，即符適於它的本性的一項感覺。因爲靈魂感應於事物，現實地只能依循一項感覺，所以，凡屬同時感覺到了的多事物，必須是既已化合（統齊）了的；凡感覺之其數爲一者，其所感應之感覺對象亦必其數爲一，但感覺客體之一於品種（形式）者，相應的感覺機能只可潛在地爲之單元[64]。若感覺機能而爲現實的一（單元），則它所感應的客體就該是一（單元）。所以，它們（原舉的兩物）必須是統齊而合成的一體了。它們在未合一時，現實感覺須是兩別的。案之單獨一個機能，在一個不可再區分的時間內，只能做單獨一個活動；既然於一頃刻間，靈魂只能運用一個機能的活動，那麼，在這裡，正在活動的機能就只有一個。於是，一個感覺機能是不可能感應於兩

[64] 這一章中好些造句冗長反覆而涵義有些紛雜，索解為難。14-16行這句，推究其意，蓋謂（用實例做說明）：倘你觀於兩個白色物，覺到了它們是兩個白色物，你確認所見的不是一個印象，乃是兩個印象，那麼，你蓋是用了兩個感覺功能，一感覺功能是不能同時接受兩個印象的。若說兩個白物只發抒為一個「白」的普遍（共通）印象，這樣離立於「諸白物」之為「白」者，你為之容受的感覺機能，固然只需要一個，但這樣的白色感覺只能是潛在的，不能是現實的。

事物的。又，既然同項感覺的兩個感覺客體，不能被一個機能，在同一時刻所感應，顯然，兩個不同項的感覺客體，例如一個白的與一個甜的，就更不可能由一項機能同時所感應了。靈魂不能關顧到其數爲一的什麼樣事物，但其物又必同時而是品種爲一的，靈魂能以其審辨感覺與方式，關顧到這樣的事物。這裡，我意在指說：感應於白的與黑的感覺，自身爲同項感覺，若與感應甜的與苦的感覺爲比照，該是異項感覺；這兩項感覺各循其自己的方式感應於其客體的相反配對，但兩者之所以爲感應者，蓋又內涵有兩通的審辨機能，例如視覺之辨識白色者，通於味覺之
448a 辨識甜味的法式，視覺之辨識黑色者，也通於味覺之辨識苦味的法式。

又，若說相反配對所引發的運動是相反的，其相對反者就不得寓寄於同一的不可區分的客體之中，相反配對之屬於同項感覺者，有如甜與苦，該是不能同時被感應的。感覺之屬於同項者，雖非對反，也是不能同時被感應的，例如有些顏色近乎白的，另些近乎黑的；相類似地，於其感覺客體而言，例如有些滋味近乎甜的，另些近乎苦的。多個混成（複合）客體也不能同時被感覺到（混成物是依其相反配對間比例複合起來的，例如全八度音程或五分之一音程），除外的情況，是幾個混合了的雜物，被當作一整個客體而感覺到的。聲音的兩個極端的比例，可以成爲這種混一的例，至於其他諸項感覺是沒有這種混成比例的；做成比例則可以有多數對比少數，和奇數對比偶數，反之，這也可以少數對比多數，偶數對比奇數。如果我稱

之爲「相應的」感覺對象，相互間的差距，愈更擴大，在同級類（項目）內的差距，比之異級類（項目）內的，爲更擴大（我稱甜的與白的爲「相應的」，雖然它們不屬同級（同項）；在品種（形式）上而論，甜之異乎黑，蓋較白之異乎黑者爲尤甚），這就蓋該更難同時感覺到這些（例如，甜的與白的），比之同級類[65]感覺對象（例如白的與黑的）。這樣，既然同科屬【不同品種】的多個對象不可能同時感覺到，那麼，異項的多個對象，當然是不可能同時感應的了。

現在，說到了有些人提出的，關於諧和（交響樂）方面的問題，他們指明一一樂音不得同時抵於我們的聽覺，只由於時間急促（短暫），因此，大家都失察了，眾樂音就紿騙了我們的耳朵，我們就好像是在同時聽到的。他們所說的正確麼，抑或有誤？也許這可以立即回答：我們只是由於未能察別時序的間隔，故爾假想我們

---

[65] Γένος為「科屬」，εἶδος為品種，是亞氏書中分類學基本名詞，小（「品種」specie）含於大（「科屬」genus），各篇中都如此措意。其偶爾混淆了兩字的原本的分類命意，失了相含的大小關係者，有《形而上學》卷十1058^{b}26-1059^{a}15，參看漢文譯本1058^{b}28注（頁二〇七），漢文翻譯本在那裡遇此混淆了的名詞，另譯εἶδος為「級類」（形式），γένος為「科屬」（種屬）。這樣的舛異也見於《動物志》卷一490^{b}16與17、《政治學》卷四1290^{b}33與36。《感覺》篇這裡一節，448^{a}17，τῷ εἴδει（specificially），與19行τῷ γένει（generically），恰也如此，與其他諸篇中基本措意相異。

是在同時視而得見，聽而有聞的。大概，這麼說是不眞確的，任何時間都不可能被失察或不被感覺，於每一這樣的間隔，必然人各有所覺知。在綿延無已（古往今來）的時序中，人皆感知其自身（自己）或任何外物，說他曾或失察於他的存在，這是不可能的；又，如果在綿延無已的時序中，竟乃有這麼一個短暫的頃刻是可以不被察覺的，這是明白的，在這樣的假想中，人蓋該失察於他自己的存在，而且，448b 若說他已有所見，竟乃不感知他曾看著；又，如果他正有所覺，卻說他所覺知乃無時間，而且也沒有那個感覺客體存在，或爲之做些例外的解釋，說他只在微乎其微的時間內，對微乎其微的事物，有所認視而已；這樣，毋寧就是說，由於其爲微小之至，眞乃存在有一些不可覺察的時間量段，或不可覺察的事物微量；於是，他目視一全線而且有覺于全時間的綿延無已，而竟然失察於其畸零的（微小之至的）什麼了。【從全線AB中】切除ΓB這段，這段（部分）就代表他視而一無所見的時間。推究這一設論，他感覺於或是一至暫的（畸零的）時，或是一至短的（畸零的）線，然而，無斯至暫至短的命意，他乃可憑所見到了的一小地段，以周視整個世界（地球），因爲他曾在一年中的某頃刻，行過一小地段，於是他就盡有理由，盡一個整年漫步周行整個世界[66]。但依我們的假定，在BΓ這線段（時間）內，他

---

[66] ①448a20-b18這一節，本旨在說明，兩個可感覺物，絕不能同時被感覺到。448a23-26，設想在瞬

是視而無所見的。而按之彼所設理，他是在全時間內看見了全線AB的，因爲他在一段落的時間內，看見了一部分的線段。同樣的事理，也適用於AΓ線段；這裡行將發現這麼的情況，人常可感覺到一個部分，在一個段落的時間之內，而人乃永不能感應於那個全部。所以，一切事物各可被感覺（看見），但其量度實不自呈於我們的感覺機能（器官）；舉例以明之，人有觀於一個量度，例如看見太陽，或在若干距離處所置的一個四尺之柱，然而他實際上是看不見這些事物的量度（尺寸、大小）的；有時這事物似乎顯示爲一不可區分的整體，但我們所見到的，實際上不是不可區分的。這在我們涉及這個論題時，前已講過其緣由[67]。於是，這可明白了，所云不可感覺的（失察的）時間，實際上是沒有的。

關於上述的疑難，我們必須愼重考慮以闡明：同時感覺於（認取）兩事物，究

息的短時間內，人們感應到了兩個感覺對象，雖在這短時間內，對於兩個物像，也許是先後分別成像，但由於這一瞬息，其為時序間隔，實至為短促，人們的審辨機能沒有那麼精微，於是就設想這是「同時」而見到了兩個客體。448^{b}7-9句，承448^{a}26-^{b}7，這漫長的複句，以「歸謬法」（reductio ad absurdum），證明448^{a}23-26的設想，內含有邏輯錯誤（「歸謬法」：甲方就乙方的設理，發為問答，誘使乙方一步一步地轉到與已原論相反的方面，落入了「原所持論」乃是「不可能成立的」。故「歸謬法」亦稱「raductio ad impossibile」）。

[67] 見於本篇章六445^{b}11。

屬可能或不可能。說「同時」（同一瞬息 τὸ ἅμα），我意指一個〔短促的〕時間，在這時間內對於不同事物之間的相互關係而言，是不可再區分的一單元。第一，倘靈魂具有不同的部分，運用這些部分，能否同時（在同一瞬息間）感覺（看見）兩事物，這裡所謂「同時」就是眞正的不可再區分的時間，而只是在全時間的綿延性意義上之爲不可再區分？或於諸項感覺中，在這裡，我們先舉有如視覺這一項而言，靈魂能否憑它一個部分感應（觀看）一個顏色，而憑另一部分感應（觀看）另一顏色，靈魂蓋具有若干品種不同的部分？至於它所感應的視覺對象則屬於同項（同一級類）。如果有人起而執持這樣的主張，恰如人之具有兩眼，與之相應的靈魂，就未必不也具備兩個相同的部分，於此，我們答覆，兩眼實構成一個感覺器官，它們在實際操作中，顯示爲一個機能的活動；兩隻眼睛構成一個觀看器官，我認爲在這樣的一個機制中，這個器官當是感覺（視覺）主體，如果它們分離著操持
449a 其功能，情況將是不同的了。又，於是這同項的感覺將成爲多數，恰如人們於知識而論，可有不同的多數分支。各個機能若沒有各自的潛能，就不可得到任何實現，感覺亦然，若無相應的潛在機能，這就不可有任何現實感覺。

但，若然靈魂在一個不可再區分的時間內，看見這些事物，明顯地，它也得在其他情況中，看見這些；較之於不同級類（異項）的事物，它該更易於同時看見，幾個這些同項事物。於是，若說這是確實的，靈魂憑它一個部分感應於甜味，憑它

另一部分感應於白色，對於這些，隨後所形成的感覺，必然或是一個，或不是一個。但感覺機能既然只是一個單體，它所感應到的也必須是一個。於是，對於這兩對象，那個單體機能究屬感應於哪一個呢？兩個各別的（異項的）對象，當然不能合組成爲一個單獨對象。那麼，這裡必須，如前曾說過了的，有一個部分的靈魂能遍感於一切〔同項〕對象，而且，還得有另一相異的部分，憑以感應於不同項對象。方在操作的機能之爲不可區分者，須得有一個機能通感於甜味與白色，但在完成了操作過程（感覺既已實現）的時刻，這機能蓋又是可區分而爲不同項的了。這於感覺諸對象（客體）爲事屬可能的，於靈魂而言也必相同（相應）而爲可能的。這個於數爲一的相同事物，可以既白而又甜，還更具有許多其他的性狀，若說這些屬性是相互混雜在一起的，它們的實是（本質）卻各別而分離著存在。這樣，我們必須設想靈魂也確乎體念著如此相同的情況，通感於一切事物（客體）的這個機能是其數爲一的相同單體，但其本體卻已是分化於現實感應而爲不同實是，有時則於科屬（級類或專案）爲別異，又有時而爲品種的別異。這麼，靈魂該應常以同一部分的機能爲感應，但在理論上乃假設爲不是同一個部分。

這當然是明白的，每一可感覺物（感覺客體）是一個量度，而所有一切感覺客體，都是可區分的。一個客體遠至不能爲主體所見的距離是無定限的，但其可得見到的距離（間隔）是有定限的。於嗅覺與聽覺客體，以及所有它項客體之不經接觸，而可得感覺者，咸同於此。可是，於不可見到（感覺）間隔（距離），該得有一個極端（終點），而於可見間隔（距離），則該有一個始點（起點）。這點（位置）必須是不可再區分的，遠於這點，就什麼都不能看見，在這點的距離之內，主體就必能見到客體。於是，若任何感覺對象是不可再區分的，而被安置於這個限點，即不可得見的終點，而又是可得見的始點，那麼，這客體將是在同時，既爲可見而又爲不可見，這是不可能的（是悖理的）[68]。

449b 關於感覺器官（機能）與可感覺物（感覺客體），它們的一般性質和諸機能各別情狀，我們已講述完畢。於剩下諸論題，我們必須先研究「記憶與回想（περὶ μνήμης καὶ τοῦ μνημονεύειν）。

---

[68] 現代幾何，點無量度，是無長、無闊、無高的；若用這定義，亞里士多德在這裡所設的疑難就自然消釋了。亞氏所設疑難：「實際上是『可能』而且常有的事，理論上乃是『不可能』的。」應用「點」的現代定義：一切具有量度的可感物，置之於這無量度的點上，就成為既處於可見始點之內，又在不可見終點以外了。

記憶與回憶

章一

現在我們應該研究「記憶與回憶」（Περὶ μνήμης καὶ τοῦ μνημονεύειν）了：記憶是什麼，如之何而成記憶，記憶與回憶的〔屬性〕功能屬於靈魂的哪一個部分。記憶良好的人不必就是擅於回憶的人，一般地，實際上，滯鈍的人記憶較好，而敏捷的人，擅於學習，也就較善於回憶①。

現在，我們優先考慮的題目是：入於記憶諸事物的性質，因爲許多錯誤常常源出於所記憶的事物。回想，不能著落於未曾有的事物（未來），這只是虛想或期望（有些人崇尚預言〔讖文〕，也許這就是一門關於期望的學術研究）。回想也與「現在」（當前的事物）無涉：現在屬於「感覺」這一門，於感覺這一門來講求學術（知識），它不管未來，也不管過去的事物，只管（現在）當前的事物。於是，記憶就專值「過去的事物」（τοῦ γενομένου）；誰都不能回想於「現在」（τὸ παρὸν），

① 《動物志》卷九章一 608^b11-15講到動物的性情與記憶與本章這一節相應者，有云，女人比之男人記憶較為良好，女人較易吵鬧而多詐偽，這和這裡所說不全相符。

不能回想當前「正在」的事物。舉例以明之，當有人正在看著某一白色物，他就不得說回想於某個白色物，正當其人在考慮某一論題而爲之推理時，他也不得說回想於一個理論研究的題目。其人所企求，於前者爲感覺，於後者爲知識。但，當其人既有了知識，或感覺，而不在運用這些成績時，於是，他就回想。例如，其人曾已習知或曾經考明一個圖形學案，一個三角形的諸角之和等於兩直角，或者，其人感到，他曾有所聞於，或有所見於某些事物，或這麼品種（形式）的某些事物；凡人在運用（操持）其記憶時，他常常說，在他的靈魂（心識）中，他先前曾經聽到，或感到，或想到了這些。

於是，記憶既不是感覺，也不是概念，而只是在時序逝去了之後，乃從這些引起的一種境界（慣性）或情景（影響）。如上已言明，凡此時此刻，正在表現的事物，是不能做記憶的，關涉於現行事物的唯「感覺」（αἴσθησις），關涉於將來事物的唯「期望」（ἐλπίς），唯關涉到過去了的事物，才是「記憶」（μνήμη）。所以，一切記憶都隱括了時序的消逝。這樣，唯有具備時序感覺的生物（動物），才能與之談論記憶，他們就應用時序感這個部分，從事於記憶。

關於「臆想」（φαντασίας），如先曾在《靈魂論》中（ἐν τοῖς περὶ ψυχῆς）說

過了的②，若全沒有一個心理印象，雖欲思想，總是不可能的。仿之於繪圖的過
450^a 程，思想過程正與相同；於繪圖而言，我們直不應用「一個三角形的量度（面積）是有定限的」這個成理，恰逕就畫了一個有限量度的三角形。同樣，人之有所思想者，雖若無意於有限量度這成理，可是，在他眼前竟展開了一個有限量度的形象，然而他眞沒有尋思於如此的形象。又，即便這事物的本性確爲一個量度，但是一個無定限量度，展開在他眼前的，卻仍然是一個有定限量度，然而在他尋思之中，當作一個無定限量度而著想。至於何故而思想不能有所聯屬（延續），或人們不能不憑時間（段落）以尋思於原無時限的事物，這須是另外的論題。但，基本上，這該確認，心理印象是一般感覺（共通感覺）的附隨效應，而考慮（思想）於量度與運動，則必依憑於時間因素③。所以，這是明白的，這些情實的認識，屬於第一感覺功能。可是，記憶與所思想諸事物（事情），不能不先有一個心理印象爲之準備。這樣，它們好像又該附隨地屬於思想功能（心識）了。但追索其本質，則它們總是由己地屬於第一感覺。這就是記憶何以不專屬於人類，專屬於那些能思想而持有概

---

② 《靈魂論》卷三章七427^b27-429^a9；章八432^a10-14。

③ 450^a9-10, μέγεθος. . . καὶ κίνησιν. . . καὶ χρόνον「量度、運動，與時間」這三者，都是「共通感覺」（κοινὴ αἴσθησις）的客體（對象），參看《感覺篇》437^a8-9。

念（成見）的人們，而是某些動物也具備記憶的緣由。但，記憶若專屬於（全屬於）理知功能這個部分，在許多其他動物，就不會存在（具備）記憶，實際上眞也如此，許多動物沒有記憶，也許，雖是人類也不是任何人都有記憶，因爲人們也不全都具有時間感應；按照我們前曾講過了的，凡人在運用其記憶時，就回顧於他所曾見到的，聽到的，或曾學習到的某些事物（事情），他常常於此顯示其增附感覺，隨和著說這是他「在先」聽到的；這裡，「在先」或「在後」都是關聯於時序的。

於是，這是明顯的了，記憶所關涉的靈魂的那個部分，就是臆想所關涉的那個部分；一切心理印象原本就是記憶的題材。那些不能離立於臆想而存在的印象，則是附從於臆想而引起的記憶題材④。疑難可由這裡引起，人，如之何而能在不屬現

---

④在《感覺》篇中，「臆想」是緊跟著「感覺」而引起的，於心理上所出現的是一些「似乎如此」（seeming so-and-so）的印象。在《記憶》與《說夢》中，他應用這詞以說在感覺客體逝去以後，或久已消失之後，所感覺或見到的現象。在《靈魂》論中，「臆想」特別相關於「共通可感覺物」如量度、形狀之類（例如太陽之為「一尺直徑」），即屬於共通感覺的，易於發生錯誤的事項，不屬於各個不會發生錯誤的專項感覺。凡是隔了若干時間以後重現的專項或共通感覺的真確印象，這就是「記憶」；凡這樣隔時的錯誤的感覺印象，這必出於「臆想」（幻覺）（參看羅斯《自然諸短篇，校本》，〈緒論〉，頁二十一－二十二）。

行的事做回想；這是說，思想的活動正當現在，但所思想的客體卻如今不在。這是明顯的，靈魂（感覺靈魂）當內含在軀體的某個部分，人必須思想到，由於感覺在靈魂上所造成的一些生活形象（寫眞）——就是這樣一種效應所成的最後的形象，我們乃稱之爲記憶；這種狀態的展示，隱藏著感覺活動（運動）的某些印記，恰如 450b 人們用指環印章按下的一些印記⑤。爲此故，有些人，由於疾病或衰老的原因，雖歷受許多的刺激（運動），而不成記憶，恰似一個刺激或一個印章，沖著了或列印於流水之上。對於他們，圖像就無可著錄，他們已經這樣疲軟，有如房屋的頹垣，處處崩塌，自然不受印記，或他們相應於此的部分已經硬化，這也就不受印記了。爲此故，幼小的稚兒和老人，都是記憶不良的；稚兒由於他們正在生長，老年由於他們正在衰壞，他們的相應機能都在流移狀態之中。由於相似的緣由，過度敏捷的人和特別滯鈍的人，記憶也不會良好；前者較爲潤濕，後者較爲硬固；於前者，雖打上圖像，可不能保持，於後者，它是不受列印的。

如果，這就是對於記憶實況的正確說明，記憶蓋即人們回想於現時的效應，抑或是由以引起回想的原件？若說是前者，我們不該能回想任何現今不在的事物；若

---

⑤「指環印章喻」οἱ σφραγιζόμενοι τοῖς δακτυλίοις，蓋從柏拉圖《泰阿泰德》對話（*Theaetetus*）191C8-E1引取的。

說是後者，我們又怎能於現今不在的事物有所感覺，而憑如此實際上不可得的感覺做回想？倘說一個印象或一圖畫，對於我們，其爲效應是相同的，何以這記憶中的感覺，不做自體感覺而爲它物感覺？方其人正在運用其記憶時，他考慮並感覺到了這個效應（作用）。於是，他是怎麼回想到當前不在的事物的？這裡隱括了這麼一個涵義：觀看與聆聽當前所不在的事物是可能的。誠然，這既屬可能，而且實際上顯示了這個情況。在畫幅所描繪的這肖像，既是一圖畫，又是一肖像，兩者是同件事物，可是，它們的現實存在（實是）卻不是同一的，若說把這圖像兼想爲一個生物的原本，卻又是一幅肖像，是可能的，那麼，我們也該把我們內現的心理形象，兼顧之爲其自體表現，卻又是它物（它身）的一個心理形象。作爲自體表現來考慮，這是一個思想客體或一個心理形象，但，作爲某個它物（它身）的肖像而論，則我們所思想的乃是一個攝影，是一個記憶客體。所以，方當刺激在活動之中，若從乎其自體而觀之，靈魂於此的觀感，就顯見其爲一思想對象或一心理形象；但，如果作爲它身的一個肖像而論，那麼，恰似人們把畫幅中的人物看成了一幅肖像那樣，他雖未嘗晤見哥里斯可，可就把這畫中人當作了哥里斯可的肖像。於後一案
451a 例，觀乎此圖（肖像）而興起的情感是與作爲圖畫而觀看此圖的情感是不同的，由前者而入於靈魂之中的就只是一個思想對象，但由後者之若此而爲成像，則已是屬於記憶的題目了。爲此故，當我們靈魂中的這種刺激（運動），原先從感覺興起

時，我們不知道，這是否由感覺發生，也懷疑這就是記憶，或不是記憶。但，有時，我們偶爾反思，回想到這一某事某物，先前曾聽到或看到。現在，可眞碰上了，我們又想到了這事物，先是作爲它自體而設想，隨即又轉而作爲另一某事物來考慮。相反的情況，也會碰上，有如渥留奧人安底費隆⑥以及其他瘋癲的人們，就把他們的心理形象（幻象）當作實際發生的事物（事情），而且他們似乎眞的回想到了這些事物（事情）。這裡所遭遇的是，有人把原不是一個肖像，當作了肖像；但屢經了回憶過程，這就由於積習（反覆地操練）而保持爲「記憶」。記憶非它，實際就只是對於一個其自體不是現實存在的形象（肖像）的反覆思念。

　這裡，我們已解釋了，記憶與回想是把原只是一個心理影像，看成爲一肖像，這樣的一個效應；這樣的心理效應，將何所歸屬呢（？），這歸屬於原始感覺，歸

---

⑥ 以弗所人密嘉爾（Michaelio Ephesii）《詮疏》17.30-18.2，謂這裡的τοῦ ἀναμιμνήσκεσθαι安底費隆，即《天象》373^b4-10：「一個視覺衰弱，觀象模糊的人；當他步行向前時，常看到有一影子在他面前，正對向著他自己。關於他時常發生這一現象的原因，蓋就是他自身的映影；……」亞歷山大（Alex.）《天象・詮疏》（*Meteor.Comm.*）148, 5，與奧令比烏杜羅（Olympiodorus）《天象・詮疏》（*Meteor. Comm.*）232, 9-15，說那一節的安底費隆是泰倫托人（Tarentum），不是這裡這一節的（歐卑亞島上的一個小鎮）渥留奧人。關於安底費隆其人，沒有其他典籍上提到，無可考證。

屬於我們靈魂（心理）的具有時序感的部分。

章二

這裡，還須講述「回憶」（τοῦ ἀναμιμνήσκεσθαι）。但我們先得承認，前曾於我們《辯證試論》⑦陳明的一些事理，是眞確的，承認這些事理已是證實了的。回憶既不是恢復記憶，也不是獲得記憶（μνήμης）；當人們領受或習知第一個感覺印象時，不能說他恢復了任何記憶⑧（還沒有什麼已過去了的印象），也不能說他從這個第一印象獲得了記憶；只有在他已體會了學習的效益之後，或領受了這感覺印象的後效之餘，於是，這才可說到記憶，所以，記憶實不同時起於領受感覺印象

⑦ 'Εν τοῖς ἐπιχειρηματικοῖς λόγοις《辯證（或正或誤）試論》，這樣的一篇對話，不傳於今。鮑尼茲（**Bonitz**）《亞里士多德全集索引》（*Index*）$99^{a}40$解此篇名為《試論》，忖即本篇之章一，別無如此的《對話（辯證）》。索福尼亞（**Sophonias**）設想亞氏確另有這樣一篇專論，做「或正或誤」這種敘述（簽題）的對話。拉爾修人第奧根尼（**Diogenes Laertius**）《學者列傳》中《亞里士多德傳》所附書目，有第33號 ὑπομνήματα ἐπιχειρηματικά、第65號ἐπιχειρημάτων,α,β，又，第70號 θέσεις ἐπιχειρηματικαί，密嘉爾（**Michael**）《詮疏》20, 16，謂所指這篇，應在《集題》內，但現存《集題》全書內，實無如此篇章。

⑧ 在這裡，亞里士多德的命意，當在否定柏拉圖「記憶」（μνήμην）就是「學習」（ἡ μάθη）之說。

的頃刻。又，在記憶最初出現於不可再區分的終極感覺機能內的時刻，作用（影響）已經存在於被作用者之內了，「知識」ἐπιστήμην正也如此，如果，人們可以說情況（習性）或作用（影響），就是知識（這裡，沒有什麼會得妨礙我們附隨地回想於某些我們所知的事物）；但，記憶必須等候時間逝去之後，才能興起；人在當今回想於他過去所曾見或所曾受領的事物（事情）；人在當前，不能回想於當前正 451b 在經歷的事情（事物）。又，這是明白的，人可能回想不起早先所曾感覺到或領受了的種種，卻想著了此刻沒有要喚回的事情。但當其人恢復他早先曾具有的知識或感覺，或恢復了早先著此記憶的情境，正當這個時刻，他就可說，發生了回憶（ἀναμιμνήσκεσθαι），相接而來的就現示了所說的舊事。可是⑨，回憶的過程隱含有記憶，而且這記憶跟著就來到。說：「過去了的這事情重新興起。」這也不全然眞確，這只是在一個方面爲眞確，於另一方面來說，這是不眞確的。因爲同一人重複兩次發現而習知同一事情，是可能的，這裡，於回憶而論，必須與此不同，凡做回想，不能依循於我們所由習知（認識）這事情的原始刺激，而必須溯洄於這原始

⑨ 這裡，這個承轉詞，δὲ「可是」，所承轉的詞意應是：「雖則『記憶』不必隱含『回憶』（ἀναμιμνήσκεσθαι）。」原文脫略了這樣一個前分句，直接上「回憶的過程【卻】隱含有記憶，」這樣一個後分句。

刺激以外（以後）的某些刺激（作用）[10]。

當一個活動（刺激），自然地繼之以又一活動（刺激），這就發作了「回憶」的效應；現在，若然所發生的連續順序是一個必然順序，這就顯然，一個刺激既行之後，挨次的另一刺激，也隨即跟著發生；但，如果其順序不是必然（不可避免）的，而只是尋常的，那麼，第二個運動（刺激）就只是照常地相隨而出現。可是，有些人乃有這樣的情態，只遭遇一回的刺激（活動），對於他竟比之於領受了多回的刺激，反更容易形成他的習性；這樣，我們於某些只見過一次的事物，比之於見過多回的事物，反更能做較深切的回憶。於是，當我們進行回憶時，我們因早先種種刺激（活動）之一，而引起活動，相繼而直到那個尋常隨續的那個刺激而止。所以，從當前一件事情開始思想，我們緊跟著這麼的線索，溯源於某些相似的，或相對反的，或與之相關的，這樣的順序[11]。如此而回憶興起，這些發始的刺激（活

---

⑩ 章二451^a18-$^b10$，亞里士多德分別μνήμη「記憶」與ἀνάμνησις「回憶」的差別，實際在柏拉圖對話《斐多》（*Phaedo*）73E1-3、《米諾》（*Meno*）81C9-D5、85D5-6、《費勒波》（*Philebus*）34^b6-8中，已有所啓示：回憶為「搜求」某個先前的心理印象的過程，在《米諾》篇中，也頗有發揮。

⑪ 451^b19-20，回想的線索、源於事物之相似，與相反與相關者（ἀφ᾽ ὁμοίου ἢ ἐναντίου ἢ τοῦ σύνεγγυς）蓋為今心理學上「聯想律」（**Laws of association**）的原始程式，亞里士多德這一原始程式蓋為

動）有時正和我們所追思者相同，有時乃在同一刻間，遭逢多種刺激，有時恰正肇致了我們所企求或搜尋的事物，如此所得這麼個部分，實際乃由種種刺激的，其中一個小小的刺激得來的。

這就是人們激發回憶的方式，就是他們由以進行回憶的路徑，當刺激一個跟著一個相接而至時，他們雖不欲繼續思索，而回憶終於抵達那個所企求的部分；一般說來，我們上所講起的種種刺激，終於激動了那某個恰正相屬的刺激。我們不需要考慮如何來回想遠年的舊事，可以自限其回想於近時的往跡；這是明顯的，回想的方式，於兩者相同，就依循於一連串的相續的情節，而無所假借於預擬的探索與節外的回憶。按照習慣（成例），刺激（運動）相接而來，一個跟著一個。人有企圖喚回某些往事者，他就可取用這個方式。先爲刺激（運動）尋取一個起點，循此起

柏拉圖對話《斐多》73B2-74A4的聯想諸例的總括：⑴見到所愛者的遺物，如一弦琴，或一外套，則思念逝去的愛人（「睹物思人」）。⑵見到息姆米亞（Simmias），則憶及其所友好的賽培斯（Cebes）。⑶見到了一匹馬的畫像，想起了這馬的主人。⑷見到息姆米亞的畫像，想起了賽培斯。⑸也想起了息姆米亞本人。柏拉圖原先總結這聯想五例於第四例，ἀφ᾽ ὁμοίου「相似」和第2 συνεχῆς「延續」，蓋即亞里士多德的「相關」τοῦ σύνεγγυς。「相對反」或「相對照」例，ἢ ἐναντίου則是亞氏在這裡增益的項目。

點，挨次而下，他終可獲致他所企求的某個往事。所以，回憶之能先得一合適的起
452a 點者，常能盡快速地，最有成效地，取得結果；因爲一樁樁往事之循序相接者，其所由引起的刺激（活動）恰也如此循序相接。那些題材之具有整秩的陣列者，例如數學命題，最易於回想；另些較低較次的題材⑫，思欲回復，就有困難。回憶與從新學習，兩者之差別就在這裡，若云回憶，他可能經歷若干自力的活動，從起點遂以達於所求的舊題。但於其事之實無記憶者，回想是無效的，這就只能從另些途徑（依憑）進行了。

常常，有人一時喚不回往事，但〔別又〕找到了他所想念的事物。當其人動念於許多刺激（思想活動），這就會遭遇這樣的景況，最後他動念到某個刺激，於是他所想要的往事畢竟跟著就來到了。回想確乎有賴於其人潛存著的激發因素；如曾已講過的，激發因素實際存在於其人自己，就在他所有的諸刺激之內。但他必須捉住這個起點。爲此故，有些人就應用「落點法」（ἀπὸ τόπων分區法）來進行回憶。緣此起點，人們就逐點（挨著分區），迅速地一步一步（一點一點）通過；例如從「牛乳」聯想到「白的」，從白的聯想到空氣，從空氣聯想到潤濕的原野，如果他

⑫ 從希脫（W.S.Hett）校作 τὰ δὲ φαῦλα，譯「另些較低較次的〔貧乏的〕題材」。貝刻爾校本，原分句：τὰ δὲ φαύλως καὶ χαλεπῶς「另些題材」，思欲回復，可就「貧乏而有困難」。這是不易通解的。

原來在試欲回憶某一個季節，這一回，他恰正想到了那個「秋季」。一般說來，中點似乎是一個良好的起點；人有任何它點，前點或後點，而不能引起所需求的回憶者，殆一接此中點，他就回憶到了。舉例以明之，假如人有思想於一個系列的刺激（活動）者，茲以ΑΒΓΔΕΖΗΘ這些字母代表這一系列；其人，若不能從E點喚回所需的往事，可在Θ⑬點，乃得還致其記憶〔在E點失誤的原因是〕，從這點起，運動可進向兩端，或向於Δ，或向於Z⑭。假如其人所想找回的，或是H，或是Z，倘使他的回憶抵於Γ點爲之緣起，他能喚回所想的往事。如其抵於A點爲之緣起，他可就喚不回了⑮。成功之道，常由如此的路徑。有時能喚回所搜索的事物（事情），有時卻不能（失誤），推究其故，這就因爲同一個起點，可以行進於不止一個方向；例如Γ點，我們可由以進向到Z點，或也可以行到Δ點而止（斷）。

---

⑬ 貝刻爾校本作EΘ，從羅斯（W. D. Ross）校改為Θ。

⑭ 貝刻爾本為E，從羅斯校作Z。

⑮ 452a19-26這一節，照原文的貝刻爾（Bekker）校訂，各行所措回憶序點（字母）多有錯亂，實難通讀。19-21行這句，循羅斯校改了兩個字母，稍就通順。但21行以下這句，其旨總在說，若要回憶有效，重在找準起點，但原文實際沒有能說明其中因緣。歷代詮家相繼為之校改，難得恰當的措詞。

人們如果不是在沿著老路行進，他就老是懷有要轉向於他習常路徑的趨致；因爲習慣就是後成的天性（自然）。我們循習熟了的思想行道搜索而進，所要回想的某事很快就來到；在自然中，一物跟著一物，比次相從，我們操持其機能者，正也如此；凡是反覆地習成的動作，就若出自然（天性 φύσιν）⑯。但，完全自然的現452b 象也會得發生反常（παρὰ φύσιν 超於自然）的情況和偶然的事件，「習慣」（ἔθος）也恰正相似，而且可有更多的「事出偶然」（ἀπὸ τύχης）的機會，於這裡，「自然」之爲義，就得別裁了；這樣，人之追思到了這分區（落點）中，就不免失誤了，當有些刺激（活動）具有放散（迷誤）思緒的趨向，甚或促使思緒倒轉去了，當其人遭遇這樣的境況，這就特易於發生失誤。所以，人有急於回想一個人名者，他想到了一個與之相類（近似）的名字，可就怎麼也記憶不起所搜求的眞正名字。回憶，於是，就落入這麼個境況。

但，在回憶（認識）中，最重要的因素是時間，或是精確的，或是無定準的。

---

⑯ φύσις ἤδη τὸ ἔθος（452^{a}27），「習俗（習慣）是後成的自然」〔**custom (or habit) is a second nature**，積習是第二天性〕：亞里士多德著作中這名句，和中國先賢成語「習慣成自然」或「少成若天性」，是相符合的。下文，造句稍異而命意全同，τὸ δὲ πολλάκις φύσιν ποιεῖ（452^{a}31），「反覆習成的【動作】就若出自然」。

假定人各具有析別時間或長或短的一個機能；這是合乎自然的，設想我們都能像析別形狀（空間）的大小那樣，析別時間的長短。心識（理知）之思想於事物，無須因爲其物甚大，且在遠處，而近就其物，某些人意謂心識須近就其物，才能識知其物者，他誤以心識的操作，類似於視覺的操作了，心識之思想於事物之不在當前者無論其爲遠爲近，都同樣地容易，人們是應用（憑藉）一個心理刺激（活動）來進行思想的；在心識中存在有相類似的形象與活動。於是，試問，心識（理知）之思想於較大的事物，有所異於思想較小的事物麼？不妨，姑作此說，在心識中所現事物的形象都以相應的比例，較之在心識之外的原物縮小了的。於是，也許，恰如我們設想的，在人的意識中，各記憶體有相符的形象在，那麼，我們也可設想，他於距離而言，也記憶體有相符的意識。於是，倘心識思想於AB：BE這個比例（公式），他隨即識知ΓΔ[17]，因爲ΑΓ與ΓΔ和AB：BE的比例是相同的。可是，如何思想於AB：BE，聯想只及於ΓΔ而不及於ZH？當然，這因爲AB於ΑΓ之爲比例，相同於Θ之比I[18]。所以，對於這些運動，刺激是同時爲作用的。於是，他若要思想ZH，他雖照舊念及了BE，但這一回須考慮Κ與Λ之比，而不是Θ與I之比；因

---

⑰ 貝刻爾本ΑΔ，校改之為ΓΔ。

⑱ 貝刻爾本Μ，校改之為I。

爲K同於ZA，是和Λ同於BA作比的⑲。

倘事件的刺激和激發的時間恰正相符，於是其人於那一事件就確實地回想到了。但，如果其人臆想某一事件發生的時刻，實際失誤了，在那時刻，那一事件，實未發生，若此而他自謂已得其回想，這就被幻象所給而轉以自給了。可是，人的回想如果眞有了著落，他便不能設想這還沒有著落；凡回憶，必含蘊著自覺，一經憶及，他就知道，這已得其著落。但，如果這運動引發而出現的所憶及的往事，於時間上是不符合的（脫離了的），或這運動激發了眞確的時間，可是在這時間上，未能現示這該應發生的事件，這樣，其人所做的回想都是失敗的（沒有成效）。

---

⑲ 索福尼亞（Soph.）《感覺篇詮疏》附圖案，現存的《亞里士多德集》E抄本所附圖，蓋依索氏圖改作。密嘉爾《詮疏》（*Mich.*）的現存R抄本，也有插圖，與原文不全切合。有如上節，這裡行文也有率略或闕漏。茲從希脫（Hett）英譯本作圖，說明452^b17-24這一節的數理（幾何）敘述：有人一念及於AB：BE的比例，他隨即可憑此圖像，得知AΓ與ΓΔ的比例與之相同。以BE為Θ，ΓΔ為I，則Θ：I，也相同。但進而延伸及於AZ和ZH，而詢問AZ（=K），和AB（=Λ）之間的比例，這就不是他所能識知的了，因為這些實際在於他的心識之外。

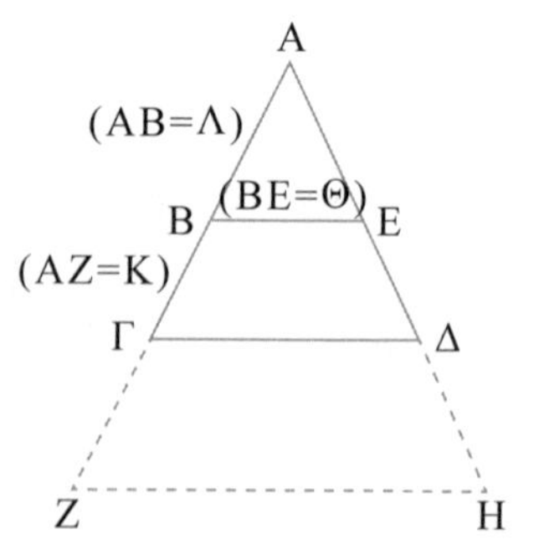

可是，運動（刺激）之引顯時間回想是雙承的；有時，人之憶及某一事件，隨
453a 同有一個眞確的時間，例如他說出這件事是在前三日的那一天遭遇的，有時卻說，這件事是曾遭遇的，但何時遭遇此事，則已記不清楚了；然而這樣一個雖則時序不明的活動，仍該確認其人做成了一番記憶。人們的常習就是這樣的，他們回想到某樁事情，可是，這事情發生在何前何後的時限之兩端，已全模糊了，但這事情是確實遭遇的。

我們前已明確指陳，人之記憶良好者與人之敏於回想者，兩不相同。回憶與記憶，不僅在有關時間的方面相異，兩者之間還有一個差別是，許多其他生物都參有記憶，但，除了人類以外，所稱爲動物者，誰都不能做回憶。這因爲回憶包含有一個論理（推比）過程；當其人從事回憶之時，他凝想於以往曾見到或聽到，或接觸到這麼些事物（事情），這是一個追索的過程。這種功能，自然只賦之於那些具有評議機制（意願靈魂）的動物；而意願（選擇）實抉之於一個論理（推比）過程。

但，事實是這麼的，回憶原是在體內（物身之中）尋求一個心理印象，可是，它的作用也多少中於（影響）身體（生理），有些人，當他回想某事而不得著落時，顯見有煩躁的情態，即便他既已放棄了再續回憶，可是在心理（靈魂）上引起

的擾亂，仍不平息，於那些易於激動的人們（屬於黑膽汁型的人們）⑳，心理狀態的被擾亂者尤甚；這類型的人們是特易於感受心理印象的衝動的。推究他們有失於回憶功能的原因，恰有似人們拋出了一石塊，卻就沒法停止這石塊的滾動，人之行於回憶與搜索往事者，也類乎如此，發始了一個生理（體內）運動，而不能自已。人身所由發始運動，亦即行使回憶與探索前影的部分㉑，被干擾尤烈；運動一經開始，就難於停歇，思想循著直線行進，直到達於所求的客體（往事）而後止。爲此故，他們發作脾氣，憤懣或恐懼，他們一旦開始了一個運動（刺激），這就停不下來，即便事件已轉出反向的運動，他們自體也引出相對的反應。有些人就碰上這樣的經歷，偶爾唱起了一個樂曲，或提到了一個姓名，或講起了一句什麼話，他一經從自己口腔著力地發作了之後，雖自想要歇止下來，也竟勢有所不能，於是他們一而再、再而三地，繼續地重複唱著這些，或叫著、講著這些。

453b 那些上身特長的人們以及矮人們，比之與相反的（下身長而上身短的）人們，記憶較差，由於他們藏納感覺器官的部分（體段），負荷著較大的重量，發始回憶

---

⑳ τοὺς μελαγχολικούς人之「黑膽汁型」者，多以言其人性情悲切；這裡謂「易於激動」，《睡與醒》457a22、《夢占》463a17, 464a32，皆取此義。參看《尼哥馬科・倫理學》（*Eth.Nic.*）1150b25。

㉑ 這個潤澤多水的部分，這樣的部分（機能或構造）指「心臟」。

的起動能力，不克與之相稱，回憶因而不能循直線進行，遂以迷離了應可抵達其所追求者的方向。稚兒與老耄們統都記憶不良，因爲他們的生理都在變化之中，後者隨將衰亡，而前者則在迅猛地發育（生長）；又，小孩一般作（頭重腳輕的）矮相（上身的比例大於下身），直到他們成年時，上下身的比例才轉變過來。

這裡，結束我們關於記憶與回想的論述，敘明了這些題目的本原，也講到了生物（動物）憑以操持回想的這部分靈魂（機能）。我們也已闡述了回憶是什麼，若云何而行作回憶，以及行作回憶的緣由㉒。

㉒ 這篇關於「記憶」與「回憶」於心理機能上的說明，以及兩者的分別（章Ⅰ 451^{a}18-^{b}10），都是精到的。當古代，心理學的字彙還很少，心理學語言還很艱澀時，做成如此清晰的議論，是難能可貴的。說「記憶」是人與其他動物所通備，而「回憶」則唯人為獨能，這樣的條例，這在動物心理學（比較心理學）上，是首創的。沿承柏拉圖《斐多》、《米諾》，與《費勒波》等篇的「聯想」五例，而發展之以立「回憶三線索」（參看451^{b}19-20及注），實際建成了近代心理學上聯想律（Laws of association）的原始程式。

睡與醒

章一

現在我們該進而講說有關《睡與醒》（περὶ ὕπνου καὶ ἐγρηγόρσεως）的問題了。這裡是些什麼樣的問題，它們是專屬於靈魂的麼，抑或專屬於軀體，抑或通屬於兩者？倘說它們通屬於兩者，須問明屬於靈魂的哪一部分和軀體的哪一部分？何故而睡與醒的情實，該應當作生物（動物）的表徵（本性）？所有一切生物都通參於兩者，抑或有些生物只睡不醒，另些乃只醒不睡，或有些不睡不醒，有些則又睡又醒？又，何謂夢；何故而人們入睡之後，有時成夢，有時不夢？抑或入睡之人常在夢境，但他們有時乃遺忘了他們的所夢？若云後說爲確然者，須問明，這何爲而若此？預見未來是可能的，抑或不可能？若云可能，其道如何？又，若云可能，這僅能預見人的行事，抑或於一個神靈的行將有所作爲，也能預見麼？抑且於自然的常序或有所變異，或全無外因爲之促成的後果，都能預見麼？

讓我們先行說明，「醒與睡」繫屬於生物（動物）的同一個部分，這當可確認其爲無誤。睡，顯然爲醒的「否定（闕失）」，在這一命意而言，兩者互爲「對反」；於自然演化之中，或在其他事例上，凡相反配對總必發於同一容受機能（底

層），而實際上乃是同一主體的屬性變異；關於這些，我意指健康與疾病，美與
454a 醜、強與弱，目明與目盲，耳聰與耳聾。憑下述的情況，也可說明這裡所舉的事實，我們認取其人之在醒態，同樣有賴於認取其人之在睡態的表徵；凡人在官感上具足自覺者，我們就認定他是醒著的，而每個醒著的人都能感覺到身外的什麼活動，或自體內的什麼領會。若說離乎感覺，就無由論述醒寤，那麼，所謂醒寤，顯然就如此的相應於自覺（回復感覺），而所謂睡眠（入睡），也如彼的相應於自覺（失去感覺）。

但，既然感覺不偏屬（專屬）於靈魂，也不偏屬（專屬）於軀體（可是，作爲現實而言感覺，這是靈魂經由以物身爲載體的活動，凡現實所屬的部分，也正是潛在所屬的部分），這是明白了的，睡眠的作用不專屬於靈魂，可是，反而言之，若無靈魂，軀體就不能感應而有覺。

我們先已在別篇①，分析了靈魂的各個部分，並陳明營養靈魂這部分，在那些具有了生命的萬物中，是分離於其他部分的，而生物若無營養靈魂，就無由生存。所以，這是明白的了，萬物（群生）除了生長與衰亡而外，別無其他生命的表徵

① 見於《靈魂論》（*de Anima*）卷三章八432^a15以下。

者，有如植物（草木）這類，就不能入睡，也不會醒寤。它們不具備，不管是離立的，或不可分離的，必需的感覺這部分靈魂；感覺靈魂實際上，潛在地與現實地，都是可分離的一個部分。

相似地，這也是明白的，群生，誰都不能永恆地醒寤，也誰都不能永恆地睡眠，這兩效應實際同出於相同諸動物的本性；如果世有不②具備感覺自應的任何動物，它就既不能入睡，也不會醒寤；兩者都是第一級官能的感性效應。同一動物不可能具有，盡睡或盡寤，這樣的永恆屬性；查遍所有動物諸種屬，永睡或永醒的動物是沒有的。身體上所有各具其機能的諸部分，迨超過了它所能操作其功能的時限，它就失去其功能而無由著力了；例如司視的眼睛，這時就一無所見，司握的手就不復能執持，相似地，其他各種機能的各個部分也如此各失其機能。於是，感覺既爲某些部分一種機能，倘使超過了它能領受而行於感覺效應的延續時限，它就失其功能，不能復有所感應了。於是，倘使感覺效應之亡失，恰正表志了醒寤的邊
454b 界，遂即抵達，而且到此限度，相反配對的兩端，必須是一存一沒，那麼，到這邊界，若說睡眠正是醒寤的相反配對，於是其人就必然入睡了。按照我這裡所說，睡

② 貝刻爾校本無此「不」（μὴ）字，從皮爾（Beare）校訂加此字。

眠的秉性當是醒寤過了限度而引起的失能（寤態），醒寤過度（轉入寐態）有時緣於疾病，有時不緣於疾病，人們無論他染疾或無病，總是會得泯失感覺而落入寐態的；萬物之能行於醒寤者，必然也能入睡，因為群生莫能永久活動而全不休止。相似地，萬眾也莫能永久地休眠。睡眠之爲我們感覺部分之表徵者，毋乃是一個鎖銬（束縛）或休止狀態，循此而論，凡物之能入睡者，必具備這個感覺〔靈魂與軀體的〕部分。感覺部分（機能）當然是具能於爲感應活動的；但人們入睡之後，他的各個官感，不復能同時做出完全的感應；所以，睡眠必須能被喚醒或寤回。

事實上，所有其他動物，無論它們是在海生的游水類，空中的有翼類，與陸居的有足類，統都參與睡眠；所有各屬魚類和軟體動物們，入睡的情況，統已被觀察到了的，一切具眼的其他動物，都須睡眠③；這是明白的，硬眼動物和昆蟲們都睡

③ 參看《動物志》卷四章十536^b21-537^a4，「關於『睡與醒』，一切紅血有腳動物的入睡，及其從睡眠中醒寤，均可確切地察知：事實上，一切具有眼瞼皮的動物，當牠們入睡時，便可見其眼瞼閉合。……水生動物也要睡眠。有如魚類、軟體類、甲殼類，若螯蝦和與之相類似的生物，均可取以為例。這些動物必也入睡，只是牠們睡著的時間極短。這些生物都無眼瞼皮，所以牠們的睡眠，不能憑眼睛的狀態來判明——這可由牠們全身不動的姿勢為證。」

眠，可是，這些動物④入睡時間甚爲短暫，所以人們懷疑它們是否眞的睡著了。於貝介（硬殼）類⑤而論，直接的觀察迄今未證實它們睡或不睡。但人們如果認爲我們上所辨析者爲不誤，他該可相信，牠們也會睡眠。

由此更做以下的考慮，足可顯證一切動物統都參與睡眠。動物界的定義就是具備感覺，我們更進而論定睡眠實感覺之表徵，睡眠爲感覺機能之休止或鎖銬（束縛），而醒寤則是這束縛（鎖銬）的解放或消除。但，任何植物（草木）都不參與這兩屬性，牠們既無感覺，這就不會睡眠，也就無可醒寤。而且，生物之具備感覺者，也都能做悲憂（痛苦表情）與愉悅（歡樂表情）；具有悲歡情緒的這些生物，又必然具有欲望而有所企求。可是，在草木而言，這些都是沒有的。關於這方面的
455^{a} 明徵見於這麼的事實，【動物們的】營養機能，在睡眠中，比之於醒寤時，進行著

---

④《動物志》卷四章十$537^{a}5$-$^{b}4$詳述多個種屬魚類的睡態。τὰ σκληρόφθαλμα「硬眼動物」謂甲殼綱（節肢動物門）之蝦蟹。τὰ ἔντομα「昆蟲綱（節肢動物門）」，《動物志》$437^{b}6$：「蟲豸也顯然睡眠：牠們的完全靜止休息狀態，必然就是入睡。」昆蟲在夕陽瞑沉時，一例就息：蜂群入夜停歇了嗡嗡聲。

⑤ τῶν ὀστρακο-δέρμων「硬皮（貝介）動物」謂軟體動物門之腹足綱（螺）與瓣鰓綱（貝）（參看《動物志》$523^{b}8$-12）。

較爲有效的操持；因爲睡眠中，人們無所感應，不爲悲歡與欲望所擾亂，在這期間，營養機能吸收較多的營養，他就生長較快了。

章二

我們現在應須轉到，一個生物何爲而做或睡或醒的狀態，睡與醒是哪一項官感，或哪些官感〔若說發生作用的官感不止一個〕的作用。有鑑於某些動物具備所有各項官感，另有些卻不全具備⑥（例如某些沒有視覺）⑦，但一切生物（動物），除了畸殘者之外（不完全，即畸殘動物這問題，曾已在《靈魂論》，ἐν τοῖς Περὶ ψυχῆς討論過了）⑧，統都有觸覺與味覺，由此看來，嚴格地講，一切入睡了的動物，就全然不復能有所感覺，所稱爲「睡眠」者，它所發生的作用，就在使它的任何感應，一齊失落；如果這一作用只影響一個官能，而不影響其他官能，那麼，當其睡眠時，那個後一官能就得行使其感應了，這是不可能的。

---

⑥ 參看《靈魂論》卷二章二413^{b}2-414^{a}1、卷二章三414^{b}3-10。

⑦ 不具視覺的動物蓋謂鼴鼠（ἀσπάλαξ），參看《靈魂論》卷三章一425^{a}8-11，及，漢文譯本注。

⑧ τι τῶν ζῴων ἀτελές「某些不完全動物（畸殘動物）」，參看《靈魂論》卷二章五417^{a}16、卷三章九432^{b}21-433^{a}8；《物理學》（*Physica*）201^{b}31, 257^{b}8。

但，每項官感各各兼備其自己的專項機能和與其他諸項所同有的一個共通機能；舉例以明之，視覺的專項感應是看見，聽覺的專項感應是聽聞，其他諸官感，與此相似；可是，這裡與各專項感應而具在的，還有一個共通機能，憑此共通機能，人們才能視而成見，聽而有聞；若只成視像，人將無以自覺（自識）其所見。又，人皆能審辨，能辨明甜味之異乎白色；但這裡的審辨，既不由味感，也不由色感，也不由兩官感的統合，蓋該有通於所有諸感覺器官的這麼一個部分；這裡，確乎該有一個主體感覺器官，操持一個【共通】感覺；但各個實際對應於各項感覺的，例如聲音與顏色者，則須是各別的官能。這於觸覺這一項是特殊顯著的（觸覺器官是分離於其他諸器官的，但其他諸器官卻不分離於觸覺器官。我們在《靈魂論》中已討論到這一題旨）⑨。這就明白了，醒寤與睡眠是這共通感覺所發引的作用（效應）。爲此故，醒與睡乃是一切活著的動物所通行的秉性；相應地，諸感覺中，唯獨觸覺這項乃爲一切活著的動物所通備的感覺。若說睡眠起於所有各項感覺的某種作用，那麼，倘使那些感覺認爲沒有必要同時操持，也不可能同時操持於同一種活動時，睡眠就不成了；或且發生徑直相反的情況，各項感覺器官，在這時

---

⑨ 見於《靈魂論》卷二章十一 422b16-424a16。

候，不全同時休止。可是，我們現在的設想，提供了一個合理的解釋。諸項感覺共通參與這種感應〔如睡與醒的作用〕，蓋正是它們的主導作用（總體作用），這樣的主導作用，雖有所本於各項的貢奉，但這主導作用一經發始其活動，所有其他各
455^{b} 項就得跟著行事，而且這是不會倒轉的⑩；某項感覺若失其操持，總體作用不會跟著失其總持。這是從多個方面都可以講清楚的，睡眠的主要因素不在於感官的失其操持而成爲無用的事物，也不在於它們這時未能昭示任何感覺。人在昏厥中所表現的就是這樣的情況，感覺器官失其功能。有些人在〔神經〕錯亂中⑪的情況與此相類。又，人們如果按捺（緊壓）其頸部血管（血脈）也會「失去知覺」。但，睡眠中的停止感覺活動，如我們方才解釋了的，實由於感覺〔總體〕對一切諸項感官的第一〔基本〕功能的作用，而不是憑任何單獨一項感官，循任何偶然的緣由而發作的；這個感覺總體一經失卻其第一功能，任何其他的單獨感官，就無以接受任何感

⑩ 揣摩$455^{a}32$-$^{b}1$這一節的大意：人若睡熟，五官，色、聲、香、味、觸、全休止，不會發生某些部分休眠，而另些部分還能各自為感應，有如夢遊病者，已失四項感覺，而其人專用兩手兩腳的觸覺活動，仍能循其日常所行路徑為進退。參看$456^{a}23$-26，關於夢遊病這一節。

⑪ ἐκνοία「失去知覺」或「喪失理知」：這裡，做病理名詞，近乎「神經錯亂」（derangement）。參看下文$456^{b}11$。

應；反之，若其他任何一項感覺失其機能時，它就不會影響這主導感覺，連累著它也失其功能⑫。

現在，我們該考慮到睡眠的原因了，以及它是什麼樣的一種作用（屬性），〔可是，原因有多種——極因，論其終端的目的；動因，論其活動的開始；物因，論其材料；本因，論其形式。〕於是，四因的首要，我們曾說到，自然憑各該具有的目的創造事物，這目的，即終極，就是某些善業，我們又講過，萬物循自然而爲

---

⑫ κοινὴ αἴσθησις「共通感覺」這名詞，在亞里士多德動物學與心理（靈魂）學諸篇中，不是常用的，但在《靈魂》425^{a}27、《記憶》450^{a}10、《睡與醒》455^{a}15《構造》666^{a}31各章節，他論說這名詞是很認真的。統勘這些章節，略可知「共通感覺」不是超過五個「專項感覺」（αἱ ἴδιαι αἴσθητα）之上的高一級的感覺，只是五項感覺各所內含的一個共通或互通的一些自然質性（機能）。由此，我們該理解，五感須是本於一體的機能，只在應用上乃示為五個分支，而各顯見其效應。「共通感覺」作為未分化的一個機能，其效用㈠見於對「共通感覺」作為未分化的一個機能等；㈡見於專項感覺客體的輔從感覺；㈢對於我們所由感知自己的諸所感覺（《靈魂》425^{b}12-25、《睡與醒》455^{a}12-17）；㈣審辨諸客體間的不同項諸感覺（《靈魂》426^{b}12-427^{a}14）；㈤最後亞氏指出睡眠中各項感覺統歸消歇。蓋是這共通感覺機能的消歇（《睡與醒》454^{b}25-27, 455^{a}20-^{b}13）。這一共通機能之消歇，出於生理原由，也就是睡眠的極因（同篇，455^{b}28-458^{a}25）。在《青與老》（*de Juventute*）469^{a}5-6, 16-18, 478^{b}31-479^{a}1）中，亞里士多德擬想五項感覺所由相通的機能寓於心臟，心臟應為各專項感覺的共通機能之中樞（《睡與醒》455^{a}19-20）。

活動（發展），可不能繼續著作毫無間歇的永恆活動，「休息」ἀναπαύσει 誠然是可喜（快樂）而有益的效應⑬，作爲「睡眠」τῷ ὕπνῳ 的隱喻，而我們稱之爲「休息」者，確然含有這麼的眞實（眞理），睡眠之爲休息，旨在葆全生命，護持動物（生物）。但，睡眠之卒抵其終極，乃成爲「醒寤」（ἡ ἐγρήγορσις）狀態；一切動物的正當企圖寧是感覺與思想，生命的宗旨恰該具此兩項不可缺一的功能；極因即最高的善德（善業），而感覺與思想正是心理（靈魂）的至善。所以，睡眠，對於每一類屬的生物（動物），都是主要的因素。我稱之爲主要因素者，本乎這麼的假設，萬物之能盡其天性以演化於自然之中，必具備其主要因素，凡既具有了主要因素，其他【從屬】因素也隨附而俱在了。

---

⑬ 455^b18-19，「休息」（ἀνάπαυσις）為「運動之終止」，「睡眠」為「感覺」之終止。茲以休息說睡眠，稱之為可喜而有益的生活效應，這反證了感覺蓋是於生活與生理上可悲而有害的機能。《尼哥馬沽．倫理學》（*Ethica Nicom.*）1154^b7：「動物之生也，常為視聽所動，而勞苦於形役；其為生生之悲也如此。」在《睡與醒》這一節，說到人生睡時之得休息其感覺與運動為可喜（快樂）而止；未嘗指陳醒時因感覺而引起生活的百般勞苦之為可悲。研精於漫步派學術者，舉證色奧弗拉斯托（**Theophrastus, De Sensu**）v.29，記亞那克薩哥拉之語，ἅπασαν αἴσθησιν μετὰ λύπης「感覺（視聽）【之為勤勞，役使眾生終身營營，無有已時】，總於憂愁苦惱而已。」後世深論亞氏這裡，以休息與睡眠為可喜，未必不有感於亞那克薩哥拉的慨歎語。但就在這句的下文，亞氏發揮的都是樂生的觀念，不做憫世的苦語。

挨次，我們該應講述，動物當其入睡與醒寤的時候，在牠們軀體之內進行著怎樣的活動（運動），實踐了怎樣的經驗。這裡，我們必須認明，一切動物所以需要操持睡眠與醒寤的緣由，咸屬相同，或相類似，凡有血動物的這些行為，就或同或似於人類，而其他諸動物又或同或類於有血動物；我們整個理論研究須是有本於這個假設的。

456^a 在另些篇章中⑭，我們曾擬定，在一切活著的動物而言，其感覺所由發源之處，就在運動所由發起的相同部分。這個部分，總是在身體的三個確實的部分之中，選取其一，以著落其位置⑮，合適的自然是在頭與胃的下部之間。於有血動物

⑭《靈魂論》卷三章九432^b21-433^a8的大意：「動物們，凡接觸所及的諸事物，如果感覺到這些對於他自己的生命與生殖兩件大事業，有益或有害，其心識，就相應而起可喜或可怖的情緒與欲望，其肢體又相應而做出或趨或避的運動。運動所由著力的部位，就在心臟。」這裡所云「另篇」或「別章」（ἐν ἑτέροις），蓋即謂上述的這一章。

⑮憑以選取感覺機能所寓寄於物身（生理構造）內的「三個確定的部分」（τριῶν διωρισμένων τόπων）：(1)腦所在的頭部；(2)心臟與其附近區域。參看《感覺篇》章一438^b29-439^a6；《動物之構造》（*de Part.Anim.*）卷二章十656^a1-10。(3)胃部為營養機能所在部位，營養靈魂因這生理（物身）部分的饑飽感覺，促發心識，興起心臟做出求食的運動。又，本篇（《睡與醒》）457^b7-19，說睡眠與食物（飢飽），講到胃的冷暖與睡眠有關。

而言，這就在心臟所在的這個區域；凡屬有血動物，各具有一個心臟，運動的本原和首要的感覺機能（觸覺），恰正位置在這裡。於運動而言，這是明白的，呼吸，一般說來，其作用在於冷卻，而其本原則在心臟，自然應用潤濕的液質，供應於呼吸過程，也賦予了冷卻的功能，其實旨蓋在保持這部分的熱度。我們隨後將詳述這一專題⑯。至於無血動物們，昆蟲與那些不呼氣的屬類，實際上，在與其他動物的心臟部分相符合的區域，牠們具有一起一落的調氣功能，也是可以察見的。這在全翅類⑰的昆蟲，有如胡蜂，與蜜蜂，以及群蠅和相近似諸種屬間，特為顯著。可是，若無力量（熱度），這就不可能做任何運動或完成任何作業，而迸氣恰就能產生力量（熱度）（凡能吸氣的動物，這氣是從外進入的，至於那些不從外吸氣的動物，這生理元氣⑱是由內部運使的）。這就可以明白，昆蟲們運動（飛行）時，何

⑯ 見於《呼吸》篇（*de Respiratione*）。

⑰ τῶν ὁλοπτέρων「全翅類」，亞氏動物學分類以指昆蟲綱（節肢動物門），以與鳥綱（卵生動物門）之為「歧翅類」σχιζόπτερα者相對。「歧翅」即鳥羽翼。「全翅」亞氏亦稱「膜翅」（**Hymenoptera**）。他以「膜翅」兼稱蜂、蠅、蟻等之膜翅與甲蟲、小金蟲等之為「鞘翅」（**Coleoptera**）。參看《動物志》卷一章五490^a6-20：漢文譯本490^a7行注（頁一八）。

⑱ τὸ σύμφυτον πνεῦμα「生理元炁」這名詞，另見於《呼吸》（*de Resp.*）475^a8。參看下文458^a26，τοῦ συμφύτου θερμοῦ自然熱（生命熱），就說是由這「生理元炁」迸出的。

爲而作嗡嗡聲的緣由了，這時空氣衝擊著這些動物全翅的膜片⑲，於是，因摩擦而發出聲響。任何運動，一有所發作，主導感覺機能，或憑它自己的本體，或各個專項機能，總會感應到的。但，若說睡與醒出於身體上感覺器官所在部分的作用，這就可明白，在身體上的哪一個位置（部分），睡與醒將最先出現。

有些人，正在睡眠中，竟會行動，並且能做醒時的種種行爲。但在這時候，他也未嘗全免於一些心理幻象，也還有些感性自覺；在這情況中，夢境還是感覺的一種形式。我們必須留待此後討論這一專題。人們何以遺忘了在醒態中所做的行爲，可是，竟然能在夢醒之後，詳記夢中的情事，這已在我們《集題》（τοῖς Προβλημaτικοῖς）這專篇中討論過了⑳。

⑲ ὑπόζωμα在《動物志》卷五章五535^{b}4-14，謂膜肢昆蟲，腰腹的鼓膜：蜂之嗡嗡、蟬之嘒嘒，都由此鼓膜摩擦做出的聲音。這裡以指「蟲翅的膜片」，於昆蟲解剖學與生態學上是不確切的，或就說是錯誤的。刪除「τῶν ὁλοπτέρα全翅的」，這就不錯了。

⑳ 亞里士多德《集題》（*Problemata*）卷三十章十四956^{b}28-957^{a}35，是說夢的一章，但全章中沒有明確討論這裡所舉的題目或文句。現在流傳的《集題》，大家都能鑑定它不是原先亞氏學院中的真本：亞氏其他著作中徵引及《集題》的論點或文句，與現傳《集題》諸卷章中所存者不符，是不奇怪的。

章三

挨次，我們必須討論所稱爲醒寤與睡眠的某些遭遇，並研究這些作用（效應）究屬從何時開始。顯然，生物（動物），當其具有感覺而且在生長之中者，必須進食。凡有血動物，其始入爲食料，而終成的營養則爲血液，至於無血動物，其所終成者，則爲與血液相當的營養物質。血液處於血管之內，其源泉則是心臟。依據解

456b 剖研究，這些是明確無誤的。當食料從外進至體內容受食物的構造之中，於此被蒸調而噓入諸血管內，在這脈絡之中，變化而為血液，由此重複流出，並還到它的源處。這一論題，我們先已在《關於食料》（Περὶ τροφῆς）的專篇中討論過了。這裡，於醒寤與睡眠狀態出現（發生）之初，我們必須重尋運動起因（原始）的問題，考明感覺部分的機能、究竟是怎樣被作用（受影響）的。如前曾說到，在睡眠中，感覺機能固未嘗失落其功用；這種〔暫時無能〕狀態，在〔神經〕錯亂，與窒塞與昏厥㉑時，都會產生。現在，人們雖在劇烈的（致命的）昏厥中，還表現有某些心理印象（幻覺）。於是，這就含蘊了一個疑難；可否把人之入睡，說成他在昏

㉑ ἡ λειποψυχία 依字義謂「失魂落魄」，即「喪生」。作為病理名詞，希波克拉底（Hippocrates）《醫學精義》（*Aphorism*）1258為「昏厥」（暈眩）。亞里士多德，這裡正也用作病理名詞。下文456b17，病之極嚴重者乃致死亡（λειποψυχήσαντες「死於昏厥」）。

厥（昏迷）之中，而稱述其心理表現是在做夢？又，那些在劇烈地昏厥了的人們，幾乎被看作有如死亡了的，他們可還在大發囈語；不妨設想對於這些，都可通用同樣的解釋。

但，我們上已講過，睡眠的起因，不由於所有各項感覺機能全都喪失了它們的功能。可是，有一個因素該應特予注意，那是由食物的蒸調而引發的，「在胃內的」食物被蒸調之後，必須推擠到某處，化爲液質而後轉回，通過一個狹漕。可是，在各個動物體內，凡熱性事物咸趨向上升；升到較高部分後，集結起來，倒行而下流。所以睡眠大都是在進食以後遭遇的。於是，液體飲料與固體食物集結到飽足的容量，而向上升起。正在這時候，吃飽了的「動物或人」，當其靜定，漸感頭重，不自覺地打盹，「腹內的」平衡迨已變更，而轉向下部播移，於是熱氣發散，瞌睡來到身上，這動物竟爾眠熟了。引睡（催眠）植物（藥品）㉒恰可爲這情事的證明，有如罌粟（麗春花籽）、曼陀羅葛爾、酒（葡萄酒）以及艾拉（醉人莠草），這些物品㉓，無論製爲液狀飲料或固體藥物，服之，統都使人頭重。當他們

㉒ τὰ ὑπνωτικά「致睡」或「引睡物」，字義與今「催眠劑」同：古希臘時，這些都由草卉或其根葉製成。這詞在古希臘經典中，只見於亞里士多德這一篇章中；希波克拉底的醫書中，還是沒有的。

㉓ μήκων在動物解剖學中，為軟體動物的肝臟，烏鰂的墨囊。這裡，在植物學上為罌粟（poppy）：

所服食的這些麻醉（引睡）食物，發生其藥效時，他們就起沉重之感而打盹，怎麼也抬不起頭，睜不開眼瞼皮。這樣的睡眠，大都發於餐後，因爲常餐（糧餉）所蒸調而薰成的噓出物，爲量是相當大的。

457a 但，睡眠有時也起於疲倦（勞苦）；一番勞倦，〔體內〕產生了溶解剩液，這些溶液，苟非冷性，可說是食料的未消化物。某些疾病也肇致同樣的徵象，例如由

罌粟花大而豔麗，拉丁分類名詞「Atropa belldonna」，「屬」謂「傷生致命」，今云「麻醉」；「種」謂「美婦人」。中國《群芳譜》稱「虞美人」者，與之正合：《群芳譜》或云「麗春花」。罌花結蒴果，未成熟時，取其乳白色狀漿汁，製為μήκωνος ὀπός，見於《希波克拉底醫書》（*Hipp.*, 670.24），可做麻醉藥用者，即鴉片（opium）。ὁ μανδραγορας 曼陀羅葛爾（Mandragora officinarum），南歐溫熱地區盛產夜影花科（night shades-Solanasceae）草木，十九世紀分類學，已列七十五屬，一千八千餘種，往往有麻醉藥效。曼陀羅葛爾為「曼陀羅屬之正種」，卵形葉，白或紫藍色花，根部深長，分叉，類中國之人參作嬰兒形。古希臘人迷信傳說，謂婦人食其根實，佐之成孕。歐洲醫藥久取之為麻醉劑藥源。Αἶρα艾拉（darnel），禾本科，麥田莠草，枝頭雙行交叉結穗，即有芒野麥：學名Lolium temulentum「醉草」。

於受濕過度與受熱過度而發作的熱病㉔與昏睡病㉕。

於童年的早期，情況也有相類似者；兒童們睡眠時間很長，因爲所有食料統都上行。兒童們的上身段較大（較長）於下身段這一事實，可以證明它們的發育（生長），向上趨勢是最大的。癲癇（痙攣）㉖的發作蓋也由與此相同的緣故；睡眠與

㉔ πυρεττός從πῦρ「火」，作為病理名詞，正同中國俗語「發燒」。現代醫學，「發燒」（熱病，fever）是許多病症的外觀徵象。亞里士多德時，總歸發燒（「發寒發熱」）的病因於「濕」與「熱」：偽亞氏書，《集題》卷一章五六866^b3-5「熱病」，凡由於受熱而發者，治以潤濕【其理在水能冷卻熱度】；凡由受濕而發者，治以溫暖【其理在熱能蒸除水濕】。中國古醫書《素問》，「熱厥」者：「身熱面赤，脣燥口渴，小便短澀，大便燥結。甚或身反冷而見陰象。」上句為發高燒現象，下句似謂瘧疾徵象。古希臘，希波克拉底醫書中，πυρεττός「發燒」多指「間歇熱（intermittent fever）」即今云「瘧疾」（malaria），有日日發，隔日發，三、四日發四種。亞氏《集題》卷一章五五，章五六，述「間歇熱」之治療。當時既不明瘧原蟲實況，所言治療都不切實際。

㉕ ληθάργοις字源λήθη「遺忘」，作為病理名詞為「昏睡症」，見於希波克拉底（Hipp）《醫理》（*Aph.*）1248者為「昏睡症」（lethargy），加倫（Galenus）醫書，作ληθαργία才成了正式的病理名詞。近代醫學：非洲「釆釆蠅」（tzetze）傳布的熱帶傳染病原體，使人淋巴腺腫脹，脾臟腫大，終日昏睡，至於死亡。

㉖ ἐπίληπτος本義為「被捉到的」（被逮住的），作為病理名詞ἐπίληψις為「痙攣」或「癲癇」

癲癇（痙攣）相仿，在於人身好像被什麼占據了似的，那麼，睡眠的一個命意，就是被占據（拘束）〔而失其自主〕。所以，有許多癲癇的病例是在睡眠中發作的，正當他們睡著時，這病捉住了他們，當其醒寤，癲癇是捉不住他們的。當其呼吸強烈地向上升起，繼又降落下來，血脈腫脹，於是窒塞了呼吸的通道。這恰正是酒類無益於嬰兒的緣由，喝過酒的母乳㉗，也是不利於嬰兒的（也許乳母喝酒，實際正和嬰兒自己喝酒一樣），哺乳的母親們宜多飲液汁（水性物），可也不要太多；至於酒屬風性（氣性），越是濃黑的酒，風性（氣性）越強㉘。嬰兒的上身就這麼的

（epilepsy），患者間歇發作：全身猝然顫抖不息無法自制，數分鐘後停止，並入睡，輕者片刻即醒，醒後全不記憶其事。古希臘醫學與解剖學尚未知神經系統，故亞氏這裡的病徵與病因敘述多不切實際。這一病症，先見於希波克拉底《醫理》1246（ἡ ἐπιληπτίκες），也見於亞里士多德《尼哥馬科·倫理學》（*Ethica Nicom.*）卷七章五（νοσήματα ἐπίληπτος）。中國俗傳癲癇患者，邪物或「鬼魅」上了身，正同古希臘人認為患者被「癇物」所「捉住」的命意。

㉗ τιτθο͂ς婦女乳頭：τίτθη為乳母或母乳。這裡把 τὰς τίτθας 解作「喝過酒的母乳」或「喜飲酒的乳母」是參考了下文（）內句，擬定的。括弧（）句，正該是後世詮家添入的注解。

㉘ πνευματῶδες「風性」，即氣性。地（土）、水、風（氣）火四元素，於物理化學（物性）上，或在醫學上講，氣屬乾與熱，水屬冷與濕。在希臘，οἱ οἶνοι酒類統謂「葡萄酒」（wine），故越濃者色黑。

充滿了食料，直到第五個月，他們的頸項是彎不轉的；這也像喝得爛醉的人那樣，夠多的液濕物在向上行。大概胎兒當初靜靜地躺在子宮（胞）內的原因，也就在此。一般地說，那些不外露血脈的人、矮人，和那些大頭人們，都是最易於瞌睡的；這就因爲他們的血管狹細，液體下行，不能流暢，那些矮人和大頭人，上行流動既屬通暢，他們的血液和胃內薰蒸噓氣又爲量充沛。可是，那些血脈賁張（外露）的人們，由於血液流暢，就不多睡眠，但如其遭逢某種與此相抵的疾病，這就當別論了。內臟具足黑膽汁的（易於激動的）人們，也有少睡的傾向；他們體內寒涼，於涼性體質而言，薰蒸噓氣當然是不多的。爲此故，他們老是吃得很多，人身卻是瘦損的；按照他們的體質，食物對於他們就沒營養功用。黑膽汁原本具有冷
457b 性，凡體內這種涼性潛存過多，這就使他們的營養機能和其他部分都歸寒冷了。

這樣，實況是夠明白了，由我們上已說清楚了的情節看，睡眠的一個命意，是身體各部自然相互反應[29]與內熱的交會，論其緣因，我們在先也已講過。所以，睡

㉙ ἀντιπερίστασις這裡，我們譯為「相互反應」（mutual reaction）這字，由動詞ἀντιπερίστημι鑄成。這字迭見於《天象》、《物理》與《睡與醒》、《集題》等許多篇章，顯然為亞氏的一個物理學技術名詞。近代各國各家的譯文都本於古詮疏家辛伯里希（Simplicius）《物理學詮疏》135031-36的釋義作「包圍並壓緊」。參看《天象》卷一章十347b5-11，並漢文注釋：《天象》卷四章

眠的活動是多方面的。可是，當熱度下降而寒冷乘之，眼瞼就因此涼意而下弛而閉闔了。他的上部（上身）與外邊（體表）漸漸冷卻，但下部（下身）和體內卻漸漸暖熱而且這些內熱直伸展到兩腳。

可是，人們也許在這些事實上，察覺某些疑難，睡眠何故而於飽餐後，入於沉酣，酒類和其他具有自然熱性的事物，何以能引人入睡。既然睡眠原於熱因，那麼，睡後漸涼，似乎是不合理的了。或擬，空腹原自溫暖，一經填飽，由這活動，遂爾致冷，而且方當【食物的】薰蒸噓氣上升之際，其通道以及頭部，也因而冷卻，這是可能的麼？或擬之於這麼的類似情況：人有被熱水燙了的，先是發抖，全身顫動；或釋這樣的例案：在上升中的熱，被積寒所冷卻，這就逼使他的熱性自然地萎縮而失其功能㉚？但，事實蓋該是這麼的，當飽食之後，腹內熱度驟升，應和

四382^a14（參看漢文注），譯作「換位」也是根據辛伯里希的釋義，參照所在章節上下文實義而衍化以成的（外圍的事物包圍並向內壓緊，終於擠出了內物於外，而外物乃得內據其部位）。《物理》（*Physica*）208^b2, 209^b25, 211^b27等都譯作「相互反應」，也是「換位」的進一步衍化。這裡，按照下文σύνοδος「交會」云云（內熱與外冷的交會），也譯作「反應」。

㉚ 這裡仍由上舉這個複合詞ἀντι-περί-στασις的複雜義，承轉而下，文句不完全明白。《集題》相涉章節，也內含這個動詞，可有助於通解這裡的文句。《集題》卷二章十六867^b31-33：「何故而睡著了的人，呼氣較為順適？這是由於熱度被驅趕到了內部麼？於是，集結了的內熱，就把水濕【連

投入了柴爿而旺起來的火那樣，這須待到消化（燃燒）終盡，才會涼冷。

如我們〔在別篇中〕曾講到的㉛，正當食料內的物質要素經由熱度調煮，薰蒸而通過血管，上升達於頭部時，睡眠就此來臨。但，那些上升的薰蒸噓出物積漸而至於過量時，情形又得倒轉，它們的運動不能不取相反的下行方向了。於是，致彼上升的熱度，隨即退縮，而人們遽爾沉落（俯臥）了（在眾生物間，唯人類是直立的），相從於這樣的跌翻（俯臥），隨即失去知覺，又後而繼以幻象㉜。也許，關於冷卻的敘述，可能作爲這裡一些疑難的解答；總而言之，如我們在另篇曾講過的，這區域內一切統主於腦。腦是全身所有構造中最冷清的部分，於無腦的動物而言，必也有與之相當的部分。恰如太陽熱蒸發起來的水分，上升到高處，在寒空

同其冷性〕逼逐出去了。」《集題》卷三章二十六、卷八章十一888^{a}31-37：「何故當熱水或冷水灌到我們身上時，我們都會發抖？這是可詫異的，相反的情事造成同樣的結果。推究其故，冷水澆身，則淋息了內熱，故爾發抖；若灌以熱水，則體表的寒冷遂被包圍且被壓緊而內向湊縮。這樣，相反原因，所以施之者兩異，雖做相似效應，而所以操持其功能者，乃實際相異，一則自內向外，另一乃自外向內」。

㉛ 見於《動物之構造》卷二章七653^{a}24-653^{b}8。

㉜ 《自然諸短篇》（*Parva Naturalia*）牛津英譯本《睡與醒》（*de Somno*），皮爾（J. I. Beare）譯文457^{b}27注，引《夢》（*de Somniis*）461^{a}25指說這裡的「幻象」（臆想）就是「做夢」。

458^{a} 中，還復冷凝而為水滴以下降那樣，體內的薰蒸上升熱度抵到腦部，其過量的嘘氣便凝集而成為黏液分泌㉝（所以黏膜炎病，似乎發起於頭部，而成為頭痛症），其間凡無病的嘘氣所冷凝的無害黏液，相聚而下流，便冷卻了那些上升熱。腦部血管（血脈）纖小而狹窄，阻使嘘氣難於上行，恰又是有佐於這冷凝過程的。這樣，雖上升嘘氣的熱量超常地巨大，卻因此緣由，終歸冷卻。

迨消化完畢，這就醒回；先在一小區域內匯集的大量熱度，於是分離於其周遭的物質實體，而析出淨純的血液。頭內的血液是最輕清、最淨純的，下身各個部分血液則是最濃厚的、最重濁的。所有全部血液的源泉，如我們在本篇內以及在別篇內，曾說過的，則在心臟；心臟的中間貫通它各個心室（心房）；諸心室（心房）分別的各自接受，從所稱為「大血管（大靜脈）」與掛脈（大動脈）㉞流入相應諸

㉝ φλέγμα（phlegm黏膜分泌）頭部「黏液」謂喉頭、口腔、鼻管等部分的分泌，《集題》卷一章二十九862^{b}26-28：「……人體的諸液，膽汁屬於熱性，黏膜分泌（黏液）屬於冷性。」

㉞ τῆς φλεβός，τῆς μεγάλης「大血管」，即今所稱「大靜脈」；τῆς ἀορτῆς即今所稱「大動脈」。亞里士多德《動物志》卷三章二至四，敘述人體循環系統，「大血管」、「掛脈」，迭見於510^{a}15, 513^{b}5, 25, 514^{a}24等，參看漢文譯本有關注釋。ἀορτή這名詞，源於動詞ἀείρειν（to lift）義為「上舉」。從左心房引出大動脈，在心臟冠狀體之上，故稱之為ἀορτή「舉脈」。古希臘醫師做解剖時，看起來也好像心臟懸掛在這大動脈之下，後世推求此意，也譯「掛脈」。另一大動脈引向胸

血管的血液；這些血管的分隔也正在心臟的中部㉟。關於心臟與流通血液的脈管的更詳確的敘述，屬於另一專題，宜在另篇申說。入睡後，當消化與營養的吸收在進行之中，血液還沒分離清濁而析離以前，人（或動物）是盡眠著的；迨較清的血升於較上的諸部分，較濁的血降於較下諸部分，這時血液直已完全脫解於所進食料的重質㊱之外了，人（或動物）於是甦醒（醒寤）。

這裡，我們已闡明了睡眠的原因，在於憑自然熱（體內熱）薰蒸而上升的物質要素的相互反應，表現於第一（基本）感覺器官；我們已顯示了睡眠實際由於第一（基本）感覺器官之被麻痹而失卻了功能；這是一個必需的過程（動物必須舒展而實現其天賦本性即自然目的，才得其存在，而成全它的生命），休息所以葆養生命，那麼，睡眠的宗旨正所以完成這保全的天功㊲㊳。

部腹部的，延伸於心臟之下，也稱ἀορτά。

㉟ 羅斯《自然諸短篇・校本》〈緒論〉（頁二一），勘出這篇的章二、章三，與《動物之構造》（*De Part.Anim.*）相符契者，三節：457^{b}29-30;652^{a}27-28;458^{a}15-16;665^{b}27-28;458^{a}16-19;666^{b}21-667^{a}6。

㊱ τοῦ ἐκ τῆς τροφῆς βάρους「所進食料的重質」，實指消化過程所剩遺的乾濕殘餘，即排泄物（糞便）。

㊲ 這末節的總結，上一分句說明睡眠的「本因（形式）」，即「何謂睡眠」：下一分句，說明睡眠的「極因」，其「目的」，「在於保存動物的生命」。

㊳ 羅斯（D.Ross）《自然諸短篇・校本》（*Parva Naturalia, a Revised Text*）〈緒論〉（頁一一—一二）。

（甲）《睡與醒》和（乙）《青與老》、《呼吸》相符合的語句章節：（甲）456^{a}13-21、（乙）475^{a}3-11：

（甲）456^{a}34-35：（乙）469^{a}1-2, 474^{b}3-5：（甲）456^{b}1-2：（乙）468^{b}31-32, 474^{b}7-8。

（甲）456^{b}2-6：（乙）469^{b}29-31：（甲）457^{b}17-19：（乙）470^{a}22-27：（甲）457^{b}25：（乙）477^{a}21-22。

說夢

章一

現在，我們的研究，「關涉於夢」（Περὶ ἐνυπνίων），說到「夢」，首要在考
458b 察它的作用屬於「靈魂」（τῆς ψυχῆς）的哪一部分，屬於思想機能，抑或屬於感覺部分；捨卻我們所內蘊的這兩種機能，我們就無由獲致任何知識。

這裡，若說視覺的效用爲看見，聽覺的效用爲聽聞，而感覺，一般地統說，則是感應；又，若說，對於某些事物，有如形式、度量、運動，以及類此諸事物，是諸感覺共通參與的，至於另些，有如色、聲，與味覺，則屬於各個專項感官；更又，若說，大眾（群生）統都閉闔它們的眼睛而入睡，這就什麼都不會看見，其他各項感覺也相似地都不起什麼效應，顯然，當我們在夢中，這是全無①感覺的。所以，凡我們在夢裡的見聞，皆不由感覺②得致。

---

① οὐδὲν ἐν τοῖς ὕπνοις「在夢中全無」感覺，這句中「全無」字樣從基里斯脫（Christ）的校訂與解釋。

② 這句的αἰσθανόμεθα「感覺」與上句的「感覺」，措字相同，而取義乃相異。這裡是指各個「專項感覺」。全篇下文敘述夢中諸印象，皆出於「感覺機能」，全篇末節的結論，說明夢境不由心識，

成夢也不由意念。因爲，於夢境，不僅說，那裡向我行近的是一人，或一馬，可還得說，那是白的，或優良的；關於這些，若無感覺爲之應用，意念，不管其所說爲眞爲假，都不能成說。可是，靈魂竟然在夢裡如此行事；我們似乎眞的看到那向我們行返的物體是一人，而且他是白色。還有〔在夢裡〕，我們做出另些觀念，譬如說，看到了某些在我們醒時所見過的某物；我們於所曾寓目的一些事物，實際是時常想念著的。正也如此，我們在睡眠中，有時會發起超於心理印象（幻覺）的其他思想。當人們醒寤之後，試返想其夢境而回憶所經歷者，這樣的情況就顯而易見了。實際上，有些人所夢見的情景（情節）似乎是按照他自己的回憶程序，編排出來的；這是往往遇到的，人們逾越他原本的夢境以外，在自己眼前，排列了好些心理現象。於是，這可明白了，說一個夢境，未必全是睡眠中所顯示的心理現象（幻覺），卻也湊合著我們想念所及，因而形成的一些思想③投影（幻想）。

在關於「夢」的全題內，這些事情，無論如何，已是明白的了，實際上是被給

而由於感覺靈魂的活動，這裡的感覺是指458b5的「共通感覺」κοινὰ τῶν αἰσθήσεων亦即主觀感覺（五項感覺所通有的自覺感應）。

③ 中國舊傳「日有所思，夜有所夢」這麼一個認識，其來歷當是很古老的。準之亞氏，此說實不精確。夢境，基本上是「感覺」的後遺或復現，全沒有思想因素：凡夢境都是零碎的，沒有邏輯程式的。人們所述許多夢中有條理的情節，實際是他有意或無意編撰的，或錯互的夢外鋪陳。

了的（或是自欺欺人之談），這樣的夢醒後的說夢，全相同於睡醒後說眠中的聞見
那樣，恰有如病後說病中的什麼感覺（聞見），都是錯亂（受紿）的。對於健康的
人們而言，太陽顯示於他的視覺者爲一尺直徑那麼大，它實際有多大，我們卻也知
道④。但，靈魂這部分構製的心理印象和生理機能那部分所見到或感受的視像，是
否相同呢？可是，無論如何，這總不能全沒有某些視像或感受爲之依據；凡人或看
或聽而有誤於所見所聞，殊屬常事，但當他屬思，則其所想，就不應該或誤。這
裡，我們先已約定，共同承認，在睡眠中，人是全然不見，全然不聞，他就全沒有
459^a 任何感覺。這裡，說全無所見是確實的，但說感官（感覺機能）全無此感受，則是
不確實的；事實上，這是可能的，視覺器官或其他感官，〔在睡眠中〕曾有所感應
於某些事物，但當他醒回時報傳於其〔共通的或總持的〕感覺機能者，可就不同於
他在清醒時報傳其在清醒中所感應的見聞（事物）。〔夢後說夢，〕——或意念抒
其作用，而揣知夢中所見殊非眞實，不可例之於醒時的所見，另一則意念（觀想）

---

④《靈魂論》（*de Anima*）卷三章三428^b1-3：太陽顯見其直徑約莫有一尺寬，可是，我們實際知道它比我們現在所卜居的地球更大。參看本篇下章460^b18。這裡，原句（458^b29）中，δοκεῖ「擬想」或「推想」，從牛津英譯本，皮爾（J. I. Beare）校注，改作φαίνεται「顯示於視覺」，這樣才與下一分句符合，也和下文，與《靈魂論》的相應章節符合。

是被蒙蔽了，情況全憑「心理現象」（τῷ φαντάσματι幻覺）爲主。

現在，這是清楚了，我們稱之爲「做夢」（ἐνυπνιάζειν）的效應（作用），既不屬於［靈魂的］形成意念部分，也不屬於（理性）思考機能（部分）。可是，這也不能說它全屬於感覺部分（機能）；若說它全屬於感覺機能，那麼，人在夢中，將是目眞有所見而耳眞有所聞了。但，我們必須考明，夢，究屬怎麼肇致，而由何來到（形成）。這裡，讓我們把業已完全明白了的情事，首先共予認定；夢之由於感覺機能爲之作用者，其道恰同於睡眠之由於感覺機能的作用；我們一晌未能察別睡眠是一個生物（動物）性狀而夢乃另一生物（動物）性狀，兩者都共見於同一生物。但，當我們在《靈魂論》（Περὶ ψυχῆς）中，討論「臆想」（心理印象，φαντασίας）的時候⑤，大家同意，形成心理印象（幻象）的機能就是感覺機能，可是，相同的這一機能，（由不同方式）所形成的心理印象與感覺示現，兩者的實是（本性），卻是不同的。臆想既已公認爲感覺機能在操作中發出的一些活動，夢似乎也是這種操作所成的一些心理印象（投影）（我們於睡眠中所示現的一些心理印象，或簡直就稱之爲「夢」，或只在其中某部分的涵義上稱之爲夢）；這是明白

---

⑤《靈魂論》卷三章三的下半，427^b14-429^a9的論題，正是φαντασία「臆想」（幻象，或心理印象）：參看432^a10-14。

了，「做夢」屬於感覺機能的活動，這一活動（效應）之緣由於感覺機能者，其道恰與臆想之緣由於感覺機能者相同。

章二

夢是什麼，以及它怎樣緣起，我們最好是從睡眠的情況著手研究。感覺客體，依憑各項感覺器官，引發我們的感覺，這些物體，對於諸器官，不僅在正當操持其機能時起著作用（效應），迨這些物體實際已離去了諸器官，它們的效應卻還在繼續著。在這方面的作用（效用），不妨，例似之於拋物至於落地的情況。拋出一個物體（對象），當這物已脫離了拋出它的［手或機械］，運動卻繼續在進行；原始的動因（動力），衝擊著一些空氣，這些空氣的運動，又衝擊另些。就是這樣，原
459b 始動因，在空氣中，或在水中，所激發的運動，促使這被拋出的對象，直到它著落而迄於靜止。

人們可設想於「形態變化」上，也做與此相似的演進，已被加熱了的物體，挨次以加熱（傳熱）於與之鄰近的事物，由此相接而傳遞不息，直到熱度返回到原熱的初發生處⑥。這樣，於感覺而言，既然感覺是形態變化一式的健康操作，原始要

⑥ 皮爾英譯本注：ἕως τῆς ἀρχῆς回到「原熱的初發生處」，只宜參考《睡與醒》457b2 σύνοδος「交

終，情況就必然是這樣的。所以，這一作用不僅於感官正在感應的時刻，示現功效，即便感應已經歇止了之後，它的效應還存在於深層與其表面。這是明白的，當我連續地操持著某項感覺，然後另換一項感覺，原行的那項感覺會得相仍而繼示其效應；舉例，我們試從太陽光照之後，轉入暗黑之中，這時，由於陽光在我們眼中還堅持其活動（作用），所以我們一無所見。又，我們若專注於一個顏色——或為白色，或為綠色——在凝視既久之後，轉移我們的注視於另個任何物體，這物體在我們眼中就老是呈現為白或綠色。又，我們若在直視太陽，或其他耀亮的物體之後，閉闔我們的眼睛，於是認真地精細地自伺著視覺的現象，我們將在原本太陽所在的朝向，發現，先是太陽的本色，隨後轉出紅色，又變為紫色，直到它漸爾黯淡，成為黑色，以至消失。這樣的舊像持續活動（作用），在我們經久地注目於一個運動中的物體，例如，一川流水——那是最常見的顯著的較速地行進的物體——之後，轉眸著於另一物體，這物體，我們感覺它正在流動，實際它卻是完全靜止的。正也如此，高強的噪音，聾了我們的聽覺，劇烈的嗅氣，泯了我們的嗅覺。所

會」索解，這裡的熱運動，只是ἀλλοίωσις「位置移換」或「形態變化」的一式。《睡與醒》$458^{a}1$，10，講到地面水蒸氣升到上空，復凝結而降落地面，這是「熱循環」的一式。這裡的文句，像是在說水內或氣內熱循環，實際，依上文「拋物」這麼的運動，不能是循環的。

有這樣的情況，都會在上所描述的境界中遭遇。

我們從鏡⑦中顯現的情景，可證明感覺器官對於它們的客體，雖微細的差異也能做出敏銳的感應；人們若就物體的本身有所研究，可能發生相當大的困難。但，這是明白的，恰如一個物體之作用於視像，視像也對其客體有所影響。〔本篇本章以下，459b29-460a22這一段原文似乎是從另些典冊，或篇章，或斷片，混入這裡的一個錯簡，全段的首句與上文似相屬而實不相屬，其末句則與下文全然違離。全段，句讀間多誤字，也未必沒有漏缺字，甚難通解。近代語，如各個英譯本，都保留原希臘與拉丁文句，不予翻譯。茲撮其大意如下：〕當婦女在行經的時日，照影
460a 於完全潔淨的鏡中，她在平正光滑的鏡面上，見到血樣的雲彩。映成這樣的玷像，新鏡不如古鏡那樣容易，推究其故，如我們曾已講過，視覺不僅因通過空氣而發生某些影響（作用），爲可因視覺的有所活動而肇致某些效應，於是，眼睛有似耀亮而著了色彩的火炬。月經的始發，其熱血的流放所激發於婦女的眼睛者，蓋恰相似

---

⑦ ἐνοπτρον或κάτ-οπτρον「鏡」（speculum, mirror），謂能反映物像的一個平面，有如《天象論》所說，常是一個靜止的水面；這裡則是指一個磨光了的銅製盤狀平面，下文460a15 ὁ χαλκὸς（青銅bronze）即是（中國古鏡應用青銅，羅馬古鏡應用「aes」，也是青銅——銅錫合金。中國秦前、羅馬共和國前期、希臘雅典諸城拜興盛的時代，工藝大概相同，或相近）。

於男人的精液的注射，雖則在男人這方面，這樣的徵象不是顯著的。於青銅鏡而言，古鏡較爲平滑而純淨，有如衣服，凡最清潔、最平滑的，必是色彩易被透入深處，而被玷汙乃是最快速的。〔這一段的460^{a}1-2句，說到，視覺器官（眼睛）成爲發光的火炬，考所持義，蓋謂婦女經期受經血分泌的激勵，而眼睛乃能傳遞血樣的彩紅。勘之《感覺與感覺客體》章二437^{b}10-13，亞里士多德，先敘明恩貝杜克里（Empedocles）之說，眼睛如燈或炬，能發光照物，而隨即辯正其說爲謬誤：視覺器官（眼睛）爲視覺成像之處，絕不是光源。這樣，這一段所述，與亞氏素所持論者相背，必非亞氏手筆。〕所有這些證明三事：第一，運動（活動）都由微小的差異引發的；第二，感覺皆如應斯響，是很敏捷的；以及第三，感官之認取顏色者，不僅憑顏色以效其機能，反轉，它也施其作用於顏色。這個結論還可引釀酒和配製香料的過程爲之佐證。油類在調製過程中，迅速地吸收了與之相鄰接的香氣，酒類，在釀造過程中也受同樣的影響；它們不僅有賴於混合其中的少量配料而獲得它們各殊的氣息，甚且由於爲之盛裝的容器，或竟由於這些容器附近的事物而沾上了某種氣息。

460^b 回顧我們這研究的起點，憑我上已說明了各節，該可確認這一實理了：引發印象（視像）的外來客體，業已離脫於感官之後，其印象（視像）竟可經久遺留於感官之內，而且當我們既內儲了這些後遺印象，我們於這方面的感覺（視覺）就易於被紿（被欺誑）了，某些人在某些景況被紿，另些人在另些景況被紿；舉例以明之，膽怯的人於所恐懼，戀愛的人於其所愛的形象，是容易受誑騙的，於是，雖只一個很淡漠的類似人形，膽怯的人就想他碰見了他的仇敵，於一個渺茫的映射，戀愛的人就直覺遇到了他的愛人；他所中於其前塵影事者越深，則越更湮久，越更淡遠的陳跡，將能依舊激發他的臆想（夢境）。同樣，在憤怒中的人，在一切迷惑於種種貪欲的人，都是易於受紿（被欺誑）的，凡憤怒越烈，貪欲越熾的，他們就更易被矇騙。這樣，在發燒而熱暈了的病人，於牆上聯綴起一些斷斷續續的線條，而若有所類似者，他想像自己看見了什麼些動物。如果，他們疾患輕微，情緒所受的擾亂不大，他們知道牆上的構圖是個假象（錯覺），可是，病患若竟加重，他們終於相信，自己所見是眞實的了。推究其故，他們對於感官所感應的印象做成審辨的主管功能，已今異（弱）於昔了。這可憑太陽於我們視覺似爲一尺直徑⑧這俗念，爲之作證，人們另有些機能，所做審辨，否定這個印象（度量）。這樣，又，交叉

---

⑧ ὁ ἥλιος ποδιαῖος「太陽〔看起來〕一尺直徑」這例示，迭見於《靈魂論》428b1-3、本篇章||460b16。τὴν… δύναμιν κρίνειν τό τε κύριον「主管審辨諸感覺的功能」，參看《靈魂論》卷二章||24a5, 25a21, 26b10等有關κρίνειν（discriminating, judging「審辨」）各節；參看《靈魂論》卷三章九，靈魂的理知（心識）部分具有電腦能（τὸ λογιστικόν, the calculative）。

的兩指夾著一個對象時，人們似乎感覺到了兩個對象，但我們否認所夾者有兩；因爲視覺於認明事物的功能而言，較強於觸覺。可是，若說觸覺爲當前唯一的標準，我們便該判定那一個物體爲兩了⑨。這種欺謊（假象）的由來，是可解釋的，任何類別的物體，呈現於我們的諸感官時，刺激（運動）了這些感官，但諸感官一經接受了這刺激（運動）之後，它們就會得有如那個刺激所行的作用，自爲若此的刺激（運動）；舉例以明吾意，人們揚帆傍岸駛船，見到的是岸線（陸地）在運動（退行），實際，【陸地是不動的】由於另一原因，即船在行進，他們的眼睛正被運動

⑨ 460^{b}20-22所舉「觸感錯覺」（tactile illusion）一節，歐洲十九世紀下半葉，近代心理學開始發展時，盛稱之為「亞里士多德實驗」（A.'s experiment）。英國鮑爾溫（Baldwin）《哲學與心理學辭典》（*Dict.of Philosophy and Psychology*），撰作了加詳的敘述：左或右手的中指加於第一指的指背之上，中間夾一大理石小球，指尖觸及大拇指的指面。對於這一小球，因為它對於兩手指，有兩個接觸面，其所感覺，不是一個，乃是兩個小球。這錯覺如不顯著，可輕微移動指尖，而加強此錯感。以後，羅勃孫（G.Croom Robertson）列之入於《實驗心理學課程》（*Course in Experimentary Psychology*）第三實驗（Mind, 1.1876）。里維爾斯（W.H.R.Rivers）繼而複試了這實驗，並加以討論：他認為這種「觸覺複感」，類於「重複視像」（double vision）。法國，亨利（V.Henri）重又複試，並刊載其實驗紀錄於《心理學年鑑》（*Année Psychology*）iii, 227-9（1898）。

著在行進。

章三

經過以上這些解釋，這是明顯的了，從感官所起的諸運動（活動），包括由外來事物所激發的，和由體內緣起的諸活動，不僅當我們醒寤的時刻，隨在而發生
461a （遭逢），實際，當我們入睡以後，也同樣在施其作用，甚或在寐時施行更多的作用。在白晝，當感官與心識的活動正屬盛強的時刻，這些迷惘（欺誑）的作用是被蔭蔽了的，有如一個較微弱的火爲一個較大的火所蔭蔽那樣，這也像人在沉痛或狂歡之中，小小的憂喜就不再觸動他的情緒了。可是，大的活動，若一行歇止，那麼，雖所遇僅屬微末，他也重有所感了；迨昏夜〔而入睡〕，由於熱量倒流，由外表而內注，漸以上升及於諸感覺作始的位置⑩，當此時辰，紛紜喧囂，亦已盡消，凡諸感官，既各休止，一不效其機能，於是，它們（上述的蔭蔽的微弱）的活動，便出現於感官所在的部位。人們不妨設想，這些活動（夢影）像是長川中的渦旋，常循其既定的規式，一渦相接著又一渦的澌逝，可是有時也會碰上什麼阻礙，把

⑩ 諸感覺「作始的位置」（τὴν ἀρχήν），指心臟；參看〈青年與老年〉469a57。

它們分開而且轉變爲另些式樣。爲此故，進食之後，或年歲幼小，有如嬰兒者，皆無夢境；於他們而言，由食料所發生的內熱既相當巨大，這些〔蔭蔽的〕活動便無由興起。如是，乃有一潭清水，既被劇烈擾翻，遂已全無投影，偶或似有些映照，也只能是些扭曲了的，與原物全不相符的形象，然而一止擾亂，還爲澄泓，清明而平正的投影，又宛然在目了。睡眠之中，正爾若此，諸感官中所起的視像或其他各項的感應都是原本那個較強大活動的餘映，如我們上曾陳述的這些被蔭蔽了的微弱活動，所現示的視像有時是一片混亂或是怪誕的奇境，凡諸夢影似乎都是虛渺的，有如黑膽汁病人的煩躁怒張⑪，發高燒（發瘧）的病囈，和醉漢的昏沉，所有這些病態（性狀），由於各在喘氣，因而激發了許多胡亂的活動（表現）。於有血動物而言，當其血行流通，趨於安靜的時候，血內較清純的要素分離於較渾濁的成分之外，相應於此而各項感官所受的刺激，各來自與之相符的要素，於是，出現於其人夢中的印象就頗爲清晰，因此他認爲，一切視像，眞經自己目睹，一切聲響，眞由自己耳聞。由其他各項感官所引致的現象，相似地，他也一一認爲是眞實的。雖在

---

⑪ 461ᵃ23 τὸ μελαγχολιτικός「黑膽汁病人的脾氣（性情）」見於希波克拉底《醫學精義》（*Aph.*, 1246）謂其人，煩躁不安，怒氣賁張，亦見於亞里士多德，《尼哥馬科·倫理學》（*Eth.Nic.*）卷七章十（「黑膽汁病」μελαγχολία，見於《希波克拉底·長生》（*Hipp., 'Aër.*, 288）。

461b 醒寤的時候，其人所得的種種感官印象，也當是種種活動（刺激）抵達於諸感官領受其感應的原始部位，而後他才相應而有所見，有所聞，或有所觸著；可是，有時，實際絕無什麼物體出現於他眼前，只因爲他的視覺被刺激，而起恍惚的視像，於是他就說，眞見到了什麼，有時，實際只一物觸到了他〔只因此物沒有激起他的視覺〕，他就憑觸覺的感應，稱其爲兩物了⑫。一般說來，若別無更強的機能爲之否定，大家總就認可主管本項感覺所領受的印象（感應）。每一案例，各都有本於感覺所得的印象，但這些印象，未必一一都是正確的，唯有審辨機能爲之確斷了的，才屬可信，而這審辨機能，則該不受它那一項活動的影響的，才能免於混亂。但，恰如我們前曾進過的，有些人易於被某些作用（機能活動）所欺誑，另些人則易於被另些作用（機能活動）所欺誑，這樣，睡眠的人由於他在睡眠之中易於受紿，事實就正是這麼的，他的感覺諸器官，以及與感覺相關的諸事物，往往被某些

⑫ 章三461b3，重舉交叉手指夾物時，觸覺誤一為兩，回顧到章二460b20-23，先所舉例。這裡，所說觸覺的惑亂，與章一458b27-28, ἀπατώμεθα, ἐν τοῖς νόσοις「病中被紿了的感應」（複述於章三461a23），和章二460b23, διεψεῦσθαι... τοῦ αἰσθήσεως「被紿了的感覺」（「虛假感應」），於近代心理學上稱為「錯覺」（illusion）。在二千年前，這篇文章的章三，說「錯覺」如此詳到，確是亞里士多德學術精勝的一例。

假象所刺激而起幻感，這些假象只是原物的渺茫的淡影而已，他卻被紿而當作了原物（感覺客體）。當人入睡時，大部分的血液匯歸於其發源處（心臟及其附近），在這些血液中所含蘊的【感覺機能】諸活動，有些是潛在的，另些是現實的，也跟著匯聚到這裡，也跟著繼續流通。這些機能的剩物，在流通中，有時會得脫離血液而飄浮到液面之上，它們的情況，大體就如此浮起的隨即消逝，另一個繼又浮起。它們相互間的關係，類似於蠟製青蛙⑬，當它腹中的儲鹽溶消於水中之後，就一隻隻挨次浮上水面來了。牠們原先只是潛在的，迨爲之阻遏的原因，一行解除，這就發生它們的現實作用了；它們行游在少許的流轉血液之中，以達於感覺各項器官並遲留在那些部分，而時或一現，有似浮雲爲幻，偶爾象人形以顯示，可是一霎間它又轉變爲一「半人馬的怪物」⑭了。如曾已敘明的，這些事物正是現實原像的後

⑬ $461^{b}16$ οἱ πεπλασμένοι βάτραχοι「蠟製青蛙」，或譯「人造青蛙」（artificial frogs）。πεπλασμένοι本於動詞，πλάσσω原義為製造，或模製，或型制。拉丁譯文fiugere謂模製或蠟製。今plastic「塑膠」，亦肇源於此動詞。

⑭ κενταύρους，依字義為「刺牛者」。古傳，在帖撒里的貝里雄（Pelion）與奧薩山（Ossa）之間，有這麼一個名為「刺牛」的野蠻氏族；隨後，他們和鄰族拉匹司族（Lapithae）作戰，全族覆亡。後世神話，把他們幻想成為一「半人半馬的怪物」，升天為「半人馬座」（Centaurus），南天諸星座之一。這裡應用此字，指這星座。

遺；疇者的眞像，遂已逝去，而其剩餘卻久猶滯留，舉例以言之，這雖不是哥里斯
可，說起來卻竟然眞像是哥里斯可。當感覺（視覺）現實地開始時，主管（制導）
機能與審辨機能，殊不宣布這就是哥里斯可，但主管（制導）機能可便指稱（暗
示）那裡的那個人是哥里斯可的眞身（眞正的哥里斯可）。這須直待〔內含著那原
始活動的〕血液，完全現實地制導了境況，視覺器官現實地看到了以後，這才宣布
那個形體正是〔其人或〕其物，可是，如今，尙未實際見到，而只是在感覺器官中
所含存的一些活動所擾發而出現了一些影像，它竟就指說爲（其人）其物。這樣，
與之類似的某物遽爾被稱爲眞正的某物。於是睡眠的功能就使人〔失其審辨而〕罔
昧乎其實際了。如果有人把手指壓著眼睛的下瞼，他的眼睛就會把一物看成兩物，
462a 倘其人而自知其手指壓著眼睛，那麼，雖見其爲兩，卻不致誤信其眞爲兩，然而彼
若不自知其眼之被壓抑，這就不僅爲似乎如此的兩，而竟是絕無疑問的眞兩了。在
睡眠中，情況恰正類此，如果其人自知其正在睡眠，自知其所見的現象，出於寐中
的感覺，於是，在他的內中，似乎就有什麼在向之訴說，「那裡只是哥里斯可的映
影，不是眞正的哥里斯可」（在睡眠中的人，常有靈魂的某個部分，向他報說，他
所見聞的色聲，只是夢境中的如影似響）；但，他如果不自知自己已經入睡，這就
沒有什麼（無物）爲之提示，以否定那些幻象（心理現象φαντασία）了。

凡我們在這裡所陳述，顯然都屬眞確的，如果其人在睡足醒回的時刻，試一追

想（回憶），眠中的一一憧憬，這是清楚的，我們的感官中著了幻覺的活動（刺激）；有時正就如此，酣眠才寤，他隨即察識，寐中若隱若現的種種映影，實際是感官內蔭藏著的活動，有些兒童，若處暗冥之中，張開了他們的眼睛，許多映影似乎正在活動，於是，他們大爲驚慌，大家都蒙護著自己的頭。

由以上所有種種陳述，這該可綜結，夢是在睡眠中所遭遇（示現）的心理印象（幻覺）的一式；我們在緊接著的上一節中所說的映影（εἴδωλα）就不是夢境，當感官機能弛懈了的時刻，所顯示的其他諸形象，也不是夢；也不能說睡眠中所遭逢的每一心理印象（幻覺）都是一個夢。有些人，在睡眠中，實際上感應到了聲，與光，與氣息，與觸覺，只是這些都發作在遠處，所以印象淡弱；他們擬想自己游移地見到了黯淡的燈光，迨彼醒回，睜大睡眼，立即認明了那裡正有這麼的燈光在照亮著；相似地，他們在先所聞隱約的雞鳴或犬吠，及既清醒，乃知所感應的確乎是巷雞鄰犬的聲音。又有些人，在睡眠中，當被詢問一事時，他們竟然做出了答語；這是很可能的，當兩人，一醒一眠中所做的問答，實際相同於兩皆在醒態中所做的問答。然而，這些情事各都不能稱之爲「一夢」（ἐνύπνιον）。那些於睡時出現的相關於心理印象而實際上是屬於思想（心識）的情事⑮，也不得【稱之爲夢】。只

---

⑮ ἀληθεῖς ἔννοιαι（true thought）「真正思想」（或「心識實際」real mind），即本章上文462^{a}b，在

有，人在睡眠中，在絕未脫出睡眠的境界以內，從他的感覺機能的活動（運動）之中，興起的心理印象（幻覺）這才是「一個夢」（ἐνύπνιον）。

但，有些人，好像事出偶然，或命該如此，他們竟然終其一生，永未遭逢一個
462^b 夢境。這樣的事，很難得，可是確也曾見到過這樣的人。這些人，其中有些是畢生不夢的，另有些則直到耄年，才有夢，在遲暮以前，他們不知夢爲何物。他們何故不夢的原因，不妨設想是和幼童不夢的原因相同，也可擬之與那些進食之後就安眠的人們，不夢的原因相同。那些人們，具有這般的體質構成，內發的巨量熱噓氣上升，迨其抵於高處而下回時，產生相當大的活動（運動），這就自然地見不到什麼心理印象了⑯。但，這是不必詫異的。他們既年齡增高，夢也趕著來到了；由於高齡衰遜或病患相及，他們體質漸變，體內的熱噓，蓋已行於相反的效應了⑰。

寐時，向他有所報說的靈魂的某部分（心識或「理知靈魂」）。行文到這末節，回應到章一首節所提出的問題，而明確地作答：「夢，屬於感覺靈魂。」

⑯ 參看上篇，《睡與醒》（*de Somno et vigilia*）章三456^a22-28。

⑰ 呂洛芙斯（H.J.D. Lulofs）《說夢與夢占》（*De Insom.et Div.*），一九四七，指說，《說夢》這篇，行文至461^a29-30揭示了夢的定義，應正式結束：$^a31$-$^b11$這一節，須是亞里士多德，在匆遽中所寫的一個「補遺」，既與上文不相承接，於所論的題旨也沒有做成充分的敘述。

夢占

——關於以睡時夢兆說吉凶的事

章一

　關於睡時入夢而得來的景象，作爲預兆，這樣的情事，不宜輕信，也不可率然鄙棄。一應眾人，或至少可說，大多數人，統都擬想夢境，有如若干積驗而肇成的信念，徵兆什麼【行將遭遇的】情事（吉凶）；有些夢境蓋是有所預兆（啓示），也不是全屬荒誕（不可信）的，人們對於這些應驗了的夢境，推想其中似乎眞有些理知（道理），可憑以占取休咎，由是而於其他夢境，也一例循以追尋其中的示像。但詳加勘察，夢境與隨後的遭遇，其間關係，實未必一一相屬，於是人們又不敢相信夢兆眞是神啓，且不說其他可舉的論證，單只揭發這麼一項就夠了，神何爲常示夢於偶爾某些鄙愚的人，卻不示夢於那些至美（優勝）而且明智的人們，這不正是很可詫異而實屬荒謬的麼①。可是，我們倘完全摒棄「夢兆由於神啓」的假

---

①「神示的夢兆」，多出於「鄙愚的人們」（τῇ ἀλογίᾳ），而不出於明智的人們，所以是「荒謬的」（ἄτοπον）：這句是全篇中要義，參看下文，章二463^b15-20。

設，似又別無其他可取的解釋；這顯然超越了我們的理解，怎麼有人竟能預見在希拉克里砥柱或在波呂敘尼發生的一些事情②。

可是，釋夢總不能外於這麼的兩法，或舉爲隨後所值事件的緣由或其預兆，另或擬說所有一切夢境，或某些夢應，或僅某個夢應，與夢中或夢後的遭逢，只是偶爾的湊合。這裡，我所謂「緣由」（αἴτιον）的命意，有取於這樣的陳述：月亮是日蝕的〔緣由〕，或疲勞是炎症（發熱）的〔「緣由」〕；至於〔日蝕之前〕恰有某個〔或幾個〕星進入我的視野，則我稱之謂日蝕的「預兆」（σημεῖον）；與此
463a 相類：舌苔感覺粗糙則是炎症（發熱）的「預兆」；但，正當日蝕之頃，某些人恰在道上行走，乃適逢其會的「偶爾湊合」（τῶν συμπτωμάτων）。這些人的行走，既顯然不是日蝕的「緣由」（原因），也不是日蝕的「預兆」，倒轉來說，日蝕恰也同樣不是這些人行走的「緣由」（原因），正又同樣不是他們行走的「預兆」（示像）。凡適逢其會的巧遇（偶爾湊合）都不會時常碰到，更不能必其遭遇。於是，

---

② Ἡρακλείαι στήλαι 希拉克里砥柱，即今地中海，直布羅陀海峽（Gibraltar），詳見《天象》350^b3, 354^a3等，及漢文注釋。Βορυσθένες 波呂敘尼（Borysthenes），見於希羅多德《史記》（*Hdt.*）卷四章十八，是斯居泰族（Scythian）所在地區的一個河川，即今蘇聯南部流入黑海的第聶伯河（R.Dniper）。

舉身體（生理）上隨後出現的事情爲例，這可是確實的，某些夢是這些事情的緣由，另些乃可徵之爲預兆。眞有造詣的名醫曾說到，對於病人的夢境宜深加注意；那麼，於那些愛重眞理（實學），樂於研究，而不具備專精技術的人們而論，他們考慮夢境之爲後事的先兆，或且爲後事的前因，正該是合乎自然的了。

因爲在白天醒態中，人們接觸著較大的運動（刺激），所以，凡是較大的運動（刺激），所以，凡是較小的乏力的刺激（運動），便不及注意，疏忽了它們的出現。但在睡時，情況恰正相反；寐中，任何小小的衝擊（運動）似乎都被感應爲嚴重的事件。從睡時常遇的景象來說，這是明顯的；當人們的耳朵實只有聞於一淡遠的回聲，他們竟感應到了一陣雷電，當一點黏液（口涎）嚥下〔他們的喉管〕，他們感到了甜味，意謂正在飲著蜂蜜，他們認爲通過了一烘大火，異常地灼熱，實際只是在他們身上的某一部分稍稍加暖而已。迨他們醒回，這些眞相隨即明白了。既然萬事皆發端於微細，行將延及其身體的疾病與其他諸苦難的作始，也必是微小的。於是，這些小小的病原與禍根，必然在寐夢之際，比之在醒態中，爲較顯著而易於發現。

又，這也未必不合於理：假設在睡眠中出現的某些心理印象（幻覺），蓋是與之相關聯的某些行動的緣起；恰當你將有所動作，或正從事於這一行，或業已做完了這一動作，你就念念不忘於這一動作，而重行之於一個活現的夢中（推考其故，當是在晝間發始的刺激，導引他進行這些活動）。這樣倒轉過來，寐時的衝擊，又必常成爲晝間諸行動的所緣起，夜夢中，他正想要實行的諸活動，導引他在白晝做出如此的施爲。循這樣的意向（歸趨），這就可解釋某些夢境，既是預兆，也是緣由（原因）。

463b 但大多數的夢境，蓋該是偶爾的湊合，尤其是那些過度盛侈的景象，確乎不能是現實的活動，必然只能適逢其會的情事，例如有人夢中參與於海戰，或夢見遙遠的事件；於這些夢例而言，其成夢的過程大致是相同的，其人方有憶於某一往事或舊物，於是，這就〔在他夢中〕出現了。可有什麼能阻止這些回憶於寐間出現呢？不然，這類的夢境大致是頻繁的。回憶到某人，當然不能說是實際（偶然）逢到某人的「預兆」，也不能說是「原因」（緣由），於夢兆而言，恰也如此，夢見某人，不能說是隨後眞遇某人的「預兆」，也不是「原因」（緣由），這僅乃是偶爾的湊合。所以許多的夢境，隨後都是不驗的；因爲偶合的事，不能期其必至，即便求其約略地（大多數）有所應驗，也還是不可能的。

章二

一般說來，有鑑於其他〔較人類爲低級〕的動物也會做夢，這可證示，夢不會是神送來人間的，神也不會是成夢的緣由，可是，夢總是奇異的，而人的本性雖不屬神聖，也總是奇異的（該是挨次於神性的）③。有些能圓成栩栩然的夢境，而宣爲預兆的，實際是鄙賤（低級）的人，即此一端，就足可證明「夢不是神送給的」；只有那些屬於黑膽汁的（病態的）人們，秉性便喋喋不休而作語無序，正唯這個類屬，他們能見到所有一切示象（異象），他們能隨時隨地地感應於任何當前出現的刺激（運動）；他們偶爾碰上了些所謂預兆，毋寧相似於擲骰以卜單雙（吉凶）的人們④所得的骰彩（盧雉）；俗諺有云：「你擲骰到盡多的次數，總可在某次擲得一個異彩。」

---

③ Δαίμων ⑴古義謂「神」：ὁ為陽性神，同於θεός，ἡ為女神，同於θεά。⑵亦以稱嘉代善人或英雄之亡魂，意謂這些英靈處於神與人之間，能兩通人神。⑶諸神往往干預世人的命途，或吉或凶，於定命或神功而言，多以δαίμων為凶神（惡煞）。⑷後世衍用δαίμων（demons）者，或以稱鬼魅。463ᵇ14-15句中，δαιμόνια（deity），常義亦以稱神性，但其所以為神者不是大神或真神，故我們這裡譯以「次神」（inferior divine beings較低級的神物）。這句中還有一個常用字而在此為一疑詞者，有「φύσις」我們這裡譯為「﹝人的﹞本性」《鮑尼茲索引》（*Bonitz Index*），解作「﹝其他諸動物的﹞本性」。蔡勒（Zeller）《亞里士多德》（*Aristotle*）英譯本卷一，頁四二一，也釋為「﹝其他，諸動物的τῶν ἄμων ζῴων﹞本性」，即「禽獸本性」，這對於δαιμόνια給予了最低的命意。

④ 貝刻爾校，舊抄本ἀρτία μερίζοντες，直不可解，施耐得（Schneider）揣為ἀρτιάζοντες「擲骰以博單雙的人們」。ἀρτιάζω（擲骰）這字，稀見於希臘古籍，只亞里斯托芬尼（Aristophanes, Pl., 816）與柏拉圖對話《呂雪斯》（*Lysis*）206E，應用此字。

但，這又是不必驚奇的：許多的夢，隨後全無徵驗；人事的演變不必常從於體內生理的先兆，恰正有如我們觀覽於天象（氣候）者，你準可宣說今朝的風雨，占明日的陰晴，可是天象的演變，不必遵循你的預測；你準於當時的徵象（情況），推算隨後的果報，倘隨後而發作了一個更強大的衝擊，那麼你憑前一個較小的刺激所推算的果報，自然就不復會出現，那麼，人事的夢兆，和氣候的預測便全都失驗（不靈）。許多想要建樹的事功，雖然當初做了周密的設計，終由於隨後發生突變而更強大的事故，前業竟歸於失敗。一般說來，一切可能或然發生的事，一切會將來到（遭遇）的事，以及一切也許會得出現的事，統都不是必然能實踐的；但，對於這些全失後驗的徵象，我們總還是稱之爲事機的緣由（發始）；而且有些預言的後果雖則絕沒有出現，可是，在先所指以爲示象（σημεῖα 預兆）者，確乎是可取的（合於自然的）。

464ª 夢的又一類，其發始既異乎我們上述的品類，可又於時間上，或於地域上，或於幅度上，做漫無邊際的展延，或其爲展延，別出於時間、地域，或幅度之外的曼衍，可總仍屬於這麼的一類，它們一自夢始，做著，做著，便脫離初旨，入於詭奇而漫汗不能自制，這樣的夢境，若說它也有些徵兆，那就淨然只是「湊合」（συμπτώματος）了，這樣的夢境而欲爲之解釋者，似乎只有寄託之於德謨克利特的詳夢之詞了，他喻說這些夢境爲流波中的映影（映影與其流逝）。設若有物攪動了水或氣，最初被動了的水或氣肇發了運動（波動），挨次以動相接近的水或氣，迨當初的衝擊已停歇，相應的波動卻仍然在擴散，直抵其動勢完全消逝的某處而後已；恰正也如此，沒有什麼事物會來阻擋某些運動（刺激）進入睡眠中的靈魂之內，並由以引起某些感應，德謨克利特乃因之而構成他的「波影蕩漾」（τὰ εἴδωλα καὶ τὰς ἀπορροίας）之說⑤。這樣蕩漾開來的波影，何以容易在夜裡發作而被感應呢？因爲這種波影，在白晝容易被種種事物所干擾而隨即散失（夜間較平靜，空氣較少被擾動），那些運動（刺激）只能在入睡了的人體內引起感覺，這是不難解釋的，人方醒時，對於輕弱的衝擊，感官都疏忽而漫不經意，迨既入睡，感覺才易於應接細小而內向的刺激。就從這些刺激所引成的心理印象，詳夢的人們，預言夢者隨後會將發生這麼那麼些事情（休咎）⑥。情況就是這麼的，如此如此的夢

⑤ τῶν τοιούτων「這麼那麼些事情」（「如此如此」），回顧上文，本節的開端464a1-4。

⑥ 亞里士多德「說夢」只舉及德謨克利特一位前賢，德氏以「映影與流波」（τὰ εἴδωλα καὶ ἀπορροιαι）464a1-24說「夢」。《普盧太赫集》（*Plutarchus, Quaest.Conv*）734-735C，（見於第爾士編校本ii, 103-4）記載有德謨克利特的這個夢理。另外還提到略與德謨克利特同時，圓夢人安底豐（**Antiphon**），為人圓夢（詳夢）有奇驗：著有《判夢》（Περὶ κρίσεως ὀνείρων）一篇。又，希波克拉底學派，《醫學集成》中，有περὶ διαίτης《治生驗方》（約為西元前四百年間之作，作者姓名不詳），這書甚重「夢兆」（**Oneiromancy**）。作者認為，人在睡時，思想（理知），不像醒時，

兆，所以易於在世俗眾人那裡得來，若彼慧通明智的人們是不會被這類夢境（夢兆）所中的。若說，夢眞是神賦給他們的，這樣的夢兆該也在白晝給予，而且該也同樣賦之於明智的人；但，按之實際，這還是合乎自然的，俗人乃能感於預兆；這些人的心識（理知）素不做深思熟慮，他們既無所用心，常保持其內涵的空虛，所以一碰到什麼刺激（運動），隨即跟著這刺激發展其感應。

有些心識（理知）不健康穩定的人們，乃能感於預兆（夢兆），推究其故，這是由於他們自己的心理活動，不干擾身外的事物，而放任自己所已內受者、發展開來；所以他們對於外界的刺激（運動），最是敏於感受。有些栩栩然如在目前的夢例，可有特殊的解釋；譬如有人夢見他們的朋友，他們必然是相知甚深的朋友，所

易受物干擾，而可得自由發展，故夢中所暴露者，多屬其人生理真像與心理真情，可憑以占知其前因與後果。柏拉圖在《共和國》篇中（571C3-D4），亦重夢兆，認為人在醒時，欲望為理知所抑，不能發抒真情，而夢中景象庶幾可覘其內心，內心的善念惡念，未必不招致隨後的休咎。在《蒂邁歐》（*Timaeus*）中（45D3-46A2）他認為夢是晝間醒時，人們劇烈感情衝動的後遺徵象，隨後（71A3-72B5）他又別說肝臟在體內的位置與性質，認為夢境之有神性預兆作用者，含於肝臟。

亞里士多德早年在《哲學》對話中，認為夢境出於神示，至晚期著《說夢》，與《占夢》雖未絕對否定前說，卻明智地申述了絕大多數的夢境，不由神示：凡所誇說的預兆都是不靈的。

以互相繫念者也特地深切：他們相互間憶念著，雖契闊遙阻，而一動思心，印象攸作，相見乃如晤面；知己的厚誼，爰起懸想，若此想像，其為成夢的刺激（活動）
464b 者，直與情誼同其強烈。生性屬於黑膽汁的人們，感情易於衝動，他們擅於描準，引導遠射，輒能中的（靶），這裡，隱喻於夢兆，他們都能預徵前因。又，因為他們情激意盛，時刻而做緊張的演變，出現在他們夢中的景象，一個挨次著一個，相接而至；恰正像癲狂的人們，背誦原已讀得濫熟了的菲萊琪德⑦的詩篇，有如《亞

---

⑦ Φιλαιγίδες（**Philaegides**）菲萊琪德，牛津譯本，皮爾（**Beare, J.I.**）注，大概就是，呂基安（**Lucian**）《誑騙家們》（*Pseudologista*）第二十四節中的Φιλαινίδες，菲萊尼德，這一名字也見於雅典那俄（**Athenaeus**）《智學讌語》（*Deipnosophistae*）335B-E；但關於Ἀφροδίτην《亞芙洛第忒》詩章，今無可考知。

羅斯《自然諸短篇・校本》詮疏，頁二八三，考證這裡只是些諧聲相屬的巫咒。τοῦ Φιλαινίδου ποιήματα 菲萊琪德詩篇有：⑴雅典那俄與呂基亞書中所涉菲萊琪德，其人其詩，皆不明。⑵《巴拉汀山群芳集》（*Anthologia Palatina*）vii, 450，有菲萊妮斯（Φιλαινίς）詩，'Αφροδίτην φροδίτην《疑想的亞芙洛第忒》：其人或即菲萊琪德，而其詩隱祕，不類亞氏此節所屬意。⑶歐里比特（**Euripides**）《特洛亞德》（*Troad*）989-90有'Αφροδίτην βροτοῖς《世俗的亞芙洛第忒》，行間有取於諧聲或綴音相似之語，稍近本篇此章之所屬意。葛羅寧根（**B.A.van Groningen**）《長憶錄》（*Mnemos*）iv, 1, 107-8（一九四八），錄有一個第六世紀的《驅咒》：「亞芙洛第忒的車門，茀洛第坦，洛第坦，奧第坦，第坦，伊坦，坦坦，恩，第坦，伊

芙洛第忒》之章（'Αφροδίτης），原來就〔取義曖昧〕而諧聲綿聯，絡繹不絕，他們也一行扣著一行地朗吟而下，若不能已；這樣，情操激切的人們之夢兆，就往往綿延成串。又，因爲他們情感強烈，一個入夢的刺激，肆其運動，新起或外來的衝擊都不能取代，這也是他們夢兆綿延，自成串聯的一個緣由。

特擅於詳夢的人⑧，當具有察識像似的（模糊的）形象之才能；若栩栩然（分

坦，坦恩唔。」亞里士多德這裡所說的《亞芙洛第忒》之章，該就是這樣全無意義的，巫祝所造的，諧聲綴音的符咒，古代至於中古，或直到近代，（愚夫愚婦）信男信女所誦習的辟邪迎祥符，或引神驅魔咒（ammlets）大率如此。無論古埃及、希臘、印度或中國道教的巫覡，無論是驅邪捉妖，圓夢祈福的種種法術，所表現的就只是這些伎倆。

⑧ κριτὴς ἐνυπνίων「詳夢的人」（interpreter of dreams）。關於本篇的題目，περὶ τῆς ἐκ τῶν ἐνυπνίων μαντικῆς「憑夢裡示像以說預兆」，我們簡譯為「夢占」（或「占夢」）。中國，夢卜（占夢）最初見於《書經．說命》，殷高宗因夢卜而得傳說以為相。《詩經．斯干》以「夢熊」為生兒得男子之占。《左傳》宣公三年（西元前六〇七年），追記舊事，鄭文公（在位，西元前六七二—前六二八年）妾燕姞夢天使與之蘭，既而生穆公（在位，西元前六二七—前六〇六年），名之曰「蘭」。春秋時期，夢卜（夢占）甚盛：史家多記錄舊傳如此。唯唐柳宗元作《非國語》，責《國語》多記夢占等怪誕之說，為妄。中國上述史載諸夢例，與西方古史籍及詩文所著錄者頗相似。柳宗元誹難「夢占」所持論，亦與亞氏此篇所持論頗相似。亞里士多德在這短篇內，反覆說夢境出於感覺機能，而人在寐時，心識減損於功用，夢境多是混亂模糊的感覺印象，不是「神」

明）的夢兆⑨，任何人都能審辨。所謂模糊了的「像似」（τὰς ὁμοιότητας），我用以指稱，如我們前已講到了的，有如水中反照（映影）的心理印象。倘水被攪擾（運動）得太多，反照（映影）便失其原形，肖像就全不肖似了。可是，那一位眞夠聰慧的詳夢人，就能把這些播散了的扭曲了的肖像，拼湊起來，而敏捷地辨認之爲一個人，或說是一匹馬，或任何其他事物的一個完整的形象。〔太多的〕運動（刺激）破壞栩栩然（分明）的夢境，現在，這麼的〔模糊的「像似」〕夢類，就具有相似的功能（作用）。

於是，我們業已闡明了睡眠和寐夢是什麼，每一類夢是由何起因而做成的，我們也陳述了關於「占夢」（從夢裡的示像推測所預兆的吉凶）的意見。

的功用，只與各自的生理和心理有關，不可以卜人事或邦國休咎，故輕詆做夢與說夢者為鄙俗的人，不是明智之士。中國，至唐時，稱「占夢」，曰「圓夢」。《洛中記異》云：「智滿禪師，願為唐高祖（李淵）『圓夢』，皆驗。」高祖建唐，為智滿建興儀寺，寺中置有「圓夢堂」。明清間「圓夢」亦稱「詳夢」。「詳」之一義為審察，這裡κριτής，本義正是「審察者」，或「判斷人」。

⑨ εὐθυ-ονειρίας「分明的夢」（vivid dreams）。《莊子・齊物論》：「莊周夢為蝴蝶，栩栩然蝶也。俄而覺，則蘧蘧然周也。」我們在這裡假借莊周這寓言譯這字為「栩夢」。εὐθυ這字的原義是「直捷」或「分明」（有如目擊的）。

長壽與短命①

章一

現在我們的課程是研究何故而有些生物壽長，另些短命，並統概地於壽命之爲長爲短，做一番考察。對於這一論題的研究，我們必須先從與之相涉的諸疑問著手。何以有些動物與植物壽長（μακρόβια），另些乃壽短（βραχύβια），追求其故是否全都出於同一個原因或各別的動植物乃有各不同的原因，這就是大家不明白的一個疑問。有些植物生活不適一年，另些卻又活到好長的年代。又一個疑問，於一切自然（生物）構體而言，長壽和身體健康是同一的事麼，抑或短命與疾病兩不相關，抑或於某些疾病而論，短命正由病患，而於另些疾病，則其病患實際全不妨礙

---

① $464^{b}19$-$465^{a}2$，威爾遜（Cook Wilson）在《語言學評論》（*Philologie Rundschau*, i, 1881, 1240）上指出《長壽與短命》$464^{b}19$-30，是本章的一個發凡；但$464^{b}30$-$465^{a}2$，卻做出了另一發凡。對照$464^{b}19$-21於下文$464^{b}32$-$465^{a}2$，別爾（Biehl）認為第一發凡，不是亞氏手筆，是後人添加的。但密嘉爾（Michael）詮疏，於這兩發凡都一樣作注，呂洛夫斯（Lulofs）《說夢與夢占》章一，頁四〇，認為原篇本從$464^{b}30$開章，隨後他又補綴了$464^{b}19$-30這一節。

他們活得壽長？

我們先已討論了睡眠與醒寤，隨後還須講述生與死，以及於生理哲學上而論，
465a 與生死問題，頗爲近似的，疾病與健康的問題。但，我們現在的研究，關涉於何故而某些生物壽長，而某些壽短。這裡，如先曾涉及了的，不同的科屬，顯示有相互的差異，我們也發現在同一個品種之內，各個個體之間，也是有差異的②。說到科屬之別，我意指其例之如人與馬之間的差異（人這科屬比之於馬這科屬，壽命較長），說品種之別，我意指人與人之間的差異；因所在的地區而異，有些人壽長，另些人壽短；凡居住於溫熱地區的部族，比之居住於寒冷地區的部族，較爲壽長③。可是，有些人居住於同一地區，他們相互間卻又人各不同於壽命。

---

② 這一句中的γένος「科屬」與εἶδος「品種」作為分類名詞的命意，與下句中這兩名詞的取義，顯見有些乖誤。依下句，北方民族與南方民族，為「人這科屬」（genus）的「品種」（species）之別。

③ 465^a9-10，住在熱帶（溫帶）的較住在寒地的人為壽長之說，今已不然。在亞里士多德的世代，黑海以北的土著居民過著相當原始的生活、衣服、居室、食用百物都不足以禦北方的嚴寒，所以壽數較短於南方各族。

章二

我們必須考慮，在自然萬物（諸生物）之間，何以某一容易壞死（滅亡）而另一乃不易壞死（滅亡）。火、水與其他元素之分別，親和於生物之體內者，所具有的功能是各不相同的，相互地肇致自我與它別間的創生與壞死，這樣，由此而引得或組合的諸生體，自然而然地，就該參有諸元素間相互爲生滅成壞的性能，只有那些事物，例如一幢房屋，實由許多元素混合著，眾建起來的，才得除外。關於其他諸事物，這又是另一不同的問題；許多現存的事物，有如知識與愚昧，健康與疾病，它們各有其致於毀滅各自的原因；這些事物是可滅壞的，雖儲存這些的諸生物並未滅壞，而且尚在繼續生存；舉例以明之，學習與回想可滅壞（破除）愚昧，而遺忘（疏忽）與欺罔（弄巧）可滅壞（毀棄）知識。但，事實上，當自然物體壞死了，其他附屬諸性能隨即從之而壞死（消失），生體一旦滅亡，知識與健康之寓於此生體之中者，也同歸滅亡。

從這些事實，人們可獲致關於靈魂的某些結論，靈魂若不是憑其本性以含存於身體（物身）之中，而是循依於知識（理性）之含存於靈魂中的方式（即附屬的方式），那麼靈魂就可以在物身尚未壞死之前，先爲某些其他毀滅作用所傷害了。但，事實顯然不是這樣的，靈魂之結合於物身，不能是知識（理性）之附屬於靈魂之中的方式。

章三

465b 這裡，可以提出這麼一個問題，是否世上有這樣的區域，凡可滅壞的事物入處其中，就不會滅壞，例如火（元素）在上空高層，那裡別無與之反對的（元素）存在，就永不滅壞。凡對反事物被毀滅時，所有附於這對反事物的諸屬性隨帶著亡失；而對反諸事物總是相互爲消除（抵制）的；但諸對反之憑其本體（本質）而存在者，絕不會偶然地被毀滅，因爲本體就不是任何事物的屬性。於是，任何事物，若無與之爲對反者，或其所在的範圍以內，絕無與之對反者存在，就絕不會被毀滅。若說，唯有與之對反者才能毀滅事物，那麼，如果這樣的對反或是全不存在，或於那個範圍之內，實不存在，又有什麼來使之毀滅呢？也許這個陳述只是部分地眞確，而部分地不合實際；一切事物凡具有物質材料者；在某些涵義上，必然各有一個對反。事物之所含蘊（物性），有如「熱」或「直」固然可在任何物體（實是）上表現，但離立的「熱」、「直」或「白」，這樣的事物，是沒有的；若說可有，那麼原該是附從的屬性、將可獨立存在了。於是，若說，主動和被動事物同時存在，其一有所施爲，另一接受所施爲，這就不可能全不發生什麼變化。又，若說動與被動兩相抵消之後，蓋有所剩餘，於是這餘量就是一個對反；因所有變化，統都起對反的相互作用，「餘量」就是上述牴牾剩下來的。於是，倘一切主動對反物全然消除了，我們就可獲得永不毀滅的事物。但，按之實際，事有所不然；事物將被它自己所發展而形成的周身的（周遭的）對體（敵反物）所毀滅。〔我們倘在這方面做了充分的辯論，經上所陳述，該已有足夠的論據，如云不然，人們必須假定，這裡產生了某些主動對反或現實對反，而引出了一個餘量。〕④這樣，較小的火焰被較大的火焰隨附著（偶然地）消耗了，若說煙爲火焰的飼料⑤，於較小的焰，須經長時間才消耗以盡，於較大的焰，這就急速地燒盡了。所以，一切事物都在運動不息的狀態之中，或正在生成，或正在滅壞。它的周遭（環境）或與之同工，或做相反的施爲。一切事物，爲此故而變化不息，它們的壽命，比照於它們的自性（秉賦）所許可的期限，就將或較長，或較短了，但它們既各有其所對反者在，這就誰都不能永存不死；而它們既各都含蘊有物質材料，它

④ 645^b21-23這一累句，和下句$^b23$-25，不相承接，疑為抄寫的文士，擅行添入的。茲作為異文加〔〕。

⑤ 這裡原文難解，近代校訂者各擬有其校訂文字，此從別爾（Biehl）校，作ἡ τροφὴ ἦν「若說……作為飼料」譯。《自然諸短篇》各章節，類此的疑難句讀，或文法上，或邏輯上的疑難，所在多有，十九世紀迄今，相繼的校勘者、翻譯者、研究者，各有所闡明，羅斯（W. D. Ross）校本晚出（一九五五），匯萃前賢，其詮疏所訂正者尤多。現在這漢文譯本，於疑難處都從羅斯詮疏索解（參看羅斯《自然諸短篇・校本》詮疏頁二八八－二八九，所作對於465^b1-25的疑難章句的分析）。

們的對反，就也各與之具在了。這樣，如果這個對反，屬於位置的，則其變化當爲區域移運，如屬量性，則其變化演爲生長與衰壞。

章四

466a 體型巨大的生物，作爲一個級類，未必較不易於滅壞（一匹馬實不較一個人爲壽長）⑥，體型小的，也未必（大多數的昆蟲只活一年），整個植物界而言，也未必較動物爲不易於滅壞（有些植物就是一年生的），那些紅血動物也未必（蜜蜂的壽命就比某些具足的紅血動物們長些），無血動物也未必（軟體動物是無血的，也只活一年），陸地生物也未必（有些植物與陸生動物就只活一年），海生動物也未必（在海洋中，貝介與軟體類兩都是短命的）較不易於滅壞。一般說來，壽命最長的屬在植物，例如椰棗；次之，長壽較常見於有血動物，而無血動物爲短命；較之水生動物，陸地動物蓋爲壽長。綴合有血與陸生兩事而論，則於一切動物之中，人與象最爲壽長。一般說來，體型較大的動物比之較小的，活得長些。其他活得壽長

---

⑥《動物之生殖》（*De Gen.Anim.*）777b2-6，馬屬（genus Equus）稱鬃尾動物（λόφουρα），確言馬壽比人壽為短。

的動物往往屬於體型巨大的級類，有如我們上述的兩者⑦。

章五

於所有這些通理，我們揭示下列的論據以說明其緣由。大家該當承認，生物（活動物）統都秉賦有濕性與熱性，生命原來就本於這些自然性能，迨入老年，既

⑦ 466^{a}9-16亞里士多德於動物壽命比較所得的條例：較高級的（紅血）動物，較巨大的動物，統概而論，具有較多的長壽機會。蘭開斯特（E.Ray Lankester）《人與其他動物的壽命比較》（*Comparative Longevity in Man and in Other Animals*），頁四六：「可能的最高壽命是跟著生物進化而為變的，進化越高則壽命加長。這蓋已是被公認了的，動物進化的涵義就是較複雜的構造，與較大的體型，這兩者或兩者之任何一事，都本於『長時間』的進化過程。」蘭開斯特確知，若不經時間過程，動物不能增長體積。魏斯曼（Weismann）《遺傳文集》（*Essays on Heredity*），第六篇：「最巨大的動物抵達最高的年齡……這不難編製一個動物級降系列，標誌壽命的遞減，幾乎和體型的遞減為正比例。」亞里士多德所訂上述條例，當然是容許有例外的，他原就沒說他的條例是絕對的。鸚鵡、烏鴉與鴻雁，比之許多較大型鳥類及哺乳類活得較長。有些魚能活到高齡——薩孟魚（Salmo Salar）可活百歲，鯉魚可活一百五十歲，梭子魚（Esox Lucius）可活二百歲。關於植物，亞里士多德說，植物未必較動物為長壽，但生物之臻於最高年齡者，卻應在植物中尋取——這一通論是確實的，植物學家於一本巨型水杉（Sequeia gigantea）估計已有一千三百三十五歲，於一本紫杉（Taxodium）估計已逾四千歲了。

冷且乾，就這樣轉成了一個死體。這是明白的。這裡，凡活物，其所組成身體的材料（物質），統屬熱與冷，乾與濕的（四性能）。當他們有生之年，隨歲月而俱增，老耄及之，生命的諸性能必然漸爾耗竭。濕性蓋是不易乾枯的。爲此故，油脂事物較不易於衰損（朽壞）。這因爲它們內含有氣；氣和其他元素相涉時，有類於火和其他元素間的關係：火是不易朽壞（衰熄）的。水濕的含量也不得太少；小量的水濕易於乾涸。執此之故，大體型生物——兼動物與植物而言——如上已講到，一般說到，年壽較長；較大的動物自然地含存著較多的水濕。但這個不是牠們壽命較長的唯一原因；壽長須得量與質兩方面的條件，所以，這不僅該有足量的水濕，這些水濕還必須是熱的，憑此熱性，這份水濕才不致易於冰凍或乾涸。這就是人類比某些較大型動物活得更長的緣由；水濕含量較少的動物，如果其質性（熱性）
466b 較佳，可補償其爲量之不足，這就能活得較長。又，某些動物的熱性出於油脂物質⑧，其身體既不易乾枯，也不易冷卻；又另些動物體乃具有另些滋味。

又，凡動物之能抵抗衰壞者，不可有太多的剩餘（排泄），這種剩餘或憑其自然秉賦所產生，或由於疾病而產生的，其作用，有時是損害其自然生命的，另有時

⑧ τὸ λιπαρόν「油脂物質」：油膩性為「滋味」（οἱ χυμοί）諸品種之一，參看《感覺》篇（*de Sensu.*）章四442a17以下。

是爲害於其某部分的功能的。爲此故，動物之饒於種籽（精液）而行過度繁殖者，都屬早衰（速老）；種籽（精液）是剩餘排泄，一經泄出，物身隨之乾枯。這就是騾，比之於馬與驢，即騾所由受生的雙親，較爲壽長的緣由，倘雄性動物而樂於過度交配，這也是雌性動物比其雄性較爲壽長的緣由；正由於此，雄麻雀比牠的雌鳥壽命較短。又，這是確實的，一切雄性之交媾過度者，由於勞悴困乏，統都較快地衰老；勞乏使其身就乾，而乾枯即便衰老。但，更廣泛地說，雄動物，於自然本性上，蓋較其雌性爲壽長，因爲雄性實比雌性爲秉賦較熱的動物⑨。

居住於較暖熱地區的動物，比居住在冷處的，壽命較長，這與體型較大的動物壽命較長者，其理相同。動物之秉賦寒冷者，其體型大小，循乎此理；這是明白的，蛇、蜥蜴和棱甲動物，凡生活於熱帶的，就體型巨大，在紅海內的貝介類也是這樣的；熱濕既是生命之成因，也就是生長的原理。但，在寒冷地區，動物體內的

---

⑨ 466^b10-11，動物界，雌性θήλεα與雄性ἄρρενα壽命比較，參看《動物志》538^a23-24，紅血動物之有足而非卵生者（哺乳類）雄性常較雌性為壽長，575^a3-5，於大多數的犬種而言，就是這樣的。《動物志》613^a24-26，於環鳩（ring dove）與雉鳩（turtle dove）而言，亦然如此。466^b14-15，φύσει「於自然本性而言」，若勿使雄動物過度交媾，致於勞悴，則雄性將循常例，活得比雌性長些。

濕度，多屬水性；所以，易於凝聚，因此，在北方地區的寒冷氣候中，無血動物或少血動物是全然沒有的（無論在陸地上有腳類，海洋裡的水族，那樣的品種都是沒有的），或竟也遭遇一些少血或無血動物，牠們總是體型較小，而且壽命較短；這裡的凍霜遏止了牠們的生長（發育）。

倘斷絕了營養（供給），植物與動物，兩歸死亡，這時，它們就消耗自己的物身；恰如一個大焰火燃燒垂盡時，就消耗任何添加的燃料，遂也燒光了那些小焰火，正也如此，消化功能憑自然原熱爲之基本原因者，遂乃耗竭了它的物身所含存的儲備。水生動物較陸地動物爲壽短，這不僅由於牠們的濕性，更因爲牠們的濕性
467^a 屬於水質；這樣的濕性易於乾枯，因爲這是冷的而且易於凝聚⑩。憑同樣的緣由，無血動物易於衰亡，唯其體型巨大者乃能支持那樣的消耗；這種動物既無脂肪，又

---

⑩ 章五，綜上述各章的理論與實際，歸結壽命長短的原因為六條：⑴$466^a17$以下，水濕（主要為血液）較充足者，壽命較長。⑵$466^a29$以下，富於體內熱者較壽長。⑶$466^b4$以下，體內水濕，富於油脂或富於其他滋味者，壽命較長。⑷$^b16$以下，饒於精液（種籽）而交配過度的雄動物較其雌性為壽短（若順適自然秉性，不行過度交媾，則一般地，雄動物可較其雌性活得長些）。⑸$^b18$以下，體型大小為比較壽命長短之徵：居住於熱地（溫帶）的動物，多比其居住於寒帶的相類屬動物，體型較大，壽命較長。⑹$^b33$以下，水生動物（冷血）大多數較陸上動物（熱血）為壽短。

無甜味。在活動物體內的脂肪是甜的；爲此故，蜜蜂的壽命比之其他體型較大的動物要長些。

章六

在植物界中，有些種類活到很高的年齡，比高齡的動物們，壽數還更長，這，第一，因爲牠們的體液不是水樣（稀薄）的，所以不易乾凝（枯槁）；第二，牠們富有油性與黏度，所以牠們的物身雖屬土質而爲乾性，可是，既內含了這樣的濕物，牠們就不易枯槁。但，我們研究樹齡的旨趣，要在闡明其長壽的原因；除外昆蟲，而論比生物間壽命長短的表徵，植物爲壽的原因是特殊的。由於草木時時在重生，所以它們竟能存活如此地久長；當有些舊枝老去時，新枝常在椏間萌生。他們的根也是這樣。這樣的更新，不是頃刻之間發生的，只在老幹與老枝行將枯槁（凋謝）的時日，新枝萌芽在它們旁邊發育，並形成新幹；也在這時機，舊根（宿根）旁邊也茁長了新根；於是這棵樹，一部分凋枯，一部分重生，它的生命如此而延存，如此而致於長壽。但，樹木（植物）也有類乎上曾述及的昆蟲的生態；它們雖被分割，可出一個生體形成兩個或多個生體。可是，昆蟲於被區分了以後，雖還繼續存活，活著的時間是不怎麼長的；它們缺少營生所需的器官，在每一切段中，其內含的生機，也不供應重生這些器官的元質⑪。但植物的切段就能重生一一必需的諸部分；因爲它們在每一分段中，各具備潛在的根和潛在的株桿。所以，樹林經常地，一部分在老化，一部分在萌芽，兩者壽命略同其長短，猶如插扡或嫁接切片，從樹木本身分離以後的生長與凋落的歲月。人們恰可指說樹本上分株的實義，正相類乎分取的切片；而切片正是這棵植物本體的一個部分。差別只在切片是分離於本體，而新枝（萌芽）則是延續於本體的。由此可知（可證），植物的每個部分（片段）各各潛存有一切的生命要素（元理）。

動物界與植物界，兩皆顯現有這樣相同的情況：於動物而言，按之通例，雄性活得較長；揆之雄性的體型，上身較其下身爲大（因爲雄性比之雌性更顯示其像矮侏樣的），可是，熱性卻正位在上身，而寒冷乃在下身之中；於植物界而言，凡它們的頭部最重的就是壽命最長的。考究植物界中具有如此秉賦的，當不是一年生的
467^b （草本），而該是有如喬木樣的種屬；於植物論，根是它眞正的頭部，但一年生植物（草本），其生長與發育的趨向，重在下身，即「相對於根部的」株上的籽實。隨後，我們將在《植物志》（ἐν τοῖς Περὶ φυτῶν），作爲一個專題，更詳盡

⑪ 467^a21-23，昆蟲切節，不備營生所需的諸器官，參看《青年與老年》468^b6-9，昆蟲區分了各體段，或存頭節而無腹節，或有腹部而無口器。

地討論這方面的問題⑫；至於，現在的討論，既以動物爲主，則我們已闡明了它們壽命之爲長爲短的緣由。剩餘的問題，我們該繼此而研究的，是「青年與老年」（περὶ νεότητος καὶ γήρως）和「生與死」（καὶ ζωῆς καὶ θανάτου）；待我們於這些專題討論完畢，我們關於生物的全部研究就抵於結束⑬。

---

⑫ 亞里士多德《植物學》著作，今已軼失。參看《感覺篇》442^{b}24-26，關於植物的「上下」方位比照人身的上下方位，該顚倒著看；又看，《動物之行進》（*De Incessu.*）705^{a}29-^{b}2。

⑬ 以下牛津版**D. Ross**（羅斯）希文本和**G.R.T.Ross**（羅斯）（英譯文都將《青年與老年》二章、《生與死》四章和《呼吸》二十一章合為一篇共二十七章，本書將前二者合為一篇分六章，將《呼吸》另立一篇二十一章，參見頁二九五注①和頁三〇六注①——編校者）。

青年與老年，生與死

章一

我們現在必須討論〈青年與老年，生與死〉的問題。同時我們也該敘明「呼吸」的緣由；因爲這在某些動物，「呼吸」恰正是牠們活著或不活的差別（分限）①。但，在另一專篇中②，我們已論定了關於靈魂的定義，這是明顯的，靈魂的要素不屬於物身（肉體），可是，這也同樣明顯，靈魂該寓於物身的某個部分，寓於那個能行控制功能的部分。我們現在盡可忽略靈魂的其他諸機能或諸部分（任憑你稱之爲機能或部分）；我們於足夠稱之爲兼備兩項詞旨（即既是動物而且又是活著的）者，所謂「活動物」（ζῷα καὶ ζῇν）者，必須在那個同一部分，由此而成爲「有生命物者」，即此而呼之爲一個動物（ὁ ζῷον）。「動物之由此而爲動物者」（τὸ ζῷον ἢ ζῷον），當然不能是不活的，可是，我們不能僅僅因爲牠是活的，

---

① 憑本章發凡的這兩句，後世編者或把467^{b}10-480^{b}31全文編為一篇，或分編為兩篇，題為〈青年與老年，生與死〉和〈呼吸〉。關於「呼吸」（ἀναπνοῆ），這專指具肺的動物們，參看470^{b}9-15。

② 參看《靈魂論》卷二章一412^{a}1-413^{a}10。

也就必須指說牠是一個動物；因爲植物（草木）也是活的，但它們沒有「感覺」（αἴσθησιν），所以，我們區分動物於非動物者，實際在於有無感覺③。

舉以數論，這個部分只能是單一的而且同樣的事物，但舉其要素（實義）論，這便不止只一，而是有差異的；作爲一個動物（τὸ ζῴῳ）的實際，和作爲一個生命（活物 τὸ ζῆν）而言，就不是相同的。於是，所有各個專項感覺器官，當諸感覺由以實現其爲感覺時，必須會合於一個共通感覺器官，這個器官必須位置於所稱爲「前」（πρόσθεν），和所稱爲「後」（ὄπισθεν）之間的「中部」（μέσον）（所謂「前」，我以指感覺所引向的部分，所謂「後」則是與之相反的部分）。又，一切生物的軀體，各區分爲「上部」（ἄνω）與「下部」（κάτω）（因爲它們全都像
468a 植物，各具有上身與下身）。這是明顯的，它在兩者之間，具有營養本原；於食料進入的部分，我們稱之爲「上身」，這是憑它自身看來之所謂「上」，不是考慮到它的外圍總體而謂之「上」，但我們稱之爲「下身」的，則是基本殘餘由以排泄出去的部分④。這些在植物與動物身上，所在的位置不同；因爲人在所有一切生物中

③ 有生命，又有感覺機能的生物，實指具有心臟的諸動物：心臟即上文19-21行句中的「那個同一部分」（ἐν μέρει καθ' ὅ...）：「由此而成為『有生命物者』，即此而呼之為一個動物。」

④ τὸ περίττωμα... τὸ πρῶτον「原始殘餘」（或基本殘餘）應包括食物殘餘（《動物之構造》卷三章

爲唯一直立的，在這方面的性質特爲顯著，他的「上身」於他的外圍總體（全天宇）而言，也是「上部」，但在其他動物而言，這在〔天宇間的〕「中部」；至於植物，它們是不移動的（固定的），從土壤吸收食料，進食的這個部分常在「下部」。植物的根，符合於動物的口；這個進口部分，有些是憑以從土取食的，另些則憑以從本類（同類）取食⑤。

章二

所有一切軀體完整的動物分爲三個部分：第一部分，是憑以吸收食料的；第二部分是食物殘餘所由排泄的；第三部分處於那兩部分之間。後舉的這個部分，在大型的動物體上，被稱爲「胸」，於其他體型的動物身上，稱以可以照的名詞。於這

八671ᵃ7「胃腸的土質殘餘」、卷二章七655ᵇ13等「食料殘餘」）和身體分泌（排泄）如精液（γονή）與乳汁（γάλα）：後舉兩類事物，亞氏也稱之為殘餘（排泄）περίττωμα。

⑤ 這一 τὰ μὲν（468ᵃ11行）… τὰ δὲ（12行）「有些……另些……」句是疏略的。渥格爾認這句承上文的植物而言。「另些」是指「寄生植物」（parasites），例如槲寄生（mistletoe）。另些詮疏解釋這句承上文的動物，「有些」為草食獸類（herbivora），草是土生土長的，「另些」則為「肉食獸類」（carnivora），是自類相食的，例如虎（獸類）吃兔（獸類）。又有些詮疏認為，這裡可以兼承動植物而言，兩者於取食為別，如此的兩類都與本文所敘相符合。

個部分說來，有些比之於另些，是較爲專業化了的。那些具有移動機能的動物，外加有能行運動的機構，憑以移動其全身，這些就是腿和腳，以及爲此功能所具備的其他諸部分（構製）。但，靈魂的營養功能的所在，寓於上述三部分的中部，這樣的安排是合理的，也可憑感覺而明知的。許多生物，當牠們失去了其他兩部分之一，即相應地稱爲頭與進食器官（食料容器），仍還應用牠們的中部，力求生存。昆蟲，如胡蜂與蜜蜂，明白顯示了這樣的情況；昆蟲以外的許多動物也能在被割以後，應用它們的營養部分（構製）存活。營養機能的諸區分，潛在地爲數有幾個（爲多），現實地卻爲數只是一個；這樣的組成，和植物的營養機能（部分）相似；植物，當被分割（區劃）了之後，其分段能各自存活，而且能在同一萌發處（起點）茁長好多樹木（分株）。何以有些，在區分了以後，不能存活；另些植物
468^b 則不能憑其切片發育成長，將在另一專篇中予以討論⑥，但在這方面而論，植物和昆蟲這一類動物是相似的。這樣，在一個具有營養靈魂的生物，於這一機能（構製）必須潛在地爲數是多，而現實地只能是單一的。又，這於感覺第一原理（要素），情況也確實相同；這些被分割了的生物，那些區分了的各個部分，眞像具備

⑥ 在現存的《亞氏全集》中，未見有符合此論題的專篇。或謂，這該包涵在亞氏逸文《論植物》（*de Plantis*）這專著之內的某篇章。468^a31-32句內的「有些」，不明是指動物或植物。

感覺。但，於自然本性（生命）的葆全而論，植物乃能繼續生存，昆蟲則不能繼續生存，因爲它們於葆全生命所必須具備的諸器官，未能全備，牠們，有些闕失了抓取食物的工具，或沒有接納食物的容器，另有些則兩皆缺少。這樣形式的動物們好像原來是多個生體的團聚（聚合構造）；但，凡屬優良的動物，不該是這樣構造的，牠們盡可能各構成一個單獨整體。這些可分割生物的某些切段，雖也顯示有某些靈魂屬性，卻畢竟只具備微弱的感覺功能。牠們，當其內臟被挖去之後，還表現有運動能力，這樣的例有陸龜，把陸龜的心臟除去，牠繼續爬行⑦。

---

⑦ 468^b12-15，羅斯詮：這一節明白地舉出了龜和其他某些動物的活體解剖紀錄：下文《呼吸》章十七479^a3-7也是陸龜（χελῶνες）的活體解剖紀錄。羅斯又舉倫斯（T. F. Lones）《亞里士多德的自然科學研究》（*A.'s Research in Natural Science*）章八，關於亞氏動物學中的活體解剖（vivisection），《動物志》563^b23-27是參考了一避役（chameleon變色蛙）的活體解剖的，《動物之生殖》774^b31-34，可能涉及燕屬（swallows）的活體解剖紀錄，也可能是一些頑童把燕眼挖出的觀察。《動物之生殖》765^a25-31涉及的活體解剖，可能是一次醫療手術中得來的。亞氏書中解剖實例很多，除上舉的例外，都不像是活體解剖。渥格爾詮468^b15句，於活體解剖，提示了他自己所親歷的情實：昆蟲如蚱蜢，在製作標本時，把它的內臟全挖空了，用棉花絨給以填塞後，如果不加針定，這蚱蜢常是飛了去。參看《呼吸》479^a3-7。

章三

如果，我們從種籽發育和嫁接或插扡蕃殖來研究植物的原始，植物界與動物界在這方面的情況，又是很明白的。植物的種籽發育始於中部；一切種籽，都有兩個小瓣⑧，一個植物新生命從兩瓣相接的中點開始萌生，從這個共通於兩瓣之間的部分，茁長這棵植物的莖與根，生命之原，實際就在這個中點。在嫁接與切取插扡分片（或分段）時，選擇都著於「眼睛」（τοὺς ὄζους結節）⑨；「眼睛」正是這一椏

---

⑧ διθύρων γὰρ ὄντων πάντων「一切〔種籽〕都有兩個小瓣」，參看《動物之生殖》（*De Gen.Anim.*），卷三章二752^a21-23。這一錯誤論斷，當是亞氏從莢科諸豆驗證得來的。渥格爾（W. Ogle）《亞里士多德，「青年與老年，生與死」和「呼吸」》英譯本注：色奧茀拉斯托（Theoph）《植物志》（*Hist.Plant.*）卷八章二：「植物種籽統都內具兩瓣，這於豆科最為明顯，而穀類籽實該也做兩分瓣。」古希臘植物學家所謂「兩瓣」（διθύρων）今云（Dicotyledon）「雙子葉」。豆科，薔薇科（桃李），諸果實確屬「雙子葉植物」。禾本科的穀類及諸草，實為「單子葉植物」（monocotyledon）。以子葉數為植物的初級分類，始於第十七世紀的雷氏（Ray）。

⑨ 468^b25, ὁ ὄζcs「結節」（nodus）或「眼睛」（eye）：此字，見於本篇本章這一節者，亦見於色奧茀拉斯托《植物志》卷一章一第九節。「嫁接」（ἐμφυτεία）剪取選定的種樹之「穗」，成片狀，接合於同屬的劣種，或常見種（砧木）；凡砧木上之接點必選在樹幹上、結節處，樹皮紋理有如「眼睛」者。如嫁接而未能成活，栽樹者（園藝家）輒謂其所接合之「眼睛」為τυφλὸς ὄζος「盲眼」（色氏《植物志》卷一章八第四節）。

枝的生原所在，這也在中部，他們（繁殖植物的人）或就此處剪取接穗，或把接穗嫁接在砧木的這一眼點之內，於是分枝或根就從這一點萌發，育成新莖（新幹）與新根，溯彼生原的開始，實際在樹身的中部（中段）⑩。

於動物之有血者而言，生原的開始，先見於心臟。從那些，其誕生（胚胎）過程可得觀察的，而且我們曾已驗證的諸動物爲例示，這是明顯的。於無血動物而言，相符於心臟的構製必然最先生成。我們先已在我們的專著，《動物之構造》
469a （τὰ Πέρῃ τῶν ζῴων）中⑪，陳述了心臟爲血脈之源；而血液則爲有血動物養料供應的總匯，它們全身各個部分的育成，皆有賴於血液爲之資源。現在，這是明白的

---

⑩ 關於樹根與樹幹的接合部位，直到十九世紀的植物學家，還有承於亞氏植物學，認真地研究這個部位在植物上的重要作用：有一個時期，甚至於相信這裡就是「植物靈魂」，即「營養機能」的所在。這期間的植物學擬定這個部位的植物生理學名稱為樹「心」（**cor**）或樹「腦」（**cerebrum**）或植物基點（**fundus plantae**）或樹「頸」（**collum**）。這裡所謂「中部」（τὸ μέσον），於種籽而言，如豆科發芽在兩子葉間的聯綴點，則當其長成為豆株時，這在地面上根莖相接處；如具生氣根的榕樹、露兜樹等，發生粗大氣根，為這植物吸收地下養料，亦為之地上支持，則這一接合樹根與樹幹的「中部」已位在地面丈尺之上。

⑪ 參看《動物之構造》（*De Partibus Anim.*）卷三至五665b10-668b32，「心臟與血液循環」這一章。

了，關於食料（營養），口執行了一個功能，腹實施另一功能。但心臟完成營養的最後作用，實際主管著營養的全部功能。這樣，有血動物的感覺與營養靈魂之本原必然寓於心臟；關於營養，其他諸部分的功能都從心臟爲主而各施其輔助作用；有如醫師之於健康，憑事功的底成（目的）而論，主管者必寄之於力能控制的一個部分而不在爲之輔助的其他諸部分。又，一切有血動物，總領各項感覺的主管機能寓於心臟；因爲參與容受各項感覺器官所做成種種感覺的「共通」器官，必然就在這裡。我們見到味覺與觸覺兩項明顯地集中於共通感覺器官，那麼其他諸項感覺也必是這樣的；只有在一「共通」感覺器官，才能感應於其他諸器官所發生的刺激而且這些刺激實未達到上身部分⑫。又，若說一切生物的生機就寓止於此，這樣，它明顯地必然就是感覺的本原；我們曾說到，凡稱爲一個這活物的，必須具有現實生

---

⑫視覺憑眼，聽覺憑耳，嗅覺在鼻，這三器官都在頭部，三項感覺都繫屬於頭殼中的腦部；這情況可憑表面現象為之推論。亞氏動物解剖，於人與獸類的循環系統（心臟與血管），見於《動物志》與《動物解剖》者，已相當清楚。但在他當時實未析出神經系統。當時，於感覺中樞或主於腦，或主於心臟。觸覺、味覺神經始於皮下末梢神經，其傳遞系統有與血管脈絡相符段落，亞氏因而誤以心臟為觸覺與味覺（為觸覺之別式）的中樞。亞氏從乎「心臟實主感覺」之說，轉而設想視、聽、嗅覺之聚於腦部者，別有通於心臟的傳遞管道（路線），堅持以心臟為五項感覺的總匯。

命，但以感覺爲存活的徵象，那麼我們若說這是一個動物，那麼，它就該是具有感覺的。何以有些感覺顯然抵達心臟而另些乃涵於頭部（因此，有些人假想動物的感覺有賴）於它們的腦部。關於這個問題，我們已在另篇說明了它的緣由⑬。照我們上已陳述了的，憑外表的現象來判斷，這是明白的了，感覺，生長與營養靈魂的本原確乎就在這裡；這裡就是身體三個部分的中部⑭。

章四

可是，憑理知爲判斷，這是明顯的，自然於任何機會都應用隨時隨地的手頭材料創造盡可能最優良的事物。上述兩機能（靈魂本原）所以被安置在全身的中部旨在讓它們各能最完善地施行各自的作用；作爲食料的收納機構，和處理食料的最後步驟（消化），這個中部位置恰該是最有利於控制（管領）的區域。但，我們必須
469b 區分管理功能與接受使喚的功能之間的差別。憑各項所遂行的作用而論，作出如此

---

⑬ 參看《動物之構造》卷二章十656b5以下。

⑭ 生活於西元前五百年間的亞爾克邁翁（Alcmaeon）先已發現了腦部實司感覺機能，參看菩納脫（Burnet）《希臘早期哲學家》（*Early Gr.Philosophy*）頁一九四。執持心臟為共通感覺器官所在為亞氏心理生理學的一大失誤。

分別是可能的，恰如我們分別笛和使笛運動以成音調的手那樣。於是，既然「動物」（τὸ ζῷοι 生物）以具有「感覺靈魂」（τὴν αἰσθητικὴν ψυχήν）爲定義，那麼，有血動物的這個本原必須著在心臟之內，而無血動物的，則著在與心臟相符的某個部分。

這裡，生物（動物）所有各部分，亦即說全身，內含有某量的自然熱；因此，當牠們活著時，被感覺到是暖熱的，迨其生命被剝奪而身死之後，人們就相反地感覺到其身體是寒冷的。現在說來，這熱源必然存在於有血動物的心臟之內，於無血動物而言，則在與心臟相符應的部分；動物各憑其體內的自然熱⑮以行其營功能而消化食物，行使這樣的功能的機制，必然寓於最擅於控制的構造。這樣，當別的什麼部分業已冷卻，生命還在，但，當心臟區域一經冷卻，全身遂即壞死，這就因爲身體各部分的生理，全然有賴於內含的火熱，而與物身各部分相應的靈魂各部分，

⑮ θερμότη φυσική（469^b8, 13）「生理自然熱」，先見於《壽命》466^b32，即動物諸篇時或提到的ἔμψυχος θερμότης「生命原熱」，或作φυσικόν πῦρ「生理（自然）火」，或作τὸ ἐντὸς πῦρ「內蘊火」（體內火）：下文469^b17：「身體各部分的生理，全然有賴於內燃著的火（ἐμπεπυρευμένης）。」「內燃火」即「內蘊熱」。參看本篇469^a2-12, 2, $^b1$, $^b12$，473^a4, 474^a25-$^b3$, 479^a29, 480^a16, 參看《靈魂論》416^b29，參看《動物之構造》650^a14、《生殖》732^a18, 755^a20, 762^a20。

於有血動物則由心臟，而於無血動物則由與之相符的部分，點著了火而在燃燒。所以生命實有賴於這體內熱的保持，我們循此而認知，這體內熱的毀滅就是死亡。

章五

現在，我們見到（得知），火的被毀滅，率由兩法，一或因消耗而自行熄滅，或被撲滅。「自行熄滅」（自然死亡ὑφ᾽ αὑτοῦ μάρανσιν），我們以稱【火或生命】之由於自己衰損而致此者，「被撲滅」（τὴν σβεσιν）則是因相反的緣由而致此者；【於生命而論，】其一爲因老年而自然死亡，另一則由於橫暴而死於非命⑯。可是，這兩不同的毀滅方式，實際出於同一緣由；兩式的熄火都由於燃料（飼料）不繼，這就是說，由以發生熱量的食物已經耗盡了。兩式中的反式，即撲滅式，其法在阻遏火焰使之不得與燃料接應；這也可由於聚熱太高太旺，既不能呼吸，也不能冷滅之故，因此那個大熱（大火）集焰迅急，把飼料（燃料）消耗以盡，遂使小熱（小火）不得焰氣，歸於熄滅。所以較小的火，在近邊較大的火旺燒起來的時 470a 刻，旋即萎歇，一盞焰燈置入一較大的焰火以內，恰如其他可燃事物，遽爾耗竭，

⑯ 469^b23, τὴν μὲν... βίαιον「另一，由於暴力橫加」依別爾（Biehl）校訂，這一分句為衍文。密嘉爾《詮疏》109, 9-11，有這麼一個分句；但詮疏中存有此語，不能確證原文中必有此語。

以致自滅⑰。推究其故，當是原來供應小火的燃料，在小火尚未及引取的時刻，就被大火搶去了，大火越燒越旺，焰氣激蕩，像河流奔騰，小火無以阻擋，只能自行消失。

所以，這是明白的了，倘動物而謀求持續地生存，牠必須保持其熱量，若要保全熱量，這就必須冷卻全身領要部分⑱的原熱。我們可以檢出一個實例，做這事的明徵，煤火的燜爐⑲，若罩在上面的覆蓋，我們稱之爲「窒塞」（πνιγεῖ）者，延續地緊罩著，火便快快地被窒熄；但人們若交替著，蓋上或揭開這覆蓋，雖經歷

⑰ 關於大火小火的發旺與萎歇，參看《長壽與短命》章三465^b23-25。自從發明了助燃元素「氧」氣以來，用現代的燃燒理論來說，無論大火小火的熄滅(1)由於燃料不繼、(2)失去了氧氣供應；那麼，火的死亡，實際都是自滅的。大火奪去小火的燃料供應，不是常例，而是「事出偶然」（κατὰ συμβεβηκός 465^b23）。在這裡「火被撲滅」的例，可舉用水澆火，或用沙壓火：470^a11-16，所舉「加灰覆蔽」（儲火）已知流通空氣為延續燃燒的條件，不舉澆水壓沙，以隔絕空氣的措施，疑抄本有闕漏的文句。在古代，既把火作為一物質元素，燃燒理論不明，這些有關燃燒的章句，不能不是模糊的。

⑱ τοῦ ἐν τῇ ἀρχῇ「全身領要部分」，實指「心臟」。

⑲ τῶν καταπνιγομένων ἀνθράκων「煤火燜爐」，以煤為燃料的燜爐，蓋即當時的麵包烤爐。

了許多次數，煤火還是長時期地燃著的。「加灰覆蔽」（ἡ ἔγκρυψις）[20]就正是葆火（儲火）的一法；由於灰燼的多孔罅性狀，它不阻絕空氣的進入，與蔭在其中的火種相接，可是被圍著在內的熱量卻又受到了保護，不致被外圍的冷空氣所撲滅。在灰儲火種和煤火窒塞兩例上，何以引出兩相反的效應（其一，火種長時期的保全了，另一，則火被遏滅了），其理由，我們已在《集題》（ἐν τοῖς προβλήμασιν）中研究過了[21]。

章六

每個生物各有一靈魂，又如我們才已講過的，沒有哪一個生物不內含有自然熱而能存活，於此以論植物的生存，它們所由保持其體內原熱者，只須依賴其外圍

---

⑳ 470^a13 ἔγκρυψις（ἐγκρυφίζω，義為陰蔽），加灰「覆蔽」為儲火一注，把煤球或炭基燃旺後，保存於灰缸之內，中國山村中迄今還沿用著。

㉑ 現傳的*Problemata*《集題》卷一「醫藥題」章五十五關於「發燒」（fever）這節，也有「大火吸收小火」這樣的語句；但整章看來實與本篇這一句所指者無關。亞氏生前確撰有《集題》這書；但原著軼失。現行本蓋基督教興起後，亞歷山大港城中，漫步派先後學者的筆札、彙編成書，其持論多本於亞氏，然其內容實已迥然不同於原著。

（環境）和進食所得的輔益就足夠了。進食引起冷卻（恰如人類在進食之初）㉒；但禁食就引起發熱與苦渴；空氣當其靜止，常增高熱度，然進食之後，空氣流動了，這就轉冷，直到消化了之後。倘因季候遷移，外圍由於嚴霜來臨，而入於酷寒，植物遂以凋落；反之，如果夏暑燥旱，土地水濕盡被烘乾，更無可爲之冷卻者，於是熱量既消耗殆盡，這株植物就枯死，植物之死於這樣的季節者，人們謂之「風乾枯謝」（σφακελίζειν）或「日曝乾癟」（ἀστρόβλητα）㉓。爲此故，人們在樹根底下置入某些種類的石塊，於花盆內灌水，俾令植物的根，可藉以冷卻。但，於
470b 動物而論，因爲牠們有些生活在水中，另些生活於空氣內，牠們就憑這些元素——有些憑水，另些憑氣——完成其冷卻功能。這些情況怎樣發生和由怎樣的方式完成其功能，須待更深入地研究了這問題之後，才能續說。

㉒ 皮爾（**Beare**）認為這分句是後人撰入的，加（）。羅斯認為人初進食時是吸收著體內熱的，既消化之後，營養料轉又發生熱量。這分句承上文，推理是可通的，但原句率略，當有缺漏。

㉓ σφακελίζειν「風乾枯謝」，本於σφάκελος，ὁ「局部壞死」（**gangrene**）。「局部壞死」兩類：乾壞死，謂皮層壞死；濕壞死之起於肌肉深層者，即「癰疽」（**carbuncle**）。ἀστρόβλης，-τος「星曝」（**sideratus**），或「日曝」（**sunstroken**）此字見於本篇，亦見於色奧茀拉斯托《植物志》卷四章十四第七節。亞氏《動物志》卷八章二十，「大鯰魚」這一節602^b22，漢文譯本作「中暑」。這裡，說植物夏季死亡，兩皆由於失水。解此死亡原因為不能冷卻而任全熱量消耗以盡，是承接上文的迂迴申述。

呼吸①

章一

少數幾個自然學家（先哲）②曾研究到呼吸的論題；有些人對於生物（動物）之表此現象，沒有做出說明；另些人於此有所討論而無深知灼見，於實際情況的驗證還是不充分的。又，他們說一切動物統都呼氣，這是不確實的。我們現在該當先行著意於此，前賢已逝，今已不能復爲己所持論做辯護，吾人務勿對他們施展無根據的檢查。

這是明確的，凡具肺的動物統都呼吸。又，動物之具有無血的（少血的）或海

---

① 現在我們這裡照貝刻爾本，《青年與老年・生與死》（467^{b}10-470^{b}5）共六章，《呼吸》（470^{b}6-480^{b}30）共二十一章，分輯為兩篇。羅斯校本（Ross Text）按照Z抄本編訂，《青年與老年》二章，《生與死》四章，《呼吸》二十一章，順次訂為二十七章，複合成一個專篇。

② 470^{b}6 Ὀλίγοι μὲν τινες τῶν πρότερον φυσικῶν「少數幾位前時的自然學家」，列舉於以下各章者，為：德謨克利特（470^{b}28）、亞那克薩哥拉與亞浦隆尼人第奧根尼（470^{b}30-31）、柏拉圖（472^{b}6），與恩貝杜克里（475^{a}10）。

綿樣肺的，比之其他動物需要較少的呼吸；這就是牠們體力強健，能夠久留在水內的緣由。一切卵生動物，各有一多孔的肺，例如蛙屬（蛙類）的肺。又，淡水龜與海龜兩都能長時間生活於水中，這就因爲牠們的肺含血既少，只有微量的熱；牠們的肺因運動而擴張，冷卻是迅速的，所以這些動物能長時間滯留在（沉沒於）水下。但，如果有人捉著牠，強迫牠沉沒過長的時間，這樣的一個動物終於溺死；這些動物統都不能像魚類那樣吸水。一切動物之具有含血的肺者，由於牠們富有熱量，需要較多呼吸；至於另些無肺的動物，則全不施行呼吸③。

③ 渥格爾（W. Ogle）《青與老・生與死・呼吸》，倫敦，一八九七年英譯本，關於這一章的詮疏：兩棲類和爬蟲類如某些蜥蜴的肺，只是簡單的膜袋，大多數的爬蟲膜袋，或多或少地做些間隔，增加了空氣接觸表面。牠們的基層組織，比之哺乳類（獸）的肺，是較為鬆散，較為粗糙的海綿樣結構。這一章，於具肺動物各綱的肺部構造差別，雖似簡略，於亞氏當年的解剖學而論，可算是非常精審的了。這裡，**470^{b}19-22**，講到龜類的肺，於《動物之構造》（*De Part.Anim.*）卷三章八**671^{a}16-18**有相符的一節：「棲甲動物於此獨異的原因，是由於其天賦的構造，未曾發育完全的緣故：這於海龜（蠵龜或玳瑁）而言，牠們的肺是肉質似的，內涵血液，類於牛肺，於陸龜的肺而言，這是很不相稱地巨大。」達爾文在《獵犬號艦航行記》（*Voyage of the Beagle*）第十版，頁三六五—三六六，在加拉島上（Galapagos）所做龜類解剖，實際證明了二千年前亞里士多德的解剖功夫。**470^{b}17**講到卵生動物的肺是多孔隙的，只舉及兩棲的蛙類，亞氏認為鳥類肺小，又做

章二

亞白第拉人德謨克利特，和其他某些自然學家，都曾研究過呼吸問題，他們認爲動物統都實行呼吸，一切生物在這方面沒有差異；亞那克薩哥拉與第奧根尼肯定所有一切生物（動物）統都呼吸，而且說明了魚類與蠔蠣的呼吸方法。亞那克薩哥拉說，當魚類從鰓中吐出水時，牠們口內就吸進空氣；眞空是不可能存在的；第奧
471^a 根尼則說，任何時刻，當魚類由鰓間放出水時，他們就憑口腔內的虛空，吸進外圍水中的空氣，水內實際涵有空氣。但這是不可能的。(1)首先，他們於生物界這共通的問題，說出了一個方面，而遺漏另方面（另一半）的事實。所稱爲「呼吸」（ἀναπνοή）者，應統概「呼出」（τὸ ἐκπνοή）與「吸進」（εἰσπνοή）。但，他們直不提示呼出；這樣的動物，牠們是怎麼呼氣的呢？他們也無以爲之解釋：動物凡有所吸進，必須像所納入的那樣，有所呼出，還更須交互地施行這些活動，俾牠們在同時納入水，而隨又吐出。單方面的操作，必然碰上另一方面的活動而肇致妨礙。(2)又，當牠們放水時，同時也由口腔或由鰓間呼出空氣；他們就是這麼說的，魚類吸氣的時刻，就是放水的時刻，這樣，牠們的呼氣與吸氣必得同時施行。但，這是

穿孔斷面，空氣交換功能必遜於獸類。下文，章一 475^b19-26重又講到鳥類、兩棲與爬蟲類的肺，較本章加詳。

不可能同時又呼又吸的。按照他們這樣的陳述，結論只能是這樣的，若說凡營呼吸的動物，必須同時爲呼與吸，牠們就全不能呼出，實際，牠們就沒有哪一隻動物能行呼吸了。

章三

(3)說水族由口腔吸入空氣，或說由口入水而由水內所含，獲得空氣，這是不可能的；既然水族不具備肺，所以牠們沒有氣管，而胃便直接著口腔，這樣該是空氣被胃部吸入的了。若然如此，其他生物（動物）將也可以那麼辦了；但，事實上牠們不是這麼辦的。還有，那些生活於水外的諸動物，顯然也可以這麼辦，但這是明白的，牠們不是這麼辦的。(4)又，於一切經營呼吸的動物，當牠們吸氣時，我們見到牠們行使呼吸的部分（構造）有所運動，這在魚類體上是看不到的；在牠們胃部（腹部）不見有什麼運動（脹縮），當牠們游於水中，只見有鰓部在運動，當牠們從水裡被摔上了乾處，這就見到牠們鰓部急促地抖動（哮喘）④。(5)又，當一切經

---

④ 471^a31 σπαίρωσιν在下文471^b13作ἀσπαρίζωσιν（-ζοντα）（見於《動物之構造》696^a20），字從σπαίρω或ἀσπαίρω義為「哮喘」或「痙攣」。羅斯校訂謂貝刻爾本σπαίρωσιν宜改作ἀσπαρίζωσιν。兩詞雖拼寫不同，而取義相同：但亞氏著作中只見後一拼寫，未見其他章節有做前一拼寫者。

營呼吸的動物們被溺於水而致命時，逼出的氣泡，劇烈地上升於水面；舉例以證
471b 之，人們用力捉住龜，或蛙或如此科目中的任何其他種屬，強壓之於水下，這就表見這樣的現象；但於魚類，牠們既然不從外圍吸入什麼空氣，我們就怎麼也沒法溺死牠。(6)他們所闡述的動物界一般呼吸的方法該也適用於人類在水中用以呼吸；若說魚由口腔，從外圍的水中，吸取空氣，像我們這些人類以及所有其他諸生物（動物），不也該可以同樣辦麼？於是，我們也該能像群魚，張口納氣，魚之所能爲，人類也該能爲；但，這於人與其他動物而言，實不能爲，那麼這是明顯的了，魚的呼吸也未必眞是這麼辦的。(7)又有加於此者，魚類何以一離了水，就在空氣中死亡呢？若說牠們能呼吸，怎麼一到這樣的境界，只見牠們像痙攣似地喘氣⑤，彷彿是被窒塞了的？這樣顯示的徵象，當然不是由於短缺了食料⑥。第奧根尼所做的解釋是幼稚的：他說，在空氣中（在乾處），魚類吸氣太多了，這是牠們死亡的緣由，牠們在水內生活只吸少量的氣。可是，若然如此，陸地動物（有腳動物）該也做同樣的表現，但，事實上，沒有一匹陸地動物曾因吸氣過多而窒塞致死的。(8)又，若說生活於空氣中的每一生物（動物）必行呼吸，顯然昆蟲也得像其他動物那樣呼

---

⑤ 回看章三471a31注。

⑥ 亞里士多德認為呼吸的職能在於冷卻，以下這節，旨在否定把呼吸當作營養機能的設想。

吸；但許多昆蟲，雖在被分割後仍能存活，例如所謂蜈蚣（百腳），不僅分作兩段，即便割開多段，還繼續活動；牠們這樣的分段是憑什麼一個器官行使呼吸，應用怎麼一個方式來營呼吸？(9)人們於此做出錯誤（虛僞）的論證，溯其原因，當在於他們從來就沒有做過動物內臟解剖的實際工作，他們也沒有考慮到，自然於其一切創造，所爲之預想的作用與目的；如果他們認眞研究了呼吸之爲動物界的通有性狀，而從這部分器官（構造），有如鰓與肺上，考慮其作用，他們會將順利地查明這論題，即呼吸的原因。

章四

472a 德謨克利特所持說，謂動物界之經營呼吸者，各所得後果是阻止了牠們的靈魂被擠出於身外；但他直不說，這就是自然創製呼吸的目的（作用）；和其他的自然學家一樣，他老不承認世間有這樣的成物的原因。但，他實際已把【體內】自然熱等同於靈魂，他認爲兩者都做球形微粒的原始形式。所以他爭辯，當外圍空氣力求壓碎這些微粒（靈魂微粒，即熱性微粒）而把它們逐出⑦體外時，呼吸干預其間而

---

⑦ 貝刻爾本，與別爾（Biehl）校本，συγκρινομένων（動詞不定式συγκρίνω綴合，比較）羅斯（Ross）改為ἐκκρινομένων（動詞，不定式，ἐκκρίνω選取，分離，逐出）。

幫助了它們。他認爲空氣中充有爲數甚多的這樣的微粒，他稱之爲心識或靈魂微粒；方動物進行呼吸時，這些微粒混在空氣中，一起進入，由以保護了這動物內含的靈魂，免於被壓碎而被驅逐。爲此故，吸氣與呼氣是攸關生與死的；倘外圍空氣的壓碎強力占了主動，呼吸既已不復能施行，外物無以進入，相助爲遏止，死亡便臨到這些動物；他認爲死亡就是這些〔靈魂或熱性〕微粒被外圍空氣所壓迫而脫離其所寓的物身。但，何故而一切活動物必然在某些時候死亡，他一向不曾做過任何說明。事實上一切活動物雖不是在某個特定時刻死亡，總得或在老年自然死亡，或由於災殃，暴死於非命。這些動物死亡的原因或屬外來，或屬內在，有時可得顯見，有時隱晦不明，他是應該加以闡述的。他竟然沒有說到呼吸的起因，也直沒有講過它緣始於外部或內部。事實上，心識不會從外界伺守著幫助動物們的時機，呼吸的原始及其相應而來的運動，統都發自內部，不憑外圍空氣的壓力進行。他所執持的理論和他所做的解釋，恰就認定了外圍空氣施其壓力，而同時進入氣又在膨脹，這樣就成爲呼吸。可是情況正未必如此。

但，我們若相信前曾講過的——不是一切生物（動物）統都經營呼吸——那麼，人們該可注意到，呼吸作爲死亡的原因，只適用於經營呼吸的諸動物，不能適用於一切動物。雖在行使呼吸功能的動物，這也不是完全合適的。憑事實和大家熟習的經驗看來，這是明顯的。在高溫的暑季，氣候（空氣）越熱，我們就更需要呼

吸，大家都加速了呼吸的次數；但當外圍氣氛冷下來時，物體收縮或致冰凍，這就
472b 抑減了呼吸。可是，按照空氣從外竄入的論點，這就阻遏了排氣。事實上，恰正相反；當過度的熱量在外圍進合而迫使難於呼氣，人們就急切需要呼吸；他們必先吸入而後才能呼出。當他們體熱增高，他們就加速呼吸，加速呼吸旨在冷卻〔體熱〕，但按照德謨克利特的理論，這竟是「火上加火」（ποιεῖ πῦρ ἐπὶ πῦρ）⑧。

章五

在《蒂邁歐》篇（ἐν τῷ Τιμαίῳ）中所陳述的「空氣的運轉」（περίωσις）作爲保持熱量的方式，不能適合於陸居動物以外的各界；若說只有陸生（有腳）動物具有呼吸機能，這就該闡明，何故而只有陸生動物才是這樣；他們於此也沒有說明這樣或那樣的緣由。但，若說其他動物確也如此活動，只是活動方式有所不同，那麼，我們必須確切地證明，所有一切動物全都經營呼吸是否合乎事實。

又，推究於呼吸所得這樣的緣由，實際是虛妄的。按照這一理論，從口腔噓出的熱，推動外圍的空氣，回轉而還落於內熱脫出所原在的空腔；因爲眞空是不可能

⑧ πῦρ ἐπὶ πῦρ 古希臘諺語，見於亞里士多德全集中《集題》卷一章十七 861^a31、卷四章二十八 880^a20；參看《亞里士托芬尼，殘片》（*Aristophanes, Fr.*）453。

存在的，必須有一個物塡塞那些失去其原物的位置（區域），於是被推轉的外圍氣，滲透多孔罅的肌肉，回落到原處；當這些空氣在體內加熱之後，又循前回的途徑，噓出口腔，在周遭回轉，再行回落原處；這樣的回轉，恆久進行，不息地吸入又吐出。但那些相信這一設想的人們，都認爲「呼氣」（τὴν ἐκπνοὴν）先於吸氣。可是，實際恰正相反。這些活動既是交互地進行著的，在這樣的換氣過程中，末項是「呼出」；所以我們可憑以證明「吸入」（εἰσπνοὴν）必須是先行的活動⑨。

又，那些執持這樣議論的人們，直不解釋這樣的情況，何故而發生於生物（我意專指行使吸進與呼出的動物），可是他們卻指稱這事僅乃爲輔隨屬性。但，這在我們看來，呼吸控制著生與死的關鍵；凡呼吸的動物不再行使呼吸時，跟著的就是牠們的滅亡⑩。

又，這是詫異的，我們知覺於熱量經由口腔爲交互相繼的出去與進入；卻說，

---

⑨ 本章472^b6以下所述，柏拉圖《蒂邁歐》（*Timaeus*）中，關於呼吸的敘述，胸與肺內氣呼出，衝動周遭的空氣，回轉而還，由口、鼻重入胸肺，這和《蒂邁歐》79A以下所說都是符合的。本章批評《蒂邁歐》所述者，羅斯校本的詮疏，析為五節：⑴$472^b6$-、⑵$472^b12$-、⑶$472^b24$-、⑷$472^b29$-、⑸$472^b33$-。我們的譯文，併⑷與⑸為第⑷節。

⑩ 同本書頁三二四注①。

於噓氣之進入胸腔和它被加溫以後的熱氣之呼出乃無所知覺。若說吸入的爲熱氣，這也是可怪的。顯然，事實恰正相反；凡呼出氣正乃是熱的，而吸入氣則是冷的。當其發熱，人們的呼吸就感到困難；因爲進入的氣沒有充分冷卻，所以人們須得頻
473a 頻吸進。

章六

我們也不可假想體內熱是憑呼吸供應其養料的，由是而執持呼吸是爲了食物供應，爲給體內的火供應燃料⑪，而人們的呼出必在此火已充分地吃足之後，才施

---

⑪ 473a3-6以吸氣為進食的觀念，可能是指希波克拉底醫學傳統的持論。《希氏醫學集成》中〈呼吸篇〉（De Flatibus）雖非希波克拉底手稿，篇中有云，「空氣為火的原料」，世以為是希氏醫學的傳統舊說，「若阻塞了空氣，火就不能繼續存在（燃燒）」，參看希氏醫學《營養篇》（*De Alimente*）11。這一設想也可能是指畢達哥拉宗派所持說，參看《感覺與感覺客體》章五445a17-23，動物的食料不是簡單的某一物質：氣味常是可供營養的，大概空氣也是可以化為實質而成食料。清水不能使人療飢，但，氣或氣息之入水中，而成了羹湯，是可以使人飽足的。亞里士多德所持論和前賢所異者，只在於空氣可供應體內之火以燃料，但其主要作用卻在冷卻「內熱」，必體內熱度時時冷卻，體內火才能慢慢做長久的燃燒，而維持動物各有其穩定的熱度（體熱）。

行；這些統都是錯誤的設想。對於這一辯論，我們將以同於上一論題所做諸否定，予以答覆；若謂如彼所設想者爲確實，那麼其他諸動物也將實施這樣的，或類似於此的功能；因爲一切動物各都有生命攸關的體熱。又，說這熱量起於呼吸（噓氣）直屬虛妄，我們哪能爲此做出解釋？依我們所見，體熱該是由食料發生的。若謂噓氣（吸入）同於進納食料，那麼，食物殘餘的排泄也將同做噓氣（呼出）的排泄方式；在這方面來說，這顯然是不確的⑫。

章七

恩貝杜克里也論及呼吸，但他的研究不涉呼吸的作用（目的），也未嘗說明是否一切動物概行呼吸，抑或有些動物不行呼吸。又，當他講到經由鼻孔的呼吸時，他的敘述似乎認爲這一方式是呼吸的正常方式。但，在鼻呼吸之外，實也有經由胸腔與氣管的呼吸；若不由氣管，呼吸也不可能引過鼻孔。又，動物們若閉塞鼻孔，

---

⑫ 渥格爾譯本注：亞里士多德這裡的批評是錯誤的。有些動物，如腔腸動物（Coelenterata）與某些棘皮動物（Echinodermata）全身只有一個孔，即進食的口，當然也得作為肛門，由此排泄食物殘餘。《動物志》卷四章一524b23頭足綱，烏賊（鰂Sepia），體内雖有肛門這管道，其開口也在口腔之内。

不使呼吸，似乎不怎麼感覺痛苦，但當牠們失卻（斷絕）了由氣管進行呼吸時，跟著就是死亡。自然之應用鼻孔這呼吸通道，於某些動物，是兼做嗅覺器官的；幾乎所有各種動物統有嗅覺，但牠們並不具備同樣的嗅覺器官。關於嗅覺與嗅覺器，在
473^{b} 另一著作中已有較詳的記載⑬。

但，恩貝杜克里說，因爲人們有某些血脈，其中雖有血液，卻不是充滿了的，這些血脈，有些通向外圍空氣的開口，這些開口，比體上任何構造的孔道爲小，僅夠空氣的流通，吸氣和呼氣就在這裡，這樣進行的；血液具有上升與下降的自然秉賦，當其下降，氣就流進，這就成爲吸入，當其上升，氣被外驅，於是而爲呼出，這樣的活動，恰可類比於水鐘的機制。

「這麼的，萬物都在吸納與呼出。所有的人們各備有肉質而缺少血液的管道，伸展著通向全身的表面，這些管道的終端分布有許多小洞，直穿透鼻⑭的末梢，這

⑬ 參看《靈魂論》卷三421^{a}10、《感覺》443^{a}4, 444^{b}7-15。又，參看《動物志》卷四章八534^{b}16：《動物之構造》，卷二章十六，記述動物們不同的嗅覺器有四式：獸類的鼻孔、魚類的鰓、鯨的噴水孔、昆蟲的腰部鼓膜。

⑭ ῥινῶν ἔσχατα「鼻的末梢」（473^{b}12）實應謂鼻的內外皮層。ῥινῶν的本字，作ῥις譯為「鼻」或「鼻孔」，若取ῥινός為本字，應為人之膚，或獸之皮。亞里士多德引恩貝杜克里這一節文字，用以論

樣，血液瀰散，蔽於孔罅，可正給予空氣以一些易於進入的行徑。在這裡，當溫和的血液退縮時，空氣就像大潮那樣，急速地竄入，迨血液重複上升時，氣又被吹了出去，恰像一女孩嬉弄一具亮銅鑄成的水鐘⑮那樣。當她用一合適的手指堵塞這精

說人類呼吸的作用，所以後世都取ῥινῶν為ῥίς的多數所有格（genitive plural）而解為，或譯作「鼻孔的」。作為「呼吸」而論，這一節下文許多句讀很難解。第爾士（Diels）與菩納脫（Burnet）於恩貝杜克里這一節，做了認真的研究，認為ῥινῶν應是ῥινός「皮膚」的所有格，該解作「皮膚的」，這就與上文「全身的表面」（473ᵇ10）πύρματον κατὰ σῶμα相符了。但上文473ᵇ11 στομίοις許多小口（小洞孔），只能是汗腺（sweat glands）。在我們今日，手掌與腳掌的汗腺是可目辨的，若在恩貝杜克里時，是否已能認明汗腺，總是可疑的。又，即認可皮膚與汗腺之解為實，這一節與下續的一節也是不能通貫的。

⑮ 473ᵇ17 κλεψ-ύδρα，依字義為「藏水祕器」。《里・斯字典》釋為水鐘（waterclock）：其器置於法庭，以計申訴陳辭與辯護答覆的時間。古希臘水鐘之製略如中國古代「銅壺滴漏」，而較為簡便，普通銅匠與木匠可以製造。一銅壺儲水，底部接一彎曲之銅管，口徑細小，經兩個約九十度的反向折曲，而開口漏水於一高圓桶中。桶中所受漏水上漲時，水面浮版抬舉一豎尺，其上段有齒刻，轉動一小齒輪。小齒輪軸上附指針，外加一不轉動的版上面有時刻分劃表，圓形三百六十度。全圈轉回始點時，桶內水滿，銅壺內水盡。計時蓋限於今兩三個小時之內。指針在計時版上，隨齒輪軸轉動，可讀得講說者起訖的時刻。《里・斯字典》舉此字初見於恩貝杜克里著作，後見於亞里士托芬尼（Aristoph）劇本《蜂》（*Vesp.*）93、857等行，又後，見於亞里士多德本

巧的容器的上管道口後，便沉下之於銀白色的清水中，其始，器內的氣擋住了水的壓力，水是無由進入這容器的，但一經放開了上管口的堵塞，水就從器底的多孔漏板湧進器內了。這時器內的氣讓出了位置於內湧的水。當水灌足了這青銅器的深部，它的上管道和其出口又爲人手所堵塞，於是外圍的空氣爲底部諸孔的水壓所抵，無由再進。迨這女孩再次鬆開先曾緊閉了的上管道口，當空氣由此衝入容器，
474^{a} 器內的水隨即由相反方向流出。溫和的血液恰就以這麼的方式，流通於肢體，當它退縮到它的儲匯處時，氣流就隨處衝進，迨其漲升，氣就趕回如前。」⑯

這些就是恩貝杜克里關於呼吸的議論。但，有如我們曾已說過了的，呼吸該應

篇，章七。但現存《呼吸》篇（第爾士校本）$473^{b}17$ ὥσπερ ὅταν παῖς κλεψύδρῃ παίζῃσι…「恰如一女孩嬉弄一具水鐘」以下的敘述，直不像一計時的機構。近世詮家與譯者，或譯為「汲水器」（water-lifter），其器上管道有開口，底有穿著若干小孔的進水處。沉此器於深水中，水可自底孔中湧入，窒塞上管道口時，大氣壓可抵器內水壓，不使漏出。移此汲滿了的容器，置入另一桶中，而放開上管道的堵塞，水就從底孔流出。

⑯ $473^{b}9$-$474^{a}5$引恩貝杜克里這一節，第爾士（H.Diels）收入了《先蘇格拉底諸哲殘片》「恩貝杜克里殘片」第100（Vor-Sokratiker, Fr.100, Empedocles），這一節是很難讀通的。亞里士多德在這一節的上下文所做議論也不盡與原來的章句符合，或是亞氏於恩貝杜克里有所誤解，或是現傳這引文有些錯謬，今已不可通釋了。

通過氣管（喉管），也通過口腔，也通過鼻孔；這樣，若然他眞在做關於所謂「呼吸」的議論，他應該考慮到自己所敘述的種種，如之何而能適合於事情的實際；這是明顯的，事實恰和他所論者相反。當人們呼吸的時候，他們鼓起了胸膛（這個區域）⑰，恰像鑄銅冶坊中的鼓風皮袋的弛張⑱；這是合乎自然的，熱度由此而得以提高，人體的血液恰正是這熱量的寓處；當鼓風皮袋歇其操作（鼓氣）或是撤離了這裡，冶爐便噓出熱氣。但，在人，和凡是具備呼吸功能的諸生物，空氣的進入與呼出，實際不全像冶鑄的鼓風那樣。如果，他講呼吸而認爲專由鼻孔進出，這就犯了錯誤。呼吸實不專由鼻孔，氣在這區域的進出，另也通過口腔上蓋末梢的小舌（懸雍垂）⑲，鼻固然是有洞孔的，可是，呼吸無論其爲進氣或出氣，都是一部分經由鼻孔管道，一部分經由口腔。其他自然哲學家們，關於呼吸的議論，也表現有

---

⑰ τὸν τόπον「這個區域」，當即肺部或胸膛。《感覺篇》（*de Sensu*）章五445^{a}27 ὥστ' εἰς τὸν ἀναπνευστικὸν βαδίζοι ἂν τόπον 吸入的空氣……：「必須止於呼吸所止泊的區域。」前後所云「區域」，都是指肺部呼吸部分的。

⑱ 474^{a}20 γαργαρεῶνα 小舌（uvula懸雍垂）。參看《動物志》卷一章十一493^{a}4，漢文譯本，頁三九注。關於動物的鼻呼吸，參看《動物志》卷一章十一492^{a}14-^{b}14。

⑲ 474^{a}20 γαργαρεῶνα 小舌（uvula懸雍垂）。參看《動物志》卷一章十一493^{a}4，漢文譯本，頁三九注。關於動物的鼻呼吸，參看《動物志》卷一章十一492^{a}14-^{b}14。

這麼一類的疑難。

章八

我們前曾說到，生命與靈魂所由存活的條件，有賴於某種性質的熱量⑳；因爲消化功能是憑熱度進行的，動物若失其靈魂，全沒有體熱，它們雖進納了食料，可就無法消化。所以，在這全身的首要部分中的首要位置，必須具備基本的營養靈魂，必須有這熱要素的存在。這個部分就在全身上受納食物與排泄殘餘之間的中段區
474b 域。於無血動物，這區域（部分）沒有名稱，而於有血動物，這就是心臟。血液的本質是供應動物各個部分（構造）生長所需的養料。血液與血脈（血管），其一作爲儲備，另一作爲受器，蓋是互相依存的，兩者都靠同一來源。於有血動物而言，血脈總源於心臟，不僅血脈條條通過心臟，而且它們實際都從心臟引出。這是確切

⑳ 474a26 θερμότης τινός「某種〔性質的〕熱量」，依《動物之生殖》（《比較胚胎學》*De Gen. Anim.*）卷二章三736b29-737a7，應即「生命原熱」或「靈魂熱性」（θερμότης ψυχικής）。這種熱性，不同於平常的熱或火，而類似於「天體（群星）元素」（τῶν ἄστρων στοιχείων），較常火為更高級的一種元素。

地憑解剖㉑證明了的。

靈魂的另些功能（作用），不得在沒有營養靈魂而具備（其理由已在討論《靈魂》的專篇中講過了）㉒，也不能沒有自然火（生命熱）而存在。恰就爲此，自然點燃起生命之火。但，如前曾說到了的，火的毀壞，可以或由於被窒熄（燜死），或由於自行熄滅。窒熄由於與火相反的因素之出現；雖是一團大火，若遇外圍氣氛的大冷，這就被窒熄，如其火是零散的，那就很容易被撲滅。這裡，於生物之具備靈魂或不具備靈魂的，突然的熄滅（死亡），都是可以遭遇的；活著的動物，在用解剖工具，加以解剖時，倘逢酷寒而冰凍，牠就死亡。但凋枯（自熄）卻因爲熱度太過了；倘外圍熱度那麼強烈，正在燃燒的物體，若不得燃料的供應，正就得枯竭

㉑ 鮑尼茲（Bonitz），亞里士多德全集索引（Index）104^{a}6，這裡 τῶν ἀνατομῶν《解剖》，與478^{a}35 τῶν ἱστοριῶν《［動物］志》，這兩詞作為書名，該同是指稱亞氏《解剖學》，這麼一本現已軼失了的專著。

㉒ 營養靈魂為靈魂三級的初級，即植物與動物所通有的生長機能，亦即生命的基本表現，這裡，474^{b}11-12，所提的論題，見於《靈魂論》卷Ⅱ 411^{b}18, 413^{a}31-^{b}2, 414^{a}29-33。羅斯校本，詮云，這一論題《青年與老年》篇中也曾講到；而且這一專篇應為先《靈魂論》完稿的著作，這裡不提《青年與老年》而引及《靈魂論》，或指現未流傳的先一種《靈魂論》初稿（在《青年與老年》之前就已撰成的）。

而死去，它是自熄的，不由於外圍使之冷卻的。這樣，生物若要延續其存活過程，就必須施行冷卻；對於這樣的毀滅方式，唯有冷卻可爲之救護（保全）。

章九

既然有些動物生活於水中，另些乃在陸地，其中有些無血或僅有少量的血，這類無血與少血動物，無論牠們在水或空氣內存活，這些外圍物已足夠爲牠們施行冷卻，而保護之免於上述那樣的毀滅；牠們既然內含的熱量弱小，所需的保護（消火機能）也該是微少的。爲此故幾乎所有這類生物統都是短命的。牠們在向於熱限和向於冷限的兩端所可舒展其生活者，【幅度】都是短狹的。但，昆蟲類中的長壽者，（所有昆蟲都是無血的）在牠們軀體的中段各有一個區分（一節），在這區分（一節），鼓膜較爲纖薄，是較易於冷卻的；牠們較之常蟲爲熱，所以較多的需要冷卻；這樣的昆蟲，有如蜜蜂（有些蜜蜂，壽命長及七年）㉓，以及所有那些嗡嗡

㉓ 475^a4-5，蜜蜂最長壽命七年，這與《動物志》554^b6-7相符：蜜蜂有些能活七年，但常只六年（參看《動物志》卷五章二十二，漢文譯文頁二四〇注），維爾琪（Virgil）《農歌》（*Georg.*）iv, 207說：蜜蜂最長壽命七年。現代養蜂家考明蜂王（後）壽命只能三到四年，偶有些活到五年。工蜂與雄蜂（懶蜂）最長不能活過八個月。

嘒嘒的生物㉔，有如胡蜂、黃蛂（金龜子）與蟬。牠們好像是在著力地做著呼吸，由於呼吸因而發生了嗡嗡嘒嘒的聲音；噓氣的起伏（出入）在牠們自體的中段，噓氣在這裡擦著鼓膜㉕；牠們振動這膜部，恰似那些用牠們的肺外圍進行呼吸那樣，也像魚類運動牠們的鰓那樣。人們如果把施行呼吸的動物，紮緊其嘴巴，閉窒牠的呼吸，這就迫使牠鼓脹起胸腔。這於行施呼吸的動物，加以如此地作弄，使牠的冷卻機能不得發揮充分的功效；可是，這於其他〔不行呼吸〕的生物，情況就不同了（牠們不著重冷卻的作用）。如我曾已說過的，牠們就憑藉對於鳴膜的摩擦，發為嗡嗡嘒嘒的聲音，恰如兒童們所慣玩的，把一支葦梗，穿出若干洞孔，而貼上一片薄膜〔就做成一樂器來吹奏〕。這就是蟬類怎麼噪鳴的緣由，因為牠們是昆蟲中較熱的科屬，而且軀體中段具有那麼一個分節；但，另些不會作蟲吟的類屬，是沒有

㉔ ὅσα βομβεῖ「所有那些嗡嗡嘒嘒的生物。」βομβέω動詞，to bum, buzz,都是效蟲聲所造字。ὁ βόμβος，拉丁沿之作bombus「蟲鳴聲」。漢文效於蟲鳴，大異於「蓬婆」拼音：《詩經．小雅．小弁》「鳴蜩嘒嘒」（嘒，音喙），蟬鳴。《集韻》「嗡嗡」，象蟲聲，俗以稱蜜蜂所作聲。《類篇》「嗡嗡」：音翁，聲音。這與《里．斯字典》βόμβος的釋文相合：「深沉、黯淡、空濛的聲響。」

㉕《動物志》卷四章七532^{b}17：「……鳴蜩的軀體中段，具有很易識別的孔竅和膜。」關於蟬科（Cicadidae），雄蟬的鳴器，即腹節間兩個鼓膜（鳴膜），參看漢文譯本，頁一七四注。

這麼一個部分（分節）的[26]。

於有血具肺的動物中，其肺多空罅而含血量少者，有些因此能久不呼吸，而仍存活；這樣的肺，既缺少血與水分，是做相當大的膨脹的，只憑牠自己的活動機能，就可長時間保全其冷度。但，如前曾講到的[27]，最後，終是堅持不了，由於慾氣而窒死。由於不得冷卻而致於枯竭以毀滅者，稱爲「窒熄」（πνίξις），我們於

㉖ 渥格爾《「青年與老年」、「生與死」、「呼吸」》，英譯本（一八九七）475ª15-20這一節詮注：昆蟲發聲有五個不同方式：⑴以輕緩的叩擊（ticking）作嘀咕聲。⑵括擦（stridulation）作聲，亞里士多德《動物志》535ᵇ11-12，記作蚱蜢飛行時，用後肢的股段，刮擦後翅的膜緣（邊緣）作聲，就屬於第二式。蟋蟀的瞿瞿（蛩聲）是由後翅兩翼邊緣相刮擦而成的。⑶本篇475ª15-18, ποιοῦσι τὸν βόμβον，作嗡嗡（蓬蓬）聲，這第三式就是我們上文所譯蜜蜂的「嗡嗡」聲，這聲響是蜜蜂飛行時，牠們的膜翅在空氣中飛行振盪而發生的聲音。⑷本篇475ª18-20, ᾄδουσιν（singing）以歌聲屬之具有鼓膜的蟬鳴（蟬唱）。腰腹節，鼓膜振動作聲的機制，實際是複雜的，不是亞氏當時的解剖學與聲學所能闡明。⑸第五式是膜翅的急速振盪所發聲；《動物志》卷九章四十一628ᵇ19-20所說胡蜂被執持而努力求掙脫時，所作聲，即第五式。亞里士多德於此以鼓膜發聲類比之於具肺的動物之呼吸作用，是不切合的。然，在他那個時代，能於昆蟲發聲器官分辨振翼（膜翅）與鼓膜兩種機制，辨明兩物相擦與膜片振盪兩種發聲，已是難能可貴的了。

㉗ 見於章一470ᵇ20-33，說龜類能久沉水下，但若不令出水，終也溺死（淹滅）。

動物之死於這一方式者，就說它是被悶死的㉘。

我們前曾講過㉙，在動物界內，昆蟲不行施呼吸，這在那些小型蟲類是明顯的，例如蠅與蜜蜂；牠們能在水中游動好長時間，如果水不太熱，也不太冷。可是，

475b 那些只具有弱小能力的動物，試做較緊促的呼吸。但當牠們腹內充滿了〔水〕，橫膈中熱㉚終於消歇，於是，牠們滅亡了，這就說是被悶死的。就由此之故，若把牠們移置灰燼之中，隔了些時，牠們會得復甦（復活）。所有一切水生動物中，其無〔紅〕血的種類，比之有血而且能像魚一樣游水（泳海）的種類，可在空氣中活著較長的時期；牠們體內只含有少量的熱，在相當長時間內，空氣就足以為牠們施行冷卻功能了，軟體硬殼動物（貝介）與多足動物（鰂）就是這樣的；因為牠們含熱量低，不可能永久生活在大氣之中。好些魚，也生活在地上，雖則牠們是不游動

㉘ 渥格爾認為這一節475a20-29，錯亂了編次，這節與上文相承，應移置章十的前頭。羅斯認為這一節雖與其上文475a15-20不相承，卻和更前的一節，474b31-475a15，是相承的。

㉙ 見於章三471b19-23。

㉚ 貝刻爾本（Bekker）作ὑγροῦ「水」，我們依各家校訂改θερμοῦ「熱」，把（水）移補於上一分句之末。

的，這樣的魚，曾從土內掘出㉛。

章十

我們曾已講過，於無血動物方面，有些是資生於外圍空氣的，另些則資生於水；但於有血而具有心臟的諸動物而言，凡屬具肺的種類，統都納入空氣，而憑吸進與呼出爲之冷卻。所有一切胎生動物全皆具肺——這裡的「胎生」，除外有如鯊屬（狗鯊）那種外胎生的屬類（牠們不在體內胎生）㉜而該是內胎生的屬類，於卵生動物而言，在有翼種屬可舉鳥類，於棱甲動物可舉諸龜、蜥蜴與蛇類。這兩級類的具肺動物，肺部都含有血液，但後一級類的肺常多孔洞。所以，如前已講到㉝，

㉛ 475ᵇ11-12...ὀρυττόμενοι土中「掘出的」魚，當指鰻鱔，參看《動物志》卷八章二591ᵇ30-592ᵇ2。羅斯詮疏：土中生活著的魚，也可能是指某種印度的蛇頭魚（Ophiocephalus），這是亞里士多德當時可從跟隨亞歷山大遠征軍人那裡得知的。《色奧茀拉斯托生物著作殘片》（*Theophr.Fr.*）171, 7記有滂都國（Pontus）土中掘出的活魚；171, 11，記有巴比倫（Babylon）乾涸了的河床中，在潤濕的土洞裡，也掘出了活魚。

㉜ τὰ σελάχη鯊（軟骨魚類），這裡所謂外胎生（卵胎生）的鯊，應為小狗鯊（σκύλιον, Scyllium），參看《動物之生殖》（*De Gen.Anim.*）卷三章三754ᵃ21-755ᵃ6；《動物志》卷六章十565ᵃ12-566ᵃ3。

㉝ 見於上文470ᵇ13-15。

牠們較少呼吸。

可是，所有生活於水中而且維持其生存於水中的諸動物〔兩棲綱、爬行綱與獸綱〕，有如水蛇、㉞蛙、鱷、淡水龜，以及海龜與陸龜，還有海豹諸屬，都是經營
476^a 呼吸的。所有這些屬類都在陸上誕育其幼兒，牠們或睡在陸地，或眠於水中而露其嘴巴於水面之上，以行呼吸。但那些具鰓的水生動物，是納入水以行冷卻的；所稱爲鯊屬的這些族類，統都有鰓。所有的魚（魚綱），都沒有腳（肢）；在它們腳的部位上具備的器官爲「鰭」（πτερύγιον「柏特呂季雄」），這是由於類似〔鳥〕「翼」（πτέρυξ「柏特呂克斯」）而取名的。盡我們所能觀察到了的，有腳動物而具鰓者只有水蜥（蠑螈）。但，直到如今，兼具肺和鰓的動物，直未發現過㉟。

㉞ 475^b27 τὸ τῶν ὕδρων γένος水蛇屬（族），參看《動物志》505^b5-12。少數蛇類生活於淡水中。有幾種海蛇（鱔屬，ὁ ὄφις ὁ θαλάττιος）生活於深海，見於《動物志》621^a2-6，卷九章三十七（Draco marinus龍頭魚，即「蛇鰻」Ophisurus colubrines）。淡水蛇之較著稱者，有環紋蛇（Natrix torquato）。

㉟ 476^a5-7，在亞里士多德既已設定了鰓與肺不能兼備的理論，而仍然記錄了蠑螈（κορδύλος水蜥）為有鰓的四腳動物，具見他重理論，而尤重實驗的研究方法。在現代動物學上看來，他當時解剖與動物構造（形態）的結論是不夠精詳的。水蜥（蠑螈）由蝌蚪發育以至成熟過程，同於蛙類；當水蜥的幼體發育到已生四肢而尾巴還未被吸收了的時期，牠保留著鰓，而同時已出現肺的構造

推究其故，肺的存在（構成），旨在冷卻體內氣的熱度（肺之稱爲「柏紐蒙」πνεύμων，蓋取義於它是受納氣——柏紐瑪 πνεῦμα——的容器）；而鰓則是借助於水而爲冷卻的；一個器官行使一種功能，而施行冷卻機能，具備一個器官就盡夠了㊱於是，既然我們深知自然絕不做任何虛廢的事，那麼，若然爲同一功能而設置兩個器官，其中就必得有一個是冗贅無用的，爲此故，有些動物備有鰓，另些置肺，但兼具兩者的動物是沒有的㊲。

章十一

但，每一種動物既然需要食料以維持其生存，又需要冷卻以保全其生體，自然就把同一的器官兼做了兩用；恰如有些動物應用其舌兼行品嘗滋味，又使傳達事情

了。高山蠑螈（Triton alpestris）的發育過程解剖，可為鰓肺變化之示例。

㊱ 。參見頁三三六注①及頁三三七注②。

㊲ 除了上述水蜥（蠑螈）有發育過渡期中，兩現肺與鰓構造之並存外，亞里士多德當時也不可能知道，魚綱中的Dipnoi兩態目（肺魚），是兼備肺和鰓的。肺魚（Lungfishes）今尚存三屬：泥盆紀中的肺魚化石是相當多的。兩棲綱（Amphibiaus）中的兩棲屬（Amphineus），在牠們成年後，仍能水陸兩棲，也就由於兼備鰓肺。

（訊息）那樣，凡具備有肺的那些動物就應用口腔爲營養機能以納取食物，又使爲空氣的吸進與呼出的工作㊳。至於那些不具肺而不營呼吸的動物，牠們的口腔就專任進食，而由鰓部自然地擔當起那些有待冷卻的任務（作用）。隨後，我們於上述器官的功能將有所說明，指述它們如何承擔製冷作用。於行施呼吸和那些進納水分的諸動物，這裡涉及有一同樣的問題；當牠們從事呼吸的時刻，不能進食；因爲氣管（喉管）亙在食道之前，而食物是通過食道而納入於我們所稱爲肚腹之中的。若牠們於進食時呼吸，無論其所進者爲乾爲濕的食物，必然會錯入氣管而抵於肺部。爲了防止這種錯亂，於有血四腳動物而言，牠們的氣管（喉管）上，附加有一個所
476^b 稱爲小舌的蓋㊴；但，鳥類和四腳動物之卵生者［兩棲綱與爬行綱］不備此蓋，可是，牠們的氣管能自行緊縮，方當受納著食物，前一級類就把小舌蓋上氣管，後一

㊳ 《動物之構造》（*De Part.Anim.*）683^{a}22-26，自然構製動物的規律：「一個器官不做兩用。」但同書，659^{a}20-23，與之相異：「同一器官應用於不止一個功能。」（參看同書661^{a}34-^{b}5, 17-19）。本篇476^{a}16-21這一節與《動物之構造》的器官可以兩用的成規相符合。

㊴ 渥格爾注：「只有獸類（哺乳綱）才具有『小舌』ἐπιγλωττίς，其他的脊椎動物而行肺呼吸者，肺氣管開口以通於『喉頭』λαρυγξ（氣管上段），牠們在進食時，用收縮肌（constrictor muscle）閉塞其氣管。」參看亞里士多德《動物之構造》卷三章三664^{b}25-29。

級類則緊縮而閉塞其氣管。迨食物既在食道中沿續著嚥下時，前一級類就可放開小舌，後一級類也可弛放氣管，任令空氣跟進，以行冷卻作用。但那些具鰓的動物們〔魚綱〕一張其口，吐出些水，就吞下了食物；牠們沒有氣管，不須顧慮吃嗆的問題，只須防止水勿讓混進腹內。爲此故，牠們先行吐水，而且吞食必須急速下咽；它們大多數，具有像鋸一樣的尖銳齒列，所以，牠們直不能咀嚼牠們的食物。

章十二

在水生動物中，關於鯨類可以引起一個疑難，但，這個疑難也自有其合理的解釋，這些巨大的水生動物[40]，我以指說海豚和鬚鯨，以及所有其他具有一個噴水孔的諸動物。可疑的是牠們沒有腳，而具肺，卻又會進水。但，如此異常的情況，這裡，我們實已說明了的[41]，牠們進水的作用，不在於冷卻。牠們既屬有肺，冷卻功

---

[40] τὰ κητώδη鯨類，今鯨目，獸綱：κῆτος原義「巨大」，在《奧德賽》（*Od.*）xii, 97、《伊利亞特》（*Il.*）xx, 147中，以指在地中海航行所見的海豹、海牛等怪形怪狀的巨物。這和中國「鯨」字從「京」相似，「鯨，大魚也」。亞里士多德於《動物志》中，確言鬚鯨與海豚有噴水孔，營呼吸；胎生，雄雌交配為蕃殖，雄性有睾丸，雌性有乳頭，故不屬魚類，而同於獸（哺乳綱）。

[41] 這裡所說一個「疑難」（ἀπορία）和「這裡，我們已說明了的」（τὸ νῦν εἰρημένον），兩都造語簡

能是由呼吸來任當的。爲此故，牠們在睡眠時，總是露出口〔鼻〕於水面之上的。而且，入寐的海豚確乎打鼾㊷。又，牠們若被撈在網中，因爲不能呼吸，牠們旋即窒塞。牠們既然須在水中得食爲養；自必會進水，而後重行噴出，這就是牠們全都各有一個噴水孔的緣由；牠們一經納入了水，恰似魚類把進水從鰓部流釋那樣，就經由噴水孔，噴出。噴水孔的位置，恰好證明它的作用專在噴水；這孔不通向任何有血的部分（構造），而位置於腦部之前，就自此放水。軟體（頭足）類㊸和軟甲（甲殼）類——這兩類動物，我以指稱蝦和蟹，牠們的進水確也爲此同一緣由。這些類屬，各個品種都是無血而屬於低體溫的，所以，外圍的水就足夠爲牠們冷卻

477^{a} 了；牠們，誰都不需要冷卻；因此，牠們只爲進食而具有水孔，當牠們受納食物

率，頗費周章。密嘉爾（Michael）古詮疏謂「疑難」在於鯨類呼吸如陸地畜類，而生活於水中乃如魚類；這與$476^{a}14$-15句，「動物不能兼備肺與鰓」的規律相衝突。密嘉爾又認為下文說到「鯨的進水不為冷卻」，這就說明了鯨靠肺呼吸為冷卻，不用鰓水出納為冷卻——這就解決（「說明」）了「疑難」。

㊷ 海豚的肺呼吸，參看《動物志》卷四章九$535^{b}32$-$536^{a}4$：海豚的睡眠與鼾聲，參看《動物志》卷四章十$537^{a}30$-$^{b}4$。

㊸ 原文μαλάκια，「軟體動物」，包括腹足（螺）綱、瓣鰓（貝）綱，與頭足綱cepha ilopoda（鱆鰂），這裡蓋專指頭足類。

的時刻，水是不容進入的。甲殼類，如蟹與蝦（蝲蛄）經由多毛的鰓夾層排水㊹，而〔頭足類〕如烏賊（鰂）與多足則經由所謂牠們的「頭」（κεφαλῆs）上的開口排水。我已在我所撰《動物志》（《動物研究》Περὶ τῶν ζῴων ἱστορίαις）中，對於這些動物做了較精確的記錄㊺。這裡，關於水的進入，如前所說，其功用原在冷卻，對於這些類屬，牠們既生活於水中，自然地從水中取食〔因此，食物和水一起納入口腔，而後嚥下食物，又從口腔排出了水〕。

章十三

其次，我們該應闡明，行使呼吸的以及那些具鰓的動物們，是怎樣實施其冷卻功能的。我們業已敘述㊻，一切具肺的生物全都呼吸。但，沒有說清楚的，還有兩

㊹ παρὰ τὰ δασέα...τῶν ἐπιπτυγμάτων「關於蝦蟹（軟甲動物）的多毛鰓狀組織」，參看《動物志》卷四章二526^{a}26-27。

㊺《動物志》卷四章一523^{a}29至章三527^{b}33，卷四章四529^{a}26-530^{a}32詳述軟體動物，（鰂）與軟甲動物（蝦、蟹）的外形與內臟：其中524^{a}9-12, 524^{b}21-22, 527^{b}18-22，說牠的口器（進水與排水和進食）。

㊻ 見於本篇章一470^{b}12-13。

個問題；何故而某些生物具有這些器官，又具肺的那些生物，何故而需要呼吸？㊼推究其故，凡動物之較尊貴者（具有較高級的創製）就具有較多熱量，所以牠們才備有肺這器官；牠們，同時，也必然經營了較高級的生活；舉例以明之，比之於動物界㊽，他們的生活蓋是較尊貴的（較進化了的）。這樣，具肺而富於血液，

㊼ 477^a14-16兩個 διὰ τί「為什麼」（問題）：在477^a16以下，本章回答了第一題：第二題的答覆須到章十五478^a11以下才開始。

在《呼吸》（Περὶ ἀναπνοῆς）全篇中，亞里士多德，一貫論定，呼吸的目的（作用）在於冷卻心臟區域血液的熱度，這在我們近代人看來，直覺其愚之至。實際，古人既以「火」為四元素之一，主熱性與乾性（土主乾冷），而以氣主熱性與濕性（水主濕冷），那麼，以正相反的水為有冷卻功能而兼具水之濕性、火之熱性如氣者，也自然就具有較平和的冷卻作用了。本章的首句也提出了τῆς καταψύξεως「冷卻功能」。以「火」為「燃燒元素」（phlogiston）的錯誤，自古沿習，直到十八世紀，法國拉瓦錫（A.L.Lavoisier, 1743-1794），提出了燃燒為各種物質的氧化現象的實驗證明，才把火為燃燒元素的觀念糾正過來；而世人因此直把拉瓦錫尊為近代化學的創始人。渥格爾於本篇章九475^b5-14詮云：這篇的「冷卻」（refrigeration），其實際作用，等同於當今的「氧化」（oxidation）。「我們如果把通篇所有『需要冷卻』這短語（need of refrig.）一律改為『需要氧氣』（need of oxyg.），這就全篇通達了。」

㊽ 貝刻爾校本 τῆς τῶν φυτῶν「比之於植物界」羅斯校訂，按之密嘉爾詮疏，原文應為 τῆς τῶν ζώων，「比之於動物界」。我們從羅斯校訂。

饒於熱量的動物們，體型皆較高大，而在一切生身中血量最大，血液最淨，這就是說「人」（ὁ ἄνθρωπος），他是「最正直的」（ὀρθότατον）；這種「直立的」（正直的）人，恰就因爲他具有這一部分（器官），他的「上向」（τὸ ἄνω）正符合於「全宇宙的上向」（τὸ τοῦ ὅλου ἄνω）。這樣，這一類屬，以及其他諸動物，即此構造，而於其他諸構造（器官）而言也相似，其爲創製的尊卑，蓋可由以議定了。爲此故，這才有肺這器官。人們也不得不設想，這該是爲了適應某種需要而置備的，恰又如許多動物異於這類動物，牠們的構造就不是這樣的；這些動物是爲了運動而做成如此構造的；有些生物，有如草木這類植物，是由較多的土元素構成的，而另些，有如水居動物是由水元素爲之構成，但具翅（翼）動物與有足（陸居）動物們，則有些由氣元素，有些由火元素爲之構成。各種類的構造就各有其與相適應的各別的元素（物質）成分。

477b

章十四

恩貝杜克里所說，大部分生物之含熱或火者，都生活於水中，按牠們的秉賦（本性），具熱過度，而缺於冷性與幹性，所以牠們居住於與其本性相反的物質中，因此得免於過熱而自全其生體；水當然較空氣之熱性爲減遜了的；恩貝杜克里此說是錯誤的。一般地講，這顯然不合自然，要使各個誕生於陸上的動物遷移牠們的居處到水濕之中；生活於水中的諸動物，大多數是沒有腳的。可是，開始他就聲稱，按牠們的構造而言，牠們原先誕生於乾旱的陸地，隨後逃避乾旱，得以抵達於湖海。又，這是明白的，水居動物實不比陸生動物的體質爲熱；其中有些全無（紅）血液，另些只有少量的血液。

關於誰該屬於熱性，和誰爲冷性，他曾經詳加考察；至於有關冷熱的物性由來，恩貝杜克里所做解釋，有些是合理的，但於這方面的實情，他沒有交代清楚。牠們若於當地的氣候竟有不能適應其過乎牠們的常度者，自可遷地以爲自葆之計，但一般說來，生物之本性，所以爲之保全者，莫善於其誕育的本鄉（本土）；生物的一一品種原始所由組成的本質，或有異乎牠後來習得的，有如自然的慣性或受到環境影響（安排）所造詣的境界。我的命意則是這樣：如果自然用蠟造爲一物，她不能保全之於酷熱的氣候之中，如果她用冰造爲一物，這也不能；與其本質相反的性能，會將迅速地毀壞這麼所造的事物；熱性必然破滅與之相反的冷性成品。自然若應用鹽與涅脫隆（硝石）造爲一物，她也絕不把它置入水中；水當然要破滅【熱性與】㊾乾性物質所製作的事物的。於是，若說一切物體，必由乾性與濕性物質爲之構成，那麼，凡屬水成而屬於冷性者，自然地該應生活於水中（而如其爲冷性

㊾ 478^b23，θερμοῦ καὶ「熱性與」，蓋為繕抄者所添入的贅語，故加【 】。

的，便得生活於寒冷之中）[50]，凡屬乾成的則自然地該應生活於乾處。爲此故，樹木只能生長於土地之上，不能生長於水內。可是按照恩貝杜克里的理論，他會將規劃樹木使生長於水中，因爲牠們過於乾燥，恰如他說過的，過於火熱的生物那樣，該應置之水內[51]。按照【居處適應天賦（秉質）】這個理論，則水居動物之入於水內，只是由於牠們原屬濕性生成而無關於牠們之兼有冷性。

【動物所由組成的】物質秉賦（材料）蓋相類於其生活所在的物質；濕者生活
478^{a} 於水內，乾者在陸地，熱者在大氣之中。但那些具有劇熱的生態者，卻在寒處蕃育得特爲茂盛。那些具有劇冷的生態者，則旺興於熱處；這樣的環境恰好中和了牠們過度了的秉賦。生態的變化可能和其所在生活的地域相反對，至於牠們本體的材料（物質）是必須相符適的；所以動物們蓋當隨季節（時令）的變化，尋取轉移的區域，但其爲探索，仍必有準於自體所由組成的物質材料。於是，我們，在這裡，已充分闡明了恩貝杜克里所執持的，由於自然熱之故而動物界乃分別爲水居與陸生之說，爲謬誤，我們也因而闡明了何以有些動物具肺而另些無肺。

---

[50] 別爾（Biehl）與契里斯脫（Christ）都認為（）內語是偽妄的。羅斯勘舊抄本上有此分句，這與上一虛妄的短語一樣，蓋是同一抄手誤加的。

[51] 見於本章開首477^{b}1-2。

章十五

動物所以具肺的原因是為要納進空氣而行呼吸，那些具肺而且肺部充血者，其肺多孔，布滿了好多管道，則此旨尤為顯明。這部分比之所稱為內臟的其他部分，充溢著更多的血液。所有這部分充血的動物，由於牠們靈魂之火（體內火）的動勢弱小，而血液量多，熱量也大，這就需要急速的冷卻功能[52]，使冷空氣盡快地通過。可是，氣恰正易於實施並完成這些功能；氣的性狀為稀薄，它可以輕捷地透徹全肺而使之冷卻。但，水的情況卻是相反的。由此看來，凡肺部充血的動物們，所以呼吸最為急速，是明白的了；較熱的動物需要較多的冷卻，需要空氣輕捷地通入心臟，那裡恰就是熱量之所發源。

章十六

心臟與肺部相聯屬的方式，可憑解剖為之照示，在我的《動物志》（《動物研究》τῶν ἱστοριῶν τῶν περὶ τὰ ζῷα）中，已詳述了這論題[53]。一般地說來，動物的本

---

[52] ταχείας ... τῆς καταψύξεως「急速的……冷卻功能」，用當今的生理化學語言，就是說「急速需要氧化」，參看章十三477^a14-16，引渥格爾（Ogle）詮注。

[53] 見於《動物志》卷一章十七496^a以下、卷三章三511^b以下：心肺相聯屬的方式（構制）即

性由於心臟內涵有靈魂的火熱秉賦(54)，故爾需要冷卻。於具有心臟而又兼備一肺的動物，這個冷卻功能是由呼吸完成的。但，那些具有心臟而無肺的，有如魚類者，由於牠們的自然居處在水中，其冷卻功能是憑通過鰓部的水完成的。其鰓部關聯於
478^{b} 心臟的位置，可在施行解剖時目見。查看我的《動物志》，可以精確地明識這些情況(55)，但在當前，我姑簡概地揭示之如此；人們不妨設想群魚的心臟位置，別異於陸上諸動物的心臟位置，實際上，兩者全相類似。心臟的頂端排列都是指向著頭部轉折處的。可是，群魚的頭部與陸上諸動物的頭部轉向不同，魚心臟的頂端(56)指向口腔。由這心臟頂端引出的血脈是肌腱組成的管道，這些血管通到鰓部的中結，所

肺氣管與支氣管，以及末梢的許多微小氣管。

(54) τῆς ψυχῆς ἐμπύρευσιν「靈魂內涵的火熱性」，參看《青年與老年》$469^{b}16$，本篇章八$474^{b}13$（τοῦ φυσικοῦ πυρός自然之火——自然熱）；參看《動物之構造》（*De Part.Anim.*）$649^{a}26$, $654^{a}7$、《生殖》（*De Gen.*）$739^{b}10$。

(55) 見於《動物志》卷二章十七$507^{b}3$。

(56) 渥格爾詮注，本章$478^{a}34$-$^{b}7$, $478^{b}7$-9：亞里士多德這裡所說的魚「心臟頂端」（ἡ καρδία τὸ ὀξὺ）實際是附於心臟上端的動脈球（血泡，**aortic bulb**），由此引向魚頭的鰓部所謂「粗大血管」，是鰓動脈（**branchial artery**）：由鰓動脈兩邊分支的弓狀（半圓拱）動脈，即所謂「從心臟其他部分引到鰓頁兩端的較小血管」。亞里士多德所解剖的魚，大概是魟或鰩；魟（鰩）屬的後三頁鰓部的血管接聯於上述的動脈球泡，即他誤認的心臟頂端。

有的鰓頁鰓條統都聯屬於這中結；這管道是粗大的。從心臟的其他部分，另又引出其他血管，分別抵達於鰓頁的兩頭（兩端），細狹的水管中引水通過鰓部組織，冷卻功能因此作用到心臟。經營呼吸的動物們，當空氣進出時，胸部做相應的起伏（脹縮），魚鰓的開闔運動，恰正與之相仿。倘進氣的量太少，經營這功能的動物就發生窒塞現象，鰓部若進水缺乏，情況也相仿；淤積的血，於是發熱，［氣或水的］冷卻功能兩都不足以平衡血液的發熱。倘因疾病或衰老，經營呼吸的動物不能運動肺部，或水居動物而不能運動鰓部，跟著來到的就是死亡。

章十七

誕生與死亡是一切活物的普遍徵象，但其所以爲生與爲死的情況卻因其品種之別而各異；動物們的死亡雖也有某項共通的因素，實際表現有種種的差別。死亡或出乎自然，或遭遇了橫暴（災害），自然死亡本於動物自己的內因，暴死的原因則都由外來。動物們的自然死亡，可說是從牠的本生構造就蘊蓄著牠的最後終了，其間全無外來的疾患。這種現象，於植物而言，就說是凋謝，於動物而言，乃謂之衰老（衰廢）。一切動物之屬於「全生」（μὴ ἀτελέσιν）者，其死亡與毀滅統都相同；非全生物，其爲終了也都相似，而其行狀則殊有不同。「未全生物」（ἀτελῆ），我意指，舉例以明之，卵與植物籽實，於植物生命而言，籽實的嚴格命意限於尚未生根的。統概這兩者而論，毀滅都由缺失熱量，但就彼「全生動物」（τοῖς τελείοις）而論，缺失乃在於它「受生立命的本原」（τῆς οὐσίας ἡ ἀρχή）這一部分。如前曾講過了的[57]，這一部分處於身體的上段與下段相會接之間，於植物，這就是生根與發芽所同的起點[58]，於動物之有血者，則在心臟，於無血動物而言，
479a 這就該在與心臟相符的某個區域。某些無血動物潛在地具有多個生命本原，但，現實地，總只一個本原。這就是昆蟲的某些品種，在被分割之後，還能繼續存活的緣由，還有那些有血而爲量不足的動物，牠們天賦的生命活力不夠強勁，當牠們被挖去了心臟，仍能存活相當長的時間，也執由此故；這樣的實例，可舉示群龜，失了心臟的龜，若不剖開其殼，牠們的四腳會繼續著運動，推究牠們這種異樣的死亡現象，其原因該就在於牠們天賦的構造是較爲低級的，於昆蟲而論，正同此理[59]。

當這些持有生命的主體，所屬（蘊結）的熱度失於冷卻，牠們的生命源泉遂歸枯竭。如我們業已多次講過了的，這是由於牠們各個自體自行消耗了的。於是，有些動物的肺與另些動物的鰓，經歷長時間的使用，漸變而爲土質，以致乾癟，其

---

[57] 見於《青年與老年》（*de Juv.et Sen.*）章一至章四。

[58] 參看《青年與老年》章三 468^b18-24。

[59] 參看章一 468^b12-15。

肺，其鰓，各各硬化，這些部分既不能膨脹，也不會收縮，總之是艱於運動了。最後，畢竟抵止於其運會的終限，而生命之火(60)遂乃滅熄。

所以，到了老年，牠們（他們）死得快速，雖只偶患微恙，便溘然長逝；因爲在牠們（他們）長年的生活歷程之中，大部分的生體內熱已呼出了去，既然餘熱已爲量很少，於是，在這部分【心臟】，任何一些些的擔受（牽扯），遽爾吹之以滅盡了。恰如火焰之就萎，已極微弱，於是淡然滅寂。爲此故，高齡（耆年）的死亡是無痛苦的；老人們既然不必因遭逢任何劇烈的疾病而致於絕命，其靈魂（生命）的消釋（氣息的終止），著於不知不覺之際。但，腫瘤或廢壞的剩物(61)，有致使肺部硬化者，或由於疾病，例如發燒，過度的熱量使肺呼吸驟然急促，而這樣的肺，實已不能作出那麼急迫的脹縮了。迨當臨終，已全不能運動其肺了，他們呼出最後一口氣，而死。

---

(60) τὸ πῦρ這裡的「火」字，實喻「生命」故衍為「生命之火」。

(61) $479^{a}24$ φῦμα（-σιν），tumour腫瘤，包括良性腫瘤（附加生長的肌肉樣組織）與惡性的癌症；也包括癰疽。這裡跟著在下文的περιττώμασιν，在亞氏動物著作中，通常指尿、糞這類食物「殘餘」（排泄），這裡見於肺部者，只能是肺癰或肺癌的擴散或潰瘍。καρκίνος，cancer「蟹」做病理名稱，即「癌」（蟹腳樣的病理組織）在古希臘，已見於希波克拉底醫書之中。章二十$480^{a}1$ φύμασιν，我們譯為「癰疽」（abscess）。

章十八

誕生就是開始參與於營養靈魂的熱性，而生命只是這熱性的延續。青年（兒童）正當這冷卻部分（構制）的初期生長，老年則是這部分的衰壞，至於盛年乃
479b 處於兩者之間。暴殄或橫死正是這熱性的被撲滅或消失；或「生命之火」驟被撲滅，或熱情突然消歇，各可肇致毀滅；但自然死亡則是這同一部分歷經了悠長的歲月而漸以衰壞，終久抵達了它的極限。自然殞落的現象，於植物被稱爲「凋謝」（αὔανσις），於動物則被稱爲「死亡」（θάνατος）。由於年老，這部分失去其製冷的機能，於是牠們就老死。這樣，我們現在闡明了誕生與生命和死亡，並解釋了這些情節怎樣在生物界挨著一一出現（遭逢）。

章十九

驗證了這些事實，這就明白了，何故而那些經營呼吸的動物，入於水中而窒塞（淹死），而群魚乃暴於空氣而窒塞（涸死）；後者原本憑水溫以行冷卻，而前者則端賴空氣，牠們一改其居處，既其一失水，另一失氣，於是各歸於亡滅。於其一類之爲鰓運動的作用（目的）在於納進水而又把水擠出，於另一類之爲肺運動的作用（目的），在於吸氣與呼氣，這樣的器官之整個構制，我們隨將詳析之如下。

章二十

在心臟區域所行的運動有三項：震顫與脈搏[62]與呼吸：三項活動似若相同，而實際上性質不同。

顫慄（πήδησις震顫）是由於廢物排泄或衰壞的事物所發的冷感，促使心臟內的熱性做成急迫的搏抖，另或由於有如所謂「心跳」（τῇ παλμῷ）這種病症引起的，又或由於有所恐懼，也會發生［悸動］；劇烈的驚恐，驟使一些動物上身速冷，熱量聚縮入於心臟區域一個狹小的部位，於是牠們忽然發抖（悸栗），有時，動物們竟乃因過度害怕，或因犯著這種病症，而致於死亡或歿於非命。

心臟表現有搏動，這搏動顯見是延續不息的，當發生癰疽，隨之也有相似的血管搏動（活動），但因爲這裡的血液內起有不自然的變化，所以癰疽作痛，這種痛

---

[62] πήδησις的動詞πηδάω與σφυγμός的動詞σφύζω，作為生理或病理學詞義，同指「心臟的跳動」，脈搏。ὁ σφυγμός在《動物志》卷三章十九521^{a}6為「血管的脈搏」（「所有各種動物的血液一例在全身的脈管中搏動」）。在亞里士多德《天象論》（*Meteor.*）中，以地球的「顫動」（顫慄）說地震現象（卷二章八367^{b}32）。同書368^{a}6，以身體有所激動時「脈搏加快」說地震現象。這裡，我們於479^{b}18-19這兩字，依據下文479^{b}20-480^{a}16的敘述，譯πήδησις為「顫慄」（心臟的緊急搏動，**palpitation**），譯σφυγμός為「脈搏」（心臟的常規搏動，**pulsation**）。479^{b}21 ὁ παλμός發抖的心臟劇烈躍動，作為病理名詞，為常俗所云「心跳」，或「戰慄」（發抖）。

感直待膿胞排除了去，才能解消。膿胞（發炎中的火熱產物）的病理情況好像沸騰；這裡腫脹起來，漸而增長，內含的液體（血液）受熱而汽化，於是就作沸騰；

480a 由是而腫脹愈加擴大。這樣的癰疽，如果別無消腫的方法，爲之治療者，只有任令其病液漸益濃厚，而化成膿包，迨沸煮既熟，終久流溢以盡。但，於心臟而言，內熱所驅使的液體（血液）匯於這裡而致腫脹者，乃成爲「脈搏」（σφυγμόν），脈搏是血液漲起時抵觸到心臟的房壁（皮膜）[63]時發作的。這是一個延續不息的重複過程；血液原在心臟始行造成，由茲而延續地匯流，【血液循環】就是這自然本原的後果。於動物誕生之始，這情況就可見到，在血脈諸分支還未形成之前，心臟已含蓄了血液。爲此故，幼年的脈搏，比老年人的脈搏爲較快[64]；這就因爲在幼稚的兒童體內熱蒸的作用較強。既然隨後伸展的血行網絡全都繫屬於心臟，因此所有一

---

[63] 480a5, χιτών，多義，作為古代服裝，是外套、背夾，或腰帶之類。作為軍裝，指皮甲，或革靴上部皮統。亞里士多德《動物志》卷五章三十一557b16-17，χιτώνὑμενώδης ἀραχνιώδης實指，吊籃蠋的「蛛網絡樣的皮膜背夾」即俗稱「吊死鬼（皮蟲）」的皮囊。在本篇中，參考希波克拉底《醫學集成》中（*Aph.* 1260）「心臟房壁」譯χιτῶνα τῆς καρδίας 為「心臟皮膜」。

[64] 480a9 μᾶλλον的常義是較大、較多，或較強。羅斯詮：這裡的實義，只能是「較快」。近代醫學（生理學），自嬰兒初生，脈搏每分鐘為一百四十，半年間迅速降低，隨後與歲月的增長，降至成年為七十，又後而年老，或有稍增為每分鐘八十次的常例。

切血管統都搏動而且各分支的脈搏統都做時間相同的起伏。心臟是恆動的；所以諸血管也如此（恆動），當心臟運動爲起爲伏的時刻，諸血管分支，一一與做相符應的爲起爲伏。於是，「顫慄」（震顫）應是心臟對於外加的激冷的壓力所做的反應（抵抗），而「脈搏」則是內熱加於液體（血液）蒸發（汽化）的感應。

章二十一

當營養靈魂所依賴的熱量增加時，這就行使「呼吸」（ἡ ἀναπνοὴ）。有如其他部分之需要食料，這一部分（構造）需要的就是呼吸；而且食料之於其他部分構造也未嘗不有待於此，則其爲需要蓋是更爲迫切。呼吸（氣量）增加時，這器官也得隆漲，人們不妨把這呼吸器官類比之於煉銅冶坊所用鼓風皮囊的構造；心臟和肺的形制兩都與鼓風皮囊不相遠（不相殊）。這樣的器官必然是成雙（對稱）的，因爲營養部分（構造）必然位置於自然功能（生命機制）的正中[65]。當它脹起，這就得

---

[65] **$480^{a}24$** τῆς φυσικῆς δυνάμεως「自然功能」意指「生命機制」（vital function），這是按照貝刻爾校本譯的。依密嘉爾詮疏（Michael）所據古抄本，應是ψυχικῆς δυν.「靈魂機制」，指營養靈魂的功能。依樸斯忒（Poste），以及渥格爾（Ogle）的校訂應作ψυκτικῆς δυν.「冷卻功能」，這與$469^{a}5$-7營養的中心器官，即心臟和$476^{a}7$-8，「肺呼吸的作用，在於它的冷卻功能」相符合。

挺升，而當它挺升，外圍著這個器官的體部必然也跟著挺升。這就是人們呼吸時所表現的姿態；他們挺起了胸膛，胸膛內含著這器官（心臟）的源泉（血液總匯），自然也在這樣膨脹；胸膛挺起時，這必須從外面引進空氣入於內部，有如空氣之入於鼓風皮囊那樣[66]，這些冷氣所做冷性，消歇了爐火的過度熾熱。恰如這器官挺起
480b 時擴增了容積，當其萎縮（綴合）時，容積減小，進入的空氣於是復被驅出，因爲這部分內含有熱量，那些富於血液諸動物的肺，含熱量尤大，所以進入的冷氣，被壓出時都是熱的了。因爲肺部的管道（血脈）是多分叉的，每一支脈管這樣展布開來，所以肺似乎充溢著血液。空氣的進納稱爲「吸入」（ἡ εἴσοδος），其外吐曰「呼出」（ἡ ἔξοδος）。凡生物（動物們）活著的時候，就這樣不息地運動其心肺（這部分），延續不息地吐納著空氣。生命之有賴於呼吸之一出一入者如此。

群魚之運動其鰓頁者正也如此。當血液的熱度通過身體的各個部分而升高時，

---

[66] 達朗培格（Daranberg）《考古辭典》（*Dict.des Antiq.*），Follis「鼓風皮囊」條：古代冶鑄所用鼓風器有單孔進出氣的，也有雙孔的。返閱480a23謂肺器官，兩葉「成雙」（διπλοῦν）的構造（形制），蓋與這裡所說古代鼓風皮囊之具有雙孔雙袋者相應。這句的下一分句，說鼓吹入冷空氣以行冷卻作用，而保持爐火不至於一下子過旺而熄滅，用現代化學語言來解釋，就該是「吹進空氣，為爐火加氧，以為維持並加強其燃燒」（參看上文477a14注）。

牠們的鰓頁也升起（張開）；但既經冷卻，血液還由諸脈管下落（縮合）於心臟之中時，那些鰓也縮閉，把水驅迫出來。正是這樣，心臟的熱度繼續地升高而又冷落，經常地就這樣回轉。於是，恰如陸上動物的營生或亡失其生命者，全憑呼吸（進氣），水生動物的存活就端賴進水。

我們業已約略完成了關於生命，死亡以及相涉的諸論題。關於健康與疾病不僅是醫師的專業，而自然學家也須於相涉的某些方面，做某些限度內的討論。可是，我們必須注意到，這兩類別的研究者，於同一論題而考慮於各不同的疑問，採取各不同的途徑（方式），事實上，總當征見，達到某種限度爲止，他們須是並攜而前進的；那些智巧而又心擅探測的醫師們，既然不能不於自然知識（科學）有所揭示，至於那些專志於自然知識（科學）研究而卓有成就的人們，確也必須做出不離於醫療原理的綜結⑰。

⑰ 480^b25-30這篇的末篇，說「健康與疾病」而兼及「醫師」與「自然學家」，直回顧到《感覺篇》（*de Sensu*）的首章436^a19-$^b1$而與相呼應。

炁與呼吸

關於《炁與呼吸》漢文譯者緒言

Περὶ πνεύματος《說炁》這短篇，十九世紀中，貝刻爾（E. Bekker）編校《亞氏全集》，次在卷三，列於《自然諸短篇》（*Parva Naturalia*）之後。亞氏著作的近代編校者，統認爲這一短篇是後人僞撰的；篇中ἀρτηρία一字的混淆錯置，常被舉作僞撰的證據——在亞氏生物學著作中，這字或謂⑴自咽喉通到肺部的「氣管」（trachea），或⑵爲血液循環系統中的「動脈」（artery），都是可以分明辨識的；在這篇中，含糊地示爲「通氣管道」（air passage）。有些人認爲這是亞里士多德的同門友從，隨後繼任主持雅典呂克昂（Lyceum）學院的色奧弗拉斯托（Theophrastus）之作；這一揣測，也是不可信的。這短篇的作者，讀過亞氏動物學著作，如《動物之構造》、《動物之生殖》、《動物之行進》以及《動物志》等，都曾研習，也讀過《自然諸短篇》抵於末篇，《呼吸》Περὶ Ἀναπνοῆς（*de Respiratione*）大概是在色奧弗拉斯托之後的，一位漫步學派的同門。

《說炁》，現在尚保存有第十二世紀的牛津基督聖體院藏古抄本，與第十二到十六世紀間，幾種梵蒂岡抄本。第十七世紀初，但尼爾·芙爾朗（Daniel Furlan）和亞得里安·泰內菩（Adrian Tarnebus）合同編校《色奧弗拉斯托集》

時，附錄了這篇，也加有詮疏（1605）。但芙爾朗自跋其詮疏云：「對於這篇古籍遺文，雖研深舊經，博通亞里士多德之天才學者，如義大利朱理・凱撒・斯加里格（Julius Caesar Scaliger, 1484-1558），也認爲不可通解，無法爲之詮次，自己輕試這艱難的事業，誠屬冒昧。」貝刻爾校訂本彙錄了上述諸抄本的許多異文，仍無補於一一章句的惑誤。貝刻爾《亞氏全集》（*Aristotelis Opera*），附錄的拉丁古譯本中，有《說炁》（*de Spiritu*）這一僞篇的拉丁譯文，這一譯文較希臘原本爲通順，但其句讀往往與原本不相符應；或這一譯者（今已不能考知其姓名）當時別有較通順的古抄本，或是由他自己率改的，雖然通順了文句，於論理上，許多不可索解的章節，還在照舊遺留著。法國第杜（Didot）編校的《亞氏全集》與其法文譯本，於這篇，訂正了一些句讀。巴多羅繆・聖希賴爾（Barthélemy Saint-Hilaire）的亞氏生物學著作法文譯本中，這篇沒有入錄。

近代以研究希臘先哲著稱於世的，德國耶格爾（W. W. Jaeger），檢閱這篇，措字不守定義，行文又多破句，顚三倒四，論理無準度的文章，直稱其晦澀，至於不可卒讀。但一九一三年終於出版了他的一個新校本（Teubner戴白納爾印行）；他彙集了芙爾朗以來，各家的校勘，加入自己對於一些疑文的揣改，比之貝刻爾本已有所改善。就在這時，英國杜白遜（J. F. Dobson）教授，依據貝刻爾校本，耶格爾校本，第杜《亞氏全集》，英譯主編，羅斯（W. D. Ross）與《自然諸短篇》

英文譯者，皮爾（J. I. Beare）的指助，完成了這篇的英譯本（牛津《亞氏全集》譯本卷三末篇）；他自己於這篇的疑文，也頗有所建明。這篇，原文九章，每章都有若干設疑，提出一些問題。有些下文，未做回答，就轉出另題；有些所做答覆，是不切實、不完善的。總而言之，這一專篇，不像一己完稿的論文，只可算是一本《集題》（*Problemata*）。杜白遜這篇譯文，仍拉丁篇名作de Spiritu「炁」。路白經典叢書（Loeb C. Library），一九三五年印行了《自然諸短篇》的希臘英文對照本。希脫（W. S. Hett）於這末一遺篇是不重視的，原文校訂都承襲於前人，他的譯文，於本篇論理上的殘缺，沒有做什麼補綴。他於譯本的篇名，直稱「呼吸」（On Breath），把原題πνεύματος等同於大氣中的「空氣」（air）。原文中有時指說πνεῦμα之爲「炁」，異乎ἀέρος「空氣」，有時卻又混同了兩字，不做區別。漢文譯者姑遷就其內自在的迷惑，題作《炁與呼吸》。從來的詮家或譯者，所製章節分析，各異其詞，都不能與原文章節一一切符。漢文譯本的「章節分析」，力求通順，也是與原文章節，不一一切符的。

πνεῦμα通常的命意是「氣」，即四元素之一的ἀήρ，也就是「空氣」被吹動而成的「風」（ἄνεμος）。漢文譯者，於亞里士多德生物學著作中，注意到Σύμφυτον πνεῦμα這樣一個具有重要作用的名詞，在《動物之生殖》、《構造》、《行進》等各書中出現時，顯然不是指「風之爲氣」；箋家或譯者各盡心推敲，或釋爲「生命之氣」（vital air），或釋爲「內蘊呼吸」（innate breath），或釋爲「精炁」或「靈炁」（conate spirit）。亞氏有時也把ΣΠ聯屬於「生物（生命）之原」ζωτικὴ ἀρχή；漢文譯者因此制爲「精炁」或「生炁」的譯名。於自然做成萬物時，亞里士多德爲配置了一套兩相符契的「材料」與「意式」（物因與本因），相類地，於自然，作成諸動物時，他也爲之配置了物體（生理）上與心理上兩個相符契的系統，「靈魂」（ψυχή）爲心理體系的中樞（主動因素），生炁（ΣΠ）爲生理體系的中樞（主動因素）。《運動》章十、《生殖》卷二章六等的大意：心臟爲靈魂所在的中樞，生炁（ΣΠ）與之同在；血脈從心臟起始，延展於全身，是流通血液，以供應各部分所需營養的脈絡，也當是生炁（ΣΠ）流通的溝渠。有賴於呼吸之作用於心臟而起的搏動，這炁就傳遞生命的熱效應於全身。熱爲一切生命之動因（作始），靈魂有熱性，生炁也有熱性。《生殖》762a20云：「地與所有的氣中，瀰漫著生命原熱（即 θερμότητα ψυχικήν，靈魂熱）。」但亞里士多德於《呼吸》篇（自然諸短篇的末一篇470b-486b）中，愼重說明呼吸的功能爲製冷（καταψύξις），以保護心臟，免得它發熱過度而毀壞。亞氏各書中關於「生炁」（ΣΠ）之爲物，及其來蹤去跡，語焉不詳，而且前前後後，也不是全可貫通的〔例如說炁（氣）能傳熱，卻又說有製冷作用，又如說冶爐吹風，旨在降低溫度保持熱量，這與鼓風旺起火焰的實況相背〕。後世讀者，於ΣΠ盡力追索，總不能得其究竟。這篇《說炁》（Περὶ πνεύματος）的作者，揆其本旨，蓋將爲他的先師補綴這一專篇，藉以闡明心肺之於呼吸，胃腸之於消化（血液與營養）這些方面，舊所遺留的若干迷惑。這些問題的癥結，在於與「熱」相應的「火」的觀念。亞里士多德當時的希臘物理與化學，把一切可燃燒物質的「氧化放熱」現象，當作了物質四元素之一。血液循環與食物消化過程，恰正是吸熱放熱的交互反應。燃燒（火）的現象直須二千一百年後，歐洲化學家從水中分析出氫與氧的自燃與助燃之別，從空氣分離出氮不助燃、氧能助燃之別，法國拉瓦錫（A. F. Lavoisier, 1742-1794）做成了新的燃燒理論，這才解除了古希臘這久遠的迷誤。《說炁》這位作者，對於火與熱的觀念，既懷著亞里士多德時代的同樣錯誤，他的辭費，於他老師所遺留的疑難，自然是無可補益的。

《炁與呼吸》章節分析

章一 炁的功能。炁既然是軀體的生理元質，必須由某些營養方式爲之維持。營養可由血液供應；血液實際滋養著全身所有各部分（構造）。吸入氣作爲血液的飼料，於消化之後，必有剩物，剩物怎樣排泄（分泌）？疑難在於這些分泌比之飼料是較精細，抑較粗糙？……481ᵃ1-481ᵃ28

章二 呼吸在動物體內的生理作用。亞里士篤季尼設想體內原熱轉化吸入「氣」爲「炁」，肺內炁必不同於從體外吸入的氣。呼吸之間，完成了消化過程，怎麼這樣迅速？呼吸抵於肺內而止，炁怎能達到肺以下的各部分（構造）？也許是以分泌的方式通過橫膈膜而達於下身的。由此引起另一個疑難：「不呼吸」的，如水生諸動物（魚等），如何取得營養物料（氣）？呼吸是一切生物（動物）普遍經營的。說水生動物「不呼吸」也許是一個錯誤的概念。水中既無空氣，水生動物大概是在進納食物中，獲得所需的氣。……481ᵃ29-482ᵃ28

章三 呼吸必然具有明確的功用。恩貝杜克里與德謨克利特，各都研究到呼吸過程，但都忽略了呼吸的功用；另些人，於呼吸過程，認爲是不究自明的。呼吸的實際功能是在冷卻（製冷）。炁（氣）均勻地流通於全身，給養各個部分，並及骨骼。在某些骨節上，我們找不到任何氣管（血脈），營養自何爲之供應？這些部分，可比擬之於植物，樹木體內，也不見有何孔道（氣管），可是它們活著，並且生長。……………………………$482^{a}29$-$482^{b}14$

章四　呼吸所行諸活動。呼吸三功用：㈠呼吸、㈡脈搏、㈢同化營養物質，可在不同程度上，由感覺或理知察識。呼吸的內蘊動因大概屬在靈魂。營養原於呼吸。脈搏，雖是氣（炁）的作用，而不與呼吸做相符應的變化。脈搏的功能還未有合理的解釋。三者的作用，孰爲領先，迄無定論。……$482^{b}15$-$483^{a}19$

章五　呼吸在體內的生理活動。呼吸逕由腰部（肝胰間）的一條管道通入腹部（？）。我們未能明瞭呼吸與靈魂（生命），兩者關係的深淺；內「炁」與外「氣」若之何以相通相屬者，也有所不明。炁（氣）的溫熱作用相應於其製冷功能。炁（氣）不通行於肌腱。血管（靜脈）和氣管（動脈）與胃腸相通，而骨骼之間則有筋腱與血管爲之聯繫。…………………$483^{a}20$-$484^{a}13$

章六　肌腱。血液轉化而成爲肌肉或筋腱。筋腱從骨骼獲得營養；也可能是骨骼從筋腱獲得營養。趾（指）甲由肌腱形成，皮膚由肌肉形成；兩者的成形只是一個乾結（凝固）過程。不是一切動物都有血液，有血動物的血液也不必遍達全身；以「血液爲普遍營養」這一方式，在貝介和蝦蟹，這類無血動物，

顯然是不合的。……………………………………………………………… 484^{a}14-484^{b}9

章七　骨骼的功用。骨骼具有多項功用：運動、支架、被覆等，各因其不同功用，做成合適的構造。可活動骨節由筋腱聯綴起來，便適於折曲，而能運動其身體。那些不需要活動的骨節，則由筋腱爲之固定其位置。…………484^{b}10-485^{a}3

章八　續論骨骼。凡做生理研究，必須考明其事其物所由做成如此存在的目的（極因）。骨骼、肌腱、肢腳與其他諸部分構製，無不各適其一般（通常）的與各自（特殊）的功用：例如飛翔動物的種種構造皆所以適應於空中生活；步行動物之於陸地，水生動物之於河海，所以爲之適應者相仿。…………485^{a}4-485^{a}28

章九　體內原熱。動物體內的「原熱」，對於不同的生體（有機物），產生不同的效應，有如「火」之於各不同的無生命物（無機物），所肇致的效應，也是各不同的。自然之於火，作爲一個工具、也作爲一項材料，應用火，以製萬物。自然是一位理知的作家（創造者）。熱（火）外創製而論，作爲一項材料，只能使所合成物做「量」或比例的變化，作爲一個工具，加熱（用火）的方式卻頗不相同，自然爲之合成（創作）時，可取不同方式，爲其所製作物，獲得「質」的變化。

我們必須摒棄恩貝杜克里的假設，他認爲所有一切動物的骨相同，於混合各種原材料時，所取比例相同，故全無品質差異：這是錯誤的。於皮肉、肌腱等而論，亦然。……………………………………………485^{a}29-486^{b}6

《炁與呼吸》正文

章一

481a 身體中常涵有「炁」（πνεύματος）①，其實義如何？炁之發生與其增長又如

---

① πνεῦμα（-ατος），τὸ多義：希臘古史家希羅多德（Herodotus）的著作中，用此字言「風」或「氣」。在亞里士多德《天象論》（*Meteor.*）中，沿用當時的通義，亦為「風」，為「氣」。這名詞所源的動詞πνέω，在生理學上為「呼氣」（to breath）或「喘氣」（to pant）：由此而稱呼吸的器官為πνεύμων（「肺」）。在希波克拉底醫書中，這字的生理學實義就專指「呼吸」（**respiration**）。因為人畜一朝斷氣（停止呼吸），就失其生命，於是，這種有關「生命的氣」（πνεύμα βίου）有時就直作「生命」（ὁ βίος生資，生活，生命**life, livelihood**）［至於後世希臘化世界中，混合了原出於猶太的天主教義，由生命同於「靈魂」（ψυχή）的本義轉出了「神靈」（**spirit**），再轉成為τὸ ἅγιον Πνεῦμα「聖靈」（**the Holy Ghost**），這些宗教新義與西元前希臘典籍中的措意，實無關係］。

本書措詞、造句、說理，時時有些錯亂。於πνεύματος這字，雖顯然為全篇的主題，卻沒有先為製作一個定義。第一章，首出πνεύματος字樣，分明是指充盈於全身各部分的「生命元質」，而另以ἡ ἀήρ（ἀέρος），大氣中的氣（空氣）說人畜呼吸（吐納）的氣，這氣在身體限於自口鼻至肺部而止（481b18）。在隨後的章句中，有時分別用這兩字，有時卻混用了。本書第九章，各節不同的論題之間，行文既疏於承轉，又澀於推理。本章講到體「熱」（θερμόν），後世詮家或譯者率以此

何？我們眼見炁在生物體中，跟著生體年齡的演變與其體態的演變，而日增以漸強，或因這生體的某些部分有某些增益而也有所增益。凡具有靈魂的生物，統都因進食而各有所增益，所以我們該考慮到關於炁（呼吸）作爲這種增益（生長）的來源與其性質。發生這種增益，有如於身體的其餘部分所遭遇者那樣，不外於兩個方式，或由於呼吸，或由於接收到食料時，所施行的消化過程。於這兩式，爲之校比，人們自然地較多地傾向於食物（養料）的假想；按之成語，「物體（生體）咸以物體爲飼料」，而炁正也是一種物體（實物）。於是，試問，其爲飼食之方式如何？顯然，先是吸入［有氣］而繼乃在通過那些血管消化後納進的則是這些炁。既然血是終極營養（食料的終極），這是所有各部分全然相同的。於是，有如容器之

章主旨在論生命原熱本於身體記憶體的「火」元素，亦有賴外「火」的加熱功能，其中也隱括有「炁」的作用。本篇章二、章五，述血液循環，也把「炁」與「熱」牽連著說的。本篇「炁」字本於《周禮．春官》「輝［煇］」字注，與《賈疏》，以「日光氣」為「炁」。《周易．繫辭》「精氣為物」疏：「謂陰陽精靈之氣，氤氳積聚而為萬物也。」（萬物謂「眾生」）中國道家書中以「精、炁、神」為生命三要素；道家書中這三字也沒有明確的定義：有時「炁」也與「氣」通用。這樣，我用「炁」字譯 πνεῦμα，就兼舉了生命元質與生命熱的涵義。

受納食物，或②函罐之儲存熱量，這就吸收了炁。於是，這炁（空氣）②，憑它的活動所起的作用，有助於消化過程，就成爲營養而促進了物體的增長④。

這樣的假想是不足爲奇的，但初看起來，直說增長本於飼炁，難免引起詫異。人們或有認爲靈魂須是種籽（精液）既已萌發（分化）之後，才生成而賦得其本性⑤，除了執持這樣的假想的人們之外，大家都自然地通認凡屬於靈魂（營養靈魂）者，必較爲淨潔。又，一切食料皆各有殘餘排泄，於呼吸而言，其殘餘將是怎樣排出的呢？設想這就是呼出，是不合理的；因爲呼出是〔在吸入後〕⑥立即進行

---

② 481^a12-14行這一句「… τὸ ἀγγεῖον…. καὶ… τὸ περιεχόμενον」依羅斯（W.D.Ross）的校訂，刪去καὶ「或」，並改περιεχόμενον為περιέχον，我們可得較通順的文句：「有如容器之函受食物」，在這裡納入的炁就轉成為熱量。

③ 481^a15 ὁ ἀὴρ「空氣」，顯然應作πνεύματος「炁」。參看下文481^b4以下，ἀὴρ，「空氣」，有別於呼吸後轉入血液中，經過變化（消化）而成的「炁」。

④ 這裡，謂呼吸之「炁」為助長生體的養料，和下文，章二482^a16，以「呼吸」為「冷卻功能」（τῆς καταψύξεως）者，不符。

⑤ 這裡蓋隱指恩貝杜克里之說，參看《說天》（*de Caelo*）卷三305^b4。

⑥ 依章二481^b9句增〔μετὰ τὴν εἰσπνοὴν〕一短語。

的。這裡隱括有這麼的論證，呼出是通過了氣管（喉管）⑦這孔道的。凡泄出物照例該較「吸入物」或減淡（稀）或增厚（濃）了的。無論其爲淡減或濃加，於一切純淨物而言都是不合的。若說這是加濃了的，這個孔道必須擴大⑧。倘使容受與排泄應用同一的孔道這是不相宜的，也是可詫異的。這樣，以炁（氣）爲食料而延續進行（呼吸），以助生長之說，會將引起這些疑慮。

章二

亞里士篤季尼關於呼吸的設想引出了一項理論〔他認爲「炁」（τὸ πνεῦμα）被消化（烹煮）以後，就轉成爲食料的一式，炁之爲物已不同於「空氣」（ἀέρος），
481b 他認爲納入容器（諸血管，諸內臟）的，正是這炁，而這種消化的剩物則由此被排泄（分泌）出去〕；但，這項理論實際內涵著更多的疑難。是什麼在施行這一消化過程？合乎自然的設想，蓋是憑依於在其他動物中同樣的事物爲之消化（烹煮）。但，這裡，須是與外圍空氣相異的某物才能施行這一過程；這蓋該是「熱性」

---

⑦ ἀρτηρίας氣管（或喉管），這字重見於章三482b8時，不指專門的解剖名詞，而只是一般通氣的任何孔道。

⑧ 481a25這一句，似乎應該移置下文，章二481b5-8間。

（ἡ θερμότης）。又，由於諸容器（諸血管）中升起的液態事物應使納入的，轉益濃厚，而且由此增益（生長），消化所得應成某樣的實體。可是這裡的剩物分泌，乃是較輕淡的，這是不可信的。消化過程竟乃如此的迅速，這又是不合理的：緊接著吸入，隨即呼出。形態變化怎能如此迅速地完成？人們盡可設想這是熱量在效其功能，憑我們的感覺爲證，呼出物是熱的。又，若呼出物的消化過程行於肺部，行於氣管，那麼這些器官也必然有熱功能的存在；可是，他們否定這事，他們認爲這食料是由炁的活動熱薰而成的⑨。但，這直是更可詫異的了，竟說這功能受之於某種外來的刺激（活動），而其熱源也正是外來的。可是，這個運動機能的本原確乎不在炁的自身⑩。

又，如他們自己明白地說到了的，由呼吸所得的炁（氣），只能抵達於肺部，但他們卻又說這炁在生體內行運於周身。於是，若說由這個（肺部）至於下部以及其他各部，挨次接受炁的流轉，消化過程又怎能如此迅速？這是一個更顯著而較

⑨ 皮爾（Beare）揣想481^b14-15這句以下，應接加25-26行那一句。

⑩ 皮爾，解釋這句（481^b17），是在回顧481^b3行這句，人的消化功能有賴於自體內蘊熱性，這是和其他動物相同的。

大的疑問；這⑪（肺部）在消化吸入的空氣時，實不曾把它分配給於下面各部；可是，消化如果眞在肺部進行，盍該把呼吸所出入者，通之入於下面各部。但，若然如此，疑問將是更大而且令人十分迷惑；按照這樣的情況，似乎一行通過，一經接觸，消化隨即完成。但，這是不合理的；事實上，設想食料和它的消化剩物，所經歷的情況相同，又更不合理。若說，消化經由其他部分的內臟，人們可以照樣提出如上的疑問與辯難。他們所可應用的支吾之詞，只能說，所有一切食料的殘餘排泄
482a （剩物分泌）不全相同，各類生物的排泄（分泌）也各不相同，例如植物的食料殘餘就不同於動物，兩者的軀體構造既大不相同，就不能一一比擬。又，如其不然，事理當然是不能全相同的。於是，容受器官和其他部分相同，隨空氣的進出而爲脹縮，並生長。但，如其必然如此，我們在這裡，當可提出有如自然（尋常）狀態的呼吸，以及它是怎樣健康地增益（生長）其容積的問題，可由我們前述論證爲之答覆。但，於那些不行呼吸的動物，牠們的自然炁取自什麼食料，而如之何得其生長？照牠們的實況，顯然不能由外面吸氣（炁）。可是，若說這乃得之於內部，得之於內儲的一般食物，那麼，其他動物該應也可以從內儲食物得其自然（生命）之

⑪ 皮爾解釋19行的τούτου「這個」與22行的τοῦτο「這」兩皆指為「肺」的代名詞。

炁，常例，同樣原因，憑同樣方式，獲致相仿後果。照牠們的實況，這也未嘗不可出乎常例之外，牠們的這種食料是從外面得來的，牠們憑嗅覺選擇這種食料。但，這樣，實際上，就已是和呼吸相仿的了。有鑑於這樣的實況，並勘察其如此進食而同時又得進氣（炁）的情狀，不禁而重有疑於其事的是否眞確，而憑冷卻功能與之爭辯，假定牠們和其他動物一樣也需要冷卻，只是徒費詞說。於是，若說這個功能是通過橫膈膜以施行的，顯然，空氣也得通過這裡；這樣，情況就無異於呼吸了。但，這還不足以說明這裡所進入的究屬是什麼，而進入的什麼又是如何活動的？其中存在什麼自動機制嗎？可是，這就需要爲之別立一個專題研究。

　但，在水生動物而言，牠們食料是什麼，牠們的自然生炁的生長又如何？除了牠們實際上不行呼吸之外，我們通常不設想水內【隱藏著】有氣⑫。這樣，剩餘的

⑫《呼吸》章二、章三，述魚類在水中生活，亞拿克薩哥拉與第奧根尼，兩都認為魚類的鰓開闔也行呼吸空氣。$471^{a}4$，明言「水内含有空氣」ἐν τῷ ὕδατι ἀέρος。$471^{a}20$謂水族由口唼水，此水内所含氣，供牠們呼吸。這裡，《炁》$482^{a}23$，否定了前賢之說。及今覆案：水内確實含溶有某量的空氣，與氧氣；魚鰓的進水實際是在憑鰓條吸取水中所含氧氣，以供血液循環。中國蓄養金魚的缸，必須定期為之更換新鮮的水。若過期不換缸水含氧既盡，金魚就死亡。現代水族館所蓄養各種水產標本，活魚活蝦等，依賴由管道壓入的空氣（氧）為呼吸；如停止壓入空氣，水箱内的魚

唯一設想，只能是牠們由食物獲取生炁，若然如此，牠們的進炁（氣）或成炁過程或有異於其他動物（或水居動物們）⑬，也是經由食物以得炁的：這裡三項分歧的設想，其中必須有一個是合乎眞實的。這裡，關於生炁之爲生長與增益（飼養）作用，講得已夠多了。

章二

關於呼吸（περὶ δὲ ἀναπνοῆς）的論題，有些論家（自然學者），有如恩貝杜克里與德謨克利特，只說明呼吸憑何方法而施行，於何故而須施行呼吸，則不加敘述；另些論家則認爲呼吸既爲平常顯見的情事，其方法（方式）便無須詳說。現在，若說呼吸的作用（功能）在於製冷，這就應該把它講得足夠清楚。倘熱量屬在身體的上部，那麼下部⑭就無須冷卻。但肺裡製冷的來源，肺內所作始的呼吸乃流

蝦，不久就「窒息」而死。在江海池沼中，魚少水多，從水面與氣面接觸面，河水、海水每時每刻所吸收的氣，就盡夠供應其中的水族的呼吸了。

⑬ 482^a25這(分句)，理致不通：勘之拉丁古譯本，τὰ ἔνυγρα「水居動物們」字樣是沒有的，故加（）。但刪了這詞，全節仍難以通解。

⑭ 貝刻爾校本 κάτω「下面」，加 τὰ 於前，為「下部」或「下身」（τὰ κάτω）。

行於全身。既然說呼吸這項活動繼續不息地傳遞到各個部分，於此，我們該須證明
482^b 爲不確實的。這裡，可詫異的是，如上所論，下身（下部）不需要什麼活動與食料。因此若說呼吸流轉於各處任何部分，那些卻無所需乎冷卻。但冷性傳遞，在另一方面爲之推想，本不易覺察，其速度也難爲測計。又，從全身各個部分返其回流，也是可驚異的，除非這是從體部各遠端（極端），由另一途徑（孔道）轉來。但回流最初的發源實始於心臟區域。許多生物的機能都取這樣的方式實現其效用的。

⑮於是，一切生物都同是這麼顯著，呼吸實際傳遞到一一骨骼；他們說到這項傳遞是經由空氣諸管道⑯輸送的。這樣，如上已講明的，我們必須詳察呼吸究何作用，由哪一部分（構造）經營呼吸，以及其經營的方式。食料（營養）的添加（增益）於一切器官，也不是通過空氣諸管道的，例如那些脈絡⑰以及身體的其他諸部

⑮ 482^b7-8行之間，疑有闕文。

⑯ 參看上文章一481^a23注。

⑰ 582^b11 τοῖς ἀγγείοις「那些脈絡」：τὸ ἀγγεῖον本義為一容器（receptacle，or vessel），其實指，可以屬桶、罐、勺等；於生理學上，或以稱胃，或以稱肺，或其他。亞里士多德《動物志》卷三章二十521^b5：「生理液體都含持於器官（容器）內，例如血，儲於脈管。」這裡，原文所實指者殊不明確，我們姑從《動物志》中所見此字的例示譯以在其中流通著血液的「脈絡」。

分，就不憑空氣爲之供養；植物（草木）〔不具備這樣的管道〕可也活著而且各自受到營養。也許這些問題，另屬之於討論營養的專篇（τοῖς περὶ τὰς τροφάς），爲較合宜。

章四

炁（氣）在氣管之中，施行三項不同的活動：呼吸、脈搏，和第三項進入氣對於食料（營養）所起的作用；我們必須於每一項解釋它在何處（哪個部分），如何（怎樣）以及爲何（什麼原因）而行其作用。三者之中，誰若摸觸身體的任何部分，就可感覺到脈搏這項活動；至於呼吸，這只有限於某一部分，限在某種程度上，才是可感覺的，這項活動的大部分僅可憑理論爲之推想，若說其全部活動都對營養發生影響，這全然屬於推想，但由以在營養方面所促成的後果，這是可以感覺到（目見）的。這是明白的，呼吸具有內在的源泉，或說這源泉（本原）是靈魂（生命）的機能，或實際就是靈魂（生命），或別說這是某物和身體的混合，由這混合機能促成生體的構造，行使如此的吸引，這些歧說可不先做計較。可是營養靈魂蓋該起於呼吸：呼吸符應於此，而事實上相似於營養靈魂。如其不然，每一生體，因這種運動，隨時間的攸忽而自成平衡。若說三項活動的同時發生（遭遇）並無特殊意義，那麼，所有各項必須一一加以考查。脈搏蓋另是一項特殊情況，一方面似乎只是附隨的從屬現象，因爲液狀物（血液）中，既積有熱量，迨無（氣）呼出時，必然肇致斷續相接的脈搏，但在另一方面，卻又得看作是有關基本的事原，因爲這項活動的性質，實際來自生體的基本器官；爲之領先，爲之起動者，就在心臟，從心臟作始而後傳遞之於其他諸器官⑱。總之必須憑動物的基層本性才能發起這些活動。

483a 但，脈搏於呼吸不相聯屬，這是可以爲之明證的；無論其人呼吸或爲急促或爲穩定，或屬沉重或屬平靜，心臟的搏動是照常進行而不改變的。可是身體若重有所痛苦，或靈魂（生命）恰遭值驚恐，或有所企望，或嚴重的衝突，心臟的搏動才顯見緊張而運行不齊（失律）。

---

⑱ 483b26-34說「脈搏」（σφυγμός），人身上各部分的血管（動脈）之搏動，起源於心臟，當然是正確的，但所做敘述，在我們習知近代生理學的人看來，都是牽強的累贅語。亞里士多德在《動物志》與《動物之構造》中，於心臟的構造與周身的血管，已說得相當清楚，但當時的生理知識，大抵是由牲畜的屍體解剖中研求的，於血液循環在一活動物體內的流轉實況，還是模糊的。以心臟為中樞的循環系統，血液在諸核（心房，心室）中，進出都有待血壓的升降。大動脈中血液的播散，尤須有相當的壓力。壓力的舒張有待於時間，脈搏做定時的、相繼的（波浪樣的）起伏，使動脈管做定時的脹縮，準於心房輸出血液的壓力。

我們挨次應須考慮的問題是，在「諸氣管」（諸動脈，ταῖς ἀρτηρίαις）⑲是否維持著一個經常穩定而韻律整齊的脈搏，似乎在相去很遠的諸脈管中，搏動是不齊的。但，如曾言及⑳，脈搏所由存在與其韻律之整齊或不齊，引起的作用是不大的。呼吸這項活動和受納食料，無論兩者是相聯繫的或各別行事的，顯見它們符應於一個目的（作用）而合乎一個道理。但，於這三項而言，合理的設想總該以脈搏與呼吸爲先予（前提）。【於二者而言，】蓋以求食爲先務。也許，這是錯誤的？胚胎一經誕世，呼吸隨即開始，當這幼體發育，迨其構造完成，生長與餵飼直與之相應而並行，然而，我們從蛋的孵化所習見者，一自其中心臟形成的時刻起，這就

---

⑲ 在亞氏動物學著作中ἀρτηρία作解剖學名詞兩用：⑴自口鼻經咽喉引氣入肺部的一段「氣管」，現俗稱windpipe（風管），即trachea。⑵血液循環中除了大動脈以外的諸「動脈」（arteries），包括各路支脈直到毛細管動脈。大動脈專稱ἀορτή參看《自然諸短篇·睡與醒》章三458^{a}18注。古希臘醫學家，包括亞里士多德作為動物學家在內，所做解剖多取人畜死體，於人體解剖或是用胎嬰死體，動脈往往中空，或疑其中既屬含氣，故也以ἀρτηρία「氣管」名之。然這些管道多與靜脈血管並行，並相分支，實屬血液循環系統是分明的，我們在《動物志》、《動物之構造》，皆譯「動脈」。

⑳ 在本篇中實際不能確指那些句讀，說到了這裡所提及的事（羅斯詮：在本篇中，並無與此相關的章句）。

開始其搏動了。這樣，脈搏，在發生程序上，實爲先予，呼吸固然有佐於肺搏的活動，可是脈搏（心臟）之行其機能活動，殊不待於呼吸（炁）爲之先導。

章五

在呼吸中，炁（氣）的進入胃內，不是經由喉管的（這應是不可能的），但沿著腰部另有孔道，呼吸經由氣管㉑把炁（氣）送於胃內，又自胃內噓出；這是可憑感覺爲證的。

但，由感覺照示的這些實況，總是可疑的。若說呼吸有所感覺，這是由「炁」（τῷ πνεύματι）的通過而感到的嗎？抑或由於氣管的膨脹而身體因有所感？若說靈魂的生機㉒，以「氣」（ὁ ἀὴρ 空氣）爲第一要素，爲之先行，爲之主管，於是「靈

㉑ 原文βραγχίου「鰓」因上文不在講魚類，從希脫英譯本譯作「氣管」（windpipe）。按照我們現代的生理學，吸入氣進入肺中，仍由肺內呼出；說從腰部的孔道進入胃內，是不可理解的。但這裡的πνεῦμα，作為「炁」（生命之炁），蓋是不必經由尋常的管道而可以滲透的。

㉒ 參看《靈魂論》卷三章九、十，μόρια τῆς ψυχῆς「靈魂各部分」（分析），432^a7, 27, 433^b27等節，τὸ λογιστικόν「理知」或「計算」靈魂θυμικὸν「情念」靈魂，屬於θρεπτικόν「欲望」（食欲與性欲）靈魂。

魂」（ἡ ψυχή）究屬是什麼呢？他們說，這種活動，其旨就在生命的機能。或想糾正那些人稱這種活動是理知與情念的所在，這顯然是不必的；機能（作用）就發揮於所在的位置。但，若說靈魂就寓於氣內，這卻是通順的。如果由於某些影響，或某些變化，這個靈魂竟然發活（獲得生命），它循於同類相增益（生長）的原則㉓，自然地，被吸引於氣。或說，這未必全然如此？因爲靈魂不必完全只是氣，但，氣（炁）確於靈魂的功能是盡了它的作用的，或也可說，有造於靈魂的，或已造了靈魂的蓋就是爲之原始而又爲之基本的事物。

483^{b} 但，於那些不行呼吸的動物們，這又將怎說呢㉔？在它們的外圍，實無任何事物，其中混合著空氣。或其事有不盡然者，〔在水中〕氣或另有其混合的方式？又，「氣管」（τῇ ἀρτηρίᾳ 肺「動脈」）㉕中氣與外圍的氣，有何差別？也許，這是

㉓ 483^{a}33 τῷ ὁμοίῳ τὸ ὅμοιον αὔξεται「同類相益」，參看《靈魂論》卷二章四417^{a}1「同類相感」、卷三章二427^{a}28「同類相識」。

㉔ 參看《呼吸篇》（*de Resp.*）章八474^{b}13—章九474^{b}29，呼吸對生物熱（火）的「冷卻作用」，水生動物，以鰓的開闔，進水並出水為「冷卻作用」（κατάψυξις）：下文483^{b}6行句，說到了冷卻過程（τῇ καταψύξει）。

㉕ 參看章四483^{a}6，ἀρτηρίας「諸氣管」注。

自然的，並不可避免地（必然地），兩氣的輕重有差。又這是否自體有熱，抑或被另些事物加之以熱的？氣管內氣似乎與外圍氣的熱度相仿；但這是經過了一番冷卻過程的。自熱或被熱兩說，孰爲正確？外圍氣是溫和的，但一經內含入於管中，這「炁」（πνεῦμα），在某一命意上說來，應是散播了的，加濃厚了的。於是，它既在潤濕物（血液）中運動，並且物體上在發脹，是否受納了某些事物的混合？於是，一經有所混雜，這就不會那麼純粹，不那麼輕清了。這是合乎自然的，容受靈魂的最初事物應是清純的（除非靈魂自體就是羼雜而不淨的），氣管蓋該就是炁的最初容器，而肌腱卻不是的。肌腱是能抗拉伸的，但氣管（動脈）有如一血管，是易於被拉斷的。但，皮是由血脈，與肌腱和氣管組成的㉖；外皮若被刺傷，這就出血，所以證見這裡有血脈，這裡可以拉伸，當有肌腱，這裡容許氣的出入，又當有氣管。唯有氣管（動脈）內含著炁（氣）。可是，諸血脈各具孔道，其中含融著熱

㉖ 483ᵇ18句中，τὸ δέρμα「皮」，本義應是皮膚；這裡擬指包裹各部分內臟的外皮組織。肌腱，參看下文章六484ᵃ16τὰ νεῦρα（「腱」或「筋」）注。φλεβός血脈（ἡ φλέψ血管）實為「靜脈」。《動物志》與《動物之構造》，有關心臟與血液循環系統的敘述，從大靜脈，諸分支，直到滲入肌肉與表皮的毛細血管。這篇中，關於靜脈的議論，大體是和上述兩書的章節符合的。這裡「氣管」（ἀρτηρία）即「動脈」，參看章四483ᵃ6注。

量，有如一些銅管，由之而加熱於內儲的血液；血不是自然地原就是熱的，熱，像熔化了的物體那樣，是外加進去的（包裹於洞孔外圍的覆蔽和內儲液體的氣管，所以是硬固的緣由）㉗。憑解剖，這是可以明見的，諸血脈（靜脈）與諸氣管（動脈）是由內在諸器官（組織）相聯結的，並且通至胃部，正是在胃部，他們自然地進納食物。但食物（營養料）之通過血管而輸進肌肉，不由那些側出分支，而由【毛細】血管的末梢開口。從大血管（大靜脈）與諸氣管（諸動脈）各側出有許多小分支，這兩者的小分支常是並列著，平行地延伸的㉘。肌腱與血管，兩都繫屬於骨節，繫屬處兩都在骨節的中段，也繫屬於頭顱骨的合縫處㉙，於魚類而言，牠們由此進食，由此呼吸。魚類被撈出於水外，牠們既不再能行呼吸，隨即死亡。

484^{a} 諸血管（諸靜脈）和諸氣管（諸動脈）是一一相聯（相併）的，這可憑摸觸這

㉗ 皮爾（Beare）認為這句，與上下文，不相承接，加以刪去的括弧（）。

㉘ 《動物志》卷三章三、四中，詳述人體血液循環系統，有多處句讀，例如章三513^{b}29-34行，敘及血管（靜脈與動脈）分支，與由諸分支再延伸向諸臟腑表面，與各處肌肉抵於表皮間的末梢毛細血管（capillaries）。在動脈與靜脈這兩種毛細血管的開口處，動脈新血與靜脈陳血可得交換。

㉙ **483^{b}33**，τὰς συμβολὰς τῶν κεφαλῶν「顱骨（頭蓋骨）合縫」見於《動物志》卷一章七491^{b}2；羅斯校訂認為在本篇這裡是不通的，照拉丁古譯本，**magnum capitis os**，可譯以「頭顱大骨」。

項感覺來驗證。可是，這須在管道內液（血）正須加炁，或炁正須加液（血）的時刻，才能摸到，如其不然，這就摸不到了；在腱質中，在氣管（動脈）內，和在血管（靜脈）內，各部都有熱，但，因爲肌腱內特富於血液（密集著血管），所以這裡是最熱的。

炁的所在，不宜於熱的所在，由呼吸之必須具有冷卻作用而言，尤爲顯著。但，有鑑於熱正由此發生的事實，而且生命正由熱爲之維持，於是，炁恰就儲在這些熱處。又，假如一切熱物，也不拒絕爲之製冷的因素，憑如此的命意立論，一切生體咸當有儲熱的自然本性。諸血管保存著血液，也把熱量蔭蔽在內，這樣，一切生理構造都需要冷卻是明顯的。所以，當血液外流，而熱量散失，這動物就此死亡，因爲肝臟是沒有「氣管」（ἀρτηρίαν 動脈）的㉚。

章六

是否精液（τὸ σπέρμα 種籽）通過空氣管道，有賴於壓力，或這樣的情況只表現

㉚ 說肝臟上沒有動脈，蓋是古人解剖學上的欠缺；這句說動物流血過量就得死亡，自屬正確，但推理不充分，造句當有闕漏。

於射精（出注）的時刻㉛？於這些實例而論，血液的變化〔而成肌肉〕，顯然因爲腱質㉜從骨骼得到了營養；腱與骨是兩相固結的。也許，這不全確實；大家見到骨節上都繫屬有腱肌，可是心臟上也繫屬有一束腱肌。繫屬於心臟的這腱肌，延伸於肌肉而止，不固結任何事物。可能的是，這樣的記載不足爲憑；說肌腱（筋）的養料由骨爲之供應。可是，這又未嘗不可，說骨骼的養料得之於肌腱，而且這樣立說也許較爲順當。骨質本屬乾性，而且不具備流出液體的管道。但，食料都是液濕

㉛ 這裡一個提示疑問句，下無答語，當有闕漏；或有錯字（精液為血液αἷμα之誤），或者這是原作者一個未完成的斷片，被編者雜次在這裡的。從下句的開端看，於下一題的提出，也有闕文。

㉜ τὰ νεῦρα「腱」（tendon）、το νεῦρον（單數）「筋」（sinew）。下文σάρξ「肉」（flesh），或「筋肉」（muscle）。漢文《說文．正字通》：「人身四肢附骨者皆曰肌」；「筋」謂肌肉的纖維束；腱為肌肉的纖維集束，其兩端各附著於骨節，強韌，能伸縮，故能運動兩骨節。這種由具有收縮性的細胞所組成的纖維束有兩類：附骨的骨骼肌腱，能隨人（畜）之意為舒縮，曰「隨意筋」。組成內臟器官者為平滑肌腱，曰「不隨意筋」，此類肌腱能自運動，而不聽從人（畜）意為運動。西元後第二世紀，加倫（**Galenus**，盛年，即到羅馬的那一年，為西元後一六三），發現感覺諸器官的「神經」線，都有大腦引出，並辨識其各具有傳遞諸感覺獲得訊息的功能，對於這些，他仍沿稱為τὰ νεύρα（**neura**）。νεύρον之為「神經」（**nerve**），在亞里士多德後四五百年；在他當時是全不明白的。本篇這名詞，全以「肌腱」作解（**neuron**之為「筋」sinew，用於弓者為弓弦，用於琴者為琴弦，皆取「線」義）。

的，那麼，說骨供應食料是可詫異的。若說骨骼供應養料，我們先應查問它所供是什麼樣的一項食物；這項養料就是由血管（靜脈）與氣管（動脈）帶到骨骼的嗎？在許多部分（構造），這些脈管是可以目見的，那些引向脊椎的諸脈管尤爲顯明。那些引向諸骨骼，有如肋骨（輻狀胸脊）者，諸脈管常是沿著骨節延伸的；可是，這些脈管怎樣能由胃引來，怎樣能吸收胃部的營養物質？諸多不明。這些骨骼的大多數是沒有軟骨附生的，例如脊椎（背脊）；這樣的骨節既不便於運動，也難於與它物固結。但，倘說骨節由肌腱供以營養，人們又得查問，肌腱自體又有誰（什麼）供以營養？我們認爲這由其外圍的黏質液體供應的。於是，請問這黏質液體是從何而來，又怎麼發生的呢？因爲任何部位的肌肉一被刺破，血就外流，憑這景象而設想，肌肉由血管（靜脈）與氣管（動脈）製造而成，這樣的執意，於〔胎生哺乳類之外的〕其他類動物，例如群鳥、群蛇、群魚，以及一般的卵生動物而言，是虛妄的。這種設想只符合於多血（富血）動物（獸綱），你可試切割小鳥的胸部，流出的不是血，而只是「依丘爾」（ἰχώρ）㉝。恩貝杜克里認爲指甲（趾甲，或

㉝ ἰχώρ拉丁本音譯之為ichor，英譯仍此。這字（名詞）見於《動物志》卷三章十九521^{a}13, 33：先見於卷一章四489^{a}23，漢文譯本（頁一三一）注：近代醫學史家考研這古生理學名詞實同於「血清」（**serum**）或「淋巴液」（**lymph**）。

484^b 爪）是由筋腱經過一番硬化過程（作用）而形成的。皮與肉間的關係是否也由類此的作用形成？但，介殼動物（硬皮動物，螺貝）或甲殼動物（軟殼動物，蝦蟹）怎能從體外獲致牠們所需的養料呢？相反地，牠們似乎不從體外而是從體內取得所需的養料的。又，從這類動物的胃部引出什麼性質的養料，經由什麼方式，通道乃能輸送之到達牠們的硬皮或軟甲呢？由營養物質轉爲肌肉，又轉爲皮殼（皮），看來是不能倒施而還原的，那麼，其轉化的先理又如何？所有這些問題全都是奇異的，一般是無法說明的。也許，不必所有一切動物，全都以血爲營養物質，【獸類以外】其他動物蓋有另式的食料來源，可是，那些多血（富血）動物（群獸）確乎是由血液爲營養以形成其各部分構製的。

章七

現在，該研究骨骼的性質，骨骼的構製是爲生體的運動或支持（撐架），或也爲被覆與包裹而設計的，抑或有些生體是用作運動的起點的，有如【天體的兩極】軸㉞。我說「爲了運動」（πρὸς κίνησιν）的命意，實指腳或手或腿或肱的運動，這

㉞ πόλος（pole）「極」，可作「軸」（axis）解，見於亞里士多德《說天》（*de Caelo*）239^b30，引柏拉圖《蒂邁歐》（*Timaeus*）40B。按羅斯詮疏，這裡，作者所擬想者蓋為人畜的脊椎，脊椎處

些肢節都能彎曲，也能從一處移動到另處；沒有彎曲（折曲）功能，移動位置是不可能的㉟。作爲「支架」（ἐρείσματα），上述諸骨骼隨諸動物而各異其功用。作爲「被覆與包裹」（στέγειν καὶ περιέχειν），我的命意，在於顱骨之被覆著腦部，這和有些人重視骨內裹著骨髓，所保護生體的珍貴物質是相同的。肋骨（胸，脊輻條）旨在護胸（包裹著心肺）。骨骼系統的起點與其力量（強度）㊱，在於脊椎，從此肋骨輻出，以爲身體重要部分的周護。它們的本質必然是據此以爲憑據的；因爲一切運動皆有賴於一個定點（有如脊椎之爲全身骨骼的中軸）的先行存在。

同時，它們的存在（構成），必須各具有其極因（τὸ οὗ ἕνεκα，目的或作用）㊲。有些骨，例如脊骨和顱骨這級類，所由造製的原因，就爲脊髓與腦做

於生體的中樞，自己不動而能轉動身體四肢。詮家或譯者，或解作「天體的兩極」（即天樞）者誤。參看《靈魂論》（*de Anima*）卷三章十433^{b}22，ὁ γιγγλυμός戶樞或球窩關節，各有一個不動的部分，才能轉動其他部分：又433^{b}26-27以車輪為喻，有「軸」為中心而輪圈乃得碾地行進。

㉟ 參看《動物之行進》（*de Inces.*）章一704^{a}3-^{b}6、章十三712^{a}1—章十四712^{b}21。

㊱ μένος慣用的命意，謂生命的力量或強度：希脫（Hett）英譯翻作**fixed part**「固定部分」，這和下句，ἐξ ἠρεμοῦντος有憑於「定點」或「定態」這短語是相符合的。μένος做「力量」（**strength**）的命意，當有取於μάω為之動詞，做「定點」（**fixed point**）的命意須本於μένω為之動詞。

㊲「極因」，為亞氏「目的論」的主旨，屬於四因之末因，參看《形而上學》卷八章四1044^{a}32-^{b}3。

成被覆。在這些級類以外，另些骨處於交接的位置，其作用就在於「聯結」（συγκλείσεως聯鎖）者，有如鎖骨㊳；大概這一骨的取名，正有所本於此義。這些骨各都優良地適應各自的作用（目的）。倘身體而不備這樣的構製，有如脊椎、腳（腿）、肱者，它的全身或部分將都是不能彎曲的，爲了達到運動（行進）的目的（作用），肱須是折曲向內的；腳（腿）與其他諸肢的彎曲也得取如此的方式。萬物的存在各有其目的（作用）；身體內的諸骨亦然，例如在這些部分，前臂內有尺骨就是爲了使肱與手能彎曲（轉折）。若無這些骨骼，我們就不能做或向前或向後的運動，若無兩尺骨㊴爲之運使，我們也就不能舉足或轉腳。考慮到其他的事物，我們必須做同樣的設想，有如頸的運動（扭轉），與之相關的寧只是一支的骨。我們也該研究到把握與紐結這樣的動作，需要有如膝上乃加有膝蓋骨這樣的構製；其他諸骨何以不做類此的安排。所有一切職使運動的骨節，都得有筋腱爲之運用，那些實際活動㊵最煩重的，例如肱（臂）腿（下肢）、手與腳，就最富於爲之連接的

㊳ κλεὶς鎖骨（collar bone），參看《動物志》516^a28。

㊴ δύο… κερκίδες「兩尺骨」，也可作「一支尺骨（radius）與一支橈骨（tibia）」解。上肢前臂（肱）與下肢小腿內各有這樣並列的兩骨。

㊵ κινητικά… πρακτικῶς「實際活動」謂有意識的（由人或動物在心理上指使的）運動，以別於無意識的或不自覺的運動。

485a 筋腱。其他諸骨都是爲要使各個部分紐結起來而須具備的。有些骨，除了彎曲作用外，別無所用，或僅有微小的別用；例如脊椎。爲使諸骨相黏結的，是依丘爾和黏液。其餘的，有如聯結諸骨的關節，是由筋腱接合的。

章八

我們當前的這項〔生理學〕研究，最好是能遍及一切，但，合乎實際的，我們只能考慮到自己力所可及的事物而止。爲了運動這目的（作用）而製成的器官，蓋不專是骨，而毋寧以筋腱爲主要，或與筋腱相符應的事物，胃能動，心臟也能動，兩者都有筋腱（而無骨）；當然不是一切器官全都如此，但有些，確乎是這樣的，於是憑運動而論，或憑這類運動而論，器官必須有筋腱或……㊶鱆〔雖多足（多腕）〕，步行是很拙劣的，走動的距離很短。我們必須假定，作爲一個基本原理，一切具有運動器官的動物，其爲運動之方式各異，而各自的構造必然最適合於各自的（特殊的）運動方式：舉例以明之，陸物動物生而有腳，於有腳動物而言，其直立者，兩腳，而於那些全身躺在地面上的，則具多腳；這些著地爬動的生物，其體

㊶ 貝刻爾校本，以下留有五或六個字母的空白；所有現可對勘的古抄本，也都各有如此的空白。

質（生體的物質材料）多土而較冷（爲此故，有些動物可能全不具腳；這樣的動物只能勉強運動）[42]。那些飛翔的動物各具有翼（翅），各式的翼樣都各適於其自體的性狀。飛翔或較快或較慢的鳥翼蟲翅，是各有差異的。有翼動物，爲了直立和覓食之故，牠們都有腳；唯蝙蝠們爲例外[43]；蝙蝠是在空氣中飛行時取食的。這些動物不需要斂翼下地來休息；牠們也沒有別的事由，需要下地行走。水生動物中的硬殼動物（貝介類）之有腳（腹足），是爲了支撐牠們的體重；牠們應用牠們的腳，從一處挪移到另一處。還有其他動物的諸腳應用於其他目的者，各依隨於牠們各別的特殊情況而爲之定型。這項原理是眞確的，雖然有時難於明說其緣由，例如，何故而多足動物乃是行動最慢的，而四腳動物卻又比兩腳動物跑得較快。這是因多足動物們全身貼地的緣故嗎？或另些遲緩動物是由於體質寒冷而艱於行動嗎？又或別有其他的原因？

---

[42] 485^a16-17，蓋後人詮注，茲加刪除（）。無腳動物（τὰ ἄποδα）蓋謂蛇類。參看《動物之行進》（*de Inces.Anim.*）章七707^b6-28，詳論蛇類的波狀（蜿蜒）行進。

[43] 485^a19，νυκτερίς夜飛的「蝙蝠」，在《動物之行進》（*de Inces.Anim.*）章十九714^b1-13，蝙蝠與海豹並列為畸殘動物，咸屬有腳而不善行走。參看《動物志》卷一章一487^b23-26。

章九

那些人主張「熱」不是物體的操作（效能）原理，或認爲「火」的唯一運動和其功能，只是破壞作用（傷害），都是不正確的。火對於無生命（無靈魂）物體（無機體）所起的效應，不全相同，對於某些事物火使之濃厚，於另些則使稀薄而至於熔化。於又另些乃使之硬固。對於一切有生命（有靈魂）的生物體（有機體），火所加的效應，我們看來也該是各異的，憑工藝上所見到火的應用，蓋可徵驗火對於自然（有機）物體的效應；金匠、銅匠與木匠，這些工藝都應用火，所操持的效果是各不相同的；於烹飪而言，情況恰也如此。也許工藝家應用火以取得各[485b]種效果【比之廚師】較爲精明；他們用火爲工具，使其材料軟化或熔融或乾燥，於某些【冶煉】工藝上，使所鑄作物，軟硬適度（淬火）㊹。

在自然中，相同的事物引致相同的後果；它們未嘗表現什麼別異。所以，從業外來論事，常是可笑的，我們何嘗明識加熱或火熬可以分析事物或使之減重（輕

㊹ 485^b1，ῥυθμίζουσαι 本於動詞ῥυθμίζω：⑴作使事物（軟硬，或大小，或合成的原料之比例）至於適度。⑵調煉文字使合乎韻律。這裡應用於冶金這工藝，同於「淬火」（tempering）。下文，485^b10，ῥυθμόν這同源的名詞，用於詩文為「韻律」（rythm）用於生理學上須是「勻稱的比例」。

消）或引致其他什麼作用，有如那些職司之各所操作，竟各遂其不同的功能。在工藝上，火被用作一項工具，但，自然卻把火既作爲工具，又作爲物料㊺。

這裡的分歧不難通解，自然〔作爲群生物的創造者〕，她運用自己的思想，配置各種物品，使各得適當的感受（秉賦）與相應的〔生命的〕韻律；這就不可單憑有火或單憑有炁。要完成這樣的功能，顯然，這須是兩者的混合。於靈魂而論，情況也正同樣地顯著，靈魂恰也存在於兩者的和合之中。所以，靈魂的活動常表現相似的諸情況，可以合理地追溯到當初的製造工藝，由後果（後效）推明它全體或某部分的前因；自然之爲作家，所應用以爲之創作的種種原料，還當是相同的。但，試問每一個生物體「各所寓有熱的形式」（τοῦ καθ' ἕκαστον θερμοῦ）有什麼差異嗎？我們該把「火」（πυρός）（熱）作爲一件工具，或做一項材料，抑或兼爲兩者，來加以考慮嗎？諸生物體熱（火）的一些形式差異，必然與這些事項或事物應

㊺ 古希臘以物理四性能配屬於物質四元素：火為具含熱性的一個元素。這一章，於一切可燃燒物之發熱功能，於一切物受熱而表現其各異的變化，已稍揭露物性異別與物質類別間，實無相屬的定規之端倪，但行文至這一節的末句，終又含混了「火」非物質本體而是某物燃燒的現象這一實況。關於古希臘典籍中的自然科學篇章，凡涉及火與熱的議論，現代的學者常感迷惑者，就在這一觀點。

用量的或較大或較小的差異相符應。較量（析比）一混合物或非混合物間的差異，其淨物的原態之純度就不難推斷。同樣的辨析可應用之其他簡單的物體。既然馬或牛的骨或肉是有所差異的，它們就必須或由不同的材料爲之組成，或所以運用它們的方式有所不同。如果它們確有差異，各個單淨的原物之間，其所異者是什麼，何爲而有此差異？我們所要研究的，就在尋得其原因。若說材料與其運用未嘗有異，那麼唯一的差別，只能是組成的比例了。轉而計議其另一方面的情況，事理總得歸求之於兩者之一；酒與蜂蜜的混合物，其差別在所由混合的原料（底材）不同，至於酒與酒的混合物而也竟有所不同，蓋當是比例的有異。所以，恩貝杜克里敘述骨的性狀，諸動物所由構製都是同樣的，他假想它們都是由同一比例做成的混合物，一馬，與一獅，與一人，牠們（他們）的骨殊無差異。但，實際上，它們於硬度或軟度、凝固度，以及其他性質，各有差異。肌肉以及其他各個部分也實際有如此的差異。它們，雖是在同一動物的體上，也有或固實或鬆弛的差異，和其他性質的差異，所以，它們混合（合成）的各種原料（底材）間的比例不得相同。粗糙或細膩，和大或小是量性之異，而堅硬或厚實和與之各相對反的性狀，是混合物的質性之異。但那些從事於析辨這些性狀的人們，必須懂得那些製作者所運用的方式也各
486a 有怎麼樣的差異。在這方面來計議，這也有或較大或較小之別，也可有在單淨物體
或在混雜物體上操作之別，又或某物之被加熱（加火）時，或是被沸煮了的或是被

焙炙了的。既然是混合（合成過程）造就了事物的實在性狀，也許疑難就恰可由此得到解釋。於是，對於肌肉就可做同樣的說明，肌肉的差異，正也如此。對於血管（靜脈）、氣管（動脈）和其他種種，也約略如此。這樣，以下兩者，必有其一爲得實：或混合的比例有異，或我們於堅硬度或厚實度，或其對反的各項量度，未能獲得正確的計算（記錄）。

《靈魂論》、《自然諸短篇》與《炁與呼吸》書目

（一）

1. 現存希臘文古抄本——《靈魂論》（*De Anima*）

C　Par. Coislin, 386號　巴黎藏書館，郭埃斯林，第十／十一世紀抄本

E　Par. 1853號　巴黎藏書館，第九／十世紀抄本

L　Vat. 253號　梵蒂岡藏書，第十三／十四世紀抄本

P　Vat. 1339號　梵蒂岡藏書，第十四世紀抄本

S　Laurentinus 81.1　勞倫丁藏書，第十三世紀抄本（佛羅倫斯Florence）

T　Urbinus　烏比諾藏書

U　Vat. 260號　梵蒂岡藏書，第十四世紀抄本

V　Vat. Palatinus 266號　梵蒂岡，巴拉丁藏書，第十四世紀抄本

W　Vat. 1026號　梵蒂岡藏書，第十三／十四世紀抄本

X　Ambrosius 435（olim, ii 50）安勃羅修藏書，第十二／十三世紀抄本

Y	Vatican 261號	梵蒂岡藏書，第十四世紀（一三二一年）抄本（或考爲第十二/十三世紀）
y	Par. 2034號	巴黎藏書館，第十三/十四世紀抄本
eE²	Par. 1853號	巴黎藏書館，《靈魂論》E抄本的卷二（B），第十世紀抄本
wy	Christinas Reginessis 125號	王室基督院藏古抄本

2.《靈魂論》近代校印本

Pacius, J. 巴基　希臘文校印本，拉丁譯文與詮疏。法蘭克福（Frankfurt），一五九六年。

Bekker, I. 貝刻爾（一七八五—一八七一）　亞里士多德全集第三冊，下半爲《靈魂論》與《自然諸短篇》，附有薛爾堡（Indices Sylburg）編《索引》。貝刻爾校訂，主於C抄本（Codex Parisiensis，巴黎書目，郭，386）與E抄本（Codex Vaticanus，梵蒂岡書目，一八五三）；他也用STUVWX諸抄本及L抄本做輔助校勘。柏林（Berlin），一八三一年、一八三七年，印行。

Torstrik, A.篤爾斯羯克　希臘文校印本柏林，一八六二年。

Trendelenburg, F. A. 特倫德冷堡　希臘文校印本，有緒論。特氏校訂，倚重 y 抄本（巴黎書目，二〇三四）。柏林，一八七七年。

Wallace, E. 華拉斯　希臘文校印本，英譯文與緒論。英國劍橋大學（Cambridge），一八八二年。

Rodier, G. 羅狄埃　希臘文校印本，法語譯文與緒論。巴黎（Paris），一九〇〇年。

Hicks, R.D. 希克斯　希臘文校印本，英譯文與詮疏。希克斯校訂，主於E抄本。E抄本保存了，包括《靈魂論》在內的，亞里士多德若干重要著作，素爲亞氏學者所重，但E抄本的卷一、卷三，與卷二，實出兩位抄手。何故而原抄本的中間一卷被切除，而補以另一人繕寫的抄本後世已無從揣測。劍橋大學，一九〇七年。

Förster, A. 福斯特　福斯特校訂，據C抄本爲主，與EIPTUVWy諸抄本對校，他互勘所有異同的文字而作爲比照的統計，推明了E抄本的卷一、卷三，與TP本，當同出於一個更早的抄本；而E抄本的卷二，則與L抄本（梵蒂岡書目，二五三）同出於另一個更早的抄本。C抄本與Wy爲出於又一同源的祖本；USVX諸抄本可另爲一組，源出又一祖本。這樣，現存的十三個《靈魂論》古抄本蓋是原本於四個較早祖本的傳抄。匈牙利布達佩斯（Budapest），一九一二年。

Apelt, Otto 亞貝爾脫　「希臘羅馬經典著作叢書」（Bibliotheca Scriptorum graec. et

Rom.）印行。亞里士多德《靈魂論》希臘文本卷三（Aristotelis de Anima lib III）亞貝爾脫校訂。萊比錫（Leipzig）戴白納爾（Teubner），一九二六年。

Ross, W. David大衛・羅斯　《靈魂論》，希臘文新校本，羅斯應用現代各家校印本，對勘現存古抄本，覆核了前人的校訂功夫，更遍取古希臘諸詮疏家遺書中所引及《靈魂論》各個章節與句讀，也就各本文字的異同，做了比照統計，推諸古抄本蓋出了兩個較早的祖本：⑴EL爲一組，⑵CWyUSVX諸抄本爲又一組。第二組內也許（甲）CWy和（乙）USVX，諸抄本分別從這一祖本隨後稍晚出的已分化了的抄本傳寫的。羅斯後成的綜合校勘大體闡明了較古的抄本常能糾正，後出抄本的錯誤，但後出的抄本，以及諸詮家的遺作也未嘗沒有可供我們解決疑難句讀的文字。英國牛津大學（Oxford），一九六一年。

3.《自然諸短篇》的現存古抄本（*Parva Naturalia*）

E	Codex Par. 1853	巴黎書目	第九／十世紀抄本
L	Vat. 253	梵蒂岡	第十三／十四世紀
M	Urbinus 37	烏比諾	第十四世紀
N	Vat. 258	梵蒂岡	第十四世紀

P	Vat. 1339	梵蒂岡	第十四世紀
S	Laur. 81.1	勞倫丁	第十二／十三世紀
U	Vat. 260	梵蒂岡	第十一世紀
V	Vat. 266	梵蒂岡	第十四世紀
W	Vat. 1026	梵蒂岡	第十三／十四世紀
X	Ambros. 435	安勃羅修	第十二／十三世紀
Y	Ambros. 261	安勃羅修	第十三／十四世紀
Z	Oxon. Corp. Christi 108	牛津基督聖體學院	第九／十世紀
i	Par. 2032	巴黎	第十四世紀
l	Par. 1860	巴黎	第十四世紀

《自然諸短篇》（*Parva Naturalia*），現行印本共收存各有標題者九篇，MPS諸古抄本全有：《感覺與感覺客體》（*de Sensu*）、《記憶》（*Memoria*）、《睡與醒》（*de Somno*）、《說夢》（*de Insomnis*）、《夢占》（*de Div. Per S.*），以上五篇見於EiMPSUY。《長壽與短命》（*de Longs Vit.*）、《青年與老年》（*de Juv. et Sen.*）、《生與死》（*de Vit.*）、《呼吸》（*de Respiratione*），見於MPSZ。

近代校訂各家依各抄本於各篇疑難處，文字異同的比照統計，大率推明了（甲）EMY與 i，l，以及其他藏書家共有八個古抄本，當出於現已失落的一個更早祖本。（乙）LSUNV可合爲另一組，與其他藏書家現存者，共有二十二個古抄本，當同源於另一更早祖本。（丙）P抄本蓋爲一單行的抄本。

4.《自然諸短篇》近代校印本

Bekker, I. 貝刻爾　亞里士多德全集第三冊下半《靈魂論》爲《自然諸短篇》貝刻爾校本，《感覺與感覺客體》應用ELMPSUY（436^{a}1-449^{b}3）；自《記憶》至《夢占》（449^{b}4-464^{b}18）應用ELMSUY諸抄本；《長壽》至《呼吸》（464^{b}19-480^{b}30）應用LMPSZ諸抄本。

《自然諸短篇》頭緒繁雜文字特多疑難。貝刻爾後，十九世紀亞氏學者，從事此業，多只專精數篇，未能遍校全書。直到現代，二十世紀中葉，才有較完善的全本新校。柏林，一八三一年、一八三七年。

Biehl, W. 別爾　《自然諸短篇》校本。

別爾校訂所應用諸抄本同於貝刻爾，只是以E抄本爲主，做了一番覆校。萊比錫（Leipzig），一八九四年。

Bitterauf, E. 別忒賴夫　《自然諸短篇》校本應用貝刻爾與別爾校印，重與L本（梵蒂岡書目，253號）覆校了一番。德國慕尼黑（Munich），一九〇〇年。

Ross, G. R. T. 羅斯　《感覺篇》（*de Sensu*）與《記憶篇》（*de Memoria*）校訂，與詮疏。英國劍橋大學，一九〇六年。

Förster, A. 福斯特　《感覺》與《記憶》校印本，福斯特應用LMSUW統勘了《感覺》與《記憶》；又應用X覆勘《感覺》全篇；應用V本覆勘了《感覺》前四章；又，應用P本，覆勘了《記憶》。福斯特不取Y本，認爲這抄本，無益於校訂工作；Y是從E本傳寫的。福斯特另又應用了亞歷山大、密嘉爾、索福尼亞諸家古詮疏與拉丁譯本（Γ）舊抄本（Vetus Translation Latina）與（Γ[1]）新抄本（Nova trans. Latina）。匈牙利布達佩斯（Budapest），一九一二年。

Lulofs, H. J. Drossart呂洛夫斯　《睡與醒》、《說夢》、《夢占》校訂本，加有緒論與箋注。呂洛夫斯於這三篇詳校了古抄本，拉丁諸譯本與古詮疏家，消釋了若干積疑的文句。荷蘭來頓（Leyden），一九四三年、一九四七年。

Ross, W. D. 大衛・羅斯　《自然諸短篇》重校本。羅斯新校應用了前人未應用過的Z抄本，即牛津基督聖體學院書目一〇八號。又於《記憶》與《夢占》，憑X本與MSZ本做了一番對勘。英國牛津大學，一九五五年。

5.《炁》（*de Spiritu*）現存希臘文古抄本

Z	Codex Oxoniensis, Corpus Christi	牛津，基督聖體學院藏本	第十二世紀抄本
L	Vaticanus 353	梵蒂岡書目	第十四世紀抄本
P	Vat. 1339	梵蒂岡書目	第十四世紀抄本
Q	Marcianus 200	麥濟諾書目	第十二世紀抄本
B[a]	Palatinus Vat. 162	梵蒂岡巴拉丁書目	第十五／十六世紀抄本

耶格爾（Jaeger. W. W.）評議於《炁》這一篇，乙爲最重要的抄本；LPQBa四種，蓋是另成一組，出於同一祖本傳寫而分化了的。

6.《靈魂論》與《自然諸短篇》中古希臘詮疏

Alexandrus Aphrodisias 亞芾洛第西亞人亞歷山大　約後亞里士多德五百年（西元後第二世紀末，第三世紀初），所遺存亞氏著作詮疏《疑難與解釋》Απορίαι καὶ λύσεις 現有柏林印本一八八七。其中《感覺》篇，另有修洛（C. Thurot）校輯，巴黎，一八七五年印本（Sur le traite d'Arist, De sensu et sensibili.），又有溫德蘭（P.

Wendlaud）校輯並詮緒，今有一九〇一年，柏林印本（Alexandri in librum De Sensu Comm.）。

Themistius 色密斯希奧　約後於亞里士多德七百年，生世在西元後，三一七—三八八年。所遺《靈魂論》詮疏，παράφρασις《釋文》，今柏林一八九九年印本。溫德蘭又有《色密斯希奧：自然短篇詮疏》校輯本，柏林一九〇三年印本。

Michaelis Ephesii，以弗所人密嘉里（即Philoponus，菲洛龐諾）　盛年約在西元後五三〇年，後亞里士多德八百五十年，所遺《靈魂論釋文》〔lemma, citatio, paraphrasis, varia lectio，闕文補綴，引文，釋文，各課講說〕，今有一八九七年柏林印本。

Simplicius 辛伯里契　生世略同於密嘉里，所遺詮疏，今有柏林一八八二年印本。

Sophonias 索福尼亞　盛年約在一三〇〇年，已後亞里士多德一千六百年；所遺詮疏，今有柏林一八八三年印本。

7.《靈魂論》與《自然諸短篇》的拉丁譯本與拉丁詮疏

Wilhiam, Moerbeke迷爾培克，威廉主教（一二一五—一二八六），及其平生完成了希臘文抄本亞里士多德全集的拉丁譯本。今此威廉譯本印貝刻爾（Bekker, I.）所輯的

《亞里士多德全集》（Aristotelis Opera）的第三大冊（第一二大冊爲希臘文校本）（一八三一—一八七〇）。

Aquinas, Thomas（一二二四—一二七四）多馬・阿奎那　隨即據威廉譯本撰造了全集重要著作的詮疏。完稿約在一二七一年。羅馬教廷神學院這位經師的詮疏隨後頒爲天主教關於學習亞氏著作的法定課本。《靈魂論》阿奎那詮疏在《阿奎那全書》中行世已七百年，今有福斯特（K. Förster）與亨姆弗里（S. Homphries）英譯（Aristotle's De Anima in the version of Wilhiam of Moerbeke and the Commentary of St. Thomas Aquinas. 迷爾培克威廉的拉丁本《亞里士多德靈魂論》與聖多馬・阿奎那的拉丁文詮疏），英國（Routledge and Kegan Paul）羅脫里琪與克根保羅印書館印行（一九五一年初版，一九五九年重印）。

阿奎那，《亞里士多德詮疏》中，《感覺》與《記憶》（自然短篇中的前兩篇），義大利，都靈（Turin）有一九二八年單行校印本。

Zabarella, J. 札巴里拉《自然諸短篇》拉丁譯本與詮疏威尼斯（Venice）一六〇五年。

Thomaeus Leonicus 柳雄尼多馬《自然諸短篇》拉丁譯文校印本梅坦（Metten），一八九八年。

8.《靈魂論》、《自然諸短篇》、《炁與呼吸》近代各國譯本

(1)《靈魂論》

Smith, J. A. 斯密司　*On the Soul* 亞里士多德全集英譯本（Works of Aristotle）第三冊下半。英國，牛津，一九三一年。

Hett, W. S. 希脫　*On the Soul* 路白經典叢書（Loeb C. Library）希臘英文對照本。紐約與倫敦，一九三五年。

Theiler, Willy 泰勒　Über die Seele 亞里士多德全集德文譯本（Aristoteles Werk in Deutscher übersetzung），第十三冊。柏林研究院印本，一九五九年。

(2)《自然諸短篇》

Beare, J. I. 皮爾，與Ross, G. R. T. 羅斯　Parva Naturalia亞里士多德全集英譯本（Work of A.）第三冊下半。牛津，一九三一年。

Hett. W. S. 希脫　P. N. 路白經典叢書，希臘英文對照本。紐約與倫敦，一九三五年。

Gohlke, P. 高啓　P. N. 德文譯本。德，巴德龐（Padeborn），一九四七年。

Tricot, J. 特里高　P. N. 法文譯本與注釋。巴黎，一九五一年。

Ziaja, J. 濟亞耶　*De Sensu*《感覺篇》1至3章德語譯本。柏林，一八八七年。

Ogle, W. 渥格爾　*De Juv. et Senec., De Vita et Morte, Respiratione*《青年與老年》、

《生與死》、《呼吸》英譯並注釋。倫敦，一八九七年。

Giorgiantonio, M. 喬治安東尼奧 *Della memoria e della reminiscenza*《記憶與回憶》，義大利文譯本。加拉巴（Carabba），一九三八年。

(3)《炁》（*de Spiritu*）近代校訂本與譯本

《炁（氣）》（Περὶ πνεῦματος, *de Spiritu, the Breath*），在貝刻爾校輯的《亞氏全集》五大冊中第一大冊，第三分冊之末篇，希臘文本，句讀多難通解。第三大冊拉丁譯文稍較通順，當時譯者所據原文，當別有一個今已失傳的希臘文本。近代，法國第杜（Didot）校輯《亞氏全集》收有這一篇的希臘文本，並對照有法語譯文，並較可通讀而仍留有不迷惑的句讀。

Jaeger, W. W. 耶格爾《炁》，希臘文校訂本。耶格爾彙集了前賢揣測文字，自己也頗有所補綴，於貝刻爾本大有改進。德，萊比錫，戴白納爾（Teubner），一九一三年。

Dobson, J. F. 杜白遜　de Spiritu，英譯本，附於牛津亞氏全集第三冊，《自然短篇》之後。牛津，一九三一年。

Hett, W. S. 希脫　路白經典叢書，希臘英文對照本，附于《自然諸短篇》之後。紐約，倫敦，一九三五年。

(二)參考書目

Freudenthal, J. 弗呂屯泰爾 Über den Begriff des Wortes φαντασία bei Arist.《亞里士多德所說「φαντασία（臆想，幻象）」的涵義》。德，哥廷根（Götingen），一八六九年。

Zur Kritik u. Exegese v. Arist.... "Parva Nratualia"《對於亞里士多德「自然諸短篇」的評議與箋釋》。Rhein. Mus. N. F. 萊茵博物館創刊第二十四期（一八六九）頁八一—九三，頁三九二—四一九。

Zu Arist., "De Memoria"《論亞里士多德「記憶篇」》，*Arch. f. Gesch. de Philos.*《哲學史案》第十二卷（一八九九），頁五—一六。

Susemihl, F. 蘇司密爾 Zu d. sogennaten P. N. d. Arist.《亞里士多德的題名爲「自然諸短篇」之作》Philol.《語言學報》第四十四期（一八八五），頁五七九—八二。

Ziaja, J. 濟亞耶 Die arist. Lehre v. Gedächtniss u. v. d. Association d. vorstellungen. 由相關諸現象的聯綴，以求回憶（記憶）的亞里士多德教導。萊奧勃舒茨（Leobschütz），一八七九年。

Die arist. Anschauung v. d. Wesen u. d. Bewegung d. Lichtes.《亞里士多德對於光的實義與其運動的觀念（認識）》 勃來斯勞（Breslau），一八九六年。

Zu arist. Lehre v. Lichte, Antikritische Bemerkungen《對於亞氏光學的相反論點》。萊比錫（Leipzig），一九〇一年。

Teichmüller, G. 太契謨勒Die praktische Vernunft b. Arist. | Neue Stud. z. Gesch. d. Begriffe, III.《亞里士多德所說「實踐理知（應用理性）」》——對於意識史的新研究。郭拓（Gotha），一八七九年。

Thiéry, A. 西埃里　Arist. et la psychologie physiologique in New Scholasticism.《經院新學派（新經院主義）中亞里士多德的生理心理學》。巴黎，一八九六年。

Bäumker, C. 包姆刻爾　Zu Arist. Περὶ αἰσθήσεως.「亞里士多德《感覺論》」Jahrb. f. Class. Philol. 經典語言學（古文辭）年刊，第一三三期（一八八六）三一九，二。

Desrousseux, A. M. 臺盧騷　Arist., de la Divination par les Songes《亞里士多德，「占夢」》Rev. de Philology.《語言學評論》第九期（一八八五）。

Duprat, G. L. 第伯拉　La Théorie du πνεῦμα chez Aristote.《亞氏書中關於「氣（炁）」的理論》Arch. f. Gesch. d. Philos.《哲學史案》卷十二（一八九九），頁三〇五—三二一。

Jaeger, W. W. 耶格爾　Das Pneuma in Lykeion，《呂克昂學院中的「氣（炁）」》。Hermes《希爾姆斯》（信使）第四十八期（1913），頁二九—七四。

Marchi, P. P. 馬爾契　Das Arist. Lehre v. d. Tierseele《亞里士多德對於動物（獸類）

靈魂的論說》。梅坦（Metten），一八九八年。

Hammond, W. A. 哈蒙　Arist.'s Psychology.《亞里士多德心理學》。波士頓（Boston），一九〇二年。

Chaignet, E. A. 夏業　Essai sur la Psychologie d'Aristote.《關於亞里士多德心理學的議論》。巴黎，一八八三年。

Brentano, F. 勃里坦諾　Die Psychologie d. Arist.《亞里士多德心理學》。梅因茲（Mainz），一八六七年。

Aristoteles' Lehre von ursprung des Menschlichen Geistes 亞里士多德論人類精神的源始。萊比錫，一九一一年。

Beare, J. I. 皮爾 Notes on A's P. N.《亞氏自然短篇的注釋》，Hermathena,《雅典信使》第七期（一八九七—一八九八），頁四五五—頁四七三，第十一期（一九〇〇—一九〇一），頁一四六—一五六。

Gr. Theories of Elementary Cognition.《關於基本認識的希臘諸家之說》。牛津，一九〇八年。

Enders, H. 恩德斯　Schlaf u. Traum bei Arist.《亞里士多德論「睡眠與夢」》。武茲堡（Würzburg），一九二四年。

Corte, Marcel de 顧爾忒　Notes exégétiques sur la théorie aristotélicienne du "Sensus

Communis"《亞里士多德所說「共通感覺」的注解》。New Scholasticism，《新經院學》第六期（一九三二）。

La Doctrine de l'Intelligence chez Aristote.《亞里士多德所說「理知」的要義》。巴黎，一九三四年。

Rousselot, P. S. J. 羅色洛 The Intellectualism of St. Thomas.《聖多馬・阿奎那的理性論》。倫敦，一九三五年。

Siwek, R. 薛維克 La Psychophysique humaine d'après Arist.《按照亞里士多德之說，述人類生理心理》。巴黎，一九三〇年。

Keller, L. 克勒 Arist. u. d. moderne Psychologie《亞里士多德與現代心理學》。勃賴斯高，弗賴堡（Freiburg im Breisgau），一九二七年。

Ray, Lankester E. 蘭開斯特雷 Comparative Longevity in Men and other Animals.《人與其他動物壽命的比較研究》。

Lones, T. F. 倫斯 A.，Researches in Natural Science.《亞里士多德對於自然科學的研究》。

Griffin, A. K. Aristotle's Philosophy of conduct.《亞里士多德的行爲哲學》。倫敦，一九三一年。

Cassirer, H. 加西勒爾 Aristotelis' Schrift, "von der Seele"亞里士多德所撰《靈魂

論》。托平根（Tubingen），一九三二年。

Shute, C. 旭忒 The Psychology of Arist.《亞里士多德心理（靈魂）學》。紐約（N.Y.），一九四一年。

Nuyens, F. 紐揚 L'Évolution de la Psychologie d'Aristote.《亞里士多德心理（靈魂）學的演化》。魯文（Louvain），一九四八年。

《靈魂論》、《自然諸短篇》與《炁與呼吸》索引

《靈魂》402^a-435^b，略作2^a-35^b。《自然》436^a-480^b，略作36^a-80^b。《炁》481^a-486^b，略作81^a-86^b。

（索引所指希文原書行碼，漢譯詞請在其附近查找）

索引一　人名、神名、地名、書名

索引一　《靈魂論》題旨索引

7^a23, 18^b9, 30^a23; ἀΐδιον永生13^b27

αἰθήρ ether 乙太具有神性的氣，4^b14

αἴσθησις sensation, perception 感覺動物生存必須具備感覺，13^b2，34^a30。植物無感覺 35^b1。感覺之爲運動，屬於「形態變換」（ἀμοίωσις）這一式，15^b24, 16^a33。感覺常屬眞實（不發生錯誤），28^a11，含有愉快（喜悅）與痛苦（厭惡）［故爲動物一一行爲之所由發始］，13^b23，14^b4，34^a3。感覺之爲數，「四」，其爲「形」則是「立體」（柏拉圖數理），4^b23。感覺不是一個「量度」，24^a27，而是一個「比例」，24^a27, 26^b3, 7，所以感覺客體的刺激，若適常度，則損傷其機能，26^a30，29^a31。感覺的「中和點」（平準）μεσοτητός 24^a4。感覺與知識（理知）的分別，17^b22-28

感覺主體與可感覺物［感覺客體 αἰσθητά, τὰ］III, 2, 25^b11-26^b8, 31^b23, 32^a9等。感覺兩義，潛在與現實，17^a12, 26^a23, 28^a6, 31^b20-28。感覺的功能在審察所接受的可感覺物的各別「形式」（εἶδος），除外其「物質材料」（ὕλη），24^a18, 32^a3, 9, 16。感覺與感覺客體的活動，25^b26，客體的品質，著其作用於感覺機能，24^a23

專項感覺（τοῖς ἰδίοις αἴσθ）共只有五，別無第六感覺，III, 1, 2, 24^b21-26^b7。動物界或全備五項感覺，或不全備，13^b4, 14^a3。每項感覺各審察與之相應的專項客體，辨識本項品質兩極間諸配對的差別，18^a11, 25^a19, 30, 26^b8, 27^b12, 28^b18, 30^b29。各項感覺各只有

18^{a}15, 25^{b}3, 27^{b}1, 4, 5

ἄπειρος indefinite, infinite 無定限的，無限的 4^{a}1, 7^{a}13, 9^{a}24, ^{b}29, 11^{b}14, 16^{a}15. εἶs ἄπειρον, ad infini-tum無休止（至於無限），25^{b}16

ἄπεπτος undigested food 未消化物 16^{b}5

ἁπλοῦς simple, absolute 簡單的，絕對的 5^{a}16, 12^{b}2, 17^{b}30, 18^{b}5, 29^{b}23, 34^{b}9, 35^{a}11. πῶν ἁπλῶν原始單體（或絕對純淨事物，即諸元素），24^{b}30, 25^{a}3, 13

ἀπόδειξις Ayllogistic, demonstration 邏輯論證 2^{a}15, 19, ^{b}25, 7^{a}26

ἄποθεν αἰσθάνεσθαι far off sensations 遠距感覺，遙感 23^{b}3, 34^{b}27

ἀποθνήσκειν to die away 死去 35^{b}5

ἀπολλύω to perish 死滅 8^{b}29. ἀπολύειν解脫，7^{b}3, 9^{a}29

ἀπορία difficulty, puzzle, confusion 疑難，迷惑，混亂 8^{a}1, 24, 9^{b}22, 10^{a}27, 13^{b}16, 17^{a}2, 22^{b}19。靈魂研究多疑難，Ⅰ, 1, 2^{a}1-3^{a}1

ἀπορροῖα efflux, emanation 放散，流播，輻射 18^{b}15, 22^{a}15

ἀπότασις musical compass 樂器拊節 20^{b}8

ἄποτος undrinkable 不可飲的飲料與非飲料，τὸ ποτόν καὶἄποτον, 22^{a}32

ἄπους footless 無足，弱足（貧足） 22^{a}29

ἀπόφασις denying, negation 否定 3^{b}22, 4^{b}29, 5^{a}8, ^{b}2, 9, 9^{b}20, 25^{a}19, 30^{b}27, 32^{a}11. κατάφασις καὶ ἀπόφασις肯

ἀφαίρεσις abstraction 抽象法 $3^{b}15$, $29^{b}18$, $31^{b}12$; ἀφαιρεῖν 抽象，$9^{a}8$。數理抽象 τὰ ἐν ἀφαιρέσει, $32^{a}5$

ἁφή touch (tactual sense) 觸覺 $13^{a}5$, $14^{a}3$, $^{b}3$, 9, $15^{a}4$, $21^{a}19$, $24^{b}25$, $34^{a}1$, 28, $^{b}18$。觸覺爲動物最基本，生活所最需要的機能，III, 13, $435^{a}11$-$^{b}26$。觸覺與觸覺客體，II, 11, $22^{b}17$-$24^{a}15$

ἄφοβος not fearful 不可怕的（可喜的）$21^{a}15$

ἄφρων amens, senseless 無感覺的 $10^{b}5$

ἀφυής not sensitive to touch 無觸感的 $21^{a}24$, 25

ἄφωνος dumb 無聲音的，啞巴 $21^{a}4$

ἄχρουν, τὸ the colorless 無色物 $18^{b}27$

ἀχώριστος inseparable 不可分離的 $3^{a}15$, $26^{b}29$, $27^{a}2$, $33^{b}25$

ἄψορον, τὸ the soundless 無聲物 $18^{b}28$, $20^{a}7$

ἄψυχος soulless 無靈魂物 $3^{b}26$, $13^{a}21$, $20^{b}6$, $24^{b}13$

Βάδισις walk, progression 行走，行進 $6^{a}9$

βαθός depth 深 $4^{b}21$, $23^{a}22$

βαρύς heavy 沉重 τὸ ὀξὺ καὶ τὸ βαρύ 高尖與低沉音階，$20^{a}29$-$^{b}4$, $22^{b}30$

βελόνη needle 針 $20^{a}24$

βήξ a cough「咯」 $20^{b}33$，βίττειν 打咯（咯嗽）$20^{b}31$; οἱ βηττότες 打咯的人，$20^{b}30$

βία force 力，勢 $6^{a}22$, $^{b}6$, $32^{b}17$

βλέφαρον eyelid 眼瞼 $21^{b}29$

βούλεσθαι will, wish 意願，企圖

422^{b}11-16, 34, 22^{b}15。味覺與有味事物，II, 10, 22^{a}8-^{b}16

γῆ earth，土（四元素之一） 5^{b}8, 6^{a}28, 16^{a}1, 18^{b}22, 25^{a}6, 35^{a}15, 23, ^{b}1. γήινον土屬構成物（植物），35^{b}1

γῆρας old age 老年 8^{b}22（τῷ γήρας ἀμαυρώσεως年老體衰）

γιγγλυμός ginglymus 球窩關節 τὸ κύπτον καὶ κοῖλον, ball and socket joint凸球與凹窩關節，33^{b}22

γιγνέσθαι come into being 生成，產生 7^{b}29, 18^{b}22, 30^{a}31, 31^{a}3

γινώσκειν cognate 認識，同源 2^{a}7, ^{b}17, 4^{b}9, 17, 5^{b}15, 9^{b}30, 10^{a}26, 11^{a}25, 29^{a}10

γλυκύς sweet 甜 21^{a}27, ^{b}1, 22^{b}11

γλῶττα tongue 舌 20^{b}18, 30, 22^{b}6, 23^{a}17, 35^{b}24

γνῶσις recognizing, cognition 認識，了解 2^{a}5; γνωρίζειν認識，3^{a}1, 9^{b}26, 27^{a}21, ^{b}5, 29^{a}19, 30^{b}22-24; γνώρισμος熟識，明知，13^{a}12; γνωριστικός憑以「認識」事物的「要素」 cognitive principle, 4^{b}28. τὸ γνώ σκειν καὶ τὸ αἰσθηνέσθαι 靈魂爲「認識與感覺」的作始原理

γονή seed 種籽 5^{b}3, 4, 12^{b}26

γραμματεῖον writing tablet 書版 30^{a}1

γραμματική· grammarian 文法家 17^{a}25（有文理的人）

γραμμή line 線 3^{b}19, 9^{a}4, 30

γραφή picture, a painting 圖，畫 27^{b}24. γράφειν寫字，繪畫，12^{b}22, 30^{a}1

γωνία, ἡ angle, corner 角，角隅 2^{b}20，幾何習題：πόσαις ὀρθαῖς αἰ

τοῦ τριγώνου γωνίαι ἴσαι 三角形的諸角之和等於幾個直角？（答：兩直角，2×90°=180°）

Δακτύλιος, ὁ　signet-ring　指環印章　24^{a}19

δεινός　dangerous　危險的，恐怖的　27^{b}23

δεκτικός　receptive, recipient　容受器，領受者　14^{a}10, 18^{b}27, 24^{a}18, 25^{b}23, 29^{a}15, 34^{a}29, 35^{a}22. δέκεσθαι, admit, accept領受7^{b}21, 14^{a}24, 20^{b}16, 21^{a}5, 24^{b}2

δέρμα　skin, membrane　皮，膜　20^{a}14, 25^{a}11

διάθεσις　disposition　互向，對換　17^{b}15

διαίρεσις　division, analysis　析離，分析逐級區分　2^{a}20, 30^{b}3, 20. διαιρεῖν 區分，2^{a}23, 6^{b}32, 7^{a}1, 9^{a}9, 10^{a}15. διαίρετος可區分物，11^{b}27, 27^{a}3, 7, 12, 30^{b}9

διαλεκτικός　dialectician, logician　辯證家，邏輯家　3^{a}29

διάλεκτος　language, discourse　言語，講話　20^{b}8, 18（舌的功能「擅辨滋味，又能言語」τὴν γεῦσιν καὶ τὴν διάλεκτον）

διάμετρος　diagonal　對角線　30^{a}31（τὸ ἀσύμμετρον καὶ ἡ διάμε τρος 對角線的不可計量性）

διάνοια　thought, capacity of thinking　思想，知慮，思想功能　4^{a}17, 15^{a}8, 21^{a}25, 27^{b}15, 33^{a}18. διανοητικός, think-

εἷς (ἑνός, μίας) μονάς unus, one, monad 一，數一，太一 15, $15^{b}4$, 7, $20^{a}1$, $31^{a}21$, 22. ἑνός unity元一，單一，$12^{b}8$, $13^{a}18$. τοῦ ἑνός ἰδεας, ideal one意式一，太一，$4^{b}20$, 22

ἐκκρίνειν expell off 驅出，分離 $4^{a}14$

ἐκπνοη exhaling 呼氣 $32^{b}11$; ἐκπνῖν 呼出 $21^{a}2$, $^{b}15$

ἔκστασις displacement, distraction 挪動，移換 $6^{b}13$

ἔλεος pity 憐憫 $3^{a}17$

ἕλιξ spiral ［耳內］螺旋 $20^{a}13$內耳蝸部

ἕλξις drawing in, pulling in 引入，拉攏 $33^{b}26$. ἕλκειν吸入，攝納（如食料或肥料），$12^{b}4$. πάντα γὰρ ὥσει καὶ ἕλξει κινεῖται所有一切運動（活動）總只是或推開或拉入，$33^{b}20$

ἔλυτρον covering 覆蓋 $21^{b}29$

ἔμψυχος the be-souled, an animated being 含有了靈魂的一個活動物 含蘊靈魂（生命）的物身σῶμα ἐμψ. $3^{b}25$, $4^{b}7$, $11^{a}20$, $13^{a}21$, $15^{b}11$, $16^{b}29$, $20^{a}7$, $^{b}6$, 31, $34^{b}12$, $35^{a}14$

ἔναιμος Sanginnous animal 有血動物 $20^{b}10$, $21^{b}11$

ἐναντίος the contrary, the opposite 對成，對反 $5^{b}24$, $7^{b}31$, $13^{a}28$, $16^{a}22$, $17^{a}32$, $26^{b}30$, $27^{b}6$, $30^{b}23$. ἐναντίωσις, contrariety對成性，相反配對，$22^{b}23$, 26

ἐναρμόζειν fix in, fill in 配合，適宜 $14^{a}23$

ἕνεκα, τὸ οὗ final cause, for the sake of

11^{a}28, 35^{b}23. ἡ ἐπιθυμητική 欲望機能，7^{a}5, 32^{a}25, 33^{b}4

ἐπικάλυμμα curtain，帷幕 22^{a}2。帷幕喻，人與鳥獸的眼瞼，以及某些動物嗅覺器官的調節機構，21^{b}26-22^{a}5

ἐπίπεδον surface 平面（圖形） 2^{b}19, 3^{b}19, 4^{b}23, 20^{a}2

ἐπίπονος painful, wearisome 痛苦，疲勞 7^{b}2

ἐπισκοπεῖν inquire 研究，考察 2^{b}4, 3^{b}20, 6^{a}11

ἐπιστήμη knowledge, science 知識，專科知識 4^{b}22, 27, 12^{a}10, 14^{a}8, 17^{b}23, 26, 27^{b}6, 10, 25, 28^{a}17. ἡ ἐπιστήμη τὸ θεωρεῖν, speculative knowledge純理知識，30^{a}4, 20, 31^{a}1, ^{b}22, 24, 33^{a}15, 34^{a}16。具足知識的人（ἐπιστήμος 聰明人），14^{a}10, 17^{a}22, 30, 29^{b}6, 31^{b}27, 34^{a}16。具備知識與運用知識，12^{a}10, 23。各項感覺，皆有待於外物，知識則有待於感覺的積累（經驗） 17^{b}17-29

ἔπος epic, lyric poems 史詩，詩歌 10^{b}28. τοῖς Ὀρφικοῖς ἔπεσι 奧爾菲頌歌（英雄讚禮詩）

ἔργον work, function 事功，職能 2^{b}14, 3^{a}10, ^{b}12, 9^{b}15, 33^{b}20, 34^{b}2. “διάνσιας ἔργον καὶ αἰσθῆσεως”「思想職能與感覺職能」兩合而得「判斷功能」δυνάμεις τῷ κριτικῷ，32^{a}16

ἔριον wool 羊毛 19^{b}6

ἑρμηνεία explanation, expression 釋文，言語 20^{b}19

ἔσχατα, τὰ extremities 極端 23^{a}27,

τὸ ζῷον ἐξ αὐτης 生物（動物）本性，$4^{b}20$

Ἡδονή pleasure, delight 愉快，歡樂 $9^{b}16$, $13^{b}23$, $14^{b}4$, $31^{a}10$, $34^{a}3$. ἡδύς 討人喜歡的，$14^{b}5$, $26^{b}3$, $32^{b}31$∴ τὸ ἡδύ 討人喜愛的人或事物，$21^{a}13$, $31^{b}9$. τὸ ἡδύ καὶ λυπηρόν 可喜的（引人愛好的）與可惡的（令人痛苦的）並舉〔肇致人們或趨或避的行爲（運動）〕，$35^{b}23$

ἥδυσμα sweet-smelling（香甜）調味物料 $14^{b}13$，經過調製（如醃漬等）的令人喜愛的食品

ἡλικία age, manhood 年齡，成年 $17^{b}32$

ἥλιος sun 日，太陽 $5^{b}1$; ἡλιοῦν 太陽所照，$19^{b}31$. ὁ ἥλιος ποδιαῖος 太陽的量度看似夠一尺直徑，$28^{b}3$

ἠρεμία calmness, rest 平靜，休止 $6^{a}24$, 27, $18^{a}17$. ἠρεμήσις 靜止（與運動 κίνησις 對稱），$6^{b}22$, $7^{a}32$; ἠρεμεῖν 靜休，$4^{a}12$, $6^{a}24$, $25^{a}18$, $34^{a}20$

ἠχώ echo 回聲 $19^{b}25$, 28; ἠχεῖν 聲音延續迴盪（迴響），$20^{a}16$

Θάρσος conrage 奮勇 $3^{a}17$; θαρρεῖν 奮勵，$3^{a}7$, $8^{b}2$; θαρραλέος 被激勵起來的人，$27^{b}22$, 24

θαυμάσιος marvellous, admirable 驚奇的，可忻羨的 $2^{a}3$

θεῖον sulfur 硫 $21^{b}25$

θεός divinus, god 神 $2^{b}7$, $7^{b}10$; τὰ θεῖα 群神，$5^{a}32$，諸神物，$15^{a}29$. πάνταν θεῶν εἶναι 萬物皆充溢於神性，$11^{a}8$. ποιῆσαι ἕτερον οἷον αὐτό,

生）之本，II, 4, 15^{a}14-16^{b}31。營養靈魂（植物靈魂）含融有蕃殖靈魂（機能），15^{a}28

θρίξ hair 毛髮（αἱ τρίχες）10^{b}1, 35^{a}24

θρύψις dispersion 播散 19^{b}23; θρύπτειν散播，19^{b}26, 20^{a}8

θυμικός passionate 情念的情念靈魂爲靈魂三個部分（λογιστιμὸν καὶ θυμικὸν καὶ ἐπιθυμητικόν, rational, passionate and appetitive parts理知、情念、貪欲三個部分）之一，32^{a}25, 33^{b}4

θύμον thyme （百里香）香草 21^{b}2

θύμος anger 憤怒靈魂八感應（八情念或八感受τὰ τῆς ψυχῆς παθή：憤怒、溫和、恐懼、憐憫、奮勵、與快樂，以及友愛與仇恨）之一，3^{a}16-18。靈魂諸感受，並舉憤怒與恐懼，3^{b}18。欲望靈魂包括「貪欲」ἐπιθυμία，憤怒θυμὸς與意願βούλησις, 14^{b}2。無理性靈魂（機能）諸部分中情欲與憤怒的差異，32^{b}6

Ἰατρός physician 醫師 3^{b}14. ἰατρική醫療知識或技術，33^{a}4. ἰᾶσθαι治療，33^{a}4

ἰδέα idea 意式 4^{b}20（太一的意式τῆς τοῦ ἑνὸς ἰδέας）

ἴδιος peculiar, particular 專屬的，個別的 2^{a}9, 15, 3^{a}4, 18^{a}10, 28^{b}18, 23. τὰ ἴδια πάθη, the peculiar affection專屬感應，2^{a}9; ἴδιος λόγος［相對於「通用」的］個別（特殊）定義，14^{a}26. τῶν κοινῶν τ'... αἱ αἰσθητήριον τι ἴδιον共通感覺器官與專項感覺器官，25^{a}14-30. ἴδιον τὸ ἄτοπον特殊謬說，9^{b}1

ἵππος horse 馬 2^{b}7

λεπίς scale 鱗 19^{a}5

λεπτός light, fine 輕微的，纖小的 5^{a}24：靈魂蓋由最輕微的物體（如火如氣者）構成，5^{a}6, 22, 9^{a}32, ^{b}21

λευκός white 白 30^{b}29, 30

λίθος stone 石塊 3^{b}5, 35^{a}3.「致使鐵屬運動的」（τον σίδηρον κινεῖ）石塊，即磁石（a magnet），5^{a}20.

ὀφθαλμὸς ὁ λίθινος 一隻石眼睛，12^{b}20

λυπαρός oily 油膩的 （味感品評），21^{a}30, 22^{b}12

λογισμός reasoning, computation 推理，計算 5^{a}11, 9^{b}16, 15^{a}8, 9, 33^{a}12, 24, 34^{a}8. λογιστικόν 推理或計算功能，32^{a}25, ^{b}5, 26, 33^{b}29, 34^{a}7.

διάνοια λογισμόν 計算心識，15^{a}7-12

λόγος word, language 言語，文字

λόγος多義，本篇中原引四解：

㈠oratio 語言，詞項 3^{b}16, 20, 26, 7^{a}25, ^{b}29, 13^{a}14, 16, 18^{a}27, 32^{b}8

㈡notio 理論，定義 2^{b}5, 3^{a}25, 10^{a}9, ^{b}29, 12^{a}6, ^{b}16, 13^{b}30, 14^{a}9, 13, 27, ^{b}23, 16^{a}18, 18^{b}24, 20^{a}12, 29^{a}12, 32^{a}20

㈢cogitatio 計議，思想，命意 14^{a}25, 27^{b}14, 28^{a}24, 33^{b}6

㈣relatio 關係，比例，公式 8^{a}14, 15, 19, 10^{a}2, 16^{a}17, 19^{a}13, 24^{a}24, 27, 31, 26^{a}28, ^{b}4, 7

ὀντὸς λόγος實是公式，15^{b}15. λόγος κοινός, general definition or theory通用公式，或通用理論，14^{b}23：普遍定義（公式）與各別定義（公式）（λόγος κοινὸς καὶ ἴδιος），14^{b}20-15^{a}13

μέσος middle term 中項 7^{a}29, 13^{b}19, 23^{b}7, 34^{b}31. μεσότης, the mean中性物體，中和性狀，24^{a}4, ^{b}1, 31^{a}11, 19, 35^{a}22. μέσης εὕρεσις, a mean proportional比例中項，當值中數，13^{a}19. 感覺爲被感覺物所引起，感應「諸品種的中數（中點）」μεσοτήτος τινος, 24^{a}6

μεταβολή metabole, change of state 形態變換 新陳代謝（運動四式之一），16^{a}33, 17^{b}15

μεταξύ,τι intermediate, the 中間，間體 6^{a}30, 19^{a}20, 21^{b}9，22^{b}22, 23^{a}15, ^{b}26, 34^{b}28, 35^{a}16。光的間體（介質），氣與水，19^{a}16-25；聲音與嗅感的介質，19^{a}26-^{b}3. τὸ μεταξύ 兩間（天地之間），19^{a}16

μεταφορά metaphor 隱喻 20^{a}29, 28^{a}2

μετρεῖν standard 中準，標準 34^{a}9（ἑνὶ μετρεῖν單一的標準）

μῆκος length 長度 4^{b}20, 30^{b}8, 10

μῆνιγξ membrane 膜 20^{a}14（耳內鼓膜tympanic）

μῆτις wit, counsel 智巧，計慮 27^{a}23

μιγνύμι join, mix 聯合，混合 5^{a}1, 7^{b}2, 8^{a}9, 11^{a}10, 22^{a}14, 25^{a}7, 26^{b}5, 29^{b}28. μίξις, mixture混合：8^{a}14, 15, 18, 22, 25, 28. μικτόν混成物，34^{b}10

μικρότης triviality, pettiness 微小 9^{a}15（與宏大μακρότης相對）。καὶ μικρότης καὶ λειότης［聲音］微小而輕柔，22^{b}30

μισεῖν,τὸ hate 憎恨 3^{a}18, 8^{b}26

μνημονεύειν memorize 記憶 30^{a}24. μνημονικά, mnemonics備忘錄，27^{b}29

33^{a}18. νοῦν κριτικόν, critic mind審辨心識，34^{b}3。純理心識與「計算（推理）機能」（λογισμόν），15^{a}7-12. 心識（理知機能）能由己地自行思想，同一於思想（理知）客體，29^{b}23-25。純理心識或主動心識「可離立」於（χωρισθεῖς）物身之外，而不滅壞，29^{b}4, 30^{a}17, 24（卷三章五）

νοῦν μὲν τὸ ἕν, ἐπιστήμην δὲ τὰ δύο, 4^{b}23。［柏拉圖之說］「心識」［之數］爲太一（本一monad），「知識」爲太二（本二dyad）

Ξανθός yellow 黃 25^{b}2

ξηρός dry 乾 14^{b}7, 23^{a}26

ξύλον wood 樹木，木材 3^{b}6；ξύλινος 木質的，6^{b}19

ξύσματα motes, fine, particles, fillings 微粒，微塵，粒屑 4^{a}3-5, 18（「一溜日光照入窗戶時，所可映見在空氣中的『微塵（微粒）』，稱之爲『不可分割物』（『原子』，ἀτόμων）——這就是德謨克利特的『原子』。」）

Οἰκια house, building 房屋，建築 3^{b}3. οἰκοδομεῖν建築，造屋，8^{b}13, 17^{b}9. οἰκοδόμος建築工人，17^{b}7. οἰκουμένη寓居處，28^{b}4. οἰκεῖος：㈠inmate of a house同寓者，親屬；㈡ familiar，親暱的，4^{a}22, 5^{b}6, 6^{a}8, 14^{a}26, ^{b}27. τὸ εικεῖον χρῶμα, peciliar color特殊顏色，19^{a}2, 6. τοῖς οἰκείοις λόγοις專篇16^{b}31

ὅλος whole, as a whole 全體，全體而論 10^{b}27, 29, 11^{a}7, 17, 30, 14^{a}8

ὁμαλός flat, level 扁平，平面 20^{a}25

ὄμβρος rain, shower 雨，霖雨 $3^{b}5$

ὄμμα, τὸ the eye 眼睛 $8^{b}21$, $21^{b}28$, $27^{b}18$

ὁμοειδής of the same kind 同類屬 $2^{b}2$, $11^{a}18$, 21, $^{b}25$

ὁμοιομερής homoemerous 相似微分 $11^{a}23$

ὅμοιος the like 相似，同類 $6^{b}15$, $10^{a}29$, $16^{a}32$, $18^{a}4$. ὁμοιότης, likeness, similitude類似性，類同性，$20^{b}6$, $21^{b}1$. ὡμοίωται, it assimilates（assimilation）同化，$18^{a}5$

γινώκέσθαι τῷ ὁμοίῳ τὸ ὁμοίον 同類相識，$4^{b}17$, $9^{b}27$（參看$9^{b}18$-$11^{a}2$）。τὸ ὁμοίον ὑπὸ ὁμοίου πάσχειν同類相感應，$17^{a}1$, $27^{b}5$. φρονεῖν τῷ ὁμοίῳ τοῦ ὁμοίον同類相知，$27^{a}28$

ὁμωνύμως homonymous 不能責實的名字 $12^{b}14$, 21（「名不副實的」斧喻）

ὄνομα a name 名字 $5^{b}26$, $18^{a}3$, $29^{a}3$, ονομάζειν命名，題名，$5^{b}28$

ὀξύς acidic 酸性，酸氣 $20^{a}29$, $21^{a}30$：（甲）味覺：piquant酸味，辛辣味，$22^{b}14$，$26^{b}5$：（乙）聽覺：high pitch尖高音，$20^{a}29$（ἐν φωνῇ ὀξύτης καὶ βαρύτης於聲音而言，謂尖高音與低沉音）：（丙）觸覺：sharp銳利（刺人作痛），$20^{b}2$, $22^{b}30$

ὅρασις sense of sight, vision 視覺 $12^{b}28$, $13^{a}1$, $26^{a}13$, $28^{a}7$, $29^{a}3$, $35^{b}21$，視覺與視覺對象（色）II, 7, $18^{a}26$-$19^{b}3$. ὅραμα, that which is seen (sight)所見，視像，$28^{a}16$, $35^{b}11$. ὁραν

ὀστοῦν　bone　骨　$8^{a}15$, $9^{b}32$, $10^{b}1$

ὄσφρησις　sense of smell　嗅覺　$21^{b}5$, 9, 23, $23^{b}10$, $24^{b}6$, 17, $25^{a}5$, ὀσμή, smell, scent嗅感，香臭，$15^{a}6$, $19^{a}32$, $26^{b}2$, $29^{b}2$, $34^{b}20$. ὀσμᾶσθαι, ὀσφραίνεσθαι, to be smelt被嗅到，$19^{a}2$, $21^{a}11$, $^{b}14$, 25, $22^{a}4$, $24^{b}4$, 7, 17. τὸ ὀσφραντικόν嗅覺器官（鼻），嗅覺機能，$21^{b}32$, $22^{a}1$, 7. ὀσφραντός嗅覺客體（發臭發香事物），$21^{a}7$, 11, $^{b}6$, $24^{b}6$。嗅覺與嗅覺客體，II，9, $21^{a}7$-$22^{a}7$

οὐρανός　heaven, universe　天穹，天宇　$5^{b}1$, $7^{b}6$, $19^{a}17$. τὰς τοῦ οὐρανοῦ φοράς諸天體的運動（旋轉），$7^{a}2$

οὖς　ear　耳　$20^{a}9$, 13, 16

οὐσία　real existence, substance, es-sesnce　現實存在，本體，實是　$2^{a}13$, 24, $^{b}18$, 24, $8^{b}19$, $10^{a}20$, $12^{a}6$, 11, 16, $^{b}10$, 19, $14^{a}15$, $15^{b}13$。靈魂爲「自動實是（本體）」，$5^{b}32$-$6^{b}14$

ὀφθαλμός　eye　眼睛　$12^{b}20$, $13^{a}2$, $19^{a}5$

ὄψις　sight, vision　視像，觀看（能見與所見）　$12^{b}19$, $13^{a}1$, 3, $22^{a}20$, $24^{a}11$, $25^{b}20$, $26^{a}13$, $29^{a}3$, $35^{a}6$, $^{b}21$

Πάθησις　affection, passivity　感受（被動感應）　$26^{a}10$（ἡ ποίησις καὶ ἡ πάθησις ἐν τῷ πάσχ- οντι主動感應與被動感應，兩都實現於感覺物體之上）

παθητικός　that which being acted upon　感應的容受體，被動感應者　$24^{b}14$, $30^{a}24$

πάθος　passion, affection, attribute　感應，感受，屬性　$2^{a}9$, $3^{a}3$, 25, $3^{b}4$, 10, 12, 17, $8^{a}4$, $9^{b}15$, $25^{a}13$,

πρεσβύτης presbyter 長老，老人 8^{b}21

προαίρεσις preference 意願偏愛 6^{b}25（preferencial choice隨意選擇）

προγενής predecessor 前輩，昔賢 3^{b}27, 10^{b}14

προσεννοεῖν think on things beside 思入題外事物，旁涉 30^{b}1

πρότερος priority 「先於」12^{a}26, 15^{a}18, 30^{a}21, 31^{a}2

πρῶτος primus, first 首要，第一 2^{a}4, 3^{b}16，關於靈魂的研究，爲哲學的（學術的）首要功夫。τὸ πρῶτον αἰσθητήριον 第一感覺器官（即肌膚之爲觸覺機能），22^{b}22: τοῦ πρώτου μήκους, primary length原始長度，本長，4^{b}20。另見於2^{a}4, 5^{a}4, 22^{b}7, 24^{a}24

πῦρ fire 火 4^{a}1, 6^{a}28, 16^{a}2, 9, 15, 18, 19^{a}23。火爲最輕的物質（γλαφυρωτέρως），5^{a}8. πύρινος火樣的，35^{a}12.. πυρώδης熾烈的，19^{a}3

Ῥαπίζειν beat with a whip 鞭擊（棒打） 19^{b}23

ῥεῖν flux 流動 5^{a}27

ῥίζα root 根 12^{b}3, 16^{a}4

ῥυθμός rythm 流動態，節律 4^{a}7

Σάρξ flesh 肌肉 8^{a}15, 22^{b}21, 23^{a}14, 19, ^{b}26, 26^{b}15, 29^{b}12, 13, 16

σείειν ibrate 震盪，波動 20^{a}26

σελήνη moon 月 5^{b}1

σημεῖον meaning 命意 19^{a}11, 20^{a}15, 21^{a}23, 24^{a}21, 35^{a}9. σημαντικός, indicative指引，具示，20^{b}32

σήπειν decay, corrupt 衰壞 11^{b}9

σιγή silence 寂默 22^{a}23

σίδηρος iron 鐵 24^{a}19。致使鐵屬運動的「石塊」（磁鐵礦石magnet），5^{a}21

σιμός snub-nose 凹鼻（塌鼻樑）29^{b}14, 31^{b}13（一個凹的「通式」，寓於一個凹鼻—「個別事物」之中）

σκιά shadow, shade 暗影，陰影 19^{b}32

σκέπασμα shelter 覆蓋（房屋） 3^{b}4, 12^{b}2

σκληρός hard 硬的 22^{b}27. σκληρόσαρκος 硬性肌肉，21^{a}25. σκληρόφθαλμος 硬眼動物（蝦蟹），21^{a}13, ^{b}28, 30

σκότος darkness 暗冥 18^{b}11, 18, 31, 22^{a}21. σκότος καὶ φῶς 暗冥與光明並舉，25^{b}22. τὸ σκοτενόν, a dark body暗體 18^{b}29

σκώληξ earth worm 土蠕蟲（蚯蚓）28^{a}11

σπάλαξ mole, talpa 鼴鼠 25^{a}10

σπέρμα seed, sperm 種籽 12^{b}27

σπόγγος sponge 海綿 19^{b}6

στάσις rest 休止，靜定 12^{b}17

στερεός solid, solid body 立體 23^{a}13. τὸν δὲ τοῦ ἐπιπέδου ἀριθμὸν δόξαν, αἴσθησιν δὲ τὸν τοῦ στερεοῦ，「平面」三數［爲太三］即意願，而「立體」之數［太四］，就是感覺，4^{b}24

στέρησις privation, negation 闕失，否定（負） 16^{b}20, 18^{b}19, 30^{b}21

στιγμή point, dot 點 3^{a}14, 7^{a}12, 13, 9^{a}6, 20, 29, 27^{a}10, 30^{b}20

στοιχεῖον element 元素 4^{a}5, ^{b}25, 5^{b}8, 13, 23^{b}28. τοῦς σωματικοῖς στοιχείοις 物質

諸元素，$10^{a}29$. στοιχείων, elements諸要素，$10^{a}18$

στόμα　mouth　口，嘴　$12^{b}3$

στοργή, ἡ　love　愛親屬之愛，$4^{b}13$－15, $10^{b}6$

στρατηγεῖν　to be a general　成爲一將軍　$17^{b}32$（一個兒童爲潛在的一位將軍，迨既成人而眞爲一現實的將軍）

στρυφνός　astringent　苛酷的　味感品評，$22^{b}13$

συγγενής　same kind　同種屬的　$8^{a}8$

συγκεφαλαιοῦν　summary　綜合，總結　$31^{b}20$

συλλογισμός　syllogism　綜合論法（三段論法）　$7^{a}27$, 34, $34^{a}11$

συμβεβηκός, κατὰ　incidentally　偶然　偶然屬性，$2^{a}15$, $^{b}18$, 21, $6^{b}5$, $7^{b}7$, $9^{b}14$, $14^{b}9$, $18^{a}9$, 20, $25^{a}25$

συμπέρασμα　conclusion　結論　$7^{a}27$, $13^{a}16$

συμπίπτειν　fall together, agree with　相遇合，關聯　$25^{a}23$. σύμπτωμα, the con-comittent輔隨性狀，$34^{a}32$

συμπλοκή　combination　聯綴，綴合　$28^{a}25$, $32^{a}11$

συμφυής　growing together　天然共生　$20^{a}4$, 12, $23^{a}5$

σύμφυτος　connate, inborn　內蘊，合生　$6^{b}30$（αἰσθησῖν σύμφυτον ἁρμονίας感覺所內蘊的諧和）

συμφωνία, ἡ　harmony（symphony）　諧和，協調　$24^{a}31$, $26^{a}27$, 29, $^{b}6$

συνέχεια　continuum, succession　延續體，延續性　$9^{a}14$, $15^{b}3$, $20^{a}3$, $30^{b}2$.

$17^{b}3$. σώζειν, to save救助，保護，$11^{b}23$, $16^{b}14$, $22^{b}4$, $34^{b}26$

Τάχος slow 慢 $20^{a}33$

ταχύs rapid 速 $20^{a}32$

τεκτονική technics 工藝，技藝 $7^{b}25$. τέκτων, carpenter木匠，$3^{b}13$, $16^{a}1$

τέλος end, extremity, completion 終止，終點，達到目的（完成）$7^{a}27$, $13^{a}30$, $15^{b}17$, $16^{b}24$, $32^{b}21$, $34^{b}1$. τελεῖν, tofulfill完成，$31^{a}7$. τέλειος完整的，$15^{a}27$, $32^{b}23$. τελευταῖος完畢，$15^{a}7$. τελευτή，終端，$33^{b}23$。自然萬物之生存於世上，各有目的，$34^{a}32$

τέμνειν divide 分割，分離 $31^{b}24$

τετραγωνισμός, ὁ squaring [a rectangle] 乘方，正方 $13^{a}17$-19（轉變一長方形爲一正方形）

τετράγωνοη rectangle 四等角形（長方）$14^{b}31$

τέχνη art 藝術 $7^{b}26$. τεχνίτης, technician工藝家，匠師，$3^{b}13$

τὸ τί ἦν εἶναι (τί ἐστι) quiddity, essence 怎是，實事 $2^{a}13$, 17, 24, $^{b}17$, 22, $12^{b}10$, $29^{b}19$, $30^{b}28$

τμῆσις cutting into a shape 斫削（成形）$12^{b}28$

τόνος, ὁ tightening of a cord 繃緊（一條弦）$24^{a}32$

τόπος locus, place, space 位置，地方，空間 $6^{a}16$, 21, $8^{a}33$, $9^{a}24$, $13^{a}24$, 28, $^{b}3$, $20^{b}26$, $27^{a}5$, $32^{a}17$, $34^{b}30$

τραχύτης roughness, harshness 粗澀 粗澀爲聲音諸品評（差別）之一，$22^{b}31$

τρίγωνον triangle 三角形 2^{b}20, 14^{b}22, 31

τρίπηχυς 3 cubits 三肱（長度） 6^{a}19

τρίχος hair 毛髮 10^{b}1

τροφή food, nourishment 食料，營養 11^{b}27, 13^{a}25, 31, ^{b}5, 14^{a}32, 15^{a}23-16^{b}31, 34^{a}22, ^{b}19. τρέφειν, to feed, to take food飼食，進食，13^{a}30, 14^{b}8, 15^{b}27, 16^{a}29, 35, ^{b}7, 9, 20, 21, 23, 25, 34^{b}20. τρέφεται καὶ τρεφόμενον餵飼與受食，16^{b}22。「靈魂的營養機能」ἡ αὐτὴ δύναμις τῆς ψυχῆς θρεπτικὴ （即植物靈魂），II, 4, 15^{a}15-16^{b}18。營養過程三要義：（甲）受到餵飼的動物、（乙）所以飼之者何物、（丙）餵飼與所進食兩都賴「第一靈魂」（ἡ πρώτη ψυχή），即營養靈魂，亦即「飼養者」（τρέφον），16^{b}19-31.「一切涵有靈魂的生物」（πὰν μέψυχον）皆內蘊有熱量（τὸ θερμόν），生命熱度（θερμότητα）作用於食料以行「消化」（τὴν πέψιν）而資給生物的生存與生長的一切所需 16^{b}28-30

τύπτειν strike, blow 打擊 19^{b}12, 20^{a}20. τὸ τύπτον, that which strikes打擊者，20^{b}32。打擊者（樂工）與「被打擊者」（τὸ τυπτόμενον, the thing being struck）例如一鐘，19^{b}4-25，說發作聲者

Ὑγίεια health 健康，衛生 14^{a}9. ὑγιαίνειν, to be healthy致於健康，14^{a}7：多病的人轉爲一健康的人 ὑγιὸς ἐκ κάμνοντος, 16^{a}25

ὕδωρ water 水 16^{a}26, 23^{a}25, 29^{b}11.

φιλία　love, friendship　愛，友愛　8^{a}22, 30^{a}30. φιλεῖν, to love愛，8^{b}26. καὶ τὸ φιλεῖν καὶ μισεῖν友愛與仇恨，3^{a}18

φιλόσοφια　philosophy　哲學　4^{b}19

φλέβιον (φλέψ)　vein　血管，血脈　22^{a}3

φόβος　fear, terror　恐懼，怖畏　3^{a}17. φοβεῖσθαι, frightened畏懼，被恐嚇，3^{a}20, 24, 8^{b}2. φοβερός可怕的，3^{a}23, 21^{a}15, 27^{b}22

φορά　locomotion　運動，移動　6^{a}13, ^{b}31, 34^{a}15

φορτικός　vulgar　粗淺的，浮薄的　5^{b}2（粗疏的作家）

φράγμα　protection, mail　護甲，護片　21^{b}29

φρόνησις　cognisance, prudence, understanding　審察，智解，領悟　4^{b}5, 27^{b}10, 25. φρονεῖν審辨，察識　17^{a}11, 27^{a}19, 21, 24, 28, ^{b}7. φρόνιμος擅於思慮，21^{a}22. τὸ φρονεῖν「智巧」作爲實用（心識）思想，相對於τὸ νοεῖν純理（心識）思想，27^{b}6-26

φρυκτός,beacon　火把，烽燧　31^{b}5

φυγή　flight　逃去，脫走　31^{a}12

φύεσθαι　bring forth, to beget　自然生長，孳生　2^{b}11, 6^{b}21, 13^{a}25, 33, 22^{a}28, 34^{a}26

φύλλον　leaf，葉　12^{b}2

φυσιολόγος,natural philosophy　自然哲學　6^{b}26, 26^{a}20. φυσικός, physicist物理學家，自然哲學家，3^{a}28, ^{b}7, 11, 12^{a}12, 20, 28, ^{b}5, 16, 15^{a}26, ^{b}18

φύσις　nature　自然，大自然，天賦，本性　2^{a}6, 3^{b}25, 4^{a}5, 5^{a}4, 6^{a}22,

者，τὸ λιπαρόν καὶ τὸ ἁλμυρόν油性物與鹵性物；ἀστρυφύτον καὶ ὀξύ辛辣與光酸味；τὸ δριμὺ καὶ τὸ ἀυστηρον刺舌的與粗澀味

χυτός the liquefied, the melt 液化了的，熔化了的 $6^{b}19$. ἄργυρον χυτόν, quick-silver, mercury液化銀，水銀（汞），$6^{b}19$

χωριστός being separated, the separable 分離了的，獨立存在 $3^{a}12$, $^{b}10$, 14, $13^{b}14$, $29^{a}11$, $30^{a}17$, $^{b}26$, $32^{a}20$. χωρίζειν予以分離，使之離立，$3^{a}11$, 14, $11^{b}29$, $12^{b}13$, $13^{a}31$, $26^{b}17$, 23, $27^{a}3$, 13, $30^{a}22$, $31^{b}14$, 19, $32^{a}4$。理知（心識）可離立於物身之外，III, 5, $29^{b}4$, $30^{a}24$

Ψαθυρός friable, crumbling 易碎的，可破碎的 $19^{b}35$

ψάμμος sand 沙 $19^{b}24$

ψεῦδης false 假的，錯的 $5^{b}32$. τὸ ψεῦδος, a lie, falsehood謊話，僞誤，$30^{a}27$, 30, $^{b}2$. ψεύδεσθαι, to be cheated, deceived欺謊，被誤，$27^{b}21$, $28^{a}4$, $^{b}22$

ψόφος sound 聲，音 $14^{b}10$, $19^{b}6$, 14, 19, $20^{a}21$, $^{b}11$, 29, $26^{a}7$. ψοφεῖν發聲作響，$19^{b}12$, $20^{b}14$, 30. ψόφησις聲響過程，聲聞感應 $26^{a}1$, 7, 12. ψοφητικός發聲者$20^{a}3$, $23^{b}5$, 13

ψυχή soul anima 靈魂 $2^{a}3$, $^{b}4$, $4^{b}12$, 16, 29, $5^{a}22$, $^{b}4$, $6^{a}1$, $^{b}10$, $7^{b}15$, 27, $8^{a}14$, $^{b}15$, $9^{b}5$, $11^{a}2$, $13^{b}11$, 26, $14^{a}18$, $15^{b}18$, $17^{b}24$, $27^{a}17$, $32^{a}15$, 23, $33^{b}1$。研究靈魂（生命）爲自然學家的要務，$3^{a}28$（參看I, 1, $2^{a}1$-$3^{b}19$）。關於靈魂，前賢諸家之說，I, 2, $3^{b}20$-

16^{a}8

第二定義：靈魂爲營養機能（θρεπτικόν）即植物靈魂，感覺機能（αἰσθητικόν καὶ κινητικόν）與運動機能，即動物靈魂，與思想或理性機能（διανοητικόν）即人類精神靈魂（anima vegetativa, ani.sensitiva, ani.spiritual）的三級組成。II, 3, 14^{a}28-15^{a}13；諸機能的區分與聯繫，11^{b}32-15^{a}2；以多角形圖案爲例，靈魂（生命）的高級機能包含逐級較低的諸機能，14^{b}29, 15^{a}12。靈魂諸部分（諸機能構製），μόρια τῆς ψυχῆς；λογιστικὸν（rational, calculative）理知，計算，θυμικὸν καὶ ἐπιθυμητικόν（passionate, or irascible and appetitive, or desiderative）情念與貪欲機能，III, 9, 32^{a}8-33^{a}9（情思與貪欲靈魂，同於欲望靈魂ὀρεπτικόν）。物身是靈魂憑以表現其功能的器官，II, 3, 14^{b}14-15^{a}13, 15^{b}18。靈魂的理性部分與無理性部分τὸ λόγον καὶ τὸ ἄλογον, 32^{a}27, ^{b}6。靈魂構製的又一區分：㈠νοητικόν, intellectual faculty，理知機能，32^{a}6, 33^{b}3；㈡βουλευτικόν, deliberative評選，意願機能，33^{b}3, 34^{a}7, 12；㈢ὀρεκτικόν, appetitive or desiring欲望或營養機能，32^{a}7, 29, ^{b}3, 26, 33^{b}3. τὸ αἰσθητικόν感覺機能（靈魂），16^{a}32-18^{a}6, 32^{a}29, 33^{b}2. τὸ ἐπιστημονικόν, faculty of knowledge知識機能，34^{a}16; ὁ θεωρητικός, speculative faculty理想（推理）機能，33^{a}15。計算（或推理）即理想機能，籠蓋所有挨次而下的諸機能：

$11^{b}29$, $13^{a}31$, $14^{b}29$, $15^{a}8$
靈魂作爲一個量度（μέγεθός 體段）是不精審的，$7^{b}3$-15。靈魂寓於物身之內，但在彼身內，不著落於任何特定的位置，$6^{a}16$。人們憑其靈魂這一實是（本體），建立生活，以施取感覺，而行思想，$14^{a}12$，故靈魂爲生物（具有生命的機體）之「本因與本原」ἔστι ἡ ψυχὴ τὸν ζῶντος σώματος αἰτία καὶ ἀρχή，$15^{b}8$；別無它物，凌駕於靈魂而爲之主宰，I, 5, $10^{b}13$-15。本乎自然，而做合理的假設：「心識」（ὁ νοῦς, mind）蓋是具有靈魂的動物的主宰，$10^{b}16$。靈魂爲一整體，抑或因其各種機能之別而爲各個機能部分所構成？$2^{b}10$, $11^{a}25$-$^{b}30$, $13^{b}13$, $32^{a}20$；一切動物不是統備所有各項靈魂機能的，「推理與計算（即理想心識）」διανοιαν καὶ λογισμόν（τοῦ θεωρητικοῦ νοῦς）機能，高於其他諸機能者，唯人爲備，$11^{b}29$, $13^{b}32$, $14^{b}29$, $15^{a}7$-12。「萬物（宇宙間一切事物）皆備於靈魂之內，」（ἡ ψυχὴ τὰ ὄντα πώς ἐστι πάντα），$31^{b}21$。靈魂之內所涵存的萬物只是「普遍形式（公式）」（τῶν καθάλου），不是「個別事物」（材料）（τῶν καθ' ἕκαστον），$17^{b}23$, $31^{b}28$
ψυχή「靈魂」這詞的字源，$5^{b}26$-30。
靈魂與動物生活，III, 12, $34^{a}23$-$^{b}25$；人們愼修於靈魂諸機能間的相互關係而善爲操持，以成就其生活，並進於優良生活，$94^{b}25$
泰勒斯認爲「萬物皆充溢於神性」

πάντα πλήθη θεῶν εἶναι, 11^{a}8：人們因而說「一切事物，咸有靈魂，」實際上，一切事物不皆有靈魂，11^{a}7-23。靈魂爲可區分的若干部分之組合，抑或爲不可區分的一個單體？I, 3, 407^{a}10-13, III, 6, 30^{a}26-^{b}32。靈魂是否有某部分，可離立於身體，8^{b}18-29。「靈魂諸感受」（τὰ τῆs ψυχῆs πάθη［八情］）「皆結合於物身（人身）」（πάντα εἶναι μετὰ σώματοs），3^{a}17-19。「若無物身（人身），靈魂不能存在，然而靈魂絕非物身」μήτ' ἄνευ σώματοs εἶναι, μήτε σῶμά τι, ἡ ψυχῆ, 7^{b}15-26, 14^{a}20-22

「靈魂同合於心識」ἁπλῶs τ' αὐτον ψυχῆν καὶ νοῦν, 4^{a}29. 主動心識（III, 5）：「在行施其主體活動中的心識是獨立而可分離的，不被動的，是單純的。」οὗτοs ὁ νοῦs χωριστὸs καὶ ἀπαθὴs καὶ ἀμιγὴs τῆ οὐσίᾳ ὢν ἐνεργεία, 30^{a}17-18。心識能由己地自行思想，［理知機能的］這樣的思想同一於所思想物（理知客體），29^{b}23-29。「感覺機能與身體不相分離，而『這』（『心識』）卻是可離立於身體的。」τὸ μὲν γὰρ ἀισθητικὸν οὐκ ἄνευ σώματοs, ὁ δὲ χωριστόs, 29^{b}4-5。心識（純理心識）只思想於所思想物，例如數理公式（類於自己想自己），這時就脫離了感覺與身體，III, 7, 31^{b}16-29（論感覺與思想）。分離而獨立了心識（理性靈魂，純理機能）才顯見其眞實存在，只有在這樣的情況中，它才是「不死的，永恆的」（ἀθάνατον καὶ διον），30^{a}23-25。營養靈魂的諸功能之重要者爲「生殖功能」ἔργα γενήσαι

索引三 《自然諸短篇》與《炁與呼吸》題旨索引

的原始機能（感覺自應），$54^{a}20$-24

αἴσθημα, the thing perceived or felt所感覺物，$56^{a}20$, $60^{b}2$, 29, $61^{a}26$, $^{b}22$.

αἰσθηνόμεθα, what is perceived感覺所成像，$58^{b}9$. αἰσθήσεως ὑπεροχή, increment of sense感應的微增值，$46^{a}11$. αἰσθήσεως τινος, some consciousness感性自覺，$56^{a}26$. τὴν αἴσθησιν, μεταφερόντων, after-effect of sensation後遺感覺，$59^{b}9$, $60^{b}2$

ἀπατώμεθα περὶ τὰς ἀισθήσεις, perception being cheated被給了的感覺（錯覺illusion） $62^{b}2$-27：㈠人在情緒激動時，（甲）有如「儒夫在驚恐中」ὁ δειλὸς ἐν φοβῷ，或「情人在戀愛中」ὁ ἐρωτικὸς ἐν ἔρωτι，或（乙）人「在盛怒中」，ἐν ὀργαῖς或正有「種種熱望時」，ἐν πάσαις ἐπιθύμιαις他們的耳目易於受給而感應發生錯誤，$60^{b}4$-10。㈡患病的人，例如在「發燒（染了炎症）」πυρετιοῦσι，其視聽所見聞，常屬虛妄 $60^{b}11$-17。「錯覺」三實例：①巨大的「太陽」看起來只有「一尺直徑」ὁ ἥλιος ποδαῖος；②兩指交義，夾持一丸球，人之觸感，乃「感一似兩」τὸ ἓν δύο φαίνεται；③「人在沿岸行駛的舟中」，不知舟進（舟動），只見岸退（岸動） ἡ γῆ δοκεῖ τοῖς πλέουσι κινεῖσθαι κινουμένης τῆς ὄψεως ὑπ' ἄλλου. $60^{b}17$-27

αἴτια cause 原因，緣由 $37^{a}12$, 20, $53^{b}14$, 17, 20, 23, $57^{a}8$, $^{b}2$, $62^{b}27$, 29。四因（極因、動因、物因、本因）$55^{b}9$, 13, 14：效因（即動因）ef-

27, 30, ^{b}1, 44^{a}12, 45^{a}26, 56^{b}3, 19, 34, 57^{a}25, 29, ^{b}14, 58^{a}2, 6, 9, 62^{b}6, 69^{b}31, 80^{a}10. ἡ κάπνωδης αναθυμίασις 煙嘘氣，43^{a}21, 31

ἄναιμος bloodless 無血的 τῶν ἀναίμων, the bloodless animals無血動物，38^{a}24, 56^{a}11, 35, 66^{a}5, 69^{b}6, 74^{b}2, 75^{b}15, 79^{a}1

ἀναίσθητος state of unconsciousness 失去感覺 40^{a}22, 41^{a}5, 48^{a}25, ^{b}3, 16（參看ἐκνοία, derrangement失去思慮，神經錯亂，55^{b}7）

ἀνάκλασις reflection 反射，反映 37^{b}10, 38^{a}8

ἀνάληψις, ἡ regaining 恢復 （amend 補償）51^{a}20（ἀναλαμβάνειν, take up追補，取得），51^{a}22, 56^{b}6, 60^{a}32

ἀναλισκειν consume 燃燒，消耗 65^{a}25, 66^{b}31

ἀνάλογον analogy 比擬，比照 51^{b}20-21，比照爲回憶三線索之一（即「相關聯」）。見於43^{b}7, 11, 52^{b}12, 16, 69^{b}17, 79^{a}1

ἀνάμνησις reminiscence, recollection 回憶 51^{a}21, 52^{a}1, 53^{a}15, 65^{a}22. αναμνηστικός敏於回憶的人，49^{b}7, 53^{a}4. περὶ τοῦ ἀναμιμνήσκεσθαι, about recollecting, 「關於回憶」51^{a}18-53^{b}13。回憶三線索（ἀφ' ὁμοίου ἢ εναντίου ἢ τοῦ σύνεγγυς「相似」、「相反」與「相關聯」）之一，51^{b}20-21（「相關聯」σύνεγγυς，同於相比照）

ἀνάπαυσις rest, repose 靜休，歇息 38^{a}32，睡眠的「安息」作用，旨在護

ἀνομαλία unevenness 不齊，失律 $83^{a}4$

ἀντιπερίστασις replacing 置換（mutual reaction，相互反應）$57^{b}2$, $58^{a}21$

ἀντιστρέφειν make connter proposal 反議 $56^{b}23$, 27

ἄντωσις reaction 反應，抗衡擊（anti-thrast）$80^{a}14$

ἄνω, τὸ upwards 向上 $68^{a}1$, $77^{a}22$，「向上」，或「上部」（upper part）與τὸ κάτω「向下」或下部，對岸

ἀορτή aorta 掛脈，氣脈（artery動脈）$58^{a}19$

ἀπάτη error, deceit 錯誤，欺罔（fallacy謬失）$58^{b}27$, $65^{a}23$。在病中或睡眠時「被紿了的」感覺（感應）ἀπατωμέθαι，ἐν τοῖς νόσεις καὶ ἐν τῷ ὕπνῳ（sensation as deceived in disease or in sleep），$58^{b}27$-28（錯覺illusion，或錯覺效應illusary effect）。交叉兩指挾一丸的觸感錯覺例，$60^{b}20$-23, $61^{b}3$

ἄπειρος infinite, indefinite 無限，無定限 $40^{b}24$, $42^{b}21$, $45^{b}3$, 27, $71^{b}24$。與有定限者對舉（ἄπειρον καὶ πεπειρασμένον），$49^{a}22$-23

ἀπόλυσις release 釋放 $79^{a}22$（ἡ τῆς ψυχῆς ἀπάλυσις「釋放靈魂」同於θάνατος「死亡」或τελευτῶσις「生命終了」）

ἀποπνίγεσθαι being suffocated 窒塞 $70^{b}23$, $71^{b}19$, $75^{a}26$, $78^{b}16$, $79^{b}9$（ἀποπνίγω, to be choked, or drowned 悶死或溺死通稱「窒塞」）

不操持（與「不運動」ἀκινητίζειν，並舉），55^{a}30, ^{b}3

ἄργυρος　silver　銀　43^{a}19

ἀριθμός　number　數　算術之數，39^{b}28, 32, 40^{a}2, 5, ^{b}20。數比，39^{b}22, 42^{a}13。數一，46^{b}23, 47^{b}13, 24, 49^{a}14, 17。專項感覺之數五，44^{b}19, 45^{a}6

ἀρκῶν　elbow　肱　84^{b}13

ἄρρην　male　雄性　66^{b}10，與θῆλυς, female雌性對舉

ἀρτηρία　(1)windpipe　氣管，喉管　71^{a}22, 73^{a}19, 76^{a}31, 34, 81^{a}22, 82^{b}8, 83^{a}24, ^{b}3, 30, 84^{a}1-5（同於τραχεῖα, trachea）；(2)arteria, (air duct)動脈（通氣管），82^{b}8, 11, 83^{a}5, ^{b}14, 22, 30, 84^{a}14, 34

ἀρτιάζοντες　man, casting die　擲骰的人　63^{b}20（man playing odd and even bycasting a die擲骰，憑奇偶以占吉凶的人們）

ἀρχή　principle, source　要素，本原，源始，起點　51^{b}30, 52^{a}6, 17, 26, 59^{b}3, 62^{b}26, 68^{b}22, 69^{a}6, 78^{b}25, 33, 79^{a}2, 80^{b}28。心臟爲血液的源泉，58^{a}17. ἡ ἀρχὴ τῆς αἰσθητικῆς ψυχῆς καὶ αὐξητικῆς καὶ θρεπτικῆς「感覺，生長與營養靈魂的本原」存在於心臟，69^{a}26. ἐπεὶ μικραὶ πάντων αἱ ἀρχαί（The begining of all things are small）凡事皆發端（肇始）於微少，63^{a}18

ἀσθένεια　weakness　弱質　sicklyness，病弱，53^{b}30

ἀστρόβλητος　sun-struck　日曝（灼焦）

ἀφαιρεῖν, to abstract抽象，$41^{a}12$, $44^{b}22$, 24, $46^{a}7$, $47^{a}23$, $48^{b}5$, $62^{b}22$, $66^{b}28$, $68^{a}23$, $71^{a}6$

ἀχλύς mist 霧 $40^{a}13$

Βαδίζειν walk 行走 （progress行進）$45^{a}27$, $48^{b}7$

βάθος deep, depth 深 $40^{a}14$, $60^{a}20$

βαλεῖς die-casting 擲骰 ἄν πολλὰ βάλλῃς ἄλλοτ' ἀλλοίον βαλεῖς 倘你擲骰盡多次，總可得一異彩，$63^{b}21$

βάρος, τὸ weight 重量，重物 $42^{a}6$, $45^{b}5$, 12, $53^{b}1$, $58^{a}25$. ὀξέος καὶ βάρεος 輕高音與低重音對舉，$47^{b}2$, βαρύς, heavy 重的，$47^{b}3$

βάτραχος frog 蛙 $61^{b}16$, $70^{b}18$, $75^{b}27$. οἱ πεπλασμένοι βάτραχοι, frogs made of plastics （wax）—artificiae frog蠟製蛙

βαφή dipping 浸漬 $45^{a}14$（immersion淹沒）

βιά force, might 勢，力 $72^{a}18$. βιάζεσθαι 行使暴力，$44^{a}1$, $71^{b}2$. βίαιος 強暴，$74^{b}17$, $78^{b}24$; violent death τελευτῶσις βίαιος 橫死，$79^{a}21$, 33

βλέφαρον eyelid 眼瞼 $44^{b}25$, $56^{b}32$, $57^{b}4$

βοός ox 牛 $85^{b}21$

βουλεύσθαι deliberation 評議，抉擇 $53^{a}12$，評議或抉擇是「一個推理過程」（συλλογισμός τίς）。τὸ βουλευτικὸν, deliberative capacity評議功能，$53^{a}8$-12

βράγχιον gill 魚鰓 $71^{a}29$, $75^{a}12$, $76^{a}1$, 5, 7, 10, $^{b}5$, $80^{b}14$, $83^{a}22$

84^{a}32. γλίσχρότης, viscosity稠度，41^{a}25, 67^{a}8

γλυκύς sweet (to the taste) 甜味 42^{a}2, 8, 11, 13, 43^{b}9, 47^{b}28, 48^{a}15, 49^{a}5, 55^{a}18, 67^{a}4

γλῶττη tongue 舌 76^{a}19，舌兼司辨味與言語兩項功能

γνωνίζειν recognize 認識 42^{b}13, 49^{b}14, 52^{b}7, 53^{a}4, 9, 58^{b}3. γνώριμος, an acquaintance相知深切的朋友，64^{a}29

γραμμή line 線 60^{b}12

γραφή picture, painting 圖畫 50^{b}16, 30. γράφειν繪畫，50^{a}3, ^{b}21, 32. γραφείς畫家，40^{a}8

Δαιμόνιοη,τὸ daimonion 精靈 53^{b}23, 63^{b}14

δειλός,ὁ coward 儒夫 60^{b}5

δεκτικός receptive, receptacle 容器，受納部分 39^{b}7, 45^{a}24, 65^{a}22, 68^{a}24, 74^{b}7。容受機能（recipient），53^{b}29

δελφίνος dolphin 海豚 76^{b}14, 21

δένδρον branch (tree) 樹枝 67^{a}10; δενδρώδης, treelike，樹木樣物（木本植物），67^{b}1

δέρμα skin 皮膚 83^{b}16, 84^{b}1

δεσμός fetter, bond 鎖銬，束縛 54^{b}10, 26

δημι-ουργός maker, author 製造者，作家 42^{a}5, 85^{b}13-16（自然之爲一作家與其工藝）

διάζωμα midriff 橫膈膜 75^{a}2

διάθεσις arrangement 排列 77^{b}18（自然所安排的一個境界）

διαιρεῖν to divide 區分，區劃

57^{b}25

ἔλαιον oil, olive oil 油，橄欖油 41^{a}25, 60^{a}28

ἐλέφας elephant 象 66^{a}13

ἐλπίς expectation 希望，期待 49^{b}27. ἐπιστήμη τις ἐλπιστική 關於「希望」(hope）的專門之學（知識），49^{b}12

ἔμβρυον embryo 胎兒，胚胎 38^{a}19, 57^{a}21.（83^{a}13, κυούση, foetus胚胎）

ἐμπειρία expirience 經驗 62^{b}15, παρέχεται πίστιν ὡς ἐξ ἐμπειρίας 積累的一些經驗肇成了信念（輕信）

ἐμπυρεύειν to fire, firing 點火，著火 69^{b}16, 74^{b}15; ἐμπυρεῦσις［靈魂的］內含火，78^{a}30, ἐμπυρευμένης 內燃火，69^{a}2-12, 28, ^{b}12, 16, 73^{a}4, 74^{a}25-^{b}13, 79^{a}29, 80^{a}16

ἐμύς hemydes, testudo 陸龜 αἱ ἐμύδες 淡水魚包括tortoise 70^{b}18, 75^{a}28

ἔμφασις reflection 反照，反映（ἐμφαῖνεσθαι, reflect）38^{a}6, 9, 12, 64^{b}11, 12, 39^{a}9, 12, 59^{a}6, 61^{b}11, 64^{a}12, 26

ἐμφυτεία grafting 嫁接 （植物蕃殖）67^{a}26, 68^{b}18, 23（αποφυτεία分枝插扦，67^{a}25：嫁接與插扡並舉，68^{b}17-27）

ἔναιμος blooded anim 有血動物 （the sanguineous），55^{b}31, 56^{a}4, 5, 35, 66^{a}4, 75^{a}21

ἐναντίος the contrary, opposite 對成，對反 41^{b}9, 42^{b}21, 45^{b}24, 26, 48^{a}2, 51^{b}9, 53^{b}27, 54^{b}1, 65^{b}5. ἐναντιότης, contrariety對反性，41^{a}14. ἐναντιώσεις, pairs of the opposites相反配對，42^{b}28,

41^{a}14, 42^{a}28, 43^{a}14

ἕξις habit (of mind and body) 習慣（兼生理與心理而言） 36^{b}5, 44^{a}9, 49^{b}25, 50^{a}30, 51^{a}16, 23, 27, ^{b}3, 74^{a}26, 78^{a}1. ἡ ἕξις καὶ διάθεσις 因安排（環境）而習成的慣性，77^{b}15, 18

ἐξισταμένοις lunatic 癡人，瘋子 51^{a}9

ἐπέτειος annual plant 一年生植物（草本）64^{b}25, 66^{a}2, 3, 6, 67^{b}2（τὰ ἔνια τῶν φύτων）

ἐπιγλωττίς epiglottis 小舌 76^{a}34

ἐπιθυμία appetite 欲望，貪欲 (desire) 43^{b}2, 54^{b}31, 60^{b}10

ἐπικρίνειν to judge, discriminate 審辨，評斷 61^{b}6, 25. τὸ ἐπικρῖνον, the discriminating faculty 審辨機能，61^{b}6

ἐπιλήψις lethargy 癲癇 57^{a}9

ἐπιπολῇ surface 表面（top surface 上層表面）40^{a}14, 59^{b}7. (1) παλλαὶ χρόαι τῷ πρότερον εἰρημένῳ . . . τις τῶν ἐπιπολῆς πρὸς τὰ ἐν βάθει 許多顏色從深層重沓塗抹，掩映到表層（「重沓渲染」）。(2) παρ ἄλληλα θέσις 多種色彩互間並陳（「多彩媲色」），述畫家之調色（設色）兩法，40^{a}13-^{b}8

ἐπίπτυγμα fold 夾層 ἐπιπτύγματα παρὰ τὰ δασέα「多毛的夾層」烏賊的排水孔，77^{a}4

ἐπίσκεψις inquiry 研究，考慮（consideration），36^{a}3, 77^{b}12

ἐπίσκοπεῖν examine 查驗 68^{b}17, 71^{b}27

ἐπιστήμη knowledge, science 知識，學術 48^{b}30, 51^{a}27, 65^{a}23.

ζωή　life, living　生命，生活　36^{a}15, 54^{a}14, 67^{b}7, 10, 79^{a}30

ζῷον　animal　動物（生物）36^{b}11, 12, 44^{a}5, 45^{a}1, 24, 50^{a}15, 53^{a}8, 54^{b}24, 55^{a}6, 56^{a}33, 63^{b}12, 66^{a}18, 67^{b}18, 25, 68^{a}14, ^{b}10, 69^{b}4, 7, 74^{a}27, ^{b}25, 76^{a}16, 77^{a}16, 78^{b}22. τῷ ἀίσθησιν ἔχειν ὥρισται τὸ ζῷον動物界的定義就是它們具備感覺，54^{b}25

動物界因其生活所在而分三類，各異其運動器官，54^{b}16。⑴ πλωγὰ, swimming anim海生「游水」有鰭動物，⑵ πτηνά空中飛翔「有翼」動物，⑶ πεζά陸居步行「具腳」動物。參看τὰ ἐνύδρὰ, aquatic anim水居動物，66^{a}11等；τά ἐν τῄ θαλάττῃ, marine anim海洋動物，39^{b}4等；ζῷα πεδά, land anim陸地動物，77^{a}30。參看75^{b}27-76^{a}15

ζωοτικά, τὰ　viviparous anim　胎生動物　73^{a}10, 75^{b}20. τὰ ζῳοτοκοῦντα ἐν αὑτοῖς內胎生動物（狗鯊），75^{b}20

Ἡδονή　pleasure, delight　歡樂，愉快　36^{a}10, 42^{a}16, 44^{a}2, 55^{b}19. ἡδύς, sweat, pleasant甜蜜的，可喜愛的［人或物］，39^{b}33, 43^{b}20, 44^{a}18. τὸ ἡδὺ καὶ τὸ λυπηρόν可喜愛的與不可喜愛的（苦厭的）對舉，43^{b}17-44^{a}7. ἥδυσμα，調味物品，42^{a}10

ἡλικία　age, manhood　老年，成年　50^{b}1, 53^{b}7, 57^{a}4, 6

ἥλιος　sun　日，太陽　40^{a}10, 41^{a}12, 46^{a}27, 57^{b}32. ὅμοιος ὁ ἥλιος ποδαῖος太陽，看來「似乎一尺直徑的量度」，58^{b}29, 60^{b}18

「過去」了的感覺——記憶 μνήμη：(3)有所感應於「未來」——「期待」ελπίs expectation, $48^{b}22$-28。「記憶程序」μνημονικòν παραγελλμα, programs of memorizing, $58^{a}21$

μυία musca, fly 蠅 $56^{a}14$, $75^{a}31$

μυκτήρες nostrils 鼻孔 $44^{a}28$, $73^{a}17$, 24

μυρμήξ ant 蟻 $44^{b}12$

μύρον myrrh 末藥，香料 $43^{b}34$，諷刺語：ὅταν φακῆν ἕψητε, μὴ πιχεῖν μύρον「你調煮羹湯時，請勿澆上香料。」

Νανωδῆs dwarf-like 侏儒（矮）型 $53^{a}31$, $^{b}6$, $57^{a}22$, 24, $67^{a}32$

ναυμαχίο navy battle 海戰 $63^{b}2$

νεότηs youth 青年 $36^{a}14$, $67^{b}10$, $79^{a}30$. νεότητοs καὶ γηρώs, the youth and old age青年與老年，$67^{b}10$-$70^{b}6$

νεῦρον sinew, tendom 肌腱筋 $83^{b}16$

νεφέλη cloud 雲 $59^{b}30$

νηστεία fasting 禁食 $70^{a}24$

νίτρον nitron 涅脫隆（λίτρον）硝石，礦鹽，$43^{a}13$, $77^{b}22$

νοήμα a thought 思想 所思想，$50^{b}29$, $51^{a}1$. νοητόs, the intelli- gible 可思想物，或可識知物，$37^{a}2$, $45^{b}16$, $50^{a}12$. ἔννοιαι ἀληθεῖs, real thought眞實的思想，$62^{a}29$. τῶν νοητῶν καὶ τῶν πράκτων 理想對象與生活實踐對象並舉，$37^{a}2$. νοητικόs, thinking faculty思想機能，$50^{a}16$, $58^{b}1$

νόσοs disease, sick 疾病 $36^{a}17$, $38^{a}5$, $42^{a}29$, $^{b}10$, $67^{a}19$, $72^{a}3$, $79^{a}23$, $80^{b}22$. νόσημα, sickness, morbid病患，$54^{b}6$,

無血的）66^{a}25, 70^{b}20, 75^{a}21, 77^{b}11

ὁλόπτερος holopteros 全翅（昆蟲）56^{a}14, 20

ὅλος,τὸ the universe 宇宙 （the whole大全）48^{b}13, 77^{a}22

ὄμμα eye 眼 38^{a}7, 20, ^{b}4, 9, 14, 19, 27（37^{a}24-38^{b}20視覺器官），50^{a}5, 54^{a}28, 58^{b}23, 60^{a}7

ὅμοιος like 相似 51^{b}19, 61^{b}29. ὁμοιότης, likeness像似，類似性，60^{b}6, 8, 61^{b}10, 19, 64^{b}6, 8（τῷ ὁμοίῳ τὸ ὁμοίον αὔξεται同類相增益）。憑「相似」、「相反」（τοῦ ἐναντίου）與相聯（σύνεγγυς）的事物，引起回憶的過程，51^{b}11-23

ὄνειρος,ὁ dream，夢 58^{a}33-64^{b}18。「夢由神啓」，τὴς ἀπὸ τοῦ θεοῦ αἰτίας！夢須是（甲）事件的「由以」（原因 ἡ αἰτία）或「示象」ἢ σημεῖα，或（乙）偶爾的「湊合」ἢ συηπτώματα, 62^{b}27-28。稱爲有兆成驗的異夢（夢兆）多出於「愚鄙的人們」ἀλόγιαι，實際只是「湊合起來的」（附會而成的），62^{b}22. θεόπεμπτα οὐκ ἂν εἴη τὰ ἐνύπνια, dream can not be sent by God夢，不是神送給做夢人的徵兆，63^{b}13, 17，「慧通的人們」τοῖς φροντιμωτάτοις，不行夢占，不信，夢境爲神兆，62^{b}21, 64^{a}20. ὀνειρο-κρίτης, ὀνειρο-σκόπος, ὀνειρό-μαντι圓夢人，判夢人，詳夢者；56^{a}27, 63^{b}12, 64^{b}6等

εὐθυ-όνειρος，vivid dream，栩栩然如在目前（印象分明）的夢，63^{a}25, ^{b}16, 64^{a}27, ^{b}9, 17。假借栩夢以說「預兆」的（προσορατικοι）都是些「鄙賤

πῆξις freezing 冷凝 43^{b}14, 16

πικρός bitter 苦味 41^{a}16, 42^{a}6, 13, 18, 27

πίναξ panel 畫版，畫幅 50^{b}21

πλασματώδης fictitious 虛妄的 72^{b}12, 73^{a}11

πλωτός sailing 駛船 54^{b}15, 60^{b}31

πνευμα air, breath 氣，呼吸氣 43^{b}4, 44^{b}22, 56^{a}7, 12, 16, 19, 57^{a}12, 63^{b}24, 71^{a}27, ^{b}1, 4, 73^{a}2, 8, 75^{a}8, 79^{b}19. τὸ πνεύματος 氣或炁，81^{a}10, 29, ^{b}14, 82^{a}33, ^{b}14, 83^{a}18, ^{b}13, 84^{a}3. τὸ σύμφυτον πνεῦμα, inherent breath, implanted breath, embodied br內蘊氣（炁）自然（生理）氣（炁），56^{a}13, 81^{a}1, 85^{b}11。「氣（炁）在動脈血管（arteria）中的三項活動」τροῖς αἱ κινήσεις τσῦ ἐν τῇ ἀρτηρίᾳ πνεύματος，ἀναπνοή，σφυγμος，τρίτη δ' ἡ τὴ τρόφήν，κατεργαζομένη，呼吸，脈搏，第三，消化食物，respiration, pulsation, digestion, 82^{b}14-83^{a}18

πλευραῖς ribs 胸脊輻骨 84^{a}28

πνεύμων lung 肺（呼吸氣管） 44^{b}3, 56^{b}10, 70^{b}12, 71^{a}22, 75^{a}13, ^{b}19, 76^{a}6, 77^{a}13, 81^{a}30, ^{b}18, 82^{a}34

πνιγεύς a choker 悶火爐 70^{a}9. πνιγμός, a choking，窒塞，56^{b}10

πνίξις choking 窒塞（悶火）（悶氣 suffocation）70^{a}9, 71^{a}31, ^{b}13, 75^{a}12, 28, 76^{a}13, 29

ποιητικόν, τὸ active agent 主動者 καὶ τὸ παθητικόν，與被動者並舉，65^{b}15

πολυγωνός polygon 多角形 42^{b}25

πολύπους polypus 鱆鯽（頭足綱：cuttlefish）$75^{b}10$, $85^{a}10$

πόματα, τὰ beverages 飲料 $44^{a}1$

πόνος toil 勞苦，困疲 $66^{b}13$（由於交配過度）

πορευτικά, τὰ anim. capable of locomotion 能移動位置的動物 $36^{b}18$, $68^{a}18$。能運動其全身的動物，在發覺當前事物之於己爲利爲害者，可遂行其或趨或避

πόρος ford, ferry 津渡 $38^{b}14$, $57^{a}13$, 26, $^{b}13$, $73^{b}3$, $80^{b}16$

πορφύραι murex 紫骨螺 $44^{b}13$

ποσόν, τὸ quantity 量 量與質 ποίον 並舉，$85^{a}34$-36（τὸ ποσὸν ὡρισμένον 有限量數）

πράξις practice 行動，活動 $36^{a}4$, $63^{a}23$-32

προβλήμασιν, τοῖς problemata 《集題》 $67^{b}30$-31

προορᾶν forseeing 預見（未來） $53^{b}21$, $62^{b}25$, $64^{a}18$, 25.「人之能感應預兆（先知未來者）」οἱ προοραντικοί, $63^{b}15$，蓋都是鄙俗的人，$62^{b}22$

πρόσθεν the front 前部，前身 $67^{b}30$（對照於後身 ὄπισθεν 而言）

πτέρυξ wing （鳥）翼，翅 $76^{a}4$, $85^{a}16$。鳥綱稱「有翼類」或「飛行類」τῶν πτηνῶν, $54^{b}16$, $77^{a}30$

πτόρθος shoot, budding 萌芽，嫩枝 $67^{a}13$

πυκνός solid, thick 固實，厚密 固實與「鬆散」μανός (thin, loose)並舉，$85^{b}30$. πυκνώθεις καὶ διαθάθεις, thickened

兆」σημεῖα…⑵只是「偶爾的湊合」σύμπτωμα（和所指事件，了無關係），$62^{b}27$-28

σύμφυτος inborn, innate, one's nature 自性，內蘊 $56^{a}17$, $58^{a}27$, $69^{b}7$. συμφύεσθαι 自性蘊生，$38^{a}27$, 29. τοῦ συηφύτου θερμοῦ（生理）內蘊熱，$58^{a}26$. τὸ σύμφυτον πνεῦμα（生理）內蘊氣（炁），$75^{a}8$

συμφωνία symphony 諧和 concord協調，$39^{b}31$, 33, $40^{a}2$, $47^{b}3$, $48^{a}20$

συναγωγή synagoge 集結，聯合（union）$76^{b}1$: συναγεῖν, toas-semble 集合，會聚，$37^{a}21$, $72^{a}34$, $76^{b}3$

συνέχεια continuaty 連延，聯結（continum）$45^{b}30$. σύνεσις, a joining結合，$62^{b}26$. συνεχής, continuous, close to連延，靠近，$45^{b}27$, 28, $46^{b}14$, $48^{b}22$, $50^{a}8$, $60^{a}10$

συνήθεια habit 習慣 $44^{a}2$（共同生活的常習）。συνήθης排列在一處，$52^{a}27$

σύνθεσις synthesis 組合，合成 compound, $65^{a}18$. συνθετός組合物，$45^{a}18$

συνίζειν contract 收縮 $75^{a}8$, $79^{a}27$, $^{b}14$, $80^{b}2$, 3.〔αἴροντι καὶ συνίζοντι (rise and fall) expansion and contraction [「升降」或]「脹縮」，說肺呼吸〕

συνκλεῖσις interlock 聯鎖 $84^{a}23$

συνοδός synodon 交會 a meeting會合，$57^{b}1$

συντείνειν melt, dissolve 溶解，熔化 $55^{a}34$, $69^{a}13$, 16, 20. σύντηγμα, solution 溶液，$56^{b}35$（消化剩液）。συντήκειν 溶解，熔化，$79^{a}10$…συντηκτικός消溶物

$45^{b}22$, $46^{a}2$

φιλοσοφία　philosophy　哲學　$64^{b}33$. φιλοσοφός，哲學家，$36^{a}11$, $63^{a}8$，哲學家爲具足智慧而愛重知識，愛重眞理的人。φιλοσοφεῖν，說理，$63^{a}7$

φλέψ　vein, blood vessel　血管，血脈（φλεβός 血脈，ἀρτηρία 動脈血管，τῆς μεγαλῆς φλεβός 大血管，即靜脈）$55^{b}7$, $56^{b}1$, 4, $57^{a}13$, 23, $^{b}21$, $58^{a}8$, 18, $69^{b}33$, $73^{b}2$, $74^{b}7$; $80^{a}11$, $83^{b}17$, $84^{a}33$. φλεβώδης, veins血脈，$57^{a}26$, $60^{a}5$;$83^{b}19$, 25, 30. φλεβονευρώδης, veins of tendem，肌腱組織的血管，$78^{b}8$

φλέγμα　phlegm　黏液　$58^{a}3$, $63^{a}14$

φλόξ　flame　火焰　$37^{b}18$, 22, $66^{b}30$, $69^{b}33$, $79^{a}19$。火焰作爲火的「飼料」ἡ τροφή, $65^{b}23$：火焰大小，喻壽命長短，$65^{b}22$-32

φόβος　fear　害怕，惶恐　$53^{a}26$, $79^{b}22$, 26。驚恐與「企望」ἐλπίσις和衝突（苦惱）ἀγωνίας並舉，$83^{a}4$

φοινικίος　fulvus　紅，火紅　（red紅）$40^{a}1$, 12, $42^{a}23$, $59^{b}16$. τὸ ἀλούργον καὶ φοινικοῦν 海紫與火紅爲最可喜的色彩，$40^{a}1$

φοῖνιξ　date-palm　椰棗　$66^{a}10$

φολιδωτός　horny-scale animal　棱甲動物　$66^{b}20$, $75^{b}22$

φρόνησις　prudence, practical wisdom　謹敏，智巧　$37^{a}1$, 11, $50^{a}16$. φρόνιμος, thought愼思，$37^{a}15$, $62^{b}21$, $64^{a}20$. φροντιζεῖν, meditate，深思，沉想，$45^{b}2$, $64^{a}29$; φροντιστικός深思熟慮的人，$64^{a}23$

φῦμα abscess, tumor 瘡癤，腫瘤 79^{a}24, ^{b}28, 33

φῦσα bellows 風煽 74^{a}12; ταῖς φύσαις ἐν τοὶς χαλκοίοις 冶銅作坊內用的鼓風皮囊，80^{a}21, 29

φύσις nature 自然，本性 36^{b}1, 39^{a}23, 33, 41^{b}11, 17, 43^{b}6, 44^{a}10, 25, ^{b}4, 50^{a}6, 52^{a}28, ^{b}1, 53^{b}9, 24, 55^{b}17, 63^{b}14, 65^{a}27, ^{b}29, 69^{a}28, 71^{b}26, 72^{a}2, 18, 76^{a}13, 18, 77^{b}1, 6, 19, 78^{a}7, ^{b}25, 79^{b}1. ἐν τοῦτῳ γὰρ ἡ φύσις ἐμπεπύρευκεν αὐτήν 爲此故，自然自行點燃了［生命之］火，74^{b}13. μάτην οὐδὲν ποιοῦσαν ἡ φύσις 自然不造任何無用之物，76^{a}13. τὴν φύσιν... ἐν πᾶσιν ἐκ τών δυνατῶν ποιοῦσαν τὸ κάλλιστον 自然於任何機會，都應用手頭材料創造最優良的事物，69^{a}28-29。對於火，自然既運用之爲工具，兼也應用之以爲材料，85^{b}7-8

φυσικῆς τῆς δυνάσεως, natural（vital）functions 自然功能，85^{b}5-8. φυσικός, natural philosopher 自然學家，36^{b}17, 66^{b}32, 70^{a}23, ^{b}6, 72^{a}2, 80^{b}24

φυτόν plant 植物，草木 42^{b}26, 54^{a}17, ^{b}27, 31, 66^{a}9, 67^{a}6, 12, 22, ^{b}2, 24, 68^{a}8, 30, ^{b}6, 17, 70^{a}20, 77^{a}28, 78^{b}27, 79^{b}3

φώκη seal 海豹 phoca, 75^{b}29

φωνή voice 嗓音 37^{a}11, 40^{b}26

φῶς light 光 37^{a}32, ^{b}13, 16, 38^{a}30, ^{b}2, 39^{a}18, 27, ^{b}16, 46^{a}27, ^{b}27, 47^{a}11, 62^{a}23。光是「示現於透明體中的火性事物」τι πυρῶδες ἐν διαφανεῖ, 39^{a}18-20

Χαίρειν, τὸ joy 愉悅 44^{a}32, 54^{b}31 （τὸ χαίρειν καὶ τὸ λυπεῖσθαι 歡樂與悲憂並舉）

χαλκός copper, bronze 銅，青銅 43^{a}18, 73^{b}16. χαλκεῖον, copper forge 冶銅坊，74^{a}13. τὸ χαλκευτικόν, copper smith art of 銅匠技術 85^{a}35. χαλκεῖος 銅製的［管道］，83^{b}21. ὁ χαλκος, bronze mirror 青銅鏡，60^{a}15

χείρ hand 手 54^{a}29, 84^{b}13。水無黏度，不能用手捧起，41^{a}26

χελώνη tortoise, testudo 龜 70^{b}19, 79^{a}5; χελ. αἱ θαλάττιαι 海龜，蠵龜，75^{b}29。龜的心臟，68^{b}15. χελ. χερσαῖος 陸龜，75^{b}28

χίτων cuirass 鐵甲片 （mail） 80^{a}4

χολή bile 膽汁 57^{a}31

χρόνος time 時，時序，時間 40^{a}22, 46^{a}30, ^{b}1, 48^{a}24, ^{b}16, 49^{b}28, 29, 50^{a}8, 10, 22, 51^{a}17, 52^{b}7, 24, 53^{a}7. χρονίζειν, spend time，消磨時間，51^{a}30, 75^{b}5. χρόνος ἀναίθητος, imperceptible time，不可感覺的（失察了的）瞬息 48^{a}10

χρυσός gold 金 43^{a}17. τὸ χρυσοχοϊκόν, gold-smith 金匠，85^{a}34

χρῶμα colour, hue 色，顏色，色彩 37^{a}7, 39^{a}7-40^{b}27, 42^{a}12以下，45^{b}21以下，46^{a}10, 55^{a}24, 58^{b}6。色彩和滋味一樣，各有七個品種（品級），42^{a}21。七色：λευκός 白，ξανθόν 黃，φοινικός 紅，ἁλουργόν 海紫，πράσινος 綠，κυανός 藍，μέλαν 黑，42^{a}20-25. φαιόν「灰色」，作爲黑的一個變種，42^{a}21：黃爲白色的一個變種，42^{a}22

（本質），67^b14。靈魂諸部分（機能分析），49^b5, 50^a16, 54^a12, 67^a17, 25. ψυχ. θρεπτικόν「欲望靈魂」（anima vegetativa植物靈魂）爲動植物所通備，54^a13, 74^b10; ψ. αἰσθητικόν「感覺靈魂」（anima sensitiva）爲動物所通備而植物所不備，38^b2, 50^a28, 67^b20以下，68^b2, 69^b5. δύναμις, τὸ λογοστικόν（ψ. διανοητικόν理知靈魂）理致機能［精神靈魂anima spiritulae唯人類具有］，不能在物身內求其位置，這只是寓於（生命）炁內的

ψύχρος　cold　冷的　（τὸ ψύχρος, coldness冷）37^a12, 43^b16, 44^a10, $^b1$, 57^a22以下，$^b4$以下，74^b19以下。ἡ ψυχρότης, coldness冷性，57^b33。參看καταψύξις，cooling, refrigeration「製冷」，「冷卻」，56^a9等

'Ωθεῖν　push, thrust　推動，衝動　72^b14. περιώσις, pushing around環推轉，72^b6

ᾠόν, τὸ　egg　卵　τὰ ᾠὰ καὶ τὰ σπέρματα, eggs and seeds（動物）卵與（植物）種籽並舉，78^b31. τὰ ᾠοτο κοῦντα, oviparous animals卵生動物，70^b12, 75^b21, 84^a36

ὥρα　season　季節，節令　70^a28, 77^b15

編後記

本書譯文依據貝刻爾（I.Bekker, 1785-1871）校訂的《亞里士多德全集》（*Aristotelis Opera*）第三卷，牛津，一八三七年印本譯出，同時參照了路白叢書希英對照本和其他版本校訂，亞里士多德的著作版本，經過數百年各國校訂者、編譯者的考求，已相當完善。本書譯者措意於前人的功夫，爲每篇寫了長序，增補了各篇的章節分析，編訂了索引，並補充了大量注釋，這些注釋有的是國內外最近研究的成果，有的則是譯者多年潛心研究的心得，故本書實爲一部不可多得的譯作。

亞氏全集第三卷包括十四篇題，諸多譯本均無一個統括全書的書名，按其內容，前兩篇可說是論述各種自然現象的，後十二篇則是探討人的生理、心理和種種生物現象的，故我們將本卷編爲兩本：《天象論・宇宙論》和《靈魂論及其他》。

《天象》、《靈魂》兩書憑近代科學理論爲之衡量，有些議論不免於左支右絀，但是正像恩格斯所指出的：「在希臘哲學的多種多樣的形式中，可以找到現代多種科學觀點的胚胎和新芽。」古希臘先賢所留下的這些篇章包括其原始的術語和各種觀點，常常誘發出許多新興的科學門類，也爲人們提供了廣泛的研究課題。

本書譯者吳壽彭先生一九〇六年生於無錫，號潤畲，一九二六年畢業於現上海交通大學機械工程系，一九二九年東渡日本考察「明治維新成功的緣由」尋求強國富民之道，先後在江、浙、湘等省軍政機關任職，曾任海塘緊急工程處處長、工程局副局長，又先後在北京、青島等地任鐵路、水利、航業、化工、有色金屬等企業中任專業工程師。主要譯作有《蘇聯第一個五年計畫》一九二九、《原子彈與世變》一九四五、《利瑪竇傳》一九四五、《第三次世界大戰的惡夢》一九四六、《芳濟培根傳》、《謨罕默得傳》一九四六－一九四七。一九五七年後在商務印書館的支持下，吳先生立志於古希臘先哲的翻譯和出版，直至年逾八旬仍孜孜不倦致力於亞氏著作的翻譯，在其匆匆的晚年連續翻譯了《形而上學》一九五九、《政治學》一九六六、《動物志》一九七九、《動物四篇》一九八四，以後又完成了《天象論‧宇宙論》、《靈魂論及其他》等六巨卷，其嚴謹的治學精神和奮力拚搏的毅力實令人敬佩不已。

吳先生諳熟古希臘文、英文等好幾種語言文字，又精於中國古代和近代的各種文獻，其學識眞可謂博大精深，所以他的譯作文筆流暢，措詞精當，讀起來堪爲回味。令人十分痛惜的是，一九八七年吳壽彭先生在整理本書手稿的過程中溘然長逝，當時我們本相約要在校閱後再次向他請教的，這一來，不僅我們失去了一位可敬的師長和朋友，學術界也遭受了無法彌補的損失。現在我們整理出版他的遺譯，就是對吳壽彭先生的追悼和紀念。

在編校《宇宙》、《靈魂》兩書原稿過程中有以下幾點需要說明：

1. 吳先生的譯文言簡意賅使用了不少古僻字，有些詞句似反常於現代漢語，為方便讀者，我們個別詞句稍做些改動。

2. 吳先生習慣於用逗號代替頓號，用分號代替句號，常把一個句子分隔成許多小的意群，我們基本上保留了他的做法。

3. 對於附注的外文，原書各版本及各手稿上在拼寫和重音上並不一致，我們只選定其一，如非拼寫錯誤，則不予修正。

4. 譯名與通譯名不一致的，少數予以統一，主要求本書內統一。此事原譯嚴重混亂，頗費周折查對，但仍難免有錯漏者。

5. 經查核索引及附圖原稿有不少錯漏之處，我們做了大量的修正和補充，在圖上用*號標出，以資區別。

6. 《天象》、《靈魂》兩稿，至三校後我們才發現吳先生在臨終前在第一稿上最後推敲、補撰、修改處多達數百處未來得及過錄到已發排的清稿上。這部分文字字跡模糊，個別有疏漏、錯位，留下了不少疑難問題。鑑於這是吳先生鞠躬盡瘁的敬業精神所在，我們不得不花費長達一年多的時間查對希、英原文，經過全面校訂多次改版等特殊手段，盡可能吸收吳先生臨終前的這些研究成果。

由於我們水準有限，仍不免有疏漏錯改之處，敬希讀者不吝指正。

王立平謹識

一九八九年十二月二十八日北京

亞里士多德生平年表

Αριστοτέλης，*Aristotélēs*，西元前384年—西元前322年3月7日

年代	生平記事
西元前三八四年	亞里士多德，出生於美麗的愛琴海西北岸的洽爾西迪斯（chalcidice）半島上之斯塔吉拉（Stagira）。他的父親尼高馬丘斯曾經擔任馬其頓國王亞米塔斯二世的御用醫師。（亞米塔斯二世即為亞里士多德的學生之一——亞歷山大大帝的祖父。）亞里士多德自幼就父母雙亡，由他的姐姐及姐夫撫養長大。
西元前三六七年	十七歲的亞里士多德讀到了《柏拉圖的對話錄》，深深為這些對話所吸引，於是他就離開故鄉來到當時希臘的世界文化中心——雅典，並在柏拉圖創辦的「柏拉圖學校」讀書。他在這所學校就讀的時間很長，共二十年。
西元前三六七年—西元前三四七年	亞里士多德剛進入學校就讀時，柏拉圖還在西西里島訪問未歸。有一次在學校和雅典另一所名校進行大辯論時，亞里士多德有力的批判，為學校爭取到莫大的榮譽。這不僅引起柏拉圖的注意，也對他出眾的才智大為肯定，稱讚他為學校的「奴斯」（即nous，是具有心靈、理智之意），還在他的住處題上「讀書人之屋」的文字。後來柏拉圖又提拔他為學校的老師，講授修辭學。

	在這二十年的朝夕相處，使亞里士多德和柏拉圖這對師徒結下了深厚的情誼。雖然亞里士多德非常敬仰自己偉大的老師，但他並不盲從，仍維持他獨立的見解。當柏拉圖在世時，他就經常提出和老師不同的意見，柏拉圖因此稱他為「小駒」（意為：小馬駒吃飽後就會踢牠的母親）。這種「吾愛吾師，吾更愛真理」的哲理，充分表現在亞里士多德身上。
西元前三四八年	柏拉圖死後不久，亞里士多德因為被歸類為「馬其頓派」，同時學校並不重視他所喜愛的生物學。就在學校決定由柏拉圖的侄子史伯西普士繼任主持的時候，亞里士多德就和好友贊諾克拉底斯（Xenocrates）一起離開到小亞細亞旅遊，順便研究他最喜愛的生物學及博物學。而在這段期間，他也陸續完成動物學、植物學這些浩瀚的著作。 亞里士多德後來到了特洛德（Troad）的阿棱斯（Assos）建立了柏拉圖學校的分校，並娶了赫米亞士（Hermias）國王的侄女，也是義女琵狄雅斯（Pythias）。 在這裡，他熱心教授哲學、討論宇宙和探討人生的問題。

	但不久，赫米亞士國王和馬其頓的菲力普二世國王聯合進攻波斯，卻反被波斯人以詭計擒獲。亞里士多德只好結束教學，開始過著逃亡的生活。
西元前三四三年	亞里士多德應馬其頓國王菲力普二世之邀，擔任十三歲王子亞歷山大的老師。三年後，因亞歷山大開始學習軍事，不再熱衷於追求學問，亞里士多德於是回到他的故鄉——斯塔吉拉。
西元前三三五年	亞歷山大繼承馬其頓王位，接著征服整個希臘半島，於是亞里士多德又重新回到雅典。
西元前三三五年到三二三年	亞里士多德在雅典城東北角城牆外一個叫作「里斯昂（Lyceum）」的地方創辦學校，它和西北角的柏拉圖學校隔城相望。這時的亞里士多德已是中老年的年紀，他每天早上和學生們一起在林蔭道上散步、討論學問，人們稱他的學派為「逍遙學派」。里斯昂學校的設施很齊全，包括圖書館、博物館、動物園等設施，經費大多來自亞歷山大大帝的贊助。這無疑是亞里士多德一生最鼎盛的時期。在這段期間，他也撰寫了他一生中大部分的重要著作。

西元前三二三年	亞歷山大大帝突然猝死。雅典市民得知消息後都很興高采烈，認為可以脫離馬其頓的統治。這時，反對亞里士多德的民眾都聯合起來，以藝瀆神明的罪名將他起訴，使得亞里士多德不得不離開雅典，逃到他母親的家鄉亞佛亞（Evoia）島的洽爾息斯（Chalcis）。
西元三二二年	因為突然遭遇到如此巨大的變故，使亞里士多德的身心受到巨大打擊，因此染上了傷寒，沒多久就去世了，也結束了他六十二年的人生。

經典名著文庫 083

靈魂論及其他

作　　者 —— 亞里士多德 （Aristotle）
譯　　者 —— 吳壽彭
導　　讀 —— 尤煌傑
發 行 人 —— 楊榮川
總 經 理 —— 楊士清
總 編 輯 —— 楊秀麗
文庫策劃 —— 楊榮川
副總編輯 —— 黃惠娟
責任編輯 —— 蔡佳伶、高雅婷
校對編輯 —— 李鳳珠
封面設計 —— 姚孝慈
著者繪像 —— 莊河源
出 版 者 —— **五南圖書出版股份有限公司**

地　　址 —— 臺北市大安區 106 和平東路二段 339 號 4 樓
電　　話 —— 02-27055066（代表號）
傳　　眞 —— 02-27066100
劃撥帳號 —— 01068953
戶　　名 —— 五南圖書出版股份有限公司
網　　址 —— http://www.wunan.com.tw
電子郵件 —— wunan@wunan.com.tw

法律顧問 —— 林勝安律師事務所　林勝安律師
出版日期 —— 2019 年 6 月初版一刷
定　　價 —— 750 元

國家圖書館出版品預行編目資料

靈魂論及其他 / 亞里士多德 (Aristotle) 著 , 吳壽彭譯 . -- 初版 . -- 臺北市 : 五南 , 2019.06
面 ; 公分
ISBN 978-957-763-377-4 (平裝)

1. 亞里斯多德 (Aristotle, 384-322 B.C.)　2. 古希臘哲學
3. 靈魂

141.5　　108005074